The Engineering Executive's Primer

월 라슨의
엔지니어링 리더십

[특별 부록]에 수록된 '국내 CTO 9인의 이야기'는 오라일리 원서와 별개로 한빛미디어에서 기획한 콘텐츠입니다.

윌 라슨의 엔지니어링 리더십

테크 리더를 위한 성공 전략

초판 1쇄 발행 2025년 04월 18일

지은이 윌 라슨 / **옮긴이** 임백준 / **펴낸이** 전태호
펴낸곳 한빛미디어(주) / **주소** 서울시 서대문구 연희로2길 62 한빛미디어(주) IT출판2부
전화 02-325-5544 / **팩스** 02-336-7124
등록 1999년 6월 24일 제25100-2017-000058호 / **ISBN** 979-11-6921-372-1 93000

책임편집 박지영 / **기획** 이민혁, 정지수 / **편집** 정지수 / **교정** 오은교
디자인 표지 윤혜원 내지 박정우 / **전산편집** 이경숙
영업마케팅 송경석, 김형진, 장경환, 조유미, 한종진, 이행은, 김선아, 고광일, 성화정, 김한솔
제작 박성우, 김정우

이 책에 대한 의견이나 오탈자 및 잘못된 내용은 출판사 홈페이지나 아래 이메일로 알려주십시오.
파본은 구매처에서 교환하실 수 있습니다. 책값은 뒤표지에 표시되어 있습니다.

한빛미디어 홈페이지 www.hanbit.co.kr / **이메일** ask@hanbit.co.kr

지금 하지 않으면 할 수 없는 일이 있습니다.
책으로 펴내고 싶은 아이디어나 원고를 메일(writer@hanbit.co.kr)로 보내주세요.
한빛미디어(주)는 여러분의 소중한 경험과 지식을 기다리고 있습니다.

The Engineering Executive's Primer

월 라슨의
엔지니어링 리더십

O'REILLY® **H3** 한빛미디어
Hanbit Media, Inc.

지은이 **윌 라슨** Will Larson

카르타Carta의 최고 기술 책임자이며 캄Calm, 스트라이프Stripe, 우버Uber에서 수석 엔지니어링 리더를 역임했습니다. 『안녕하세요, 오늘부터 매니저입니다』(길벗, 2023)와 『스태프 엔지니어』(길벗, 2022)의 저자입니다. 개인 블로그 'Irrational Exuberance(https://lethain.com)'에서 활발히 글을 쓰고 있습니다.

옮긴이 **임백준**

삼성전자 산하 삼성리서치의 AI센터에서 4년 동안 데이터 조직을 이끌었습니다. 이후 런던에서 삼성리서치 영국연구소 소장으로 근무한 후 2024년 초에 한국으로 돌아와 한빛앤이라는 디지털 콘텐츠 플랫폼을 창업하여 CEO 역할을 맡고 있습니다. 최근에는 『AI 트루스』(한빛미디어, 2024)를 집필하며 AI와 디지털 기술의 현주소를 알리고자 노력하고 있습니다.

2017년 한국에 들어오기 전까지 미국에서 살았고, 20년 동안 뉴욕 월 스트리트의 다양한 회사와 스타트업에 다니며 소프트웨어 개발 업무를 수행했습니다. 뉴욕에서 일하던 시기에는 한국에 있는 개발자들을 대상으로 『행복한 프로그래밍』, 『누워서 읽는 알고리즘』, 『뉴욕의 프로그래머』(이상 한빛미디어) 등 10여 권의 도서를 집필했습니다. 그 외에 각종 기고 및 강연, 팟캐스트 방송 등을 통해 활발히 활동하고 있습니다.

2017년 한국으로 자리를 옮기기 전, 뉴욕에서 다니던 회사는 전체 직원 수가 100명이 채 안 되는 작은 곳이었습니다. 2014년 봄, 저는 이 회사의 주요 서비스를 개발하기 위한 소프트웨어 개발 책임자로 입사했습니다. 일을 시작한 지 1년이 지났을 무렵 회사의 CTO 업무를 맡게 되었습니다. 회사에서 수행하는 모든 소프트웨어 개발 및 테스트, 데이터 분석, 보안, 인프라 관리 등 회사 규모의 절반에 해당하는 IT 그룹을 이끌었습니다. 만약 그 시절의 제가 윌 라슨이 쓴 이 책을 읽었더라면 스스로의 업무에 더 많은 확신을 가질 수 있었을 것이고, 아마 조금은 덜 외로웠을지도 모릅니다.

소프트웨어를 개발하거나 관련된 일을 하는 사람으로서 한 회사의 CTO 혹은 엔지니어링 그룹을 책임지는 임원 역할을 맡는 것은 매우 매력적인 일입니다. 많은 사람이 꿈꾸는 커리어의 정점이라고 할 수 있을 정도입니다. 연봉이나 복지 때문만은 아닙니다. 다른 사람의 삶과 커리어에 깊은 영향을 주며 리더십을 발휘하는 것은 그 자체로 너무나 흥미롭고 의미 있는 일이기 때문입니다. 일 자체가 비즈니스에 미치는 영향 또한 막대합니다.

그런 역할을 원하지 않는 사람도 있을 수 있습니다. 당연한 일입니다. CTO가 갖는 권한과 혜택의 이면에는 엄청난 수준의 책임과 압박이 존재하기 때문입니다. 원한다고 모든 사람이 맡을 수 있는 일도 아닙니다. 그렇지만 스스로 그런 역할을 원하지 않는 사람조차 어떤 CTO가 운영하는 조직 안에서 일할 수밖에 없습니다. 이런 관점에서 보면 스스로 CTO가 되는 꿈을 꾸는 사람이든, 아니면 CTO가 되길 원하지 않는 사람이든 상관없습니다. IT 업계에서 일하는 사람이면 누구나 CTO라는 존재의 내면을 이해하기 위해 반드시 노력해야 합니다.

CTO라는 직업의 속살을 자세히 파헤쳐 보여 주는 이 책은 그런 의미에서 대단히 반가운 의미가 있습니다. CTO라는 사람이 어떤 종류의 고민을 하는지, 어떤 일을 하는지, 그 자리에 오르기까지 어떤 준비를 했고, 회사와의 협상은 어떻게 진행했는지, 내면의 동기가 약해졌을 때 어떻게 극복해야 하는지 등을 저자 자신의 생생한 경험과 통찰을 기반으로 눈앞에서 말해 주는 것처럼 상세히 설명합니다.

다만 미국의 현실을 다루는 내용이기 때문에 한국의 현실과 다소 다르거나 낯선 내용도 일부 담겨 있습니다. 그렇지만 입사 인터뷰, 입사 후 최초의 90일, 엔지니어링 전략, 계획 세우기, 조직 가치, 리더십 스타일, 우선순위 관리, 소통, 채용, 성과 보상, 퇴사에 이르는 많은 내용을 꼼꼼하게 다루고 있습니다. 따라서 반드시 처음부터 끝까지 순서대로 읽을 필요는 없으며, 필요하거나 관심 있는 내용부터 골라 읽어도 충분히 가치 있는 경험이 될 것입니다.

승진이나 직책이 리더십을 부여하는 것이 아니라, 이미 그에 걸맞은 책임감과 역량을 보여 주는 사람이 승진을 통해 공식적으로 그 자리를 맡게 된다는 말이 떠오릅니다. 마치 이미 CTO인 것처럼 생각하고 행동하며 그에 걸맞은 책임감과 역량을 보이는 사람이 훗날 실제로 CTO가 된다는 뜻입니다. 그런 사람에게 윌 라슨의 책은 작은 축복입니다.

오역이나 잘못된 철자가 있으면 전적으로 역자인 저의 책임입니다. 훌륭한 커리어를 꿈꾸는 모든 독자에게 이 책이 도움이 되길 바랍니다.

임백준

제가 처음 엔지니어링 임원 역할을 맡기 전에 이 책이 있었더라면 좋았을 것입니다. 그 이후 다른 회사의 임원 역할을 시작하기 전에도 마찬가지입니다. 그랬더라면 범위가 넓고 복잡한 임원 업무를 수행하는 과정에서 제 생각이 어떻게 달라졌는지 되짚어 볼 수 있었을 것입니다. 이 책이 임원이라는 자리를 준비하는 여러분에게 도움이 되기를 바랍니다. 그리고 이 책에 담긴 제 생각을 그대로 받아들이기보다는 여러분 스스로 자신의 생각을 잘 정립하는 것이 더 중요합니다.

이 책에서 제가 가장 좋아하는 부분은 엔지니어링 조직의 전략을 수립하는 3장입니다. 제가 쓴 『스태프 엔지니어』(길벗, 2022)라는 책에서도 관련 내용을 다루었지만, 두 저서 사이의 기간이 불과 3년밖에 되지 않는데도 매우 다른 내용이라는 점이 특히 흥미로웠습니다. 처음에는 그런 차이가 제가 경험을 통해 얻은 깊은 통찰력을 반영한다고 믿었습니다. 하지만 진짜 이유는 더 근본적인 곳에 있었습니다. 엔지니어링 임원이 된다는 것은 이전과는 완전히 다른 성격의 직업을 택하는 것이기 때문입니다. 단순히 엔지니어 직무를 수행하는 것과 엔지니어링 관리자의 일을 수행할 때는 차원이 다른 관점이 필요합니다.

엔지니어링 임원은 자신에게 이미 익숙한 기술적 문제를 많이 다루면서도 이전에는 없던 새로운 도구를 갖게 됩니다. 예를 들어 엔지니어 시절에 어떤 엔지니어링 전략을 개발한다고 하면 가장 어려운 부분은 자신이 제안하고자 하는 솔루션에 대해 주변 사람의 공감대를 이끌어 내는 것입니다. 하지만 임원의 입장은 다릅니다. 그런 일은 별로 어렵지 않습니다. 대신 자신의 전략이 회사에 적합하다는 확신을 심어줘야 합니다. 임원 역할이 처음이라면 이와 같이 전에 몰랐던 새로운 문제를 맞닥뜨리게 됩니다. 시스템 개발을 위해 기획 프로세스를 세우는 일은 누구나 할 수 있는 일이지만, 플랫폼 개발 비용을 다양한 비즈니스 라인에 걸쳐 적절히 배분하는 방법을 고심하는 일은 임원이 되어서야 비로소 경험하게 됩니다.

이 책에서는 엔지니어링 임원이 마주하는 새로운 성격의 도전과 전통적인 문제를 해결하기 위한 새로운 도구를 살펴봅니다. 진정으로 흥미로운 질문은 보통 정해진 답을 가지고 있지 않습니다. 하지만 이 책을 읽고 나면 그런 문제에 대한 최소한 하나 이상의 해결책을 찾을 수 있을 것입니다.

이 책에서 다루지 않는 내용

하나의 엔지니어링 팀을 잘 운영하는 방법에 대한 가이드가 필요하다면 이 책은 그리 유용하지 않을 것입니다. 이 책은 주간 팀 회의를 운영하거나, 일대일 면담을 진행하거나, 효과적으로 피드백을 제공하는 방법 등의 실무를 다루지 않습니다. 대신 회사의 엔지니어링 조직 전반에 걸쳐 여러 팀이 효과적으로 협업하는 방법에 집중합니다. 이 책에서 다루지 않는 내용은 카미유 푸르니에의 『개발 7년차, 매니저 1일차』(한빛미디어, 2020)와 제가 쓴 『안녕하세요, 오늘부터 매니저입니다』(길벗, 2023)를 참고하는 것이 좋습니다.

이 책은 기술 중심 리더십과 사람 중심 리더십이 만나는 지점인 엔지니어링 기능을 중심으로 설명합니다. 사람과 기술이라는 두 측면을 두루 포괄하는 리더십을 갖추지 않은 상태에서 엔지니어링 조직을 이끄는 방법을 논의하는 것은 별로 의미가 없습니다. 기술 중심의 리더십에 더 초점을 맞춘 책을 찾고 있다면 타냐 라일리의 『개발자를 넘어 기술 리더로 가는 길』(디코딩, 2023) 혹은 제가 쓴 『스태프 엔지니어』(길벗, 2022)를 추천합니다.

마지막으로 특정 기술을 구축하는 방법에 대한 조언을 찾고 있다면 이 책은 큰 도움이 되지 않을 것입니다. 어떤 제품을 만드는 효과적인 방법은 수천 가지가 있지만, 이 책에서는 그런 것을 제안하거나 다루지 않습니다. 대신 회사 전체가 여러 개의 제품과 시스템 포트폴리오를 효과적으로 구축하고 유지하는 방법을 논의합니다. 그런 방법을 하나의 틀에 맞게 표준화할 것인가, 아니면 팀들이 각자의 방식으로 작업하도록 만들 것인가, 각 방법이 가진 장단점은 무엇인가 등을 논의합니다. 기술 구축을 설명하는 책은 너무 많아 특정 책을 추천하기는 어려우므로 여러분의 판단에 맡기겠습니다.

이 책의 활용법

두 가지 방식으로 이 책을 활용할 수 있습니다.

첫째, 새롭게 엔지니어링 임원이 되었거나 새로운 역할을 시작하는 분이라면 이 책을 처음부터 끝까지 읽으세요. 엔지니어링 임원이 자기 역할을 수행하며 마주치게 되는 다양한 주제에 대해 폭넓은 시각을 얻을 수 있을 것입니다.

둘째, 어떤 문제가 발생하면 책을 펼쳐 관련 부분을 찾아 읽습니다. 그리고 책을 덮은 다음 나중에 다른 문제를 만나기 전까지 열지 않습니다. 아무리 좋은 엔지니어링 전략이라도 팀에게 잘 전달되지 않으면 효과가 없습니다. 좋은 엔지니어링 전략을 수립하는 것과 팀에게 명확하게 전달하는 것은 서로 밀접하게 연결되어 있습니다. 이 책이 다루는 주제는 대부분 서로 연결되어 있지만 각각 독립적으로 읽어도 충분히 의미가 있습니다.

용어 설명

같은 용어라도 해당 업계와 기업에 따라 일관성 없이 사용되는 경우가 있습니다. 이러한 혼란을 예방하고 효과적으로 전달하기 위해 몇 가지 용어를 정의하겠습니다.

임원

회사의 특정 분야를 총괄하는 책임자를 의미합니다. 많은 회사에서 부사장과 같은 직함을 임원으로 간주합니다. 예를 들어 부사장이 최고 제품 책임자chief product officer(CPO)에게 보고하는 경우가 그렇습니다. 그러나 부사장은 같은 부문 내 다른 구성원에게 주로 보고하기 때문에, 이 책에서는 임원에 포함하지 않습니다.

엔지니어링 임원(기술 임원, CTO, 테크 리더)

엔지니어링 임원은 회사의 엔지니어링 조직을 이끄는 리더로, 엔지니어링 조직 내부의 기술 실행과 인력 관리를 모두 책임집니다. 회사에 따라 최고 기술 책임자chief technology officer(CTO), 엔지니어링 총괄 부사장, 또는 엔지니어링 총괄 책임자라고 부르기도 합니다.

팀원

관리자에게 직접 보고하는 사람을 말합니다.

조직

임원에게 보고하는 여러 팀과 그 팀의 관리자를 모두 묶어서 지칭합니다. 예를 들어 엔지니어링 부서에 속한 모든 구성원은 엔지니어링 조직이라는 이름으로 부릅니다.

엔지니어링 조직

엔지니어링 조직을 구성하는 팀은 회사마다 다를 수 있습니다. 어떤 회사는 제품, 데이터 과학, 보안을 엔지니어링에 포함하는 반면, 어떤 회사는 더 좁은 정의를 따르기도 합니다. 이 책에서는 이 모두를 엔지니어링 조직으로 간주합니다.

엔지니어링

조직이 아니라 산업 또는 직업을 의미합니다.

이렇게 용어의 개념을 명확히 하는 이유는 저만의 고집이 아니라 앞으로 이 책에서 설명하는 내용을 잘 전달하기 위함입니다. 누군가는 당신에게 엔지니어링 조직 안에 특정 팀을 반드시 포함하거나 포함하지 말아야 한다고 주장할 수 있고, '임원'이라는 용어가 반드시 특정 의미를 담아야 한다고 고집할지도 모릅니다. 물론 그러한 조언에도 각별히 주의를 기울여야 합니다. 용어의 정의는 절대적인 것이 아니며, 상황에 따라 달라질 수도 있기 때문입니다.

감사의 말

책은 저자가 집필해야 완성된다고들 합니다. 그러나 저는 그렇게 생각하지 않습니다. 기술적으로는 제가 썼지만 실제로는 그동안의 엔지니어링 리더 경력, 10년 동안 포스팅한 여러 글, 이전에 두 권의 책을 집필하면서 습득한 모든 것, 엔지니어링 리더 수백 명과 나눈 긴밀한 협력, 다양한 업계 리더로부터 받은 조언, 오라일리의 뛰어난 전문성 그리고 줄리아 그레이스, 케빈 스튜어트, 타냐 라일리, 자스민 차이, 우마 칭군데의 기술 검토가 결합된 결과입니다. 특히 버지니아 윌슨은 탁월한 편집과 협업 능력으로 이 책을 만드는 데 특별한 도움을 주었습니다. 마지막으로 제 아내 로렐과 아들 에머슨의 든든한 지원이 없었다면 이 책을 결코 완성할 수 없었을 것입니다.

윌 라슨

목차

지은이·옮긴이 소개 ⋯⋯⋯⋯⋯⋯⋯⋯⋯⋯⋯⋯⋯⋯ **4**

옮긴이의 말 ⋯⋯⋯⋯⋯⋯⋯⋯⋯⋯⋯⋯⋯⋯⋯⋯⋯ **5**

들어가며 ⋯⋯⋯⋯⋯⋯⋯⋯⋯⋯⋯⋯⋯⋯⋯⋯⋯⋯ **7**

감사의 말 ⋯⋯⋯⋯⋯⋯⋯⋯⋯⋯⋯⋯⋯⋯⋯⋯⋯ **12**

CHAPTER 01 임원직을 향한 여정

왜 임원이어야 할까? ⋯⋯⋯⋯⋯⋯⋯⋯⋯⋯⋯⋯⋯ **28**

유일무이한 임원의 역할 ⋯⋯⋯⋯⋯⋯⋯⋯⋯⋯⋯⋯ **29**

내부 임원직 찾기 ⋯⋯⋯⋯⋯⋯⋯⋯⋯⋯⋯⋯⋯⋯ **30**

외부 임원직 찾기 ⋯⋯⋯⋯⋯⋯⋯⋯⋯⋯⋯⋯⋯⋯ **31**

면접 프로세스 ⋯⋯⋯⋯⋯⋯⋯⋯⋯⋯⋯⋯⋯⋯⋯ **33**

임원 계약 협상하기 ⋯⋯⋯⋯⋯⋯⋯⋯⋯⋯⋯⋯⋯ **36**

직책 수락 여부 결정하기 ⋯⋯⋯⋯⋯⋯⋯⋯⋯⋯⋯ **39**

임원직에 실패했을 때 ⋯⋯⋯⋯⋯⋯⋯⋯⋯⋯⋯⋯ **40**

요약 ⋯⋯⋯⋯⋯⋯⋯⋯⋯⋯⋯⋯⋯⋯⋯⋯⋯⋯⋯ **41**

CHAPTER 02 엔지니어링 임원의 첫 90일

가장 먼저 배워야 할 것 ⋯⋯⋯⋯⋯⋯⋯⋯⋯⋯⋯⋯ **44**

올바른 시스템 변화 만들기 ⋯⋯⋯⋯⋯⋯⋯⋯⋯⋯ **45**

첫 90일 동안의 과제 ⋯⋯⋯⋯⋯⋯⋯⋯⋯⋯⋯⋯⋯ **48**

요약 ⋯⋯⋯⋯⋯⋯⋯⋯⋯⋯⋯⋯⋯⋯⋯⋯⋯⋯⋯ **59**

CHAPTER 03 엔지니어링 전략 세우기

전략 정의하기 ·· 62

전략 예시 ·· 64

전략 문서 작성 프로세스 ··· 67

누락된 전략 세우기 ·· 72

상황 진단 문서 작성하기 ··· 74

정책 지침 구조화하기 ··· 75

정책 지침 수준 유지하기 ··· 78

일관된 행동 찾기 ·· 80

전략은 상향식이어야 하지 않을까? ···································· 81

요약 ·· 83

CHAPTER 04 계획하는 방법

기본 계획 프로세스 ·· 86

계획의 세 가지 구체적 단계 ·· 87

1단계: 재무 계획 수립하기 ··· 89

2단계: 기능별로 포트폴리오 할당하기 ·································· 99

3단계: 로드맵에 합의하기 ··· 103

피해야 할 함정 ·· 108

요약 ·· 111

CHAPTER 05 **유용한 조직 가치 창출하기**

가치는 어떤 문제를 해결할까? ⋯⋯⋯⋯⋯⋯⋯⋯⋯⋯⋯⋯⋯⋯⋯⋯⋯⋯⋯⋯ **114**

엔지니어링 조직은 가치를 가져야 할까? ⋯⋯⋯⋯⋯⋯⋯⋯⋯⋯⋯⋯⋯⋯⋯ **115**

무엇이 가치를 유용하게 만들까? ⋯⋯⋯⋯⋯⋯⋯⋯⋯⋯⋯⋯⋯⋯⋯⋯⋯⋯⋯ **117**

엔지니어링 가치는 기술 전략과 어떻게 구별될까? ⋯⋯⋯⋯⋯⋯⋯⋯⋯ **121**

가치의 도입 시기와 그 방법 ⋯⋯⋯⋯⋯⋯⋯⋯⋯⋯⋯⋯⋯⋯⋯⋯⋯⋯⋯⋯⋯ **121**

유용하게 생각하는 몇 가지 가치 ⋯⋯⋯⋯⋯⋯⋯⋯⋯⋯⋯⋯⋯⋯⋯⋯⋯⋯ **123**

요약 ⋯⋯⋯⋯⋯⋯⋯⋯⋯⋯⋯⋯⋯⋯⋯⋯⋯⋯⋯⋯⋯⋯⋯⋯⋯⋯⋯⋯⋯⋯⋯⋯⋯⋯ **125**

CHAPTER 06 **엔지니어링 조직 평가하기**

스스로 평가하기 ⋯⋯⋯⋯⋯⋯⋯⋯⋯⋯⋯⋯⋯⋯⋯⋯⋯⋯⋯⋯⋯⋯⋯⋯⋯⋯⋯ **128**

이해관계자를 위한 평가 ⋯⋯⋯⋯⋯⋯⋯⋯⋯⋯⋯⋯⋯⋯⋯⋯⋯⋯⋯⋯⋯⋯⋯ **131**

평가 항목 순서 정하기 ⋯⋯⋯⋯⋯⋯⋯⋯⋯⋯⋯⋯⋯⋯⋯⋯⋯⋯⋯⋯⋯⋯⋯ **134**

안티패턴: 잘못된 평가 방식 ⋯⋯⋯⋯⋯⋯⋯⋯⋯⋯⋯⋯⋯⋯⋯⋯⋯⋯⋯⋯ **135**

요약 ⋯⋯⋯⋯⋯⋯⋯⋯⋯⋯⋯⋯⋯⋯⋯⋯⋯⋯⋯⋯⋯⋯⋯⋯⋯⋯⋯⋯⋯⋯⋯⋯⋯⋯ **138**

CHAPTER 07 **인수 합병에 참여하기**

복잡한 인센티브의 문제 ⋯⋯⋯⋯⋯⋯⋯⋯⋯⋯⋯⋯⋯⋯⋯⋯⋯⋯⋯⋯⋯⋯⋯ **140**

공유된 관점 개발하기 ⋯⋯⋯⋯⋯⋯⋯⋯⋯⋯⋯⋯⋯⋯⋯⋯⋯⋯⋯⋯⋯⋯⋯⋯ **141**

통합 계획 세우기 ⋯⋯⋯⋯⋯⋯⋯⋯⋯⋯⋯⋯⋯⋯⋯⋯⋯⋯⋯⋯⋯⋯⋯⋯⋯⋯ **149**

지금 반대하든지, 영원히 침묵하든지 ⋯⋯⋯⋯⋯⋯⋯⋯⋯⋯⋯⋯⋯⋯⋯⋯ **152**

인수 과정 ·· **153**

요약 ·· **155**

CHAPTER 08 리더십 스타일 개발하기

임원에게 다양한 리더십 스타일이 필요한 이유 ················· **158**

정책 기반 리더십 ·· **160**

합의 기반 리더십 ·· **161**

확신 기반 리더십 ·· **163**

리더십 스타일 개발하기 ·· **167**

리더십 스타일 균형 맞추기 ·· **168**

요약 ·· **171**

CHAPTER 09 우선순위와 에너지 관리하기

'회사, 팀, 자신' 프레임워크 ·· **174**

에너지 관리는 포지티브섬이다 ·· **175**

궁극적인 기브 앤드 테이크 ·· **177**

불일치의 거울 ·· **178**

독립성을 지키면서 조화를 이루기 ····································· **179**

유연함을 유지하라 ·· **180**

요약 ·· **181**

CHAPTER 10 효과적인 엔지니어링 조직을 위한 회의

왜 회의를 해야 할까? ··· 184

여섯 가지 필수 회의 ·· 185

다른 회의는 어떻게 진행해야 할까? ······························ 190

회의는 누가 주관할까? ··· 192

회의 확장하기 ··· 193

요약 ·· 194

CHAPTER 11 내부 소통

꾸준히 소통하기 ·· 196

발송 전 테스트하기 ··· 198

구조화된 소통 양식 만들기 ·· 199

최대한 간결하게 작성하기 ··· 200

모든 채널 활용하기 ··· 200

요약 ·· 202

CHAPTER 12 개인 및 조직의 브랜드 구축하기

브랜드 대 명성 ··· 204

명성을 쌓는 것이 과연 가치 있는 일일까? ······················ 206

적지만 높은 품질의 콘텐츠로 명성을 쌓는 전략 ················· 207

명성의 함정 ··· 210

요약 ·· 211

CHAPTER 13 CEO, 동료 및 엔지니어링 조직과 협력하기

지지를 받는지, 용인되는지, 혹은 반감을 사는지 진단하기 ············· 214

암묵적인 권력 구조를 헤쳐 나가는 전략 ······························ 215

CEO, 이사회, 동료 임원, 부서 간의 시각 차이 좁히기 ·············· 216

과거 경험에 매몰되지 않기 ··· 217

피드백을 요청하는 습관 기르기 ····································· 218

소수의 변화에 집중하기 ·· 218

일시적인 갈등은 수용하되, 지속적인 갈등은 예방하는 법 ·············· 219

패닉에 빠진 동료를 구하는 법 ······································ 221

요약 ·· 222

CHAPTER 14 엔지니어링 리더십 팀 결속시키기

팀의 문제를 해결하고 잘 운영하기 ··································· 224

리더십 팀 운영하기 ··· 226

팀원의 기대치 설정하기 ·· 228

팀원 간 경쟁에 대처하기 ··· 230

요약 ·· 231

CHAPTER 15 네트워크 구축하기

네트워크 활용하기 ·· **234**

네트워크의 치트키는? ··· **235**

네트워크 구축 방법 ··· **236**

다른 분야의 네트워크 ·· **241**

요약 ·· **243**

CHAPTER 16 동료 임원 온보딩 프로그램

임원 온보딩이 중요한 이유 ·· **246**

엔지니어 온보딩과 임원 온보딩의 차이점 ···································· **247**

정신적 프레임워크 공유하기 ··· **248**

역할 정의하기 ··· **252**

신뢰는 시간이 지나면서 쌓이는 것 ·· **253**

얼마나 성장할 수 있을까? ··· **254**

요약 ·· **255**

CHAPTER 17 신뢰 검증하기

신뢰 기반 관리의 한계 ··· **258**

신뢰만 보내는 것은 관리가 아니다 ·· **259**

신뢰 검증이 더 나은 이유 ··· **260**

신뢰 검증 방법 ··· **262**

조직에 검증 문화 도입하기 ·································· **263**

요약 ··· **265**

CHAPTER 18 자신만의 기준 정하기

잘못된 기준의 위험 ······································· **268**

조직의 기준에 맞추기 ····································· **269**

문제 제기는 신중하게 ····································· **270**

동료를 위한 역할 모델링 ·································· **271**

기준 유연하게 조정하기 ··································· **272**

요약 ··· **273**

CHAPTER 19 엔지니어링 프로세스의 종류와 실행 방법

일반적인 패턴의 발전 과정 ································ **276**

패턴의 장단점 ··· **279**

기본 패턴 운영하기 ······································· **282**

현실적인 예산 책정에 대처하기 ·························· **284**

트렌드 주기 탐색하기 ····································· **285**

요약 ··· **286**

CHAPTER 20 **채용**

채용 프로세스 수립하기 ·· **288**

완벽한 채용 프로세스는 없다 ·· **290**

채용 진행 상황 및 문제 모니터링 ··· **291**

주요 후보자의 채용 프로세스 지원 ·· **293**

후보자의 수준 평가 방법 ·· **294**

세부 보상 내용 결정하기 ·· **295**

채용 우선순위 관리하기 ·· **297**

채용 관리자 교육하기 ··· **298**

내부 채용 및 인맥을 통한 채용 ·· **299**

채용을 통한 다양성 강화 ·· **301**

엔지니어링 브랜드 구축하기 ··· **301**

채용 위원회를 도입해야 할까? ··· **302**

채용 프로세스는 당신을 돕기 위해 존재한다 ·························· **303**

요약 ·· **305**

CHAPTER 21 **엔지니어링 조직 온보딩**

온보딩 실제 사례 ··· **308**

온보딩의 기본 요소 ·· **309**

온보딩 프로그램이 실패하는 이유 ·· **315**

전사 온보딩과 통합하기 ·· **316**

온보딩의 우선순위를 정하는 시기 ·· **318**

요약 ·· **319**

CHAPTER 22 **성과 및 보상**

상충되는 목표 ·· 322

성과 및 프로모션 ·· 323

보상 ··· 332

성과 평가는 얼마나 자주 해야 할까? ················ 334

완벽을 추구하지 말자 ·· 334

요약 ··· 335

CHAPTER 23 **조직 문화 설문 조사 데이터 활용하기**

설문 결과 해석하기 ··· 338

설문 결과에 대한 조치 취하기 ·························· 341

질문 변경 시기 검토하기 ··································· 343

조사 시작 시점 및 빈도 결정하기 ····················· 344

요약 ··· 344

CHAPTER 24 **퇴사하기**

업무 승계 계획 ·· 348

퇴사 결정 내리기 ·· 349

직장을 너무 자주 옮기는 건 아닐까? ················ 353

다음으로 갈 곳이 있든 없든 퇴사해도 될까? ······ 354

CEO에게 알리기 ··· 355

퇴직 패키지 협상하기 ·· **356**

퇴사 커뮤니케이션 계획하기 ·· **356**

실제로 떠나기 ··· **357**

퇴사 결정을 번복해야 할까? ·· **358**

요약 ··· **359**

EPILOGUE　**맺음말**　　　　　　　　　　　　　　　　361

APPENDIX A　**추천 자료**

임원 기초 지식 ·· **363**

가치 창출 ··· **364**

팀 리더십 ··· **364**

엔지니어링 임원의 역할 ·· **365**

면접, 채용, 구직 활동 ·· **365**

회의 진행 ··· **366**

분산 조직과 팀 관리 ··· **366**

APPENDIX B　**엔지니어링 임원 인터뷰**

유니콘에 대한 기대 내려놓기 ·· **368**

잘못된 임원 인터뷰 ·· **369**

임원 평가의 구조적 절차 ··· **370**

임원 평가의 네 가지 핵심 영역 ·· **371**

요약 ··· **373**

APPENDIX C 손익 계산서 읽기

손익 계산서의 항목 ·· **375**

손익 계산서에서 배울 점 ··· **379**

질문 파헤치기 ··· **382**

끝이 아닌 지속적인 과정 ··· **384**

S-1 및 10-K 손익 계산서 찾기 ·· **385**

요약 ··· **386**

APPENDIX D 엔지니어링 허브 만들기

원격이 아닌 허브 오피스 ··· **388**

엔지니어링 허브를 설립해야 하는 이유 ·· **389**

각 오피스의 임무 ·· **390**

임원의 관심과 참여 ·· **391**

오피스 성장에 대한 예측 가능성 ·· **392**

오피스 통합하기 ··· **393**

요약 ··· **395**

APPENDIX E 기술 탐색의 규모

기술 표준화 ·· **397**

기술 탐색 ··· **398**

표준화와 탐색 간의 균형 ··· **399**

획기적인 개선 ··· **400**

진행 중인 탐색의 한도 제한 ·· **401**

특별 부록 국내 CTO 9인의 이야기

김연태, 헤렌 CTO

기술 임원의 첫걸음: 실전에서 배운 것들 ······························ **404**

김영근, 미니창고 다락 CTO

기술자에서 경영자로 변신하기 ·· **410**

김영재, 라인 CTO

기술 임원의 세 가지 유형과 나의 스타일 알아가기 ················ **419**

김환, CJ올리브영 테크플랫폼센터 센터장

기술 임원으로 스타트업에서 대기업까지:

숨고부터 CJ올리브영까지 리더십의 중요성 ························· **425**

박재호, 레인보우브레인 CTO

우발적인 복잡성과 본질적인 복잡성에 대한 고찰 ·················· **430**

서준호, Toss Lab, Inc. CTO

스타트업을 준비하는 CTO를 위한 안내서 ··························· **437**

목차

유진호, (주)크라우드웍스 AI 기술개발 팀 팀장

CTO로서의 첫날을 돌아보며 ·· **445**

이주원, Arrowpoint Investment Partners CTO

테크 리드에서 기술 임원으로, 나만의 방식 찾기 ····························· **453**

최준호, 카테노이드 CTO

새로운 기술 리더를 위한 생존 전략 ·· **457**

임원직을 향한 여정

저는 디그^{Digg}(2004년 만들어진 소셜 미디어 웹사이트)에서 엔지니어링 조직을 운영했지만 처음부터 그 역할을 맡기 위해 고용되었던 것은 아닙니다. 그로부터 10년 후, 디그를 떠나 캄^{Calm}(수면 · 명상 · 휴식 앱 부문 글로벌 1위 기업)에 합류했을 때 비로소 회사가 공식적으로 저를 임원으로 채용했습니다. 사람들이 임원이 되는 과정을 조사해 보면 재밌습니다. 21살에 회사를 설립하며 명목상 엔지니어링 임원이 된 사람이 있는가 하면, 30년 이상 경력을 쌓은 후에야 엔지니어링 임원직을 맡은 사람도 있습니다.

사실 엔지니어링 임원직에 이르는 '정해진 길'은 없습니다. 하지만 실제로 임원 역할을 맡은 사람들의 이야기를 들어 보면 비슷한 패턴이 있다는 것을 깨닫게 됩니다. 그들의 직접적인 경험담과 제 자신의 경험을 바탕으로 잠재적인 임원 후보들이 일반적으로 따르는 경로를 정리해 볼 수 있었습니다.

이 장에서는 다음 내용을 다룹니다.

- 임원직을 추구할 것인지 여부 결정하기
- 임원직에 이르는 과정이 사람마다 다른 이유와 자신은 어떤 식으로 추구해야 할지 알아보기
- 나에게 맞는 임원직을 회사 안팎에서 찾기
- 기존 중간 관리직 면접 과정보다 훨씬 막연하게 느껴지는 임원 면접 과정 적응하기
- 임원으로서 새로 고려해야 할 조건을 바탕으로 임원 계약 협상하기
- 임원 제안을 받았을 경우 수락 여부 결정하기

임원직을 찾기 위한 첫 여정을 시작하는 사람이라면, 이 장을 통해 명확한 로드맵을 얻을 수 있을 것입니다.

왜 임원이어야 할까?

임원직을 처음 찾는 사람이라면 '왜 임원이 되려고 하나요?'라는 질문을 여러 번 받게 될 것입니다. 이 질문에 대한 답은 명확하게 준비해야 하며, 특히 스스로 내린 답을 가지고 있는 것이 중요합니다. 이는 앞으로 임원직 탐색 과정 전반에 걸쳐 가장 귀중한 지침이 될 것이기 때문입니다. 아직 확실한 답이 없다면 지금까지의 모든 경력 히스토리를 돌아보면서 명확한 답을 찾는 데 시간과 노력을 투자해야 합니다.

앞선 질문에 실제로 이러한 답변을 합니다.[1]

- "저는 배우고자 하는 열망이 강합니다. 지난 두 직장에서 회사의 엔지니어링 임원에게 직접 보고하곤 했는데, 이제는 제가 그 역할을 맡고 싶습니다."
- "저는 빠르게 성장하는 회사에서 일하는 것을 즐깁니다. 특히 작은 회사에서 주인의식을 갖고 주도적으로 빠르게 일하던 속도감이 그립습니다. 이전의 스타트업 경험과 최근 대기업에서 근무한 경험을 바탕으로 엔지니어링 임원이라는 새로운 도전에 거는 기대가 매우 큽니다."

답변이 꼭 대단할 필요는 없습니다. 그저 임원직을 향한 당신의 열정과 자격을 긍정적으로 표현하는 정도면 충분합니다. 당신의 스토리에 깊이가 없다고 해서 낙담하지 마세요. 누군가의 경력을 놓고 다음 단계를 논리적으로 깊이 있게 설명하는 방법은 없습니다. 자신의 답변을 글로 먼저 적어본 후, 이미 임원 역할을 경험한 동료나 멘토에게 보여 주세요. 함께 검토하고 그들의 피드백을 반영하면 됩니다. 임원급 동료나 멘토가 주변에 없다면, 이전에 근무했던 회사의 임원들에게 직접 연락해 의견을 구해 보세요.

....

1 https://lethain.com/career-checkup

면접관은 당신이 임원직을 원하는 이유를 상당히 궁금해합니다. 하지만 반드시 당신이 예상하는 이유 때문만은 아닙니다. 그들은 당신만의 어떤 특별하고 거창한 이야기를 듣고 싶어 하는 게 아닙니다(물론 기억에 남을 만한 독특한 이야기는 좋아하겠지만요). 단지 과한 자만심이나 질투, 과도한 명예욕, 애매한 태도와 같은 위험 신호를 보이는 후보자를 걸러내려는 목적일 뿐입니다.

유일무이한 임원의 역할

고급 자동차와 같은 한정판 럭셔리 아이템은 전체 생산량과 함께 특정 생산 번호를 표시합니다. 예를 들어 전체 20대 중에서 다섯 번째 자동차를 받는 식입니다. 하지만 가장 독점적인 생산 형태는 바로 '유일무이한 상품'입니다. 이는 문자 그대로 세상에 단 하나뿐인 제품입니다.

모든 임원의 역할과 프로세스는 '유일무이'합니다.

임원직이 아닌 경우에는 대체로 면접 프로세스가 체계적이고 잘 구조화되어 있습니다. 때로는 임원을 위한 면접 프로세스가 잘 잡혀 있는 경우도 있긴 하지만, 그렇지 않은 경우가 훨씬 더 많습니다. 이전의 면접 경험을 바탕으로 임원 면접을 준비했다가는 기존의 생각이나 버릇이 자칫 면접을 잘못된 방향으로 이끌 위험이 있습니다.

임원직 채용에 대한 가이드라인이나 사례, 심지어 통계 같은 자료가 존재하기는 해도 결국 특별한 규칙은 없다는 사실을 반드시 기억해야 합니다. 어떤 회사는 임원을 채용할 때 남다른 자신감을 드러내는 사람을 선호하는 모습을 쉽게 볼 수 있습니다. 실제로 기업의 많은 임원이 지나칠 정도로 자신감에 찬 목소리를 내곤 하지만 그들의 말을 모두 맹신할 수 있는 것도 아닙니다.

표준화되지 않은 것은 임원 채용 프로세스뿐만이 아닙니다. 엔지니어링 임원은 하는 일 자체가 매우 다양하며, 때로는 제품 관리(PM)를 맡기도 합니다. 엔지니어링 조직 일부를 전혀 관리하지 않기도 합니다. 기술적인 백그라운드를 가진 창립자와 함께 일할 때는 기술 지도보다는 경영 지원 업무 비중이 더 클 수 있습니다. 반면 오래된 기업의 경우 자신을 빼면 기술 배경을 가진 임원이 회사에 한 명도 없을 수 있습니다. '유일무이'라는 것은 최고로 좋은 경우에나 최고로 나쁜 경우에도 무엇이든 가능하다는 것을 의미합니다.

내부 임원직 찾기

내부 승진으로 첫 임원직을 경험하는 사람은 상대적으로 적습니다. 여기에는 크게 두 가지 이유가 있습니다. 첫째, 대부분의 회사에서 기술 임원 자리는 겨우 하나 정도인데, 그 자리는 이미 누군가가 맡고 있습니다. 둘째, 일반적으로 새로운 기술 임원을 찾을 때는 기존 팀이 이미 가지고 있는 기술과는 전혀 다른 새로운 기술을 갖춘 사람을 필요로 하는 경우가 많습니다.

현재 회사에서 임원으로 승진한 사람은 성공을 위해 고군분투하는 경우가 많습니다. 이런 사람들이 가장 흔히 마주치는 문제는 관리자 역할을 처음 맡을 때 겪던 것과 유사합니다. 새로운 업무를 배우는 동시에 이전 역할까지 수행해야 하는 것입니다. 이전에는 동료였지만 더 이상은 동료가 아닌, 임원 승진에 실패한 후보자들이 품는 불만도 존재할 수 있습니다. 이는 새로운 직무 수행을 더 어렵게 만들고, 자칫하면 임원으로 자리잡는 중요한 시기에 조직의 핵심 리더들이 회사를 떠나는 결과를 초래할 수 있습니다.

그렇다고 기술 임원으로 승진하는 것을 기피하거나 거절해야 한다는 뜻은 전혀 아닙니다. 오히려 두 눈을 크게 떠 현실을 제대로 직시하고 도전해야 합니다. 외부에서 영입되는 것보다 내부에서 임원으로 승진하는 것이 여러모로 더 어렵습니다. 설령 내부에서 임원으로 승진하지 못한다 하더라도 다른 회사에 임원으로 갔을 때 잘하지 못할 거라고 단정 지어서는 안 됩니다.

외부 임원직 찾기

보통 임원직은 회사 채용 페이지에 게시되지 않습니다. 따라서 임원직 구직 방법에 대해 논의하기 전에 먼저 기업이 어떻게 임원 직책에 맞는 후보자를 찾는지 알아보겠습니다. 지금은 없어진 모노클 스튜디오Monocle Studios[2]라는 회사가 과거에 큰성공을 거두어 처음으로 CTO를 고용한다고 가정하겠습니다.

회사는 어떻게 임원 후보자를 찾을까요? 대략 다음과 같은 과정을 거칠 것입니다.

1 내부 후보자 검토

해당 역할에 적합한 내부 후보자를 고려합니다.

2 기존 네트워크 활용

기존 네트워크에 있는 좋은 인재들에게 연락하여 이 역할에 관심이 있는지 확인합니다.

3 내부 임원 채용 담당자 활용

회사 내부의 임원 채용 담당자에게 후보자 모집을 요청합니다. 만약 회사 내부에 임원 채용 담당자가 없다면 이 단계는 생략할 수 있습니다. 임원 채용은 일반적인 채용과 완전히 다른 네트워크와 접근 방식이 필요하기 때문입니다. 임원 후보자에게는 일반 후보자와는 다른 질문을하기 때문에 일반 채용 담당자만으로는 어려운 상황이 생길 수 있습니다.

4 투자자 네트워크 활용

기존 투자자들에게 도움을 요청하여 그들의 네트워크와 투자사 내 채용 팀 지원을 활용합니다.

5 임원 채용 전문 업체 고용

임원 채용 전문 업체를 고용하여 채용을 맡깁니다.

물론 모든 회사가 이렇게 채용을 진행하지는 않습니다. 하지만 이런 단계별 프로세스는 임원 채용 과정에 어느 정도 일관된 기준을 제공합니다. 이렇듯 첫 임원직을 고용하는 것은 쉽지 않습니다. 가장 빠르고 이상적인 방법은 후보자와 이전에

---

2 https://lethain.com/monocle-studios

함께 일했거나 동료들을 잘 알고 있는 임원 채용 담당자를 활용하는 것입니다. 하지만 이 방법도 다소 한계가 있습니다. 모종의 이유로 좀처럼 채우기 어려운 자리였을 가능성이 큽니다.

또 하나 기억해야 할 것은 누구나 탐낼 만한 좋은 자리이거나 인맥이 풍부하고 평판이 좋은 CEO가 직접 채용하는 경우라면 임원 채용 전문 업체까지 가지 않는다는 사실입니다. 만약 여러분이 마땅한 네트워크 없이 임원직 탐색을 시작한 데다가 임원 채용 담당자에게만 의존한다면 좋은 자리를 만나기 어려울 가능성이 큽니다.

그렇다고 임원 채용 담당자를 활용하지 말라는 뜻은 아닙니다. 임원 채용 업체나 담당자는 당연히 훌륭한 능력이 있으며, 좋은 임원 채용 담당자는 일반 회사나 투자자 회사의 내부 채용 담당자보다 훨씬 더 성실하게 적합한 과정을 안내해 줄 것입니다. 저 또한 임원 채용 담당자를 통해 첫 임원직을 찾았으며, 제 동료들도 대부분 그랬습니다. 참고로 미래에 만나게 될 임원 채용 담당자는 회사에서 일반 채용을 담당하고 있을 가능성이 크므로 채용 팀과 잘 협력하는 방법을 배워두면 앞으로 큰 도움이 될 수 있습니다. 또한 창업자가 주도하는 채용이 반드시 좋은 자리라고 말할 수도 없습니다. 대부분의 임원 채용은 채용 회사나 담당자를 이용하는 일반적인 파이프라인을 통하기 전에 창업자가 먼저 주도하기 마련이니까요.

앞의 다섯 가지 과정을 잘 살펴보면 각 절차마다 임원이 될 확률을 높이는 다양한 방법이 있습니다. 먼저 기본적인 사항이 중요합니다. 평소에 링크드인 프로필을 자주 업데이트하고, 혹시나 연락을 주는 채용 담당자가 있으면 최선을 다해 정성껏 응답하세요. 이러한 태도를 갖추고 있으면 예상치 못한 기회를 만나는 경우가 굉장히 많습니다. 이는 또한 당신이 구직 중이라는 사실을 주변 네트워크에 알리는 방법이 되기도 합니다. 개인적으로 투자자나 임원 채용 담당자를 많이 알고 있지 않다면 이렇게 우연히 생기는 네트워크를 기회로 만들어 적극 활용하세요.

임원 채용 공고를 공개적으로 게시하는 회사도 있으므로 이런 정보를 확인해 보는 것도 나쁘지 않습니다. 단, 이때는 해당 공고가 외부 네트워크에 있는 인재를 찾을 목적인지(좋은 신호), 아니면 앞에서 설명한 모든 채용 단계를 거친 후에도 채용을 못해서 그러는 것인지(좋지 않은 신호)를 면밀하게 살펴야 합니다. 원칙을 중요시하는 회사라면 임원을 공개 채용하는 이유를 자신 있게 공표하므로 공고 내용에서 이를 조금이라도 드러낼 것입니다. 하지만 그런 내용을 찾을 수 없다면 해당 공고는 채용에 대한 절박함의 신호일 가능성이 큽니다.

만약 지금 당장 임원직을 찾는 것이 아니라 미리 준비를 해 두는 상황이라면 해야 할 일이 많습니다. 먼저 대기업이나 빠르게 성장하는 회사에 합류하여 자신의 네트워크를 확장할 수 있습니다(자세한 내용은 12장에서 다룹니다). 회사의 투자자들과 접촉할 수 있는 직책에서 일하거나, 자신의 업무를 적극 노출시켜 창업자들이 당신에게 연락할 가능성을 높이는 것도 좋은 방법입니다(12장과 15장에서 자세한 내용을 다룹니다). 엔지니어링 조직을 성장시키고 운영하는 일과 관련된 경험을 쌓는 것 역시 큰 도움이 됩니다.

면접 프로세스

임원직 면접 과정은 다소 혼란스러울 수 있습니다. 그동안 경험했던 다른 면접에 비해 집중력이나 효과가 부족하여 놀라는 경우가 많습니다. 엔지니어링 실무자를 뽑는 채용 담당자는 보통 엔지니어링 분야에서 경험이 풍부한 리더 출신인 경우가 대부분입니다. 하지만 기술 임원을 뽑는 채용 담당자는 기술 관련 경험이 없는 경우가 흔합니다. 다시 말해 지원하는 포지션이 엔지니어링 실무자라면 당신이 하는 일을 잘 이해하는 사람이 면접을 진행하지만, 임원이라면 면접관이 해당 일을 경험한 적이 없을 가능성이 큽니다.

물론 극히 드물게 면접관이 이전에 기술 임원을 역임한 경우도 있습니다. 기술 분야 창업자가 임원 역할을 채우기 위해 직접 면접을 보는 것도 스타트업 세계에서 비교적 흔한 일입니다. 이런 경우라면 CTO 역할을 창업자 본인이 맡고 당신은 VPE^{VP of Engineering}(부사장) 직함을 달게 될 가능성이 높습니다. 이런 상황에서는 VPE라는 직함이 어느 정도 눈속임이거나 수행하는 업무가 기술 임원이 하는 일이라고 말하기에는 다소 제한적인 수준일 가능성이 큽니다.

따라서 기술 임원 면접은 매우 많은 부분에 의해 좌우됩니다. 자신의 적합성, 그동안 쌓아온 평판, 이전에 관리한 팀의 규모, 개인적인 성격, 직속 상사나 동료와 함께 구체적이고 현실적인 문제를 얼마나 잘 해결할 수 있는지 여부 등이 그런 요소들입니다. 그렇기 때문에 임원 면접 과정에서 발현되는 태도 하나하나가 매우 중요합니다. 빠르고 정중하게 후속 질문을 하거나, STAR 기법[3] 등을 사용하여 자신의 답변을 간결하고 체계적으로 정리하거나, 면접관에게 회사가 어떻게 운영되는지 잘 이해하고 있음을 드러내는 질문을 던지는 것이 좋습니다. 무엇보다도 본인의 에너지와 열정을 과감하게 드러내는 것이 중요합니다.

임원직의 일반적인 면접 절차를 정리하면 다음과 같습니다.

1 채용 담당자와 통화

당신이 임원직에 적합한 최소한의 요구 사항을 충족하고, 의사소통을 잘하고, 적어도 CEO와 대화할 때 창피를 당할 사람은 아니라는 점을 확인시킵니다. 채용 담당자는 좋은 후보를 추천하는 것이 자신의 역량과 자질이 되기 때문에 당신이 면접 과정에서 좋은 인상을 남길 수 있도록 최선을 다해 도울 것입니다. 또한 근무지를 엉뚱하게 이해한다거나 출장 시 불합리한 대우를 요구하는 등 앞으로 일어날 수 있는 문제를 미리 확인해 볼 수 있는 좋은 방법입니다.

2 CEO 혹은 다른 임원과 통화

해당 직책에 당신이 얼마나 관심을 보이고 얼마나 적합한지 등을 대략적으로 확인하는 단계입니다. 주로 당신의 경력, 대화 준비 상태, 의사소통 능력, 회사에 대한 열정 등을 평가받게 됩니다.

---

3 https://lethain.com/star-method

3 CEO 또는 창업자 면접

비즈니스의 본질과 해당 직책의 역할, 우선순위 등을 파악하는 단계입니다. 회사에 대해 배우고 회사에게도 당신을 알리며 앞으로 함께 일할 수 있을지 여부를 서로 알아봅니다. 구체적인 대화 내용은 CEO 또는 창업자의 마음에 달려 있으며, 이에 따라 함께 일할 수 있는 사람인지를 파악할 수 있습니다.

4 동료 임원 및 당신이 관리할 팀원들과의 일대일 면담

이 단계는 회사마다 다르게 진행되며, 종종 면담 내용이 미리 공유되지 않아 상대가 바뀔 때마다 똑같은 주제가 반복되는 경우도 적지 않습니다. 이는 다소 실망스럽게도 해당 회사가 면접을 잘 준비하는 능력이 부족하거나 필요한 경험, 에너지를 제대로 갖추지 못했기 때문입니다. 저는 이 면담이 일반적인 대화, 프로그래밍 테스트, 아키텍처 논의 등 상상할 수 있는 모든 방식으로 진행되는 상황을 겪었습니다. 이때는 형식이 어떻든 최선을 다해 대처하는 방법밖에는 없습니다.

5 임원을 비롯한 이사진 프레젠테이션 면접

마지막으로 경영진이나 이사진 앞에서 발표하는 면접이 있습니다. 약 60분 정도의 시간 동안 자신의 경력과 회사에 대한 견해, 채용될 경우 집중할 업무에 대한 브리핑, 입사 후 첫 90일 동안 실행할 계획 등을 설명합니다.

5번과 같은 면접에서 효과적이라고 판단된 몇 가지 팁을 알려드리겠습니다.

- 발표 시작 전에 면접관에게 미리 프레젠테이션 내용에 대한 피드백을 요청하세요.
- 다른 후보자들이 특별히 좋은 피드백을 받았던 사항은 무엇인지 물어보세요.
- 주어진 프롬프트나 가이드를 정확히 따르세요.
- 프레젠테이션에서 가장 중요한 주제를 충분히 말할 수 있도록 우선순위를 정하세요.
- 질문 시간을 충분히 확보하세요(질문이 많지 않을 경우를 대비해 남는 시간을 채울 수 있는 보너스 콘텐츠를 준비하세요).

이와 같은 내용이 너무 모호하고 불명확하게 느껴졌다면 제대로 이해한 것입니다. 이제 모범 답안을 외워서 대처하던 시대는 지났습니다. 지금 눈 앞에 있는 사람이 원하는 답변을 눈치 빠르게 파악하고 적절하게 응답하는 능력이 중요합니다. 이런 방식이 자칫 기회주의적으로 느껴질 수도 있지만, 다양한 사람의 관점을 그때그때 조율하는 능력은 임원이 해야 할 매우 중요한 역할입니다!

임원 계약 협상하기

회사가 당신과 함께 일하기로 결정하면 이제 임원 계약 협상 단계에 들어갑니다. 다만, 최종적으로 임용이 결정되기 전까지는 섣불리 협상을 시작하지 않는 편이 좋습니다. 당신이 맡게 될 직책은 세상에 단 하나뿐인 고유한 자리이므로 여러모로 신중해야 합니다. 임원의 연봉을 결정하는 컨설턴트나 투자자들은 일반적인 수준에서 권장되는 급여를 제시하겠지만, 모든 회사는 한 번에 단 한 명의 기술 임원을 채용할 뿐입니다. 따라서 기술 임원이 협상하게 될 계약 내용은 회사의 사업 규모, 근무 지역, 당신의 경력 등에 따라 크게 달라질 수 있습니다.

가장 좋은 방법은 비슷한 역할을 맡고 있는 동료들의 계약 조건을 알아보는 것입니다. 놀랍게도 생각보다 많은 사람이 자신의 연봉을 포함한 세부 사항을 기꺼이 공유해 줍니다. 상장 기업이라면 DEF 14A 보고서[4]를 읽어 보는 것도 도움이 됩니다.

다만 임원직을 위한 임원 계약 협상에는 지금까지 했던 것과는 다른 측면이 몇 가지 있습니다.

- **주식**

  주식은 주식 매수 선택권stock option, 제한 조건이 있는 주식restricted stock units 등 다양한 형식으로 제공됩니다. 또한 주식은 여러 조건을 붙여 발행되기도 하는데, 보통 4년의 베스팅vesting 기간, 베스팅이 시작되기 전의 베스팅 클리프 1년 그리고 퇴사 후 주식 매수 선택권을 행사할 수 있는 기간 90일 등이 대표적입니다.

  이러한 조건은 대부분 임원 오퍼를 받은 후에야 구체적인 협상이 가능합니다. 하지만 구체적 내용은 어떤 회사와 협상하고 있는지에 따라 달라질 수 있습니다. 예를 들어 보상 조건에서 베스팅 클리프를 없애고 1년을 기다리는 대신 베스팅이 매달 시작되도록 협상할 수도 있습니다. 또는 퇴사 후 옵션 행사를 위한 기간을 연장하거나, 회사가 주식 매수 비용을 충당하는 목적으로 대출을 승인하여 세금 문제를 제외하면 사실상 무료로 옵션을 행사할 수 있도록 할 수도 있습니다.

---

4 옮긴이_ 한국의 사업보고서에 해당하는 문서로, 여기에는 해당 회사의 최고 임원들이 받는 기본 급여, 보너스, 주식 보상 등에 대한 설명이 포함되어 있습니다(예: 2022년 Splunk의 DEF 14A).

이렇듯 자신의 개별적 상황에 따라 '최선의' 옵션이 달라질 수 있으므로 세무 전문가와 협상
견각을 상담하는 것이 좋습니다.

- **주식 가속화**

주식 가속화equity acceleration는 주식과 관련된 또 다른 협상으로, 임원이 아니라면 접하기 매우
드문 항목이므로 협상 단계에서 주목해야 합니다. 가속화는 특정 조건이 충족되면 주식을 즉
시 베스팅할 수 있도록 해 주는 조건입니다. 많은 사람들이 주식 가속화를 스타트업 계약의 표
준 조건으로 간주하지만, 실제로는 가속화 조항이 없는 임원도 많습니다.

싱글 트리거single trigger와 더블 트리거double trigger로 가속화를 구분하는 것은 자주 거론되는 주제
입니다. 싱글 트리거 가속화는 회사가 인수되는 것과 같이 단 하나의 조건만 충족되면 이루어
집니다. 반면, 더블 트리거 가속화는 두 가지 조건이 모두 충족되어야 합니다. 예를 들어 회사
가 인수되고 나서 직장을 잃는 경우가 그렇습니다. 협상 단계에서 싱글 트리거와 더블 트리거
를 자주 거론하는 이유는 자신이 이 주제에 대해 잘 알고 있다는 인상을 주기 위한 목적이지,
특별히 심도 깊게 논의하기 위한 것은 아닙니다.

- **퇴직금 패키지**

퇴직금 패키지severance package는 퇴직 후에 받는 보상 내용을 보장받기 위해 협상합니다. 사실
여기에 정해진 기준은 거의 없습니다. 소규모 회사의 임원이 몇 개월치의 급여를 퇴직금 패키
지로 미리 정해 두는 간단한 경우부터, 높은 보수를 받던 임원이 새로운 회사에 기존 수준의
보상을 전부 요구하는 경우에 이르기까지 다양합니다. 또한 사전에 퇴직금 패키지를 전혀 협
상하지 않다가 퇴사 시점에야 협상하는 경우도 많습니다(단, 이런 계약은 협상력이 상당히 제
한적일 수 있습니다).

- **보너스**

보너스의 크기와 계산 방식도 협상 가능합니다. 평균적으로 보너스는 기술 임원보다는 영업
임원과 같은 역할에서 더 큰 비중을 차지하는 경향이 있습니다. 하지만 이 또한 회사와 규모에
따라 다릅니다. 공공 기업의 CTO는 보너스가 급여와 동일한 수준일 수 있고, 시리즈 C 단계
회사의 CTO는 보너스가 20%일 수 있으며, 직원 50명 규모 회사의 CTO는 아예 보너스가
없을 수도 있습니다.

보너스의 크기 외에도 보너스를 얻기 위한 조건을 협상할 수도 있습니다. 모든 임원이 같은 보
너스 목표를 공유하는 회사(때로는 영업 부문 제외)라면 크게 중요하지 않겠지만, 각 임원의
목표가 따로 설정되는 회사에서는 보너스 조건이 매우 중요한 요소가 될 수 있습니다.

• 육아 휴직

육아 휴직도 협상할 수 있습니다. 예를 들어 일부 회사는 1년 이상 근무한 후에 한해서 유급
육아 휴직을 제공하지만, 근무 기간이 더 짧은 경우에도 이를 포함해 달라고 협상할 수 있습니
다. 참고로 이는 임원뿐만 아니라 일반 직급에서도 종종 협상이 가능한 사항입니다.

• 입사일

일반 직급에서는 입사일을 비교적 쉽게 협상할 수 있지만, 임원급에서는 날짜를 정하는 일이
생각보다 복잡할 수 있습니다. 이는 회사가 임원 자리를 신속하게 채우는 동시에 후보자가 회
사에 합류하고자 하는 열정을 보이기를 원하기 때문입니다. 임원 후보자가 입사에 동의했는데
도 불구하고 다른 회사에서 더 나은 조건의 제안이 들어오면 마음을 바꿔 입사를 취소하는 경
우가 예상외로 많습니다. 이런 상황은 고용 회사는 물론 다른 회사(현재 근무 중인 회사 포함)
와 협상 중인 후보자 모두에게 상당히 불편한 시간 낭비를 초래합니다.

• 지원 사항

임원 역할을 성공적으로 수행하기 위해 필요한 여러 지원 사항도 협상이 가능한 항목입니다.
출장 시 비즈니스석이나 일등석 보장과 같은 허영심에 가까운 요청도 흔히 보이지만, 실제로
임원 역할 수행에 크게 영향을 미치는 다른 종류의 지원도 존재합니다. 예를 들어 비서를 요청
하면 매주 몇 시간을 더 업무에 집중하는 데 확보할 수 있으며, 팀 운영 예산을 충분히 협상하
는 것도 첫해의 성과를 결정짓는 중요한 요소가 될 수 있습니다.

이처럼 임원 계약 협상 단계는 임원 역할을 본격적으로 수행하기 위해 필요한 모
든 사항을 적극적으로 요청할 수 있는 시기입니다. 이 시기를 놓치면 자신과 조직
의 성공을 위해 필요한 지원을 확보할 수 있는 기회는 아마 다시 없을 것입니다.

모든 것이 가능하다는 점을 염두에 두고 협상에 임하되, 협상 대상자와는 협상이
끝난 후에도 함께 일해야 한다는 점을 명심하시기 바랍니다. 지나치게 많은 요청
을 하면 협상 중인 회사가 여러분에 대한 신뢰를 잃게 되어 제안을 철회하는 최악
의 경우가 발생할 수도 있습니다.

직책 수락 여부 결정하기

임원직 제안을 받으면 이를 거절하기가 매우 어려울 수 있습니다. 협상을 진행한 채용 담당자들이나 대화 중인 회사도 제안을 수락하도록 압박할 것입니다. 당신도 여기까지 오는 과정에서 많은 노력을 기울였기에, 회사의 제안을 수락하고 싶은 마음이 들 것입니다.

임원 제안을 평가하는 것은 특히 어렵습니다. 두 가지 매우 까다로운 과제를 해결해야 하기 때문입니다. 첫째, 앞으로 일할 회사의 미래를 예측해야 하는데, 이는 경험이 많은 벤처 투자자들에게도 어려운 일입니다(그나마 그들은 동시에 여러 투자를 병행할 수 있지만, 당신은 한 번에 하나의 직책만 가질 수 있습니다). 둘째, 자신에게 필요한 내용을 모두 균형 있게 고려해야 합니다. 하지만 놀랍게도 많은 사람들이 이 부분에서 실수를 합니다(예를 들어 하기 싫은 일이라는 걸 알면서도 높은 명성과 고액 연봉 때문에 제안을 거절하지 못하는 경우).

당신이 제안을 수락해야 할지 여부를 대신 말해 줄 수는 없지만, 최종 결정을 내리기 전에 반드시 다음 사항을 확인하시기 바랍니다.

- **CEO와 충분히 시간을 보내세요.**

  CEO와 함께 일하는 것이 즐겁고, 회사를 이끌어가는 방식을 신뢰할 수 있을지 확인하세요. 나중에 회사가 충분히 성장하여 상장까지 하게 되면 상황이 바뀔 수 있지만, 일단 지금은 CEO가 회사의 방향을 정하고, 임원진을 구성하고, 가장 어려운 결정을 내리는 책임을 가진 사람입니다.

- **최소 한 명 이상의 이사회 구성원과 대화해 보세요.**

  이사회 구성원들은 민감한 정보를 직접 말해 주지는 않겠지만, 그들이 당신과 기꺼이 만날 의향이 있다는 것은 중요한 신호입니다. 이런 대화는 이사회와의 관계를 구축할 수 있는 최고의 기회이기도 합니다.

- **앞으로 함께 일할 임원진의 모든 구성원과 대화하세요.**

  때로는 인터뷰 일정이 맞지 않아 만나야 할 누군가를 놓칠 수 있지만, 최대한 많은 임원진과 대화를 나누며 앞으로 그들과 효과적인 업무 관계를 구축할 수 있는지 여부를 확인하는 것은 매우 중요합니다.

- **재무 팀 직원에게 회사의 최근 손익 계산서를 설명해 달라고 요청하세요.**

  물론 해당 문서를 보려면 기밀 유지 계약서에 서명해야 하겠지만, 만약 회사가 이 정보를 공유하지 않으려 한다면 이 또한 매우 이례적인 신호일 수 있습니다.

- **그들이 당신의 질문에 제대로 답하는지 확인하세요.**

  한번은 한 회사의 엔지니어링 책임자 자리를 놓고 인터뷰를 했는데, 관계자들이 자기 회사의 현재 평가액 정보를 공유하는 것을 거부했습니다. 여러 번 질문했지만 결국 그들은 답하는 것이 무리라고 했고, 저는 임원 후보자에게 평가액을 공유하지 않는 회사와는 계속 면담을 진행할 수 없다고 판단했습니다. 이런 경우, 당신이 회사에 합류한 이후에도 그 정보를 공개할 가능성이 거의 없습니다. 채용 과정이 아니고서는 이런 질문에 제대로 된 답을 얻을 기회도 거의 없습니다. 이렇게 중요한 질문에 회사가 답하지 않는다면 기꺼이 떠날 준비를 하세요.

- **최근에 회사를 떠난 임원이 있다면 그가 회사를 떠난 이유를 알아보세요.**

  떠난 임원의 지인 또는 본인과 직접 대화를 나누어 보는 방법이 있습니다. 때로는 당신을 인터뷰한 임원이 당신이 입사하기 직전이나 직후에 회사를 떠나는 경우도 있습니다. 이때는 그가 회사를 떠난 이유를 알기 위해 반드시 그 사람과 직접 연락을 취해야 합니다.

이 모든 단계를 진행하면서 스스로에게 물어보세요. 이 회사에 입사하는 것이 아직도 흥분되나요? 이 직책에 대한 당신의 생각을 적어도 두 명 이상에게 설명했는데도 그들이 아무런 우려를 제기하지 않았나요? 여기에 대한 대답이 '네'라면, 기쁜 마음으로 그 직책을 수락하세요!

임원직에 실패했을 때

기술 임원직에 실패하는 경우에 대해서도 이야기하지 않을 수 없습니다. 채용 초기 단계 이후에 연락이 끊기는 걸 경험해 본 적이 없는 사람이 과연 얼마나 있을까요? 최근 CTO를 찾는 한 회사가 제 친구에게 인터뷰를 제안하여 매우 기대를 하게 만든 후, 일주일 뒤에 그 역할이 이미 채워졌다고 통보했습니다. 저 역시 어떤 CEO와 처음 논의를 나누자마자 앞으로 우리가 함께 일할 일은 없을 거라고 느낀 적도 있습니다. 또는 저와 CEO 모두 같이 일하기를 희망했지만 성공을 위해 필요한 특정 기술(예: 머신러닝에 대한 깊은 경험)이 저에게 부족해서 진행할 수 없었던 적도 있습니다.

거절당하는 게 썩 즐거운 경험은 아니지만 도움이 되는 부분도 있다고 생각합니다. 당신의 목표는 그저 임원직을 찾는 것이 아니라, 당신이 성공을 거둘 수 있는 임원직을 찾는 것입니다. 어떤 기회가 당신에게 적합하지 않은 자리라는 사실은 그 일을 맡기 전에 미리 깨닫는 것이 낫습니다. 다음 단계로 이어지지 않는 기회는 앞으로 더 좋은 결과를 가져오기 위한 준비일 뿐입니다.

요약

1장에서는 임원직을 찾는 여정이 당신이 지금껏 노력해 온 것과 상당히 다른 접근 방식이 필요하다는 사실을 배웠습니다. 또한 임원 채용 담당자, 투자사의 채용 담당자 그리고 이전에 함께 일했던 동료들과 유익한 네트워크를 형성하는 방법을 알게 되었습니다. 가장 중요한 것은 모든 임원 자리가 저마다 고유하다는 점을 이해하는 것입니다. 임원직을 찾는 과정이 어떻게 진행되고 또 진행되지 않는지에 대해 성급히 일반화하는 것은 금물입니다. 당신이 맡게 될 임원직을 찾는 과정은 오직 세상에 하나만 존재하는 유일무이한 경험이며, 그렇기 때문에 어떤 일이든 가능합니다.

다음 링크에서 추가 자료 및 리소스를 찾아보세요.
https://lethain.com/eeprimer-refs-1

엔지니어링 임원의 첫 90일

마이클 왓킨스의 저서 『90일 안에 장악하라』(동녘사이언스, 2018)는 조직에서 새로운 역할을 시작하는 사람들에게 필독서로 알려져 있습니다. 아직 읽지 않았다면 이 책을 통해 분명 가치 있는 정보를 얻을 수 있을 것입니다. 저도 그랬거든요. 하지만 이 책에 담긴 조언이 다소 일반적이라는 사실을 느끼게 될지도 모릅니다. 물론 우리는 가능한 한 많이 배워야 하고, 다른 사람과 조율하며 필요한 자원을 협상해야 합니다. 팀을 구축하고 다른 조직과 협력하는 일도 당연히 해야 하죠.

이 장에서는 이런 보편적인 내용에서 더 깊이 들어가 엔지니어링 임원으로서의 첫 90일 동안 해야 할 일을 아주 자세히 살펴볼 것입니다. 이 장의 내용은 다음과 같습니다.

- 가장 먼저 배워야 할 것
- 초기 변경 횟수를 제한해야 하는 이유
- 신뢰와 지원 시스템을 구축하는 방법
- 조직 상태 및 프로세스 이해
- 업무(특히 채용)가 수행되는 과정
- 코드베이스에 투자할 시간이 제한되어 있는 경우 필요한 기술 파악하기

이 장의 내용은 당신이 새로운 역할을 맡은 후 초반 90일 동안 할 일에 대한 계획을 세우는 데 도움이 될 것입니다. 가장 시급한 문제에만 급급하지 않고, 가장 가치 있는 일에 차분히 집중할 수 있도록 할 것입니다.

가장 먼저 배워야 할 것

맡은 역할에 따라 해야 하는 일의 우선순위와 이를 측정하는 방식이 다릅니다. 시리즈 A 단계의 회사, 상장 전의 회사 그리고 구글 같이 커다란 회사에서 CTO 업무를 시작하는 경우 가장 중요하게 생각하는 것이 각각 다를 것입니다. 그럼에도 불구하고 무엇이 중요한지 파악하는 과정에서는 공통적으로 고려해야 할 사항이 존재합니다. 관련해서 다음과 같은 우선순위를 제안합니다.

1 비즈니스는 어떻게 작동하는가?

돈은 어디서 나오고 어디로 가는가? 회사에 얼마나 자금이 있는가? 회사의 가치를 크게 증가시키려면 내년에 무엇을 성취해야 하는가? 엔지니어링 팀과 비즈니스를 운영하는 사람들 사이에 어떤 지식 격차가 있는가? 당신이 회사가 수행하는 비즈니스 도메인 경험이 없다면(예: 은행 업무나 부동산 업무) 그 분야에 대해서 깊이 파고드는 것도 중요합니다.

2 회사의 문화는 무엇으로 정의되는가?

회사의 진정한 가치는 무엇인가? 최근에 회사가 내린 몇 가지 주요 결정은 무엇인가? 의사결정은 실제로 어떻게 내려지는가? 어떤 사람이 좋은 평가를 받으며 그 이유는 무엇인가? 누구의 역할이 성장했고 누가 정체되었는가?

3 동료 및 이해관계자와 어떻게 건강한 관계를 구축할 수 있는가?

동료들은 엔지니어링 팀으로부터 무엇을 필요로 하는가? 동료들이 성공할 수 있도록 어떻게 도울 수 있는가? 이해관계자들이 정의하는 성공이란 무엇인가? 갈등이 처음 생기기 전에 어떻게 협력적 관계를 구축할 수 있는가?

4 엔지니어링 팀이 올바르게 일을 수행하고 있는가?

아이디어는 어떻게 완성되는가? 작업은 어떻게 할당되는가? 비상 상황이 발생하면 누가 어떤 방식으로 처리하는가?

5 기술 품질이 높은가?

도구들이 팀의 일상 업무를 얼마나 잘 지원하고 있는가? 주요 기술적 행동과 속성은 무엇인가? 기술적 한계로 인해 수행할 수 없는 프로젝트는 무엇인가?

6 엔지니어링 팀은 사기가 높고 포용적인가?

팀 내에서 어떤 사람이 성공하고 있는가? 누가 성공을 거두지 못하고 그 이유는 무엇인가? 적극적인 포용 노력은 무엇이며 누가 그런 노력을 주도하는가? 업무는 가치 있게 평가받고 있는 가? 팀을 활력 있게 만드는 것은 무엇인가? 팀의 에너지를 빼앗는 요소는 무엇인가?

7 진행 중인 업무의 속도는 장기적으로 지속 가능한가?

팀원들이 장기적으로 일에 참여하고 활력을 유지하기 위해 무엇이 필요한가? 초기에는 잠시 제한을 풀었지만 문제를 해결한 후에는 다시 넘지 말아야 할 선이 있는가?

그리고 각 우선순위의 진척 상황을 장기적으로 추적하기 위해 몇 가지 측정 가능한 목표를 정하세요. 이렇게 구체적인 목표를 세우는 행위 자체가 업무를 익히는 과정의 일부입니다. 개발 팀의 업무를 측정할 때는 실행한 프로젝트 수나 액셀러레이트^{accelerate}**1** 생산성 지표 등을 떠올릴 수 있습니다. 팀의 사기는 스킵 레벨$^{skip-}$ ^{levels}**2** 미팅이 진행되는 수준, 컬처 앰프$^{Culture \; Amp}$**3**와 같은 팀 내 감정 조사 결과, 팀 내 다양한 구성원과 진행하는 커피챗 등으로 측정할 수 있습니다. 일의 진척 속도를 정확히 파악하는 것은 어려운 일이지만, 이런 방법을 사용하면 일의 지속 가능성을 위해 요구되는 조건을 식별하고 그 조건이 얼마나 잘 충족되는지 측정할 수 있습니다. 제가 함께 일했던 한 임원은 매일 30분의 업무 집중 시간을 확보해야 한다고 했습니다. 당신은 더 많은 시간이 필요하거나 덜 필요할 수도 있고요. 어느 쪽이든 전혀 문제되지 않습니다!

올바른 시스템 변화 만들기

우선순위와 목표를 수립한 신규 임원은 바뀐 시스템을 빨리 적용하고 싶어 하기 마련입니다. 당연한 마음이겠지만, 초기에는 자칫 잘못된 방향으로 나아갈 수 있으므로 주의해야 합니다. 고위 리더에게 중요한 것은 수립한 목표를 향해 지속 가능한 개선을 이루는 것입니다. 이는 단순히 변화를 만드는 것이 아니라 올바른 변화를

---

1 옮긴이_ 액셀러레이트는 소프트웨어의 배포 빈도와 배포 후의 품질로 개발자 생산성을 정의합니다. 이를 통해 개발 팀의 효율성과 성과를 측정할 수 있습니다.

2 옮긴이_ 바로 위의 직접 상관을 건너뛰고 한 단계 이상의 상급자와 나누는 직접적인 소통입니다.

3 옮긴이_ 기업의 조직 문화를 분석하고 개선하기 위한 데이터 기반의 직원 경험 플랫폼을 의미합니다.

만드는 데서 비롯됩니다. 나아가 지속 가능한 개선은 단순히 외양만 일시적으로 변화시킨 모습을 만들어 내는 것이 아니라 변화를 일으키는 근본적인 시스템을 구축하는 데 달려 있습니다.

이러한 시스템 변화는 긍정적이든 부정적이든 그 효과가 나타나는 데 시간이 걸릴 수밖에 없습니다. 당신이 맡은 조직은 소소한 변화부터 조금씩 받아들일 수 있을 것입니다. 그렇기 때문에 진정한 임원이 되려면 급격한 변화를 시도하기 전에 먼저 이미 잘 굴러가고 있는 조직과 시스템을 제대로 이해하는 것부터 시작해야 합니다. 물론 이 과정을 생략해도 단기적으로는 성공했다고 보일 수 있지만, 몇 달이 지나면 똑같은 문제에 다시 직면하게 될 것입니다. 그때는 팀으로부터의 신뢰와 피드백은 줄어들 수도 있습니다.

온보딩 과정에서 신규 임원들이 가장 흔히 빠지는 함정은 문제의 본질을 제대로 이해하기 전에 성급하게 변화를 시도하는 것입니다. 그 밖의 또 다른 실수는 상황을 신중히 고려하지 않고 마음대로 판단하는 것('아, 이 기술은 정말 형편없어. 어떤 바보가 이런 결정을 내렸지?')과 이전 직장을 회상하는 짜증 섞인 말투('내 이전 직장에서는 말이야…') 등이 있습니다.

번아웃에 빠지지 않으려면

새로운 커리어를 시작하고 초반에 겪는 문제들은 대부분 새로운 것들이기 때문에 그 자체만으로도 어렵게 느껴지는 경우가 많습니다. 살면서 한 번도 겪어보지 않은 문제를 잘 해결하는 것은 누구에게도 쉽지 않습니다. 그나마 다행인 것은, 팀 내부에는 이미 그런 문제를 경험하고 그 문제의 세세한 부분까지 잘 이해하고 있는 사람이 있다는 것입니다.

다른 사람에게 도움을 요청하지 않고 스스로 해결하려고 하면 일상적인 문제라도 에너지를 과도하게 쓸 수밖에 없습니다. 열심히 일하는 자세는 흔히 미덕으로 간주되지만, 진정한 미덕은 역시 적극적으로 배우는 태도입니다. 맡은 과제에 최대한 능숙해지는 것이 중요하며, 이 과정에서 겪는 고통은 부수적인 일에 불과합니다.

한번은 신입 직원들이 인내와 배움 사이에서 균형을 잘 맞출 수 있도록 적극 지원하는 회사를 인터뷰한 적이 있습니다. 그 회사가 직원들에게 강조하는 것은 '20-40 규칙'입니다. 문제를 해결하기 위해 최소 20분은 노력하되, 40분을 넘기지 말고 도움을 요청하라는 것입니다. 20, 40과 같은 숫자가 당신의 팀에 완벽히 맞는다는 법은 없지만 이는 팀원들에게 자신이 주변에 도움을 요청할 권리가 있음을 알려 주고, 그들 또한 서로 시간을 할애하여 타인을 도와야 한다는 일종의 매커니즘을 형성하는 데 효과적입니다.

계속해서 쌓이는 문제를 해결하기 위해 무조건 더 열심히 일하는 방식은 주로 다른 사람이 당신의 업무를 관리하는 상황에서나 효과가 있습니다. 경력 초기에는 매니저나 선배 동료가 당신이 프로젝트 각 단계에서 처리할 업무량을 어느 정도 대신 관리해 주겠지만, 경력이 쌓일수록 당신은 필터링되지 않고 다가오는 각종 요청에 점점 더 많이 노출될 것입니다. 성장 속도가 느린 회사라면 간헐적인 인력 충원을 통해 신규 인력과 업무를 나누고 더 열심히 매진하여 추가 업무에 어느 정도 대처할 수 있습니다. 하지만 빠르게 성장하는 회사나 팀에서는 무조건 더 열심히 일하는 것이 오히려 자기파괴적인 전략이 될 수 있습니다. 팀원들을 가르칠 시간이 없고, 스스로 배울 시간조차 없어질 것입니다. 이런 상황은 열심히 일할수록 더 뒤처지다가 결국 번아웃에 이르는 악순환을 초래합니다.

일의 앞뒤 맥락이나 관점을 충분히 생각하며 해결할 수 없을 정도로 너무 복잡한 문제에 사로잡힐 때는 일단 속도를 늦추고 생각할 수 있는 공간을 만드는 것이 유일한 해결책입니다. 무작정 더 열심히 하려는 본능을 억누르고 이 상황을 차분히 성찰해 보세요.

결국 제가 전달하고자 하는 핵심은 다음과 같습니다. 빠르게 급변하는 복잡한 상황에 놓여 있다면 일단 속도를 늦추세요! 더 열심히 일하는 것을 멈추세요. 무조건 일하기만 하면 출구가 없습니다. 그런 방법은 겉으로는 진전이 있는 것처럼 보일 수 있지만, 결국에는 필요한 목표에 도달하지 못하게 만듭니다(이는 전 세계 시차에 따라 '해가 지지 않는' 교대 근무 방식에 반대하는 제 주장과도 유사합니다).

마지막으로, 복잡한 문제를 무조건 열심히 일해서 해결하려는 팀원들을 관리하는 매니저에게 조언합니다. 그들이 잠시 멈추고 재정비할 수 있는 공간, 속도를 늦추고 생각하면서 모두가 성장할 수 있는 공간을 만들어 주세요! 곧 새로운 과제가 찾아올 테니, 그때를 위해 에너지를 아껴두세요.

첫 90일 동안의 과제

첫 90일이라고 하면 오직 직무 교육과 업무 준비에만 집중하다 91일째부터 본격 업무를 시작하라는 말로 들릴 수 있습니다. 물론 상황에 따라 이것이 가능할 수도 있지만, 반대로 잘못된 방향일 수도 있습니다.

직무 교육을 시작한 후 회사나 조직에 뭔가 심각한 문제가 있는 것을 발견하면 교육 과정을 따라가는 것을 멈추고 문제를 먼저 해결하는 데 집중해도 좋습니다. 그런 상황에서는 교육 과정을 3개월이 아닌 9개월여 만에 완료하게 될 수도 있는데, 그래도 괜찮습니다. 단, 긴급 상황을 해결하는 데 시간을 할애하더라도 모든 시간을 거기에만 매달리지 않도록 하세요. 임원의 리더십은 단기적 목표와 장기적 목표 모두에서 성공을 거두어야 비로소 발현됩니다. 따라서 긴급 상황을 해결하는 즐거움에만 빠져 장기적인 전략과 목표를 소홀히 하지 않도록 주의해야 합니다.

입사 초반에 또 한 가지 중요하게 생각해야 할 점은 회사 조직의 규모와 복잡성을 파악하는 것입니다. 20명 규모의 회사는 전체 구조를 파악하는 데 3개월이나 걸리지 않겠지만 2,000명 규모의 회사는 그럴 가능성이 높습니다. 따라서 다른 모든 규칙처럼 입사 초반 직무 교육 기간도 자신이 처한 상황에 맞게 조정하기 바랍니다.

직무 교육 및 구성원 간 신뢰 구축하기

온보딩 기간에 가장 중요한 것은 앞으로 함께 일할 사람들을 만나고, 회사의 비즈니스가 어떻게 운영되는지 파악하고, 최대한 많이 배우면서 회사 내부에서 신뢰를 얻는 것입니다. 첫 90일 동안 회사에서 네트워크를 구축하기 위해 취할 수 있는 몇 가지 행동은 다음과 같습니다.

- **CEO나 CTO 같은 관리자에게 본인에게 기대하는 역할을 문서로 명확히 작성해 달라고 하세요.**

  보통 "제 역할을 잘 한다는 건 어떤 모습인가요?"라고 물어보곤 합니다. 돌아오는 답변은 "회사에 어떤 방식으로 기여할지 스스로 알아내세요"와 같이 상당히 애매하고 포괄적일 수 있지만, 그런 것은 전혀 문제되지 않습니다. 다만 그들이 더욱 구체적으로 기대하는 역할이 있다면, 이를 명확한 문서로 남겨달라고 요청하세요.

- **심각한 문제가 있다면, 즉시 주의가 필요한지 확인하세요.**

  회사라는 커다란 조직은 놀라울 정도로 회복력이 강해서 도저히 견딜 수 없을 것처럼 보이는 상처도 잘 견뎌냅니다. 그렇지만 당신이 합류하는 조직에 실제로 무언가 심각한 문제가 있을 수도 있습니다. 그런 경우라면 일반적인 접근 방식을 버리고 그 상황을 위급한 상태에서 어느 정도 처치할 수 있는 수준의 상태로 개선할 수 있도록 당신의 역량을 집중해야 합니다. 때로는 사람들이 심각한 문제에 너무 익숙해진 나머지 그런 문제가 있다는 사실을 잊어버리기도 하는데, 그런 모습은 당신에게 충격적일 수 있습니다.

- **구성원들의 목소리를 들으세요.**

  한 조직의 규모가 30명 미만이라면 처음 90일 동안은 구성원 모두를 개별적으로 만나는 것을 목표로 하세요. 조직 규모가 커지면 같은 시간 내에 더 많은 사람들을 만나기 위해 팀 회의와 개별 회의를 섞어서 진행해야 할 것입니다. 또한 조직 밖으로도 나가세요. 함께 일하지는 않아도, 점심 시간과 같은 비공식적인 기회를 이용해 회사 전반의 사람들과 폭넓게 만나는 시간을 가지는 것이 좋습니다.

- **구성원 간의 1:1 면담과 관리자급 회의를 정기적으로 진행하세요.**

  이런 미팅은 조직으로부터 직접 배우는 중요한 수단이므로 되도록이면 초기에 주기를 정해야 합니다. 조직이 성장하면 하는 일도 늘어나기 때문에, 과부하에 걸리지 않도록 관리자급 회의에 매주 할애할 시간을 미리 정해 두는 것이 좋습니다. 일부 임원들은 처음부터 너무 깊이 들어가기보다는 일을 광범위하게 배운 후 첫 90일이 지난 다음에 정기 회의를 진행하라고 권하기도 합니다. 어떤 경우든 정기적인 1:1 면담은 최대한 일찍 시작하는 것이 중요하며, 이때는 두 가지 사항을 기억하세요. 먼저, 당신 조직의 구성원뿐만 아니라 다양한 방식을 통해 주변 동료나 이해관계자를 폭넓게 만나는 기회로 여겨야 합니다. 또한 단순히 기계적으로 만나는 것보다는 사람 대 사람으로 서로를 알아가도록 하세요.

세부 내용을 공유하세요.

새로운 조직에서 신뢰를 얻는 방법이 하나 있습니다. 바로 자신이 여러 사람의 목소리를 귀 기울여 듣고 있으며, 성급히 판단하지 않는 사람이라는 점을 보여 주는 것입니다. 주간 이메일을 보내는 방식이 상당히 효과적이며(자세한 내용은 11장에서 다룰 예정입니다), 월간 전체 회의나 다른 장소를 활용해도 좋습니다.

정기 회의에 참석하세요.

정기 회의에 참석하여 진행되는 상황을 관찰하세요. 이는 조직 외부 회의에도 효과적입니다. 일반적으로 새로운 임원이 등장하면 기존 회의의 관행을 깨뜨리는 경향이 있습니다. 처음 몇 번은 기존 방식대로 진행하도록 요청하는 것이 도움이 되지만, 본인의 참석이 회의 방식을 바꿀 수 있다는 점을 인지해야 합니다.

고객의 소리를 들으세요.

고객은 언제나 현실을 반영하는 중요한 존재입니다. 초기 단계에서 고객의 목소리를 듣는 가장 확실한 방법은 고객 서비스를 활용하는 것입니다. 고객 지원 팀이 있다면 그들이 민원을 어떻게 검토하는지 함께 관찰하세요. 담당 팀이 없다면 젠데스크^{Zendesk}에 직접 로그인하여 살펴보는 것도 좋습니다.

고객 회의, 파트너 회의, 또는 사용자 테스트에 참여해서 관찰하세요.

무엇을 관찰할지는 회사의 주력 제품과 비즈니스 유형에 따라 달라지겠지만, 우선순위는 중요한 외부 사람들(고객 및 파트너)과 회사가 어떻게 소통하는지 배우는 것입니다.

비즈니스 분석 자료를 찾고 데이터를 조회하는 방법을 배우세요.

비즈니스 분석 자료가 저장된 곳을 찾으세요. 아마도 회사의 데이터 웨어하우스에 있을 가능성이 큽니다. 그리고 흥미로운 문제를 만났을 때 필요한 데이터를 직접 조회할 수 있도록 쿼리 실행 방법을 배워 두세요. 대규모 회사라면 직접 쿼리를 작성하기보다 데이터 과학자나 비즈니스 분석가와 대화하며 데이터를 조회할 가능성이 크기 때문에, 그들과 협업하는 방식을 익히는 것도 중요합니다.

외부 지원 네트워크 구축하기

경력이 쌓일수록 회사 내에서 당신의 현재 역할을 경험했던 사람이 줄어들게 됩니다. 따라서 현재 조직과 동료, 관리자 외에도 외부 지원 네트워크를 구축해 두는 것이 점점 더 중요해질 것입니다. 고위직에서 내리는 결정들은 결과가 서서히 나타나는 경우가 많으므로 타인의 경험을 잘 활용하는 것이 더욱 중요합니다. 외부 지원 네트워크를 구축하기 위한 몇 가지 팁은 다음과 같습니다.

- **비슷한 역할을 맡은 사람들과 외부 지원 네트워크를 만드세요.**

  고위직에 오르면 회사 내에 같은 역할을 하는 사람이 없기 때문에 외부에서 롤 모델이나 멘토를 찾아야 합니다. 비공개 슬랙Slack 그룹이나 주간 조찬 모임 등 소규모 리더십 커뮤니티에 가입하세요. 다양한 그룹에서 여러분의 과제를 공유하는 것만으로도 업무를 익히는 속도가 크게 빨라질 것입니다.

- **임원 코치를 고용하세요.**

  외부 지원 네트워크의 장점을 모아 작은 다이아몬드로 압축한 것이 바로 뛰어난 임원 코치와 함께 일하는 것입니다. 이들은 여러분과 같은 도전을 경험한 다른 사례들을 이미 알고 있으며, 여러분의 상황을 가장 잘 이해하고 냉정하게 피드백을 전달해 주기 위해 회사가 고용한 사람들입니다. 적당한 임원 코치를 모른다면 업계 동료들에게 추천을 구하는 것이 가장 좋습니다.

  임원 코치는 자신이 임원 역할에 익숙해진 후에 더 유용할 수 있으므로 처음 3개월보다는 시간이 조금 더 지난 뒤에 고용하는 편이 좋다는 의견도 있습니다.

- **자기 관리에 시간을 할애하세요.**

  자신에게 잘 투자해야 다른 사람들에게 투자할 에너지도 생깁니다. 필요한 치료를 받고, 충분한 수면 시간을 지키며, 규칙적인 운동을 계획하세요.

이 모든 사항을 지키기는 힘들다는 생각이 들어도 새로운 일을 시작하고 당신의 모든 패턴이 바뀌는 이 마법 같은 시간을 잘 활용하는 것이 중요합니다. "안녕하세요. 제가 새로 직책을 맡았는데 경험이 많으신 것 같아 몇 가지 여쭤보고 싶습니다!"라고 인사하며 준비된 질문을 던지면 놀라운 효과를 확인할 수 있을 겁니다.

시간 및 에너지 관리의 중요성

몇 주 전에 제 아들 때문에 디지털 피아노를 구입했습니다. 아들을 피아노 근처에 두면 계속해서 피아노를 두드리곤 합니다. 그 당시 저는 삶에 공허함을 느끼고 있었고, 피아노 연습이 그 공허함을 채워줄지도 모른다는 생각까지 하게 되었습니다. 어릴 때 4년 정도 피아노를 배웠을 때는 특별히 잘 치지는 못했지만, 지금도 악보를 보고 연주할 수 있을 정도여서 다시 시작하는 것이 무척 재미있었습니다. 내 손으로 직접 음악을 만들어 낸다는 게 꽤 강력한 힘이 있다는 것도 알게 되었습니다.

30년 동안 피아노를 치지 않은 성인이 갑자기 피아노를 사는 것은 허영심의 발로일지도 모르지만, 저는 꽤 즐기는 중입니다. 피아노가 나에게만 온전히 집중할 수 있는 시간을 만들어 준다는 점이 가장 놀랍습니다. 새로운 에너지를 만들어 주기도 하고요. 기초 단계부터 다시 시작하니 연주 실력이 향상되는 것도 금방 느낄 수 있습니다. 연주 속도가 빨라지고, 마디 사이의 전환이 매끄러워지고, 간단한 곡은 외워서 연주하는 것처럼 말이죠. 피아노는 사람마다 하루에 정해져 있는 에너지를 고갈시키는 대신, 오히려 에너지를 채워줍니다. 이는 제가 여러 번 배운 교훈임에도 자주 잊곤 합니다. 피곤할 때 가장 좋은 해결책은 삶에 즐거운 일을 더하는 것이지, 일만 하면서 단순하게 사는 게 아닙니다.

저 역시도 피곤할 때면 아무것도 하지 않으려 했습니다. 이렇게 3년 동안 단순하게 살아보니 제 삶을 채워주는 것이 아무것도 없었습니다. 아이가 태어난 후로는 TV도 보지 않고, 제 방에서 15년간 쌓아뒀던 잡다한 문서들을 모두 파쇄기에 넣어 없애버렸습니다. 옷장도 깨끗하게 정리하여 기존 양말을 모두 버리고 비즈니스용, 발목용, 운동용 양말 세 종류만 남겨두었습니다. 이제 양말을 정리하고 접는 데 걸리는 시간이 크게 줄어들었죠. "이렇게 단순하게 사는 게 정말 중요하다고!"라며 스스로에게 어설픈 확신으로 중얼거리면서요.

하지만 피아노를 사고 양말을 정리하는 와중에도 저는 여전히 가장 비생산적인 습관으로 다시 돌아가곤 했습니다. 바로 이전에 했던 일에서 의미를 찾으려 애쓰는 것입니다. 내 글에 대한 새로운 트윗은 없을까? 트위터(현 X) 팔로워는 지금 몇 명이지? 아마존에서 내 책의 판매 순위는? 책 판매량 관리 시스템에 최근 몇 분기의 판매 데이터를 업데이트했나? 내 메일링 리스트 구독자는 몇 명이지? 이런 수치가 올라가는 걸 보면 덩달아 기분이 좋아진다는 사실을 인정하기 부끄럽지만, 이런 유사 성취감으로는 현실이 풍성하게 채워지지는 않습니다.

오랫동안 이런 제 자신을 이해하려고 노력한 끝에, 나의 영혼을 진정으로 채우는 것은 가족이나 피아노 같은 취미로 이루어진 일상 그리고 일이나 글쓰기에서 얻는 성취감 사이의 아슬아슬한 균형에서 온다는 사실을 알게 되었습니다. 특히 아이가 있는 지금은 그 어느 때보다 아내와 더 많은 시간을 보내고 있습니다. 이런 순간들은 제 인생에서 가장 마법 같고 보람차면서도, 동시에 어려운 순간들입니다. 아들이 아프거나 달랠 수 없을 만큼 힘든 날에도 가족과 함께 보내는 시간은 무엇과도 바꿀 수 없는 특별한 경험입니다.

직장에서의 일은 여전히 잘되고 있지만 임원으로서의 리더십은 직접적인 성과보다는 행복에 미치는 영향이 훨씬 줄어들었습니다. 특히 지금은 채용에 직접 관여하는 시간이 줄어들고 팬데믹이나 불황의 위기를 극복하기 위한 시간을 더 많이 쓰면서 그런 경향이 더 강해졌습니다. 토요일이면 일정 시간 동안 글을 쓰던 시절과 달리, 최근에는 규칙적으로 글쓰는 시간을 확보하기 어렵습니다. 한동안 글을 쓰는 능력을 잃어버린 것이 아닌가 걱정했지만, 일주일 정도 일을 쉬고 나면(아직 육아는 해야 하는 상태에서) 멀어졌던 단어들이 다시 빠르게 돌아오곤 합니다.

그럼에도 불구하고 저는 여전히 3~4년 전의 삶을 그리워합니다. 그때는 훨씬 여유가 있었고, 내 삶의 여러 부분을 쉽게 채울 수 있는 시간이 있었습니다. 하지만 이제는 내가 한 부분을 채우면 다른 두 부분이 비어 있을 수밖에 없다는 사실을 받아들이려고 노력하고 있습니다. 대신 삶의 구석구석에 작은 기쁨이라도 최대한 많이 더하려 애쓰고 있습니다. 이 주제에 대해서는 9장에서 더 자세히 다루겠습니다.

조직 상태 및 프로세스 이해하기

관리 직책에 있는 사람들은 필요한 개선과 변화를 가로막는 불필요한 마찰을 피하기 위해 가급적이면 조직 프로세스에 관여하지 말라고 교육받습니다. 그러나 고위직에 있는 사람들이 그런 사고방식을 계속 가져서는 안 됩니다. 물론 조직 프로세스를 하루아침에 바꿀 수는 없지만, 효과적으로 변화시키려면 많은 사람의 세심한 손길과 주의가 필요합니다. 하지만 임원이라면 시작 단계부터 신중하게 주의를 기울이며 해결이 필요한 구조적 문제를 식별해 낼 수 있어야 합니다.

다음은 첫 90일 동안 조직 상태와 프로세스를 더 잘 이해할 수 있는 방법입니다.

- **기존의 조직 프로세스를 문서화하세요.**

  많은 조직 프로세스는 이를 운영하는 사람들의 머릿속에만 존재합니다. 실제로 접하는 프로세스를 문서로 기록하고, 팀 구성원들과 함께 검토하며 이를 완전히 이해하도록 하세요. 이렇게 해 두면 신규 입사자들의 직무 교육에도 용이합니다.

- **변경 사항은 최대 한두 가지만 구현하세요.**

  조직의 모습을 이해하기 시작하면 앞으로 바꿔야 할 아이템 목록이 늘어나게 될 것입니다. 이를 한두 가지로 추려낸 다음 기존 팀과 협력하여 해당 항목을 그들의 과제 내용과 연계시키세요. 이후 그 프로세스가 실제로 잘 작동할 때까지 계속 발전시키세요.

- **내년 조직 성장 계획을 세우세요.**

  대부분의 조직에는 현재 인원 규모, 내년에 목표로 하는 규모 그리고 그 과정에서 필요한 조직의 실행 내용을 명확히 설명하는 문서가 없습니다. 이러한 계획을 구체적으로 작성하세요. 특히 반드시 채워야 할 핵심 인원을 파악하세요.

- **의사소통 경로를 설정하세요.**

  팀원들이 질문을 할 수 있는 월간 Q&A 시간을 마련하고, 사람들이 당신이 말한 주의 사항과 진행 상황을 쉽게 확인할 수 있도록 주간 5–15(읽는 데 5분, 작성하는 데 15분 이내가 걸리는 간단한 상태 업데이트) 리포트를 보낼 메일링 리스트를 작성하세요. 세부 사항은 회사의 의사소통 방식에 따라 다르겠지만, 명확한 의사소통 경로를 몇 가지 설정한 후 이를 팀에 공유하세요.

- **소프트웨어 개발 업무가 아닌 역할을 맡은 사람에게도 주의를 기울이세요.**

  엔지니어링 조직 안에는 소프트웨어 개발 업무 외에도 TPM^{technical program manager}(기술 프로그램 관리자)이나 SRE^{site reliability engineer}(사이트 신뢰성 엔지니어)와 같은 담당자들이 있습니다. 그런 업무를 맡은 사람들과 시간을 보내세요! 이 역할을 맡은 사람들은 회사 업무에 매우 큰 영향을 미치는 것에 비해 큰 관심을 받지 못해 소외감을 느끼는 경우가 많습니다. 충분히 시간을 투자하여 이들의 이야기를 들어 보세요.

- **조직의 포용성을 점검하세요.**

  임원 업무를 처음 시작할 때는 대부분의 시간을 가까이에 있는 사람들에게만 할애하기 쉽습니다. 이는 조직이 사람들을 잘 포용하지 못한다는 오해를 불러일으킬 수 있습니다. 회사 차원에서 보상이 필요한 사람을 검토해 보는 등 세심하게 주의를 기울이세요. 특히 재택근무를 포함해 사무실 밖에서 일하는 사람들과 직접 만나보는 것도 좋습니다.

채용 과정 이해하기

대부분의 리더들은 채용을 통해 자신이 회사에 기여할 수 있다고 여깁니다. 조직을 책임지는 리더로서 채용은 다음 두 가지를 고려하여 진행해야 합니다. 임원이 직접 고위급 후보자를 발굴하고 채용하는 것 그리고 전체 엔지니어링 조직의 채용 프로세스를 효과적으로 구성하는 것이 그 두 가지입니다.

채용 과정을 더 잘 이해하기 위한 방법은 다음과 같습니다.

- **채용 퍼널 지표와 채용 프로세스를 확인하세요.**

  채용 현황을 단계별로 나누어 보여 주는 퍼널 지표[4]는 전체적인 채용 프로세스를 이해하고 지원이 필요한 곳을 파악하는 데 좋습니다. 이러한 과정을 검토할 수 있는 상태에 도달해야 훗날 채용 프로세스를 적극적으로 개선할 수 있습니다. 매주 혹은 격주로 채용 관련 회의를 진행하면서, 채용 담당자와 관리자가 한자리에 모여 함께 의논하며 전체 채용 프로세스를 개선해 나가야 합니다.

---

4 https://lethain.com/hiring-funnel

- **현재 진행 중인 면접 과정을 들여다보세요.**

  현재 면접이 어떤 과정으로 진행되는지 잘 지켜보고 그 운영 방식을 파악하세요. 단, 당신의 존재가 면접 분위기를 바꿀 수 있다는 점에 유념해야 합니다. 가급적 고위직 후보자를 대상으로 하는 인터뷰에 들어가야 상대적으로 덜 방해될 것입니다.

- **전면적인 개편이 필요한지 결정하세요.**

  전문적인 채용 담당 팀이나 채용에 뜻이 있는 기술직 리더가 없다면 제대로 된 채용 프로세스도 갖추지 못했을 가능성이 큽니다. 이런 경우에는 처음부터 모든 부분을 새로 구축해야 합니다. 원래 있는 채용 팀이 그다지 도움이 되지 않는다면 굳이 기존 방식을 유지하는 데 지나치게 애쓸 필요도 없습니다.

- **채용해야 할 포지션을 세 개 이하로 식별하세요.**

  채용에 투입할 수 있는 자원은 한정되어 있으며, 여기에는 고정된 인력과 비용이 투입됩니다. 따라서 채용에 모든 시선을 집중해야 빠른 시간 안에 최소한의 비용으로 진행할 수 있습니다. 이를 위해 꼭 뽑아야 하는 핵심 포지션을 식별하는 것이 필요합니다. 모든 포지션을 다 뽑는다고 해서 반드시 도움이 되는 것은 아닙니다.

- **최종 합격자 결정에 도움을 주는 것을 제안하세요.**

  최종 후보자의 마지막 협상 단계에 직접 참여하는 것은 신임 임원이 팀을 도울 수 있는 방법 중 하나입니다. 이는 임원 자신이 회사의 채용 프로세스와 회사 브랜드를 이해하는 데 매우 도움이 됩니다.

- **엔지니어링 브랜드 이미지 구축을 시작하세요.**

  기술 임원의 역할 중에서는 지원자들이 합격하고 싶어 하는 좋은 엔지니어링 브랜드 이미지를 구축하는 것도 중요합니다. 브랜딩은 시간이 많이 걸리는 작업이기 때문에 일찍 시작할수록 유리합니다. 여기에는 엔지니어링 블로그 개설 및 운영, 팀원들의 콘퍼런스 발표, SNS에서의 활발한 활동 등이 포함됩니다. 이 모든 활동의 목표는 많은 사람들이 여러분의 팀에서 함께 일하고 싶도록 만드는 것입니다.

업무 수행 체계 이해하기

엔지니어링 조직의 존재 가치는 장기적으로는 회사가 보유한 잠재력을 꽃피우고, 단기적으로는 완성된 제품을 만들기 위해 회사 로드맵에 적힌 내용을 지속적으로 실행하는 것입니다. 새로운 리더가 저지를 수 있는 가장 큰 실수는 대안이 준비되기도 전에 현재의 업무 수행 체계를 방해하는 것입니다. 효과가 있는 것은 그대로 유지하고, 그렇지 않은 것은 조금씩 개선해 나가며 실행 결과를 측정하는 방식을 사용하세요. 다음은 그렇게 하기 위해 취할 수 있는 몇 가지 단계입니다.

- **현재 진행되고 있는 일이 효과적이고 확장 가능한지 확인하세요.**

  측정 작업을 시작하기 전에 먼저 사람들이 기존 프로세스에 대해 어떻게 느끼고 있는지 그리고 무엇이 잘되고 있고 무엇이 잘 안 되고 있는지 등을 파악하는 시간을 가지세요. 실제 업무 수행 방식은 매우 제각각이기 때문에 사람들은 누군가의 조언을 듣기보다는 이전에 했던 방식 그대로를 답습하는 경우가 많습니다.

- **엔지니어링 작업 속도의 내부 측정 기준을 설정하세요.**

  액셀러레이트 측정 기준으로 시작하는 것을 추천합니다. 다만, 모바일 개발의 경우에는 이를 적용하기 위해 상당한 수준의 도구 및 프로세스 투자가 필요할 수 있습니다.

- **엔지니어링 작업 속도의 외부 측정 기준을 설정하세요.**

  엔지니어링 작업의 속도를 측정하는 기준은 비즈니스 성과(수익 성장)나 비즈니스에 미치는 여러 요소(실험 수행) 측면에서 설정하는 것이 중요합니다. 이렇게 광범위하게 정의해 두면 비즈니스의 모든 요소들이 서로 어떻게 맞물려 돌아가는지를 폭넓게 생각하는 데 도움이 됩니다.

- **필요하다면 업무 프로세스를 조금씩 바꿔보세요.**

  많은 변화를 권장하지는 않지만, 주간 검토 회의를 추가하거나 업무 수행에 방해가 되는 요소를 과감히 정리하는 조직 구조로 전환하는 것[5]을 제안하고 싶습니다. 조직 구조를 개편해야 한다면, 새로 바뀌는 구조가 최소한 1년 이상 지속될 수 있는지를 먼저 확인하세요.

기술 이해하기

회사만의 기술 방침을 적극적으로 지원하고 조정하는 것은 임원의 중요한 역할 중 하나입니다. 주요 기술 혁신을 가져오는 것은 보통 처음 90일이 지난 이후에 하는 것이 더 일반적이지만, 지금 당장 실행해야 할 것은 없는지 파악해 두는 것

---

5 https://lethain.com/running-an-engineering-reorg

도 중요합니다. 기술을 더 잘 이해하고 싶다면 다음 내용을 참고하세요.

- **기존 기술이 효과적인지 파악하세요.**

  회사의 다양한 기술 스택을 다루는 사람들에게 필요에 맞게 잘 사용하고 있는지 물어보세요.
  직원들의 시간을 빼앗는 요소는 무엇인가요?

- **영향력이 큰 기술적 의사결정이 어떻게 이루어지는지 알아보세요.**

  일부 회사에서는 논란이 될 수 있을 정도로 중요한 기술 관련 결정은 기술 심의 위원회[6]에서
  검토합니다. 하지만 비공식적인 방법에 의존하는 경우가 훨씬 더 많습니다. 새로 맡은 조직에
  서 이러한 의사결정이 어떻게 이루어지는지 살펴보세요.

- **사소한 업데이트를 배포해 보세요.**

  회사의 개발 프로세스를 직접 경험해 보는 것도 매우 좋은 방법입니다. 간단한 업데이트를 만
  들어 이를 직접 배포해 보세요.

- **비상 대기 근무를 경험해 보세요.**

  아직 사고를 해결할 수 있을 만큼 충분한 지식은 없겠지만, 비상 대기 관리 시스템^{PagerDuty}에
  추가 알림 대상으로 자신을 등록하고 비상 대기 근무를 체험해 보세요.

- **사고 리뷰 미팅에 참석하세요.**

  작은 회사에는 아직 체계적인 사건 대응 프로그램이 없을 수 있습니다. 만약 있다면 해당 회의
  와 보고서는 매우 귀중한 학습 자료이므로 반드시 참석하기 바랍니다.

- **기술 변경 이력을 기록하세요.**

  당신이 입사하기 전에 이루어진 기술 결정에 대해 이의를 제기하는 것은 비생산적인 일이지
  만, 그 결정에 영향을 미쳤던 배경과 히스토리를 이해하는 것은 유용합니다. 대부분의 잘못된
  결정은 지금은 더 이상 존재하지 않는 맥락에서 내린 최선의 결정이었습니다. 그 맥락이 무엇
  이었는지 잘 기록하여 당신과 미래의 후배들이 기술 발전 과정을 이해할 수 있도록 하세요.

- **기존의 기술 전략을 문서화하세요.**

  놀랍게도 문서화된 기술 전략을 가지고 있는 회사는 드뭅니다(3장에서 더 자세히 다룹니다).
  기술 전략이 문서 없이 암묵적으로만 존재한다면 그 내용을 정리해서 문서화하고 팀과 공유하
  세요. "여러분, 우리가 원하는 기술 전략이 이것이 맞을까요?"

---

6 https://lethain.com/scaling-consistency

기술 이해와 관련해서 꼭 피해야 할 것은, 하나의 사안에 대해 너무 많은 의견을 내비치거나 결정의 근거에 공감하지 못하는 것입니다. 이제 갓 입사한 팀원이 너무 많은 의견을 내는 것은 상관 없습니다. 사람들이 심각하게 받아들이지 않으니까요. 하지만 임원이 경솔한 의견을 너무 많이 내비치면 조직 내부에 불필요한 혼란을 일으킬 수 있습니다. 특히 기술 지식이 있는 일부 임원들이 이런 잘못된 습관을 고치지 못하는 경우가 있습니다.

요약

이 장에서는 새로운 엔지니어링 임원으로서 온보딩하는 방법을 배웠습니다. 아무리 집중해도 배워야 할 내용이 엄청나게 많아 벅차게 느껴진다면 해야 할 일 목록에서 한두 가지 영역을 우선 선택하여 깊이 탐구해 보세요. 이 목록은 단순히 확인하고 넘어가기 위한 체크리스트가 아니라 실제로 해 봐야 하는 중요한 내용을 담고 있습니다.

이렇게 체계적으로 접근하면 처음 3개월 동안 가장 가치 있는 정보를 효과적으로 흡수할 수 있습니다. 보다 더 자연스러운 접근 방식을 취하는 게 더 편하게 느껴질 수 있지만, 당신의 목표는 단순히 바쁘기만 한 것이 아니라 최대한 빠르게 조직을 이끌 준비를 갖추는 것입니다.

다음 링크에서 추가 자료 및 리소스를 찾아보세요.
https://lethain.com/eeprimer-refs-2

엔지니어링 전략 세우기

당신이 엔지니어링 임원이 되는 순간, 보이지 않는 타이머가 백그라운드에서 작동하기 시작합니다. 똑딱, 똑딱, 똑딱. 타이머가 울리면 누군가가 당신에게 달려와 엔지니어링 전략을 요구할 것입니다. 무엇을 원하는지는 명확하지 않지만, 너무나 간절한 눈빛으로 마치 '그러니까 엔지니어링 전략만 있다면 모든 것이 괜찮아질 텐데요'라고 말하는 것 같습니다. 그 눈빛은 오랫동안 저를 괴롭혔습니다. 도대체 무엇을 제시해야 할지 몰랐기 때문입니다. 그때는 엔지니어링 전략이 무엇인지도 알지 못했습니다.

이 책의 부록 E에서는 기술 표준화와 기술 탐색 간의 균형을 맞추기 위한 스트라이프Stripe의 전략부터 네 번이나 처음부터 다시 작성한 엔지니어링 전략 작성 가이드까지, 엔지니어링 전략에 대한 정의를 계속해서 다듬어 온 내용을 담고 있습니다. 그 내용을 간단히 요약하면 다음과 같습니다.

- 우선순위에 따른 엔지니어링 조직 리소스 배분의 내용과 이유
- 엔지니어링 팀이 따라야 하는 기본 규칙
- 엔지니어링 조직 내에서 의사결정이 이루어지는 방식

오랫동안 임원 역할을 수행한 결과 마침내 엔지니어링 전략이 구체적으로 무엇을 달성해야 하는지와 그 전략을 어떻게 수립할 수 있는지에 대한 관점을 확립할 수 있었습니다. 몇 년 전 엔지니어링 전략이 무엇인지조차 잘 몰랐던 시절을 떠올리며, 이 장에서는 다음과 같은 내용을 다루겠습니다.

- 리처드 루멜트의 전략 정의: 상황 진단, 정책 지침, 일관된 행동
- 엔지니어링 전략의 예시
- 엔지니어링 전략 작성 시기와 방법
- 문서화되지 않은 다른 기능 조직의 전략을 다루는 방법
- 조직의 요구와 제약 사항을 파악하는 방법
- 자원 배분, 기본 규칙, 의사결정 방식에 관한 정책 지침을 구조화하는 방법
- 정책 지침이 적용 가능한지, 잘 시행되고 있는지, 지렛대 효과를 창출하도록 설계되어 있는지 등을 확인하여 전략의 적정 수준을 유지하는 방법
- 엔지니어링 전략에서 가장 흔히 발생하는 일관된 행동 유형
- 전략이 임원 주도로 이루어져야 하는지 여부

엔지니어링 조직에는 많은 전략이 포함될 수 있지만, 가장 중요한 엔지니어링 전략은 하나뿐입니다. 엔지니어링 전략 문서는 종종 암묵적으로 작성되며 누구도 명확하게 기록하지 않는 경우가 많지만 엔지니어링 조직을 운영하기 위한 헌법과도 같은 문서입니다. 이 문서를 작성하는 것은 엔지니어링 임원이 할 수 있는 가장 가치 있는 일 중 하나입니다.

전략 정의하기

리처드 루멜트의 저서 『전략의 거장으로부터 배우는 좋은 전략 나쁜 전략』(센시오, 2019)은 제가 읽은 전략 관련 책 중 가장 읽기 쉬운 책입니다. 저는 이 책에서 정말 많은 것을 배울 수 있었는데, 무엇보다도 전략이 무엇인지에 대해 아주 간결하고 유용하게 정의합니다. 저자에 따르면 전략은 크게 세 부분으로 구성됩니다.

- **상황 진단**
  문제의 본질을 설명하는 이론으로, 문제의 근본적인 원인을 파악하는 것이 목적입니다. 예를 들어 '진행 중인 작업이 너무 많아 어떤 작업도 끝내지 못하고 있으며, 스프린트를 새로 진행

할 때마다 스케줄이 점점 뒤처지고 있다'는 진단은 좋은 상황 진단이라고 할 수 있습니다.

- **정책 지침**

  문제를 해결하기 위해 적용하는 접근 방식입니다. 정책 지침은 보통 암묵적이든 명시적이든 일정한 방향 제시를 포함합니다. 예를 들어 '가장 시급한 팀에서 가장 긴급한 필요에 따라 채용을 진행하며, 모든 팀에 채용을 분산시키지 않는다'는 좋은 정책 지침이 될 수 있습니다. 정책 지침이 유용한 방향을 제시하지 않고 있다면 의심해 보아야 합니다. 예를 들어 '더 열심히 일해서 일을 잘 끝낸다'는 정책 지침이라고 보기 어렵습니다.

- **일관된 행동**

  일관된 행동이란 문제를 해결하기 위해 마련된 정책 지침을 실제로 따르는 구체적인 행동을 말합니다. 전략 전체에서 이 부분이 가장 중요하고 흥미로운 부분입니다. 왜냐하면 모든 전략은 일관된 행동으로 이어질 때에만 진정한 의미를 갖기 때문입니다.

이와 같은 정의를 처음 읽었을 때 눈이 번쩍 뜨이는 기분이었습니다. 제가 오랫동안 고민했던 두 가지 질문에 대한 답을 찾았기 때문입니다. 첫 번째는 '문서로 작성된 전략은 왜 실제 상황과 거의 항상 동떨어져 있을까?'입니다. 예를 들어 서비스의 경계를 넘나들며 생성되는 데이터의 품질이나 소유권 문제는 종종 의견 충돌이 일어나는 주제이지만, 이런 문제를 다루는 엔지니어링 전략은 본 적이 없습니다. 두 번째는 '많은 사람이 항상 좋은 전략이 필요하다고 말하고 있음에도 실제 문서로 작성되는 전략이 거의 없는 이유는 뭘까?'입니다.

문서화된 전략이 별로 사용되지 않는 이유는 이상적인 이야기만 할 뿐 실제 상황이 구체적으로 어떻게 돌아가는지 제대로 설명해 주지 않기 때문입니다. 그렇기 때문에 설령 전략을 담은 문서가 있다고 해도 현재 당면한 문제를 해결하여 원하는 결과에 도달하기 위한 구체적 경로를 제시하지는 못합니다.

전략이 문서화되지 않는 이유는 또 있습니다. 많은 사람들이 전략은 결국 문제 해결을 위한 여러 방식 중 하나에 불과하다고 생각하기 때문입니다. 그래서 임원들은 이를 글로 기록할 가치가 없다고 생각하는 경향이 있습니다. 그렇다고 해서 문서화되지 않은 비공식적인 전략이 항상 좋은 전략이라는 뜻은 아니며, 대부분의 경우 그렇지 않습니다. 당신이 다니고 있는 회사에 엔지니어링 전략이 없는 것처럼 보여도 실제로 찾아 보면 어딘가에 전략이 존재하고 있을 겁니다! 진정한 의미의 엔지니어링 전략은 현재 당면한 문제에 접근하는 구체적인 방식이니까요.

전략을 문서화하기에는 너무 이르다는 생각이 들어도 지금부터라도 조금씩 시도해 보라고 권하고 싶습니다. 어떤 내용은 너무 명백해서 '구태여 문서화할 필요가 있나?'라고 느낄 수 있어도, 새로운 구성원이 팀에 합류하면 그런 문서가 큰 도움이 될 것입니다. 또한 미래의 후발주자들이 초창기에 수립된 전략을 읽고 조직의 접근 방식이 어떻게 발전해 왔는지 이해하는 데에도 매우 유용할 것입니다.

전략 예시

다음은 리처드 루멜트가 내린 전략에 대한 정의를 바탕으로 작성한 전략 예시입니다. 원하는 사람은 이 부분을 건너뛰고 나머지 내용을 먼저 읽은 후 돌아와도 괜찮습니다.

상황 진단

우리의 상황을 진단한 결과, 전략을 통해 해결하고자 하는 내용은 다음과 같습니다.

- 우리 조직은 세 개의 비즈니스 라인(소비자, 기업 간 거래, 신규 사업)을 지원합니다. 매출의 약 80%는 소비자로부터, 20%는 기업 간 거래에서 발생합니다. 신규 사업은 아직 매출이 없습니다. 올해 매출 성장의 대부분은 기업 간 거래에서 발생할 것으로 예상되며, 소비자 부문에서는 15% 미만이 될 거라고 예상합니다. 또한 신규 사업이 향후 3~5년 내에 큰 수익을 가져올 가능성이 있다고 믿고 있습니다.
- 우리는 350명(엔지니어 300명, 관리자 40명, 기술 프로그램 관리자 10명)의 엔지니어링 조직이며, 현재 규모를 유지하는 한 대체로 중립적인 수준의 현금 흐름을 유지할 것으로 예상합니다.
- 최근 개발자 생산성 조사에서 나타난 가장 큰 우려 사항은 테스트의 불안정성입니다. 그리고

우리의 테스트 안정성 대시보드는 연도별로 안정성이 약 40% 감소하여 빌드 중 3분의 1이 실패하는 것으로 나타났습니다.

- 조직이 350명으로 성장한 이후 실시한 조직 문화 설문 조사에서, 업무에 필요한 정보를 충분히 얻지 못하고 있다는 응답이 크게 증가했습니다. 후속 조사에서도 마찬가지로 특히 다른 팀에서 이루어지는 릴리스나 주요 결정 사항에 대해 잘 모르고 있다고 응답했습니다.

정책 지침

이러한 상황을 해결하기 위해 수립한 우리의 기본 정책은 다음과 같습니다.

- 제품 엔지니어와 인프라 엔지니어의 비율을 4:1로 유지합니다. 지난 몇 년 동안 이 비율이 잘 작동해 왔으므로 이를 그대로 유지할 계획입니다. 다음 전략 갱신 시에는 보안 및 데이터 엔지니어링 관련 인력의 비율을 명확히 정의하여 이 분야의 인력 배치에 더 신중을 기할 수 있기를 바랍니다.

- 제품 엔지니어링 자원의 45%를 B2B에, 35%를 소비자에, 10%를 신규 사업에 할당합니다. 나머지 10%는 개발자 생산성 향상을 위한 12개월짜리 투자에 집중할 것입니다(이는 새로운 팀을 배치하는 것이 아니라 기존 팀 내에서 개발자 생산성에 집중하는 데 필요한 시간을 할애하는 것입니다). 작년에 비하면 B2B에 약 20% 정도 더 많은 자원을 할당하고 있으며, 이는 앞으로 상당한 수준의 매출 성장이 예상되고 소비자 부문에서는 성장 회복세가 보이지 않기 때문입니다. 신규 사업에 대한 투자도 유지하고자 하지만, 아직 독립된 비즈니스 라인으로 확장할 만큼 충분한 성과를 보이지는 않았습니다. 이로 인해 일부 팀 이동이 발생할 것입니다.

- 현금 흐름을 중립적으로 유지합니다. 현금 흐름을 마이너스로 만드는 행동, 특히 현재 인원을 늘리는 채용을 피할 것입니다.

- 표준 기술 스택과 프로세스를 사용하고, 필요한 사안은 기술 사양 검토로 에스컬레이션[1]합니다. 모든 프로젝트는 위키에 문서화된 표준 기술 스택과 프로세스를 사용합니다. 새로운 기술을 도입하거나 표준 프로세스에서 벗어나는 모든 프로젝트는 기술 사양 검토 과정을 거칩니다. 이를 통해 개발자 생산성과 보안 투자 효과를 극대화하고, 팀 간 이동을 용이하게 하며, 규정을 준수할 수 있습니다. 이 정책의 목적은 신규 사업을 신중하게 진행하고, 진행 중인 사업은 어떤 식으로든 완료한 다음 새로운 사업을 시작하도록 장려하는 것입니다. 새로운 아이디어를 적극적으로 제시하고 기술 사양 검토 프로세스를 통해 논의하는 것을 권장합니다.

....

1 옮긴이_ 에스컬레이션(escalation)은 문제나 결정을 더 높은 권한을 가진 사람(리더, 관리자, 전문가 등)에게 올려 해결을 요청하는 것을 의미합니다.

- 불분명하고 위험해 보이거나 상당한 수준의 의견 차이가 있는 경우라면 기술 문제는 기술 사양 검토로, 기타 문제는 관리 체계로 신속히 에스컬레이션합니다. 문제에 대한 서면 결정이 없거나, 결정 자체가 위험하거나 함정이 있는 경우, 소유자가 불명확한 경우도 반드시 포함합니다! 에스컬레이션은 종종 '부정적'이거나 '적대적'으로 간주되지만 우리는 그런 인식을 바꾸고자 합니다. 에스컬레이션은 함께 협력하는 과정에서 나타나는 자연스러운 모습이며, 경영진이 필요한 맥락을 이해한 상태에서 신속하고 효과적인 결정을 내릴 수 있게 합니다. 단, 기술 사양 검토나 관리를 수행하는 책임자에 따라 에스컬레이션된 내용은 느리게 처리될 수 있으므로 속도를 지연시키는 원인을 찾아 해결해야 합니다!

- 모든 기술 변경 사항은 #tech-updates에, 모든 릴리스는 #shipped에 공지됩니다. 이는 기술 결정이 충분히 공유되지 않아 발생하는 혼란을 줄이고, 여러 제품에 영향을 미치는 변경 사항이 관련 팀이 모르는 상태로 배포되는 것을 방지하기 위함입니다. 경우에 따라 더 강력한 해결책이 필요할 수도 있지만 우선은 간단하게 해시태그부터 시작하고자 합니다.

일관된 행동

정책 지침 중 상당수는 작년에 이어 계속 시행되는 것이지만, 일회성 조치를 필요로 하는 정책도 몇 가지 있습니다.

- 제품 엔지니어링을 소비자 대상에서 B2B로 전환하기 위해 조직을 개편하세요. 우리는 제품 엔지니어링 인원의 약 10%를 B2B 엔지니어링으로 전환하여 B2B의 매출 성장 가속화를 지원할 예정입니다. 여러 팀과 개인이 조직 간에 이동을 하게 될 것이며, 가급적이면 현재 인원이 B2B 쪽으로 이동하는 것을 장려합니다. 자세한 내용은 B2B 우선순위 업데이트를 참조하세요.

- 테스트 안정성 TFT task force team를 계속 운영하세요. 최근 테스트 안정성 업데이트에 따라 올해는 제품 엔지니어링 시간의 10%를 테스트 안정성 향상에 할애할 것입니다. 또한, 인프라 엔지니어링 시간도 상당 부분 할애할 예정이며, 테스트 안정성은 보안 및 전체 사이트 안정성에 이어 세 번째 우선순위를 갖습니다. 자세한 내용은 최신 버전의 테스트 안정성 업데이트 문서를 참고하세요.

- 기술 사양 검토 technical specification review (TSR) 프로세스를 개선하세요. 이제부터 가벼운 검토는 비동기적 방식으로 진행하고자 합니다. TSR이 기술 검토에 더 큰 역할을 맡게 되는 동시에 수없이 밀려드는 질문을 피드백하는 데 적어도 1~2주의 시간이 걸린다는 점을 인지하고 있습니다. 이제 모든 요청은 채팅으로 받으며, 최대한 빨리 비동기적으로 처리하고 복잡한 주제만

주간 검토 미팅에 가져오도록 요청하고 있습니다. 또한 앞으로 4주 이내에 TSR 인력 확충을 계획하고 있으며 관련 공지가 곧 있을 예정입니다. 엔지니어링 선택은 나눔 수요일 엔지니어링 Q&A에서 논의할 예정이며, 언제든지 #eng-ask-anything에 질문을 게시해도 좋습니다!

여기까지 샘플 엔지니어링 전략이 모두 끝났습니다. 이제 조직을 위한 전략 작성 과정으로 넘어가겠습니다.

전략 문서 작성 프로세스

『스태프 엔지니어』(길벗, 2022)에서 저는 엔지니어링 전략을 작성하는 일이 마치 역사학자의 일과 같다고 이야기했습니다. 일이 어떻게 진행되고 있는지 신중히 살펴보고, 그것을 기록하고, 기록한 내용을 공유하기 때문이죠.

> **엔지니어링 전략을 작성할 때는 설계 문서를 다섯 개 정도 작성한 후 그들 사이의 유사점을 추출하세요. 추출된 내용이 바로 당신의 엔지니어링 전략입니다. 엔지니어링 조직을 위한 비전을 작성할 때도 마찬가지로 엔지니어링 전략을 다섯 개 작성한 후 2년 후에 상황이 어떻게 진행될지 예측해 보세요. 그렇게 예측한 내용이 곧 당신의 엔지니어링 비전입니다.**

이것이 스태프 엔지니어[2]로서 의미 있는 엔지니어링 전략을 작성하는 가장 효과적인 방법이라고 생각합니다. 전략을 주도하는 것은 스태프 엔지니어에게 가장 큰 과제이며, 잘 문서화된 전략은 여러 사람의 합의를 모아 함께 전략을 실행하기 위한 기반이 됩니다.

스태프 엔지니어와 달리 기술 임원은 합의에 의존하지 않고도 전략을 실행할 수 있습니다. 따라서 전략 문서를 작성할 때 훨씬 더 직접적인 경로를 택할 수 있습니다. 임원으로서의 가장 큰 리스크는 실행보다는 상황 진단 자체가 부실하거나 비효율적인 가이드 정책을 만드는 것입니다. 이를 잘 관리하면 그다음 프로세스로 나아갈 수 있습니다.

---

[2] 옮긴이_ 스태프 엔지니어(staff engineer)란 엔지니어링 조직에서 높은 수준의 기술적 리더십과 전문성을 갖춘 엔지니어를 말합니다.

엔지니어링 전략을 작성하는 임원들을 위한 리스크 관리 프로세스는 다음과 같습니다.

- **당신이 직접 작성하세요!**

  위임은 임원에게 매우 유용한 기술입니다. 엔지니어링 전략은 엔지니어링 조직의 기능을 크게 좌우하므로 임원이라면 이를 작성할 수 있는 특별한 관점을 가지고 있습니다. 최근에 회사에 합류했다면 아직 주변 상황을 충분히 알지 못해 직접 작성하는 것이 걱정될 수 있습니다. 그렇지만 직접 전략을 작성하는 것은 가장 좋은 학습 기회 중 하나이며, 그 과정 속에 실수를 잡아낼 수 있는 여러 안전장치가 있으니 안심하시기 바랍니다.

- **엔지니어링 팀의 가장 고위급 관리자와 엔지니어들을 대상으로 작성하세요.**

  고위급 관리자와 엔지니어들은 임원이 자신의 전략을 실제로 적용해야 하는 그룹입니다. 작성한 전략 내용이 그럴듯하게 들리는지, 당면한 문제를 실제로 해결하는 전략인지 여부를 식별해 줄 수 있는 최적의 위치에 있는 사람들입니다.

- **전략과 관계된 이해관계자 모두를 파악하세요.**

  엔지니어링 팀 전체의 동의를 얻는 것이 중요하지만, 전략과 관계된 이해관계자로 목록을 축소해야 할 수도 있습니다. 여기에는 경영진, 스태프 엔지니어, 고위급 엔지니어링 관리자 그리고 몇몇 비즈니스 및 제품 리더가 포함되어야 합니다.

- **전체 이해관계자 중에서 초기에 신속하게 피드백을 제공할 3~5명을 선정하세요.**

  이들에게 전략의 초안을 공유하고 의견을 들으세요. 이는 전략 문서에 깊은 영향을 줍니다. 여기에는 여러 명의 수석 엔지니어, 몇 명의 직속 보고자 그리고 제품 담당자를 포함시키는 것이 좋습니다. 초기 단계의 회사라면 CEO가 포함될 수도 있지만, 당신이 회사에 들어온 이유는 CEO가 시간이나 역량의 한계 때문에 할 수 없는 일을 대신 수행하기 위함이라는 사실을 기억하세요. 따라서 여기에는 CEO를 포함시키지 않는 것이 더 좋습니다.

- **상황 진단 섹션을 작성합니다.**

  현재의 로드맵이나 경쟁자의 압박, 재무 계획을 적는 것부터 시작하세요. 조직 문화 설문 조사나 개발자 생산성 조사 데이터가 있다면 그 결과를 포함하고, 1:1 면담과 팀 회의에서 파악한 문제도 모두 가져옵니다. 당신의 판단을 믿어야 합니다. 당신이 엔지니어링 기능을 이끄는 책임을 맡은 데는 다 이유가 있습니다. 하지만 너무 지나치게 믿지는 마세요. 상황 진단을 담은 문서 초안을 작성하면 전략과 관계된 이해관계자들과 함께 워크숍을 진행하세요. 각 멤버와 1:1로 진행해야 직접 피드백을 받기 더 쉽습니다. 한 멤버의 피드백을 듣고 이를 반영한 후 다음 멤버와 검토하세요. 이렇게 모든 피드백을 반영했다면 이들과 최종 초안 버전을 공유하고 나눔 단계로 신행하세요.

- **정책 지침을 작성하세요.**

  정책 지침 작성은 상황 진단을 작성하는 것과 비슷하지만, 추가적으로 조직 외부에 있는 엔지니어링 임원 2~3명의 개인적인 피드백을 받는 것을 강력히 권장합니다. 그들은 당신의 인센티브와 과제를 이해하고 있기 때문에 이들의 피드백은 특별히 가치가 있습니다. 다만 회사 밖의 외부 임원은 현재 처한 상황이나 맥락을 제대로 이해하지 못할 수 있다는 점을 염두에 두기 바랍니다.

- **작성된 상황 진단 및 정책 지침 문서를 전체와 공유하세요.**

  전체 문서를 그룹과 공유한 다음 피드이 가장 많은 사람과 직접 만나는 것을 권장합니다. 피드백을 많이 받지 못해도 괜찮습니다. 이 단계에서 여러 사람과 계획을 공유하는 이유는 단순히 문서를 작성하는 데서 그치는 것이 아니라 이를 널리 공언하기 위해서입니다. 단, 이때는 그 내용이 회사 전체에 유출될 수 있다는 사실을 인지하기 바랍니다. 회사라는 조직은 기본적으로 정보나 맥락이 퍼지는 구조이므로 이를 막을 수는 없습니다. 대신 너무 민감하거나 개인적인 내용이 있다면 공유하기 전에 편집하세요. 개인이나 팀에 직접 영향을 미치는 사항이라면 특히 더 주의해야 합니다.

- **일관된 행동 항목을 작성하세요.**

  행동 항목은 일반적으로 정책 지침보다는 덜 복잡하고 덜 논란이 되지만, 항상 그렇지도 않습니다. 실무 그룹과 함께 초안에 적힌 행동 관련 내용을 반복해서 검토하세요. 논란이 될 여지가 있는 부분은 이해관계자 그룹의 일부 구성원과 검토해도 좋지만, 보통 그렇게까지 할 필요는 없습니다.

전체 조직에 작성한 전략을 공유할 준비가 거의 완료되었습니다. 하지만 아직 한 단계가 남아 있습니다.

- **실무 그룹의 도움을 받아 전략에 가장 불만을 가지거나 강하게 반대할 가능성이 높은 사람을 고르세요.**

  그들과 1:1로 대화를 나누세요. 목표는 상대방으로 하여금 의견을 충분히 표현했다고 느끼도록 하고 그 사람의 피드백 내용을 온전히 이해하는 것입니다. 유용한 피드이라면 전략에 반영하겠지만, 단지 인기를 더 얻기 위해 전략의 원래 목적을 훼손하지 않도록 주의하세요.

- **작성된 전략을 엔지니어링 조직과 공유하세요.**

  전략이 세워진 배경을 엔지니어링 조직 전체와 공유하기 위한 회의를 잡으세요. 피드백 일정은 가능하면 일주일 이내로 잡는 것이 좋습니다. 더 길게 잡는다고 해서 더 나은 피드백을 제공하는 경우는 거의 없으며, 전략을 실행하는 데 오히려 방해가 됩니다.

- **전략을 확정한 후 전사에 공지하며, 두 달 후에 전략의 효과를 검토하는 일정을 잡으세요.**

  이제 엔지니어링 전략이 완성되었습니다. 물론 매년 최소 한 번은 업데이트할 필요가 있습니다.

이렇게 엔지니어링 임원이 전략을 수립하는 과정에는 여러 단계가 있지만, 각 단계는 매우 빠르게 끝낼 수 있습니다. 전체적인 과정도 고위급 엔지니어가 문서 중심으로 진행하는 방식보다는 훨씬 빠릅니다. 전략을 수립하는 작업은 비교적 간단하기 때문에 너무 늦기 전에 시작하는 것을 권합니다.

전략 문서 작성 시기

문서화된 엔지니어링 전략을 보지 않고도 경력을 쌓아가는 경우도 있습니다. 제가 우버에서 근무할 당시에는 조직 전체에 수많은 규칙이 흩어져 있었지만 문서로 정리된 통합된 엔지니어링 전략 같은 것은 없었습니다. 스트라이프도 마찬가지였습니다. 외부 API에 대한 세부 요구 사항 등 수많은 기술적 규칙은 있었지만 통합된 엔지니어링 전략은 없었습니다.

캄에 합류한 직후에는 문서 프로그램을 열고 '엔지니어링 전략'이라는 파일을 하나 만든 다음 빈 페이지를 계속 응시하다가 결국 그대로 저장하고 말았습니다. 그로부터 1년이 지난 후에야 세 가지 핵심 지침을 문서화했습니다.

1 지루한 기술을 선택하라
2 호기심으로 갈등을 해결하라
3 상품화된 기능은 외부 업체를 활용하라

몇 개의 간단한 문장이지만 이는 큰 의사결정을 내릴 때 큰 도움이 되었고, 덕분에 제품과 비즈니스 개선에도 더 많은 시간을 쓸 수 있었습니다(시간을 되돌릴 수 있다면 '호기심으로 갈등을 해결하라'는 전략이 아닌 가치에 포함시켰을 것입니다).

우버, 스트라이프, 캄의 사례 모두 제가 기술 전략을 좀 더 일찍 수립했으면 조직이 큰 이점을 얻을 수 있었을 것입니다. 따라서 전략 수립 작업을 시작하기 전에 스스로에게 다음과 같이 세 가지 질문을 던져 보세요.

- **당신이 파악한 상황 진단 내용에 자신이 있습니까? 아니면 조직 전체의 판단을 더 신뢰합니까?**

  자신이 내린 상황 진단에 자신이 없고 누구의 판단을 신뢰해야 할지 확신이 서지 않는다면, 아직 전략을 작성하기에는 너무 이른 시기입니다.

- **전략을 시행할 의지와 능력이 있습니까?**

  엔지니어들이 당신을 건너뛰고 CEO와 전략을 논의할 수 있다는 생각이 들거나 당신이 수립한 전략을 팀이 무시하는 경우, 혹은 팀이 전략을 실행할 의지가 없다고 생각되는 경우도 전략을 세우기에는 너무 이른 상황입니다.

- **전략이 지렛대 효과를 창출할 것이라는 확신이 있습니까?**

  전략을 수립하면 그에 따라 조직 전체가 행동을 바꾸어야 하므로 수반되는 비용이 매우 큽니다. 그렇기 때문에 비효율적인 전략은 사람들의 신뢰를 급속도로 떨어뜨릴 것입니다. 최소한 1년 이상 효과가 지속될 거라는 확신이 들지 않는다면, 그런 전략은 확정할 가치가 없습니다.

이 세 가지 질문에 대한 답이 어느 정도 긍정적이라면 지금 당장 전략을 문서화하세요. 전략을 너무 일찍 세우는 것도 좋지 않지만, 그동안 봐온 모든 잘못된 전략은 주변으로부터 명확한 피드백을 듣지 못하는 임원의 능력 부족에서 비롯되었습니다. 오래 기다린다고 해서 전략이 개선되는 것도 아닙니다. 최악의 경우라고 해도 문서화된 전략이 있다면 더 나은 전략을 만들기 위한 대화를 촉진할 수 있습니다. 따라서 새로운 역할을 시작한 후 처음 6개월 이내에 전략을 수립할 수 있도록 최선을 다해야 합니다.

누락된 전략 세우기

엔지니어링 전략은 거의 문서화되지 않으며, 사실 이런 현상은 더 큰 문제를 일으킬 수 있습니다. 그런데 놀랍게도 많은 회사들이 회사 전체의 전략을 문서로 만들지 않습니다. 이것이 심각한 문제가 되는 이유는 다른 전략을 충분히 이해하지 못하면 엔지니어링 분야에서도 효과적인 상황 진단을 내리기가 매우 어렵기 때문입니다. [그림 3-1]의 겹치는 부분처럼 회사의 여러 전략은 엔지니어링 전략과 서로 영향을 주고받습니다.

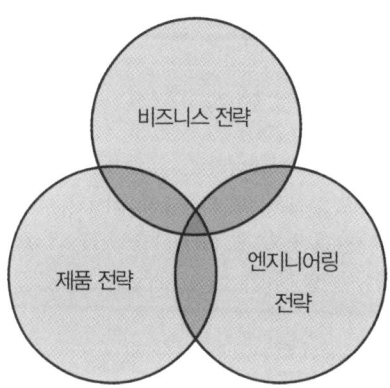

그림 3-1 교차하는 세 가지 기업 전략

그나마 좋은 소식은 이런 전략들이 문서화되지 않거나 전략인 척하는 비전일지라도 어떤 식으로든 존재한다는 사실입니다. 나쁜 소식은 엔지니어링 전략을 작성하기 전에 먼저 이렇게 회사에 존재하는 다른 전략들을 알아내기 위해 애를 써야 한다는 사실입니다.

성과 중심의 임원이라면 회사 전체를 대상으로 올바른 전략 작성 방법을 교육한 다음 전략 문서화를 전사적으로 실행할 것입니다. 이 방법이 효과적일 수도 있지만, 그렇게 하면 엔지니어링 전략을 작성하는 데 몇 개월, 몇 분기, 또는 몇 년이 걸릴 수 있습니다. 그 대신 엔지니어링 조직 내에서 좋은 전략을 모델링하면 이보다 훨씬 빠르게 진행할 수 있습니다. 경영진이 이 방식에 합의했다면 그 전략은 이미 실행되었을 것입니다.

가장 좋은 방법은 엔지니어링과 관련 있는 몇 가지 비(非)엔지니어링 전략을 비공식적으로 직접 문서화해 보는 것입니다. 보통 비즈니스 및 제품 전략으로 시작하는 것이 좋지만, 이는 비즈니스의 특성에 따라 다를 수 있습니다. 문서화해야 할 각 전략의 간략한 초안을 작성할 수 있을 때까지 해당 임원과 논의하세요. 초안이 준비되면 해당 임원과 공유하여 어느 정도 정확한지 확인하고, 이를 참고 자료로 사용합니다.

이렇게 작성한 초안을 더 널리 공유하고 싶은 유혹을 느낄 수 있지만, 그렇게 하면 엔지니어링 전략을 진척시키기보다는 해당 임원의 권위를 훼손했다는 이유로 갈등에 직면할 가능성이 높습니다.

제가 전략 초안을 작성할 때 유용하다고 느낀 질문은 다음과 같습니다.

- 현금 흐름 목표는 무엇인가요?
- 각 부문(예: 영업 및 마케팅, 연구 및 개발, 일반 및 관리)의 투자 논리는 무엇인가요?
- 인수 합병(M&A)의 목적은 무엇인가요?
- 사업부는 어떻게 구성되어 있나요? 사업부 간에는 서로를 어떻게 지원하고 비용은 어떻게 배분되나요?
- 제품의 사용자는 누구이며, 그들의 요구는 무엇인가요? 이러한 사용자들의 우선순위는 어떻게 정하고 있나요?
- 다른 부서들은 향후 1년 동안 성공을 어떻게 평가할 것인가요?
- 현재의 유통 메커니즘은 무엇이며, 이를 어떻게 변경하려고 하나요?
- 가장 중요한 경쟁 위협은 무엇인가요?
- 현재 전략에서 작동하지 않는 부분은 무엇인가요?

누락되어 있는 전략 문서를 작성하는 일은 꽤 까다롭지만, 목표는 완벽한 문서를 작성하는 것이 아니라 합리적인 초안을 만드는 것입니다. 작업이 막힌다면 상황 진단 내용을 다시 검증하는 작업을 거친 후 정책 지침 작성으로 넘어가세요. 중요한 부분을 놓쳤다면, 정책을 작성하는 과정에서 그 간극이 드러나는 경우가 많습니다.

상황 진단 문서 작성하기

상황 진단은 전략 수립의 기초입니다. 상황 진단이 잘못되면 이어지는 정책 지침과 일관된 행동이 잘못된 방향으로 초점을 맞추게 됩니다. 그럼에도 불구하고 대부분의 전략 작성자는 상황 진단 단계를 대충 넘어가려고 합니다. 그렇게 하면 이후에 나오는 섹션에 아무리 많은 시간을 할애해도 전략 전체의 효과가 떨어지게 됩니다.

효과적인 상황 진단 문서를 작성하는 데 도움이 되는 몇 가지 조언을 알려드립니다.

- **상황 진단 내용 작성을 건너뛰지 마세요.**

  전략 문서를 작성하기 시작할 즈음에는 마음속에 이미 채택하고자 하는 몇 가지 정책이 결정된 상태일 수 있습니다. 어쩌면 이미 진행 중인 마이크로서비스로의 이관을 중단하고 싶을 수도 있습니다. 그러나 상황 진단은 나중에 하면 안 됩니다. 상황 진단부터 시작하지 않으면 해결책이 적절한지 평가할 수 없습니다. 더 중요한 문제는 제대로 된 상황 진단이 없으면 다른 사람에게 당신의 접근 방식이 타당하다는 것을 설득하기 어렵습니다. 그들도 자신만이 암묵적으로 파악한 내용을 가지고 있을 것이고, 이는 아마 당신의 생각과 다를 것입니다. 반대로, 상황 진단 내용 작성부터 차근차근 시작하면 다른 사람과 견해를 일치시키는 일이 매우 쉬워집니다!

- **가능하면 2~3명의 리더가 독립적으로 상황 진단 문서를 작성하도록 하세요.**

  몇몇 리더가 독립적으로 상황 진단 문서 섹션을 작성하게 하면 이를 비교하면서 서로 간의 격차를 줄일 수 있습니다. 이는 반드시 완벽할 필요는 없으며, 대략적인 초안만으로도 리더들의 관점 차이를 파악하는 데 충분합니다. 특히 리더들이 스태프 제품 엔지니어, 스태프 인프라 엔지니어, 다른 비즈니스 라인의 고위 엔지니어링 매니저 등 서로 다른 역할을 맡고 있을 경우에 더 그렇습니다. 이렇게 하면 새롭게 합류한 리더가 필요한 맥락을 놓치는 위험을 줄여 줍니다.

- **각 이해관계자 그룹 안에서 회의론자를 포함하여 진행하세요.**

    다양한 그룹에 걸쳐 상황 진단 내용을 검증하세요. 엔지니어, 엔지니어링 매니저, 제품 부서에 있는 동료 리더 그리고 경영진 모두와 대화하세요. 특히, 반대 의견을 제시하는 경향이 있는 회의론자가 누군지 알아내는 것이 유용합니다. 회의론자들의 우려를 액면 그대로 받아들일 필요는 없지만, 그들이 제기하는 우려 사항에는 귀를 기울여야 합니다. 그들의 비판 내용을 듣고 당신의 분석에 확신이 있는지, 아니면 더 확고히 상황을 진단해야 하는지 확인하세요.

- **상황 진단 내용이 이전 역할에서 생각했던 것과 유사하다면 주의하세요.**

    새로운 리더들은 종종 자신이 맡은 새로운 역할에서의 도전 과제가 이전 역할의 도전 과제와 별반 다르지 않을 거라는 근거 없는 믿음을 가지고 있습니다. 많은 리더들이 사실이 아님에도 불구하고 이러한 믿음을 고수합니다(예를 들어 높은 확장성을 가진 인프라를 구축하는 것은 제품−시장 적합성이 강한 회사에서는 의미가 있지만, 제품이 없는 회사에서는 아무 의미가 없습니다). 만약 당신이 파악한 내용이 이전 역할에서 작성한 상황 진단 문서의 내용과 놀랍도록 유사하다면, 새롭게 당면한 현실이 아니라 기억에 의존해서 작성한 게 아닌지 다시 한번 확인해 보기 바랍니다.

상황 진단 문서를 작성하는 또 하나의 중요한 이유는 이를 읽는 대상에게 당신이 좋은 전략을 수립하는 일에 전념하고 있으며, 당면한 문제를 인정하고 해결하려는 의지를 갖고 있다는 점을 보여 준다는 것입니다. 이는 종종 글로 인정하기에 불편한 경우가 많지만, 그럼에도 불구하고 용기 있고 신중한 태도로 문제를 직접 다루는 모습은 그 어떤 것보다도 사람들이 당신의 전략을 신뢰하도록 만들어 줄 것입니다.

정책 지침 구조화하기

상황 진단 다음 단계는 정책 지침을 정하는 것입니다. 정책 지침을 작성하는 방법은 여러 가지가 있는데, 여기에서는 엔지니어링 전략의 핵심을 파악하는 세 가지 주요 질문에 답하는 것부터 시작하겠습니다.

- **조직의 우선순위에 따른 자원 배분은 어떻게 이루어지고, 그 이유는 무엇인가?**

경쟁은 건강한 것이지만 예산과 인원을 두고 일어나는 내부 경쟁은 효율성보다는 자신이 몸담고 있는 조직을 키우려는 경향을 더 강화할 수 있습니다. 이는 컴플라이언스나 보안 같은 매우 중요한 우선순위에 대한 투자가 뒤로 밀려날 수 있음을 의미합니다. 엔지니어링 전략은 자원 배분과 우선순위를 정하는 원칙을 명확하게 세워 이러한 내부 경쟁을 피해야 합니다.

엔지니어링 임원은 아무도 요구하지 않는 우선순위(특히 보안, 신뢰성, 준수, 개발자 생산성)를 먼저 생각하고, 투자 관련 가이드나 정책이 이런 우선순위를 잘 고려하고 있는지 항상 확인해야 합니다.

마찬가지로 상황 진단 내용을 자원 배분과 연결짓는 것도 매우 중요합니다. 이는 특정한 제약 조건에 기반하여 이루어져야 하며, 자원 배분에 합당한 근거를 마련하고 여기에 반대하는 사람을 합리적으로 납득시키는 역할을 수행하기도 합니다.

[예시] 우리는 제품 엔지니어 4명당 플랫폼 엔지니어 1명(예: 보안, 신뢰성, 인프라, 개발자 생산성)의 비율을 유지하고자 합니다. 올해는 그 비율을 벗어난 프로젝트가 단 두 개 있을 예정입니다. 그리고 이 두 프로젝트를 위해 총 10명의 엔지니어를 우선 배정할 계획입니다.

- **보안 부문**: 모든 프로덕션 액세스에는 MFA(다단계 인증)가 필요하며, 수정 불가능한 감사 추적과 연결되도록 설정

- **개발자 생산성 부문**: 모든 자바스크립트 코드베이스를 타입스크립트로 점진적으로 마이그레이션

- **모든 팀이 준수해야 할 기본 규칙은 무엇이고, 왜 중요한가?**

가장 효과적인 정책 지침은 광범위하고 일관된 적용을 기본 전제로 합니다. 예를 들어 모든 백엔드 프로젝트를 고Go 언어로 통일하도록 요구하면 보안이나 관련 도구에 대한 요청 사항이 크게 줄어들 수 있습니다. 마찬가지로 모든 새로운 프로젝트가 특정 데이터베이스를 사용하도록 요구하면 여러 가지 도구를 사용해야 하는 필요성이 줄어들 것입니다.

그리고 이러한 규칙은 엔지니어링 조직 차원에서 명시해야 합니다. 이런 종류의 규칙을 두고 적절한 수준의 트레이드오프가 일어나는 장소가 바로 엔지니어링 조직이기 때문입니다.

사람들에게 해당 규칙이 왜 가치 있는지를 적절히 설명하면 이를 따를 가능성이 훨씬 높습니다. 따라서 각 규칙이 중요한 이유를 명확히 설명할 것을 강력히 추천합니다. 당신에게는 명백하고 당연한 것들이 다른 사람들에게는 그렇지 않을 수 있기 때문입니다.

[예시] 모든 개발은 다음과 같은 표준 개발 스택과 개발 생명 주기를 따라야 합니다. 이러한 규칙에서 예외를 두려면 기술 사양 검토 및 CTO의 승인을 받아야 합니다.

- **표준 개발 스택**: 백그라운드 서비스는 고 언어, 프런트엔드 서비스는 타입스크립트, 스토리 지는 서비스 격리된 Aurora PostgreSQL 인스턴스
- **개발 생명 주기**: 표준 코드 리뷰, 린팅, 배포 프로세스가 정리된 개발 생명 주기 위키 문서 참고

• **엔지니어링 조직 안에서 의사결정은 어떻게 이루어지고, 왜 그렇게 하는가?**

아무리 포괄적인 전략이라도 여러 가지 중요한 세부 사항이 생략될 수 있습니다. 하지만 의사 결정이 어떻게 이루어지는지는 명확히 설명해야 합니다. 이는 팀이 자율적으로 일할 수 있는 긍정적 자유와 해당 전략이 다른 팀에 미치는 영향을 세심하게 규제하는 부정적 자유의 간극 을 조정하는 과정이라고 생각하면 좋습니다.

팀이 스스로 결정할 수 있는 범위와 그 결정을 내릴 때 최적화해야 하는 사항 그리고 독립적으 로 결정할 수 없는 경우에 일을 진행하는 방식을 알고 있도록 해야 합니다. 또한 구성원들에게 왜 이런 방식으로 일하는지 충분히 이해시키는 것도 중요합니다. 모든 작업 방식에는 여러 가 지 암묵적인 과정이 존재하지만 현재 프로세스에 불만을 가진 사람들에게는 종종 보이지 않는 경우가 많습니다.

[예시] 표준 개발 스택이나 표준 개발 생명 주기에서 벗어나는 기술적 결정은 기술 사양 검토와 CTO의 승인을 받아야 합니다. 이 두 표준안에 대한 변경 역시 기술 사양 검토와 CTO의 승 인을 받아야 합니다. 조직 구조 변경, 채용 우선순위 및 일반적인 인사 프로세스 변경은 CTO 의 승인을 받아야 합니다. 기타 모든 결정은 가장 관련 있는 팀과 리더가 내려야 합니다. 만약 누군가 올바르지 않은 절차로 결정을 내리고 있다면, 보고 절차를 거쳐 조정하도록 요청해 주 시기 바랍니다.

이 세 가지 질문에 명확히 답할 수 있다면 매우 가치 있는 엔지니어링 전략을 세 울 수 있을 것입니다. 이는 회사 내부의 다른 조직이 갖고 있는 전략과 어떻게 연 결되어 있는지, 엔지니어링 조직 내 팀과 리더십에 어느 정도 수준의 자유를 부여 해야 하는지 등을 명시적으로 보여 줍니다.

반대로 당신이 파악한 내용이 이러한 질문들에 답하는 데 도움이 되지 않는다면 상황 진단을 다시 해 볼 것을 권합니다. 이미 파악한 상황이 어느 정도 사실일 수는 있지만, 그 안에는 임원만이 가질 수 있는 포괄적 시야가 빠져 있을 수 있습니다.

정책 지침 수준 유지하기

조직 내 팀의 활동을 불필요하게 제한하지 않는 정책 지침을 작성하는 것은 어려운 일입니다. 각 팀은 자신의 로드맵과 기술 선택이 엔지니어링 전략에 속한다고 주장할 수 있습니다. 이런 상황이라면 엔지니어링 전략이 갖는 고유한 이점을 활용하되, 신중하게 사용할 것을 권장합니다.

전략이 적절한 수준에서 운영되고 있는지 확인하는 데는 다음 세 가지 조건이 필요합니다. 각 정책 지침이 실제로 적용 가능한지, 실행되고 있는지 그리고 어떤 영향력이 극대화되는지를 묻는 것입니다.

- **적용 가능성: 정책은 복잡한 실제 상황, 특히 트레이드오프가 발생하는 상황에서 사용될 수 있어야 합니다.**

  실제로 적용할 수 있어야 유용한 가치관입니다. 정책 지침도 마찬가지로 살아 있는, 유용한 도구여야 합니다. 실제로 적용할 수 없다면 과감히 버리세요!

  예시 우리는 일반적으로 새로운 제품을 만드는 작업보다 기존 제품의 안정성을 유지하는 것을 우선시합니다. 안정성 유지 작업에 시간이 1주일 미만이 걸리면 팀이 자체적으로 작업을 승인할 수 있습니다. 더 오랜 시간이 필요한 경우 한 단계 상위의 관리 체계에서 이를 검토해야 합니다.

  예시 우리는 자체 범용 솔루션을 구축하는 것보다 SaaS 벤더를 선호하지만, 현재 SOC 2 Type 2 규정을 준수하는 SaaS 벤더만을 고려합니다. 자체 구축 대 구매 결정은 기술 사양 검토를 통해 이루어져야 합니다. SOC 2 Type 2 정책에 대한 예외는 CTO의 승인을 받아야 하지만, 승인되지 않을 가능성이 높습니다.

- **집행: 팀은 정책 지침을 따를 책임이 있습니다.**

  정책 지침은 그것이 강제되어야만 효과적으로 조직을 이끌 수 있습니다. 경험 많은 엔지니어라면 표준화된 기술 스택이 있음에도 이를 사용하지 않으려는 신규 채용 엔지니어와 골치 아픈 갈등을 겪었던 일이 한 번쯤은 있을 것입니다. 설령 회사 정책을 위반하는 사람이 당신의 동료이거나 이전에 잘나가는 회사에서 근무했던 사람이라고 해도 마찬가지입니다. 중요한 것은 임원인 당신이 정책 지침을 기꺼이 집행할 의지가 있느냐입니다.

  이 사항에 대한 보편적인 예를 들기는 어렵습니다. 대신 스스로에게 이 정책을 집행할 의지가 있는지 물으세요. 만약 그렇지 않다면, 집행할 의지를 가질 만한 다른 정책을 찾아보세요. 집행이 불가능한 정책과 집행이 가능한 정책 사이의 간극은 'CTO의 승인이 없는 한'과 같은 아주 간단한 문구를 추가하는 것만으로도 해소할 수 있습니다.

- **레버리지 창출: 복합적으로 배가된 영향력을 창출합니다.**

레버리지는 조직의 효율성을 높이는 것입니다. 직접적으로(예: 제품 엔지니어들로부터 데이터의 개인정보 문제를 해결하는 데이터 인터페이스 사용)나 간접적으로(예: 새로운 머신러닝 기반 콘텐츠 선택 도구를 생성해 어떤 콘텐츠를 어디에 표시할지에 대한 논쟁을 없앰) 이루어질 수 있습니다.

엔지니어링 팀은 다양한 형태의 레버리지에 접근할 수 있으며, 이를 엔지니어링 전략에서까지 직접 다룰 필요는 없습니다. 다만 조직 전체의 약속이 필요한 표준화 전략(예: 모든 사람이 프런트엔드 개발에 타입스크립트를 사용할 것)을 효과적으로 배포하려면 엔지니어링 전략 레벨에서 해결해야 합니다.

엔지니어링 전략은 팀이 일의 우선순위를 쉽게 정할 수 없을 때에도 문제를 해결해 줄 수 있어야 합니다. 특히 어떤 업무가 매우 중요함에도 불구하고 정당한 우선순위를 부여받지 못하는 경우가 그렇습니다. 비즈니스를 지속적으로 운영하기 위해 필요한 규정 준수나 개인정보 보호 업무처럼 특정 팀의 업무 범위에 딱 들어맞지 않는 것들이 그런 예입니다.

예시 구글은 과거 개발 언어를 파이썬, C++, 고, 자바 네 가지로 제한하고 이를 매우 엄격하게 시행했습니다. 이러한 정책은 개발 도구와 관련해서 적절한 레버리지를 창출했고, 중앙 집중화된 도구 관리 팀이 회사에 미치는 영향력을 증가시켰습니다. 이런 생태계에서 새롭게 착수되는 프로젝트는 여기에 영향을 받지 않을 수 없습니다.

이와 밀접한 예로 댄 맥킨리Dan McKinley의 '평범한 기술 선택하기' 전략이 있습니다. 이는 기술 선택을 일정하게 제한함으로써 레버리지를 창출하는 전략입니다. 특히 켈런 엘리엇-맥크리Kellan Elliott-McCrea가 엣시Etsy 엔지니어링을 이끌던 시절에 매우 강력하게 시행되었습니다.

예시 2014년에 우버는 '빌더들이 빌드하게 하라Let builders build'라는 전략으로 각 팀이 자체적으로 도구를 선택하도록 허용함으로써 레버리지 효과를 창출하려는 목표를 가지고 있었습니다. 엔지니어링 리더십은 이를 반대하지 않았고, 그 결과 어떤 도커Docker 컨테이너도 자유롭게 실행할 수 있는 매우 포괄적인 서비스 도구가 폭넓게 사용되었습니다.

이러한 접근 방식은 팀의 개별적 성과가 갖는 이점이 레버리지가 높은 중앙 집중형 개발자 생산성 팀을 운영하지 않을 때의 단점을 상회한다는 이론에 기반을 두고 있습니다. 더 중요한 것은, 암묵적이고 일관되게 적용되는 엔지니어링 전략보다는 훨씬 더 명확하고 구체적인 엔지니어링 전략의 가치를 강조한다는 것입니다. 우버의 경우는 이런 접근 방식이 상대적으로 비효율적이었지만, 다른 회사들을 위해 맞춤형 도구를 제작하는 컨설팅 회사라면 이와 같은 정책이 매우 효과적일 수 있습니다.

만약 당신의 정책 중 하나가 이런 기준을 충족하지 않지만 상황 진단을 해결하기 위해 필요하다면 걱정하지 않아도 됩니다. 하지만 너무 많은 정책이 그렇다면 상황이 달라집니다. 그때는 정책이 이런 기준을 충족하거나 이런 기준 자체가 당신의 상황 진단 작업에 맞지 않는다는 확신이 들 때까지 그 원인을 심사숙고하여 찾아볼 필요가 있습니다.

일관된 행동 찾기

엔지니어링 전략의 마지막 구성 요소는 정책 지침을 구현하기 위한 일관된 행동입니다. 제가 추천하는 방식으로 정책 지침을 구조화하면 다음과 같은 세 가지 주요 범주에서 일관된 행동을 찾을 수 있을 것입니다.

- **집행**

  엔지니어링 조직을 위한 규칙은 어떻게 유지할 것인가요? 아무리 신중하게 고안된 정책이라도 실제로 준수되지 않으면 아무런 효과가 없습니다. 집행 조치 안에는 정책을 유지하기 위해 필요한 프로세스와 예외적 상황에 대한 명확하고 지속적인 프로세스가 설명되어 있습니다. 이런 형식이 다소 어색하게 느껴질 수도 있지만, 의미를 명확히 해 두는 것이 훨씬 낫습니다.

  [예시] 기술 사양 검토 그룹은 매주 회의를 통해 표준 개발 스택에 대한 예외 사항 요청을 검토합니다.

- **에스컬레이션**

  정책 지침이 자신들에게 별로 효과가 없다거나 특정 상황에 적용되지 않는다는 것을 최대한 건설적인 방식으로 주장하려면 어떻게 해야 할까요? 이상적으로는 모든 정책 지침에서 사용할 수 있는 에스컬레이션 프로세스는 몇 가지 또는 단 하나의 단계만 있는 것이 좋습니다. 에스컬레이션을 부정적인 시각으로 바라보는 사람들도 많지만, 인정하든 인정하지 않든 에스컬레이션은 암묵적으로 계속해서 발생하므로 차라리 이를 깔끔하게 인정하고 잘 구조화해 두는 것이 좋습니다.

우리의 정책 지침에 잘못된 부분이 있다고 생각하면 기술적 또는 관리적 보고 체계를 통해 에스컬레이션하세요.

- **전환**

현재 상태에서 새로운 상태로 전환하려면 어떻게 해야 할까요? 이는 특히 자원 배분 프로세스 변경과 관련이 있으며, 경우에 따라 개인이나 팀의 목표가 바뀌는 것을 수반할 수 있습니다. 가장 간단한 형태는 몇몇 사람이 한 분기 동안 업무 목표를 바꾸는 것입니다. 이보다 범위가 더 큰 경우라면 엔지니어링 조직 전체 개편이 필요할 수도 있습니다.

정책 지침이 주요 데이터 저장 기술 변경과 같이 하나의 기술 접근 방식에서 다른 기술 접근 방식으로 전환을 요구하는 경우라면, 여기에 해당하는 행동은 마이그레이션을 수행하는 것입니다.

예시 우리는 제안된 서비스로의 마이그레이션을 중단하는 대신 기존의 단일 서비스에 다시 전념할 것입니다. 팀 구조에는 영향을 미치지 않지만 우선순위는 변경될 것입니다. 첫째, 각 팀은 서비스 마이그레이션 작업을 중단합니다. 둘째, 개발자 생산성 팀은 안정적인 빌드를 최우선 순위로 삼습니다.

엔지니어링 조직 전체에 적용되는 정책 지침은 한 번 정하면 수개월 또는 수년 동안 지속되어야 하기에 임시적 조치는 다소 이례적일 수 있습니다. 장기적인 정책 지침은 일회성 조치보다는 정책을 오래 유지하기 위한 지속적인 행동을 더 요구합니다. 엔지니어링 전략이 요구하는 행동이 충분히 적극적이지 않아서 불안하게 느껴지는 것은 자연스러운 현상이고, 심지어 바람직하기까지 합니다. 행동 방안이 상황 진단과 명확히 연결된다면 올바른 방향으로 가고 있는 것입니다.

전략은 상향식이어야 하지 않을까?

어떤 전략을 접하는 즉시 그 전략이 자신의 권한을 박탈한다고 주장하는 사람들이 있습니다. 이들의 주장은 보통 두 가지 양상으로 전개됩니다.

- 전략은 하향식top-down이기 때문에 업무를 수행하는 팀의 자율성을 배제합니다. 우리는 자율성을 중요하게 생각하므로 팀이 스스로 전략을 결정하도록 해야 합니다.

- 기술 임원을 포함한 관리자들이 전략을 수립해서는 안 됩니다. 전략은 관리자가 아닌 엔지니어가 주도해야 합니다.

이러한 주장은 전략의 본질을 잘못 이해한 데서 비롯됩니다. 전략은 위에서 아래로 적용될 수밖에 없으며, 하향식과 상향식^{bottom-up}의 문제라기보다는 전략이 있고 없고의 문제입니다. 사회적 압력을 바탕으로 전략을 강제할 수 있는 소규모, 저성장 조직을 제외하면 하향식 리더십(또는 해당 권한을 위임받은 그룹)만이 전략을 효과적으로 실행할 수 있습니다.

이러한 논쟁은 보통 전략 수립 과정(예: 고 언어로 마이그레이션하면서 특정 관점을 무시했는가?)이나 특정 전략 자체(예: 우리의 모노레포^{monorepo} 전략이 제대로 작동하지 않는가?)에 대한 우려에서 비롯됩니다. 그 근본적인 원인에는 거의 항상 흥미로운 점이 존재합니다.

만약 누군가가 조직 차원의 일관된 접근 방식 자체에 반대한다면 이는 곧 확장 가능한 레버리지 형태에도 반대하는 것입니다. 물론 그러한 방식으로 소규모 회사를 성공적으로 운영할 수도 있지만 더 큰 조직을 운영하기에는 비효율적입니다. 이는 그들이 배워야 할 교훈이지 조직 전체가 겪어야 할 고통은 아닙니다.

항상 예외는 존재합니다. 예를 들어 회사가 프로덕션에 들어가지 않는 프로토타입만 개발하거나 항상 다른 회사의 외주 작업만 수주하는 경우에는 대부분의 비용을 외부로 전가할 수 있을 것입니다. 그렇지 않다면 대부분의 경우 이는 적절한 선택이라고 보기 어렵습니다.

요약

전략은 깊이 있는 주제여서 신중하지 않으면 그 안에 빠져 허우적대기 쉽습니다. 그래서 많은 임원들이 끝내 아무것도 작성하지 않고 포기하는 경우가 많습니다. 그들은 상황 진단, 정책 지침, 일관된 행동 방안, 적용, 집행, 레버리지 창출에 이르는 전 과정을 탐구하지만, 그러다 새로운 문제에 주의를 빼앗기거나 작성한 내용이 너무 뻔하게 느껴져 공유할 가치가 없다고 생각합니다. 또는 다가오는 중요한 결정을 포함시킬 수 있을 때까지 전략 공개를 미루기도 합니다. 이러한 여러 이유들로 인해 전략 수립은 내일로, 다음 주로, 결국 무기한 연기됩니다.

만약 이 모든 아이디어와 실천 방안을 다 실행할 수는 없겠다고 생각되면, 그것도 괜찮습니다. 전략을 수립하는 일이 반드시 거대하고 한 번에 완성되는 작업일 필요는 없습니다. 단지 기존에 암묵적으로 실행해 오던 전략을 문서화하는 것만으로도 상위 10%의 엔지니어링 전략가가 될 수 있다고 확신합니다. 전략을 문서화하면 필요한 논의가 더 자주 이루어지고, 이는 지속적인 개선을 향한 훌륭한 동력을 만들어 낼 것입니다. 시작조차 하지 않는 것보다는 천천히라도 시작하는 편이 훨씬 낫습니다.

 다음 링크에서 추가 자료 및 리소스를 찾아보세요.
https://lethain.com/eeprimer-refs-3

계획하는 방법

몇 년 전, 엔지니어링 역할을 맡을 한 고위급 리더를 인터뷰하면서 앞으로의 계획에 대해 물은 적이 있습니다. "아, 그 'P' 단어, 계획planning 말이죠." 마치 계획이 비즈니스에서 일종의 금기어처럼 부담스럽게 여겨진다는 점을 내포한 답변이었습니다. 이처럼 계획은 잘 진행된다고 해도 본질적으로 어려운 작업이며, 잘못되면 비즈니스는 수개월, 심지어 수년간의 잠재적 성과를 잃을 수 있습니다.

제임스 카스는 그의 저서 『유한 게임과 무한 게임』(마인드 빌딩, 2021)에서 대부분의 일은 두 가지 관점에서 바라볼 수 있다고 했습니다. 첫 번째는 삶을 명확한 규칙과 구체적인 승리 방법이 미리 정해져 있는 일련의 유한 게임finite games으로 보는 관점입니다. 두 번째는 삶을 시간이 지날수록 플레이어들에 의해 규칙이 진화하며, 목표는 계속해서 게임을 하는 데 있는 무한 게임infinite games으로 바라봅니다. 계획은 종종 규칙이 많은 유한 게임으로 여겨지지만, 저는 동적인 규칙을 가진 무한 게임으로 접근하는 편이 훨씬 유용하다고 생각합니다. 명시된 규칙 너머를 바라보기 시작했을 때 비로소 효과적인 계획을 세울 수 있으니까요.

회사를 계획의 역학 속으로 이끄는 일은 경영진만이 할 수 있는 매우 영향력 있는 일이며, 능력 있는 경영진이 자신의 역량을 크게 드러낼 수 있는 영역입니다. 이 장에서는 다음과 같은 내용을 다루겠습니다.

- 대부분의 회사에서 기본적으로 이루어지는 계획 프로세스 논의
- 계획을 세 가지 구체적인 단계로 나누기: 재무 계획, 기능적 포트폴리오 할당, 로드맵

- 이 세 단계에 걸쳐 공유된 타임라인 수립
- 계획이 자주 실패하는 요인 탐구

이 장을 마치면 기존의 계획 프로세스 내에서 업무를 효과적으로 운영하고, 기능적 요구와 기능 간 요구를 균형 있게 조율하며, 현재의 계획 프로세스가 엔지니어링 조직 및 회사 전반에 어떤 걸림돌이 되고 있는지 진단할 수 있게 될 것입니다.

기본 계획 프로세스

회사의 직원 수가 몇백 명 수준에 이르면 대부분 다음과 같은 문서화된 계획 프로세스를 따르게 됩니다.

- 매년 경영진은 연간 재무 계획(인력 계획 포함)에 합의합니다.
- 매 분기(또는 반기)마다 경영진은 다가오는 분기의 계획을 설명하는 계획 산출물을 작성합니다. 여기에는 각 팀의 목표와 핵심 결과objectives and key results(OKR), 목표 비즈니스 성과, 또는 수행해야 하는 프로젝트 목록 등이 포함됩니다.
- 각 팀은 선택한 프로세스(예: 스크럼, 애자일)를 사용해 분기 또는 반기 계획에 따라 자체적으로 실행을 관리할 책임이 있습니다.
- 회사 목표 대비 실제 진행 상황을 추적하기 위해 월간 실행 리뷰(예: 비즈니스 리뷰)가 열릴 수 있습니다.

이런 프로세스가 모든 회사에서 전부 동일한 것은 아닙니다. 계획 프로세스가 언제 진행되는지, 어떤 문서를 누구에게 제출해야 하는지, 예산 책정 방식은 어떠한지 등 세부 사항은 회사마다 다를 수 있습니다. 특히 회사마다 가장 크게 다른 점은 계획이 실제로 실행되는 방식입니다.

경영진은 명목상으로는 위에서 설명한 계획 패턴을 따르지만, 실제로는 그들이 움직이는 방식에 따라 새로운 규칙이 만들어지기 마련입니다. 예를 들어 어떤 회사는 경영진이 연간 재무 계획을 공동으로 수립하는 공식 프로세스를 가지고 있지만, 실제로는 개별 임원들이 CEO에게 비공식적으로 접근해 자신의 부서 인력을 늘려달라고 요청하는 경우도 있습니다. 만약 CEO가 이러한 비공식 요청을 받아들인다면 그것이 실제 프로세스가 되고, 공동으로 수립한 재무 계획은 단순히 형식적인 문서로 전락하게 됩니다.

심지어 경영진이 선의로 협력하는 회사에서도 새로운 정보가 나타나 현재의 계획을 무효화할 수 있습니다.

- 사업을 운영 중인 국가에서 예상치 못한 개인정보 규제가 통과될 수 있습니다.
- 금융 파트너가 갑작스럽게 사업을 중단할 수 있습니다.
- 접근성 문제와 관련된 소송에서 전격적으로 합의가 이루어져 개선을 위한 명확한 일정이 정해질 수 있습니다.

유한 게임의 관점에서 보면 이런 새로운 문제를 해결하기 위해 계획을 수정하는 것은 실패로 간주될 수 있습니다. 하지만 제대로 잘 운영되는 비즈니스를 관리하는 관점에서는 과거가 아닌 오늘날의 현실을 반영하는 계획에 따라 운영하는 것이 당연히 더 바람직합니다.

계획의 세 가지 구체적 단계

공유된 목표 없이 진행되는 계획 프로세스는 종종 비대해지고 과부하된 시스템이 되어 문제를 제대로 해결하지 못합니다. 가령 보안 검토를 완료했는지, 기능 간 프로젝트에 필요한 인력이 배정되었는지, 인력 계획이 채용 역량과 일치하는지 등을 확인하는 데 너무 많은 시간을 소비하게 될 것입니다. 이러한 작업들은 모두 중요하지만 계획 프로세스 외부에서도 해결할 수 있는 문제이며, 계획이 가장 가치를 발휘할 수 있는 부분에서 주의를 분산시키고 맙니다.

효과적인 계획 프로세스는 다음 세 단계를 잘 수행할 때 그 능력을 발휘합니다.

- **회사의 자원 배분을 기능별로 설정하여 연간 재무 계획에 문서화합니다.**

  수익과 비용 목표를 수행하는 기능과 비즈니스 라인별로 나누어 설정합니다. 이렇게 하면 연구개발(R&D)과 영업 및 마케팅(S&M), 일반관리(G&A) 간의 상대적 투자 규모를 파악할 수 있으며, 회사 제품 또는 사업 부문 간의 투자 우선순위를 결정할 수 있습니다.

- **엔지니어링 전략의 자원 배분을 새롭게 합니다. 특히 엔지니어링의 기능적 우선순위와 비즈니스 우선순위 간의 기능적 포트폴리오 할당에 초점을 맞춥니다.**

  회사마다 엔지니어링의 기능적 범위에 포함되는 항목이 일관되지 않아 약간의 미묘한 차이가 있을 수 있습니다. 예를 들면 보안이 엔지니어링의 범위에 포함될 수도 있고, 아닐 수도 있습니다.

- **회사의 제품 팀과 영업 팀 등 가장 가까운 기능의 파트너와 협력하여 향후 분기 또는 반기 로드맵을 설정하세요.**

  로드맵은 수행해야 할 작업의 범위와 일정에 대한 기능 간 합의를 나타냅니다.

이 세 단계는 각각 이전 단계의 결과를 입력값으로 사용하므로 반드시 순차적으로 진행되어야 합니다. 때로는 이후 단계로 진행하면서 이전 단계를 수정해야 하는 경우가 발생할 수 있는데, 이는 전혀 이상한 일이 아닙니다. 계획은 본질적으로 동적인 과정이라는 현실에 익숙해지세요!

이렇게 세 가지 단계로 계획을 진행하면 각 단계의 의존성을 줄일 수 있습니다. 의존성이 줄어들면 더 단순하고 집중된 프로세스가 만들어집니다. 겉보기에는 반대로 느껴질 수 있지만, 이런 식으로 계획을 인위적으로 분리하면 의사결정의 질이 향상된다는 사실을 알게 됩니다. 가령 재무 계획에서 로드맵과 기능 포트폴리오 할당은 고정해 둔 상태로 수익, 비용, 인력에만 집중하면 특정 제품 출시와 관련된 논쟁 없이 재무 계획을 비교적 정확하게 수립할 수 있습니다. 반면 재무 계획의 세부 사항과 제품 출시, 기능과 기능 간 우선순위의 조합 등을 동시에 다루기 시작하면 과정만 복잡해질 뿐 정확도가 높아지기 어렵습니다.

이러한 제약은 오히려 더 나은 결정을 가능하게 합니다. 제약은 혁신을 촉진하기 때문입니다. 반대로 제약을 완전히 없애면 오히려 지나치게 단순화되어 비현실적인 사고로 이어질 위험이 있습니다. 예를 들면 이번 분기에 엔지니어링 팀원 수를 세 배로 늘리면 제품 개발 속도도 세 배 빨라진다는 식의 황당한 계산처럼요. 제약을 둔 상태에서 순차적으로 계획을 세워나가는 것이 처음에는 어색하게 느껴질 수 있지만, 이런 접근 방식은 초기의 불편함을 감수할 만한 가치가 있습니다.

재무 계획이나 로드맵을 무조건 이 순서로 진행하고 절대 수정하지 말아야 한다는 주장은 아닙니다. 계획 로드맵을 완료한 뒤에 인력 조정이 필요하다고 판단되면 그에 대한 논의를 하는 것이 합리적입니다. 하지만 이러한 논의는 동시에 진행하기보다 순차적으로 진행하는 것이 더 집중적이고 철저한 결정을 내리게 합니다.

이제부터 세 단계를 각각 자세히 살펴보겠습니다. 일반적인 접근 방식과 이상적인 이론이 복잡한 현실과 맞닥뜨릴 때 발생하는 특정한 문제들에 대해서도 다룰 것입니다.

1단계: 재무 계획 수립하기

임원이 되기 전 사기업에서 엔지니어로 일하는 동안에는 회사의 재무 계획을 접할 기회가 거의 없을 것입니다. 만약 있다 하더라도 부록 C의 '손익 계산서 읽기'와 같이 세부 내용을 파악할 시간 없이 간략히 살펴보는 정도일 가능성이 큽니다. 이로 인해 경영진 역할을 처음 맡으면 회사의 재무 계획이 모든 계획의 기초라는 사실을 깨닫고 놀랄 수 있습니다.

[표 4-1]은 재무 계획의 예를 보여 줍니다. 여기에는 각 사업 부문의 수익 목표와 해당 사업 부문 내 기능별 비용 목표가 포함되어 있습니다. 이러한 문서는 방대한 데이터를 담고 있는 복잡한 자료입니다.

표 4-1 재무 계획 샘플

	Q1	Q2	Q3	Q4	올해	작년	전년 대비 성장률
매출							
소비자	625	687	755	830	2897	2012	31%
자체 서비스	318	349	383	421	1471	812	45%
기업	52	57	62	68	239	12	95%
총매출	995	1093	1200	1319	4607	2936	38%
비용							
소비자 비용	133	146	160	176	615	452	27%
자체 서비스 비용	162	178	195	214	749	629	16%
기업 비용	96	105	115	126	442	18	96%
총비용	391	429	470	516	1806	1099	39%
영업 이익	604	664	730	803	2801	1737	38%
운영비							
영업 마케팅	479	526	578	635	2218	1521	31%
연구 개발	212	233	256	281	256	782	20%
일반 총무	90	99	108	118	108	310	25%
총운영비	781	858	942	1034	942	2613	28%
순손실	−177	−194	−212	−231	−212	−876	−8%

자세히 보면 소비자 사업 부문은 전년 대비 31% 성장하며, 1분기 6억 2,500만 달러의 매출에 1억 3,300만 달러의 비용만을 지출하고 있습니다. 반면, 기업 사업 부문은 전년 대비 95%로 훨씬 더 빠르게 성장하고 있지만, 1분기 매출 5,200만 달러에 비용은 9,600만 달러가 소요되고 있습니다. 이 두 행만 보더라도 두 사업 부문에 대해 매우 흥미로운 논의를 진행할 수 있습니다.

이처럼 경영진은 매년 업데이트된 재무 계획을 수립해야 하며, 이를 위해 세 가지 주요 문서를 작성해야 합니다.

- 사업 부문과 기능별로 나뉜 수익과 비용을 보여 주는 손익 계산서
- 공급업체, 계약직, 인력 등 기능별 세부 비용을 보여 주는 예산

- 조직 내 구체적인 역할과 신규 채용 직무에 중점을 둔 인력 계획

이 세 가지 문서가 준비되면 나머지 계획 프로세스를 시작하기에 충분합니다. 하지만 이런 문서를 작성하는 과정이 결코 쉽지는 않습니다.

엔지니어링 관점에서 볼 때 다행인 점은 재무 계획을 직접 책임지는 것이 아니라 하나의 이해관계자로 참여한다는 것입니다. 재무 담당자마다 세부 사항이 각기 다를 수 있지만, 경영진과 사업 부문 리더들은 여러 제안을 반복적으로 검토하며 모두가 완전히 만족하지는 않지만 그럴듯해 보이는 결과물을 도출하게 됩니다.

이 과정은 회사의 성장 단계(예: 시리즈 B와 시리즈 G)나 상장 여부(공기업 또는 사기업)에 따라 크게 달라집니다. 이전에 일했던 훨씬 더 큰 회사의 방식을 모방하기보다는 유사한 규모의 동종 업계를 참고하는 것이 좋습니다. 다만, 이러한 계획은 본질적으로 정확성이 떨어진다는 점을 명심하세요. 이는 명확한 제품 로드맵 없이 재무 결과를 예측하면 그해에 어떤 혼란이 발생할지 알 수 없기 때문입니다. 세부 사항을 꼼꼼히 검토하되, 지나치게 몰두하지 않도록 주의하세요.

엔지니어링 비용을 자본화하는 방법

소프트웨어 비용 자본화는 엔지니어링이 아닌 재무적 문제로, 일반기업회계기준 Generally Accepted Accounting Principle(GAAP)을 준수해야 하는 재무 팀의 일입니다. 일반적으로 재무 팀의 감사는 GAAP을 준수하지 않으면 연간 재무 감사를 인증하지 않습니다. 따라서 GAAP 준수의 일환으로 발생한 비용을 자본화할 것인지 아니면 비용 처리할 것인지를 결정해야 합니다.

소프트웨어 엔지니어링 비용을 자본화하는 방법에 대한 일반적인 지침은 간단합니다. 새로운 소프트웨어 기능 개발은 자본화해야 하며, 그 외 모든 것은 비용 처리해야 합니다. 그러나 실제로 무엇이 새로운 기능인지 아닌지를 결정하는 데는 상당한 유연성이 있습니다. 이는 특정 작업이 정말 새로운 기능인지 아니면 단순 버그 수정인지를 합의하는 것과 비슷합니다. 대부분의 변경 사항은

어느 쪽으로든 합리적인 주장이 가능합니다.

놀랍게도, 엔지니어링 비용 자본화 논의 중 상당수는 각 측의 필요 사항을 명확히 설명하지 않은 채로 시작되어 결국 적절한 합의를 이끌어 내는 것을 매우 어렵게 만듭니다. 제 경험상 모두가 만족할 수 있는 자본화 접근 방식은 다음 세 가지 핵심 기준을 충족해야 합니다.

- 감사인에게 설명하고 정당화하기 쉬워야 합니다.
- 재무 팀의 재무 보고를 위해 적시에 제공 가능해야 합니다.
- 재무 팀과 엔지니어링 팀의 지속적인 노력을 최소화해야 합니다.

자본화 접근 방식을 어느 한쪽으로 결정하기 전에 엔지니어링 팀과 재무 팀이 서로의 요구 사항을 합의했는지 확인하세요! 이 문제를 해결하는 방법은 여러 가지가 있지만, 대부분의 조직은 다음 세 가지 접근 방식 중 하나를 선택하게 됩니다.

- **티켓 기반**

  각 티켓별로 자본화 상태와 시간을 추적합니다. 자본화 상태가 없는 티켓에 대한 기본값을 설정한 다음(대부분 비용 처리), 각 엔지니어별로 자본화가 가능한 작업 시간을 티켓 단위로 설정하여 합산하고, 시간당 비용을 곱해 자본화가 가능한 엔지니어링 비용을 산출합니다.

- **프로젝트 기반**

  각 프로젝트의 작업 시간을 추적하고, 작업 성격에 따라 프로젝트별 자본화 가중치를 설정합니다(예: 80% 자본화, 0% 자본화 등). 재무 팀은 이를 팀 또는 조직의 평균 시간당 비용과 결합하여 자본화 가능한 엔지니어링 비용을 산출합니다.

- **역할 기반**

  각 역할별로 고정된 시간 비율을 설정합니다. 예를 들어 제품 엔지니어 시간의 80%는 자본화하고 인프라 엔지니어 시간의 0%는 자본화하지 않는 방식입니다.

보통 티켓 기반과 프로젝트 기반 방식이 가장 일반적입니다. 엔지니어링 팀은 역할 기반 모델을 선호하는 경향이 있지만, 많은 재무 팀과 감사인들은 이를 회의적인 시각으로 바라보기 때문에 생각만큼 흔하지는 않습니다. 다만, 일부 회사는 실제로 이 방식을 사용하기도 합니다.

하이브리드 접근 방식(티켓 또는 프로젝트 기반 + 역할 기반)을 채택하는 경우도 흔합니다. 예를 들어 제품 엔지니어링 팀은 자본화가 가능한 작업을 티켓을 통해 추적하고, 다른 엔지니어링 팀은 자본화가 가능한 작업이 없다고 가정하는 방식입니다.

재무 계획에서 엔지니어링의 역할에 대한 추론

경영진의 관점에서 엔지니어링 경영진 관점으로 전환하면 문제가 좀 더 단순해집니다. 엔지니어링은 매출에 직접 책임을 지는 경우가 드물지만 간접적으로나마 제품이나 영업에 대한 책임은 거의 늘 지고 있습니다. 따라서 엔지니어링 비용을 잘 관리하는 것이 재무 계획에 기여하는 것입니다.

엔지니어링 비용은 사업 부문별 세 가지 주요 항목으로 나누어 관리할 것을 권장합니다.

- 엔지니어링 조직 내 인건비
- 운영 비용(대부분의 클라우드 비용, 프로덕션 관련 공급업체 비용 등)
- 개발 비용(CI/CD 관련 공급업체 및 호스팅 비용, 테스트 및 개발 환경 운영 비용 등)

이렇게 세분화된 항목 내에서 매출이 비용보다 더 빠르게 증가하고 있는 사업 부문(이미 사업 품질이 개선되고 있는 경우)에는 최소한의 시간을, 그 외 모든 사업 부문에는 더 많은 시간을 투자해야 합니다.

비용이 매출보다 더 빠르게 증가하는 사업 부문에 대해서는 해당 상황을 언제, 어떻게 역전시킬 것인지에 대해 명확하고 문서화된 가설을 수립한 후 경영진 전체와 공유해야 합니다. 항상 문제가 되는 것은 아니지만, 신규 사업 부문은 일정 기간 동안 이러한 단계를 거치는 것이 일반적입니다. 각 사업 부문에 대해 경영진 전체가 동일하게 이해하고 같은 방향으로 나아가는 것은 필수적입니다.

재무 계획을 연간 단위로 수립해야 하는 이유는 무엇일까?

회사의 재무 계획은 모든 부서 활동의 기본적인 제약 조건입니다. 대부분의 회사는 연중에 계획을 조금씩 조정하곤 하는데, 이는 적절한 조치입니다. 하지만 계획이 고정되어 있다고 가정하고 운영해야 경영진과 엔지니어링 기능이 더 효과적으로 작동할 수 있습니다.

여기에는 세 가지 핵심 이유가 있습니다.

- 재무 계획을 너무 자주 조정하면 목표가 계속 바뀌어 실행 성과를 평가하기가 불가능해집니다.
- 재무 계획을 크게 조정하는 것은 많은 부서의 시간을 상당한 필요로 하는 계획 집약적인 활동입니다. 계획 변동은 큰 혼란을 야기하며, 종종 다른 계획 단계도 재조정해야 할 수 있습니다.
- 모든 좋은 제약 조건이 그렇듯 계획을 견고하게 유지하면 팀이 이를 효과적으로 실행하는 데 집중할 수 있습니다. 반면, 계획을 유연하게 만들면 팀은 제약 조건을 변경하는 데 집중하게 됩니다(예: 인력 추가 요청). 전자가 후자보다 훨씬 더 바람직합니다.

물론 꼭 필요하다면 계획을 변경해야겠지만, 안정적인 재무 계획이 회사를 운영하는 데 훨씬 더 효율적입니다.

사업부에 비용 귀속하기

초기 단계의 회사는 단일 사업만을 운영하기 때문에 상황이 단순합니다. 모든 엔지니어링 비용이 그 한 가지 사업을 운영하는 데 직접적으로 연결되기 때문입니다. 그러나 회사가 성장하면서 여러 사업 부문으로 확장하게 되면 상황은 조금 더 복잡해집니다.

가장 간단한 비용 할당조차도 자세히 들여다보면 복잡합니다. 예를 들어 피그마Figma와 같은 회사는 하나의 핵심 제품을 가지고 있지만 사업 부문을 기업용과 그 외로 나누었을 가능성이 있습니다. 핵심 제품은 두 경우 모두 동일해도 대부분의 기업용 기능은 비(非)기업 고객에게는 의미가 없습니다. 기업용 기능에 초점을 맞춘 제품 엔지니어는 기업용 사업 부문에 할당하면 되지만, 핵심 제품을 개발하는 엔지니어는 어느 쪽에 어떻게 할당해야 할지 명확하지 않을 수 있습니다. 매출에 따라 할당해야 할까요? 모든 비용을 비(非)기업 부문에 할당해 기업용 부문의 마진을 인위적으로 좋게 보이게 할까요? 아니면 다른 방식은 없나요?

이 질문에 대한 답은 항상 '상황에 따라 다르다'는 것입니다. 제 경험상 이런 주제는 높은 수준의 정확성을 기대하기보다는 재무 팀이 수용할 수 있는 합리적인 방법론을 찾아 활용하는 편이 좋습니다. 단, 이 문제를 너무 자주 논의하는 것은 피해야 합니다.

재무 계획은 왜 논쟁이 될까?

재무 계획은 잘 운영되는 관리 팀 내에서는 본질적으로 논쟁의 여지가 없습니다. 그러나 경영진이 회사 전체의 성공보다 각자의 성과에만 집중하면 비용 할당은 제로섬 게임이 됩니다. 이런 상황에서 성과가 저조한 경영진이 자신의 부진한 실적을 예산 탓으로 돌리기 시작하면 경영진 간의 관계가 완전히 깨지거나 지출이 통제 불능 상태에 빠지기 쉽습니다.

만약 재무 계획 과정에서 논쟁이 발생한다면 CEO와 해당 문제에 대해 깊이 논의해 볼 것을 권장합니다. 이런 논쟁이 발생한다는 것은 특정 문제를 임원 한 사람이 직접 해결할 수 있는 상황이 아니라는 뜻입니다. 또한 경영진 전체가 협력에 어려움을 겪고 있거나 특정 경영진이 문제를 겪고 있다는 신호일 가능성이 높습니다.

엔지니어링 인력 증가가 회사 인력의 증가를 제한해야 할까?

대부분의 회사는 엔지니어링 조직의 성장률에 기반하여 전체 인력 증가를 제한해야 한다고 생각합니다. 이렇게 하면 때로는 고통스럽더라도 효율적인 회사 운영을 위한 책임감을 부여할 수 있습니다. 또한 다른 부서들이 엔지니어링 팀보다 더 빠르게 확장되면서 회사의 최우선 과제를 추진하는 데 필요한 엔지니어링 역량이 부족해지는 어려운 상황을 방지할 수도 있습니다.

물론 세부적으로는 항상 예외가 존재합니다. 예를 들어 우버는 도시별 운영 팀을 신속하게 확장하면서도 유연한 도구를 활용하여 이들이 엔지니어링 팀에 과도한 요청을 쏟아붓지 않도록 잘 관리했습니다. 이러한 방식이 없었다면 우버는 초고속 성장의 혼란 속에서 운영 팀의 성장을 엔지니어링 인력에 의해 제한하는 우를 범하여 시장 점유율을 상당히 잃었을 가능성이 높습니다.

조직 구조 정보 제공하기

추가 인력을 요청할 때는 해당 인력을 조직에 잘 통합할 수 있는 조직 설계 문서가 준비되어 있어야 합니다. 이를 간단하게 작성하는 가장 쉬운 방법은 조직 수학[1]을 활용하는 것입니다.

1 전체 인력을 8명씩 팀으로 나눕니다. 각 팀에는 매니저와 명확한 미션이 있어야 합니다.

2 이러한 팀을 4~6개씩 묶어 그룹화합니다. 각 그룹에는 경험이 풍부한 매니저와 집중 영역(예: 소비자 제품, 기업 제품, 인프라 등)이 있어야 합니다.

3 이러한 과정을 총 5~7개의 그룹이 될 때까지 반복합니다. 이 그룹들이 당신의 직속 보고 라인이 됩니다. 약 40명의 엔지니어가 있는 회사라면 한 계층의 그룹만 있으면 되지만, 약 200명의 엔지니어가 있는 회사에서는 여러 계층이 필요합니다.

이런 방식이 다소 피상적으로 느껴질 수 있어도 재무 계획 과정에서는 이보다 더 구체적으로 고민하지 않는 것이 좋습니다. 실제 조직 설계의 최종 단계에서는 개개인의 강점과 경험까지 고려해야 하지만, 이는 지금 하고 있는 재무 계획 과정에는 큰 도움이 되지 않습니다.

---

1 옮긴이_ 조직 설계에서 인력을 배치하고 관리하기 위한 간단한 계산 방법입니다.

채용 계획 및 채용 역량 조율하기

마지막으로 다룰 재무 계획 주제는 채용될 가능성이 없는 인원을 두고 경영진과 그다음 계층의 리더들이 시간을 들여 논쟁하는 경우가 흔하다는 점입니다. 이럴 때는 과거의 채용 관련 데이터를 현재의 채용 계획과 비교하는 방법이 매우 유용합니다. 과거 데이터를 기준으로 보았을 때 계획된 인력을 충원하기 어렵다면 여기에 너무 많은 시간을 쏟지 않는 편이 좋습니다.

이런 상황은 특히 초고속 성장 중인 회사에서 흔히 발생하며, 경영진이 R&D 비용에 크게 신경 쓰지 않고도 대부분의 인력 충원을 승인할 수 있습니다. 실제로 R&D 팀 내에서 채용 담당자를 자신의 팀의 채용 단계에 배정받아 공식적인 승인 절차를 거치지 않고도 인력을 충원하는 사례가 많습니다.

만약 여러분이 이런 상황에 놓인다면 채용 팀과 적극적으로 협력하여 그들의 강력한 채용 파트너가 되는 것을 추천합니다. 채용 담당자들은 자신들의 채용 성과를 기준으로 평가받기 때문에 모두에게 성공적인 결과를 선호합니다.

공급업체 계약 갱신

기반이 잘 잡힌 회사에는 구매 팀이 있어 공급업체와의 협상 과정을 함께할 수 있지만, 작은 회사라면 상황이 조금 까다로울 수 있습니다. 출근하자마자 누군가 다가와 중요한 계약이 2주 후에 만료된다고 말하면 갑자기 공급업체와 협상하는 법을 배워야 할 수도 있습니다. 다음은 이런 상황에 대비한 몇 가지 팁입니다.

공급업체는 일반적으로 다음과 같은 것들을 중요하게 생각합니다.

- 금전적 수익 보장
- 장기 계약, 독점 계약
- 내부 목표 달성 지원(예: 분기 목표 달성, 더 높은 마진의 서비스 구매, 교육비를 줄이는 대신 전체 가격을 낮추려 하는 이유가 무엇일까요?)

- 대금 지급 시점(예: 자본 집약적인 사업을 운영하는 소규모 회사는 주문형 지급보다 선불 지급을 더 선호)
- 공동 마케팅(미래 고객이나 투자자에게 어필할 수 있도록 돕는 것)

반면, 계약 갱신 시 공급업체로부터 당신이 원하는 것은 다음과 같습니다.

- **거래량 기반 할인**: 거래량이 늘어나 지출 금액이 증가할수록 할인을 더 많이 받을 수 있습니다.
- **계약 기간**: 다른 공급업체를 고려할 수 있는 잠정적인 일정에 맞춰 설정합니다. 특별한 혜택이 없다면 일반적으로 1년 계약을 선호합니다.
- **서비스 및 제공 문제에 따른 할인**: 이전 계약 기간 동안 서비스 중단이 잦았다면 이를 어느 정도 반영해 다음 계약에서 할인을 요청합니다.

제가 추천하는 방식은 이렇습니다.

1 공급업체 또는 경쟁사의 제품을 여전히 사용하는 사람이 있는지 확인합니다. 종종 아무도 사용하지 않는 경우가 많습니다.

2 갱신 시 해결해야 할 주요 문제를 확인합니다(예: API 불안정성이나 요청 제한).

3 첫 협상 전에 계약 서명자와 협상 계획을 논의합니다. 항상 전략을 세우세요! 특히 거래량 기반 할인과 서비스 불량에 따른 할인 등 요구 사항을 명확히 정리하세요.

4 첫 협상에서는 좋은 숫자를 얻는 데 집중합니다. 다소 과장될지라도 계약 주도권을 잡고 있는 것은 이쪽이라는 것을 강조합니다.

5 공급업체로부터 견적을 받으면 협상의 주도권을 계약 서명자에게 넘기고 불가피하게 협상을 넘기게 됐다고 말합니다(그저 형식적인 절차일 뿐입니다).

6 계약 서명자가 공급업체에 가격을 조금 더 낮추도록 압박하게끔 합니다.

7 계약에 서명하고 다음 문제로 넘어갑니다.

물론 이 방법이 항상 최고의 가격을 보장하지는 않지만 믿을 만하고 많은 시간을 들이지 않으며, 상당한 금액을 절약할 수 있습니다. 이러한 과정을 더 많이 경험하다 보면 접근 방식이 점점 정교해지고 더 큰 할인을 이끌어 낼 수 있는 방법을 스스로 찾게 될 것입니다. 하지만 첫 계약 협상부터 너무 완벽해야 할 필요는 없습니다. 합리적인 성과를 얻었다면 다음 단계로 넘어가세요.

2단계: 기능별로 포트폴리오 할당하기

계획의 두 번째 단계는 기능별 포트폴리오 할당입니다. 3장에서 언급한 엔지니어링 전략의 일부로 현재의 우선순위에 따라 엔지니어링 자원을 어떻게 배분할지를 설명합니다. 이는 공급업체, 계약자, 정규직 인력 등을 포함한 전체 엔지니어링 예산에 적용되며, 계획 수립에 직접적인 영향을 미칩니다.

기능별 포트폴리오 할당을 결정할 때 답해야 할 기본적인 질문은 다음과 같습니다.

> **"앞으로 1년 동안 매월 엔지니어링 역량을 외부 요청과 내부 우선순위 중 어느 쪽에 얼마나 집중할 것인가요?"**

이에 대한 답은 백분율로 표현하면 됩니다. 예를 들어 부서 간 협력 프로젝트에 집중하는 엔지니어링 시간을 6월에는 63%, 7월에는 75%, 8월에는 60%를 집중한다고 설정할 수 있습니다. 그러나 이러한 숫자를 결정하는 과정은 쉽지 않으며, 이는 회사의 로드맵 설정에도 큰 영향을 미칩니다.

[그림 4-1]은 이 질문에 가능한 답을 보여 줍니다. 표를 보면 고정된 인프라 투자, 개발자 경험 투자 확대 그리고 일시적인 제품 엔지니어링 내부 전환이 매월 어떻게 할당되는지 알 수 있습니다.

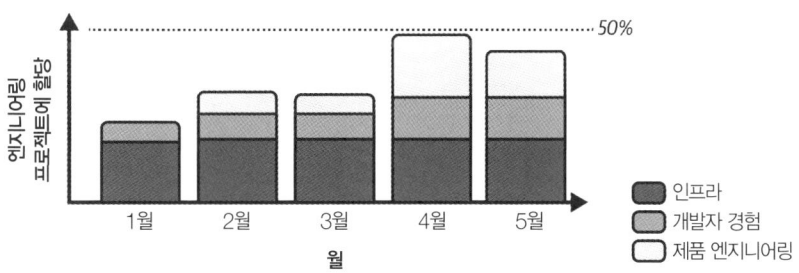

그림 4-1 엔지니어링 우선순위에 따른 기능적 자원 할당

단순한 백분율로 보이지만 적절한 비율 할당을 결정하는 것은 언제나 까다롭습니다. 제가 추천하는 접근 방식은 다음과 같습니다.

1 연 1회 정도 엔지니어링 투자 내용 전체를 검토하세요. 현재의 투자 내용과 그 영향 그리고 아직 실행하지 않은 잠재적 투자를 검토합니다. 잠재적 투자 목록은 개발자 생산성 설문 조사나 브레인스토밍 결과 등 다양한 출처를 참고하여 작성합니다.

2 작업이 완료되거나 새로운 아이디어가 나올 때마다 실시간으로 목록을 업데이트합니다.

3 목록이 업데이트될 때마다 기능적 우선순위에 맞춰 자원 할당 내용을 수정합니다. 이는 곧 플랫폼 및 인프라 엔지니어링 팀이 기능적 우선순위 작업에 전념할 수 있도록 투자하는 것입니다.

4 정해진 자원 할당 내에서 모든 기능적 우선순위를 해결하는 것을 목표로 하되, 제품 엔지니어링과 같이 주로 부서 간 협력 작업을 하는 팀이 상황에 따라 특히 영향력이 크거나 중요한 프로젝트에 일시적으로 지원할 수 있는지 여부를 논의합니다.

5 결과가 뚜렷하게 나타나지 않는 할당을 바로잡는 데 리더로서의 시간과 노력을 투자합니다. 이러한 문제를 해결하면서 조직에 대해 가장 많이 배우는 동시에 의미 있는 조정을 할 수 있습니다.

이런 프로세스에 어느 정도의 에너지를 투자해야 할지 잘 모르겠다면, 반드시 완벽할 필요는 없으며 그저 유용한 수준이면 충분하다는 점을 기억하세요. 부서 간 협력 파트너와 엔지니어들이 만족한다면 아주 간단한 방식으로도 충분히 진행할 수 있습니다.

왜 기능적 포트폴리오 할당이 필요할까?

회사의 예산 설정과 로드맵 작성은 공동으로 작업하는데, 기능적 포트폴리오 할당은 왜 경영진 전체가 하지 않는지 의문이 생길 수 있습니다. 간단하게 이야기하면 담당 경영진과 팀이 수행하는 것이 가장 효과적이기 때문입니다. 여기에는 각 기능에 대한 깊은 이해와 전문 지식이 필요하기 때문에, 이를 더 높은 지위의 그룹에서 진행하면 오히려 나쁜 결과를 초래할 가능성이 큽니다.

그렇다고 해서 기능 리더가 독립적으로 할당을 결정해야 한다는 뜻은 아닙니다. 3장에서 설명한 대로 엔지니어링 리더십 팀 및 다른 고위 엔지니어링 멤버들과 협력하여 진행한 뒤 동료 경영진과 제안 내용을 검토할 것을 권장합니다. 하지만 경영진을 지나치게 관여시키는 것은 본인이나 그들에게도 도움이 되지 않을 가능성이 높습니다. 예를 들어 기술적 경험이 없는 CFO가 모노레포에 대해 내놓은 의견을 기술 엔지니어들의 관점보다 우선시한다면 이는 뭔가 크게 잘못된 것입니다.

이 문제의 근본적인 원인을 해결하려면 기능적 우선순위로 할당한 작업을 점차 부서 간 협력 우선순위로 전환하세요. 규정 준수, 보안, 신뢰성 등은 엔지니어링의 기능 작업이 아니라 회사 전체의 기본 업무가 되어야 합니다. 엔지니어링 작업을 기능적 할당에서 벗어나게 하는 것이 비(非)엔지니어링 경영진을 이 과정에 끌어들이는 것보다 훨씬 더 효과적입니다.

할당량을 안정적으로 유지하세요

할당과 관련해서 경영진이 가장 흔히 겪는 문제는 할당을 지나치게 자주 조정하는 것입니다. 이론적으로나 이상적인 형태의 할당을 계속해서 추구하기보다는 연속성을 유지하고 작은 변화에 집중하는 것이 좋습니다. 할당을 변경하는 것이 더 나아지는 것처럼 느껴져도, 각 변경은 상당히 큰 혼란을 초래하기 때문에 자주 변경하다가는 반드시 큰 대가를 치르게 됩니다. 따라서 현재 할당이 조금 비효율적이더라도 가급적이면 자원 할당의 현 상태를 굳건히 유지하기를 권합니다.

할당 변경을 자주 하지 말아야 하는 또 다른 이유는 각 팀들이 할당을 두고 과도하게 경쟁하는 상황을 피하기 위해서입니다. 이는 동료 팀과의 제로섬 경쟁으로 이어져 조직 문화적으로도 바람직하지 않을 뿐만 아니라, 창의적인 문제 해결 기회를 놓치게 만듭니다. 창의적인 문제 해결은 무한한 잠재적 성과를 가져올 수 있으며, 결코 팀 간 제로섬 경쟁을 촉진하지 않습니다.

할당 세분화에 유의하세요

자원을 큰 단위(예: 인프라와 제품)로 할당하는 것과 작은 단위(예: 프런트엔드 플랫폼 팀과 북미 성장 팀)로 할당하는 것에는 본질적으로 상충되는 부분이 있습니다. 더 큰 단위로 할당할수록 팀이 자체적으로 리더십을 발휘할 수 있는 권한이 커집니다. 예를 들어 인프라 엔지니어링 팀에 할당하면 인프라 리더는 인프라 내부에서 조정할 수 있는 권한을 가집니다. 반면, 인프라 내부의 각 팀에 명시적으로 할당하면 인프라 리더는 자신의 할당을 변경하기 위해 당신과 협력해야 합니다.

초기 결과에 너무 의존하지 마세요

엔지니어링 포트폴리오 할당에서 가장 흔히 하는 실수는 초기 결과를 기반으로 영향력을 과대평가하거나 비용을 과소평가하는 것입니다. 다음은 이를 설명하는 두 가지 사례입니다.

- **예시 1**

  두 명의 엔지니어가 빌드 성능을 개선하는 작업을 진행하여 두 달 만에 빌드 시간을 50% 단축했습니다. 이들은 이를 근거로 엔지니어링 역량의 50%를 개발자 생산성 향상에 투자하거나 최소한 팀 규모를 세 배로 늘려야 한다고 주장합니다. 여기에 더 많이 투자하는 건 쉬운 일이지만, 이미 초기 성과가 어느 정도 달성되었을 가능성이 있기 때문에 앞으로의 성과는 훨씬 낮아질 수 있습니다.

- **예시 2**

  두 명의 엔지니어가 모든 프런트엔드 코드를 공유된 프런트엔드 모노레포로 마이그레이션하는 작업을 진행 중입니다. 세 달간의 작업 후 개념 증명(PoC)은 완료되었지만 네 개의 프런트엔드 팀이 불만을 표시했으며, 개선된 성과를 보여 주는 지표는 아직 없습니다. 프로젝트를 취소하는 것은 쉽지만 실제로는 큰 성과를 낼 수 있는 중요한 시점에 도달했을 가능성도 있습니다.

이러한 실수를 방지하려면 프로젝트의 영향 곡선에서 최소한 하나의 전환점(변곡점)이 나타날 때까지 고정된 투자를 유지하는 것을 권장합니다. 예시 1의 경우

빌드 성능 개선 작업에 두 명의 엔지니어를 계속 투입하여 그들의 성과가 감소하는 시점을 확인한 후에 적절한 장기 투자 수준을 추정하면 됩니다.

이 과정이 너무 느리게 느껴진다면 전환점이 더 일찍 나타나도록 프로젝트를 설계하는 데 시간을 투자하세요.

3단계: 로드맵에 합의하기

그동안 여러 분야에서 명확한 해결책을 찾았지만 로드맵 작성은 예외입니다. 사실 로드맵은 단순히 네 개의 열로 구성된 스프레드시트로도 충분히 만들 수 있습니다. 예를 들어 프로젝트, 기회, 구현 비용, 담당 팀을 표시하는 방식입니다. 이외에도 효과적인 로드맵을 작성하는 방법은 무수히 많으며, 형식 자체가 로드맵 작성의 실패 원인이 되는 일은 매우 드뭅니다. 따라서 형식에 대해 논쟁하느라 시간을 낭비하는 대신 이미 제안되어 있는 형식을 사용하는 것을 추천합니다.

로드맵 작성이 실패하는 주된 이유는 다음과 같습니다.

- 로드맵 작성과 예산/기능별 포트폴리오 할당 변경을 결합하는 문제
- 제품과 엔지니어링 관련 부서 그리고 이해관계자 간의 갈등
- 구체적이지 않거나 범위가 정해지지 않은 프로젝트를 혼합하여 로드맵 작성
- 너무 세세하게 계획을 세워 팀의 권한을 약화시키는 문제

우리는 이미 첫 번째 문제인 결합 문제에 대해 다뤘으니, 이제 나머지 문제를 조금 더 자세히 살펴보겠습니다.

연결되지 않은 플래너를 사용한 로드맵 작성

효과적인 로드맵을 작성하려면 제품, 엔지니어링, 디자인 팀이 협력하여 함께 작업해야 합니다. 종종 한 팀이 계획을 주도하더라도 나머지 두 팀 역시 적극적인

파트너로 참여해야 합니다. 그렇지 않으면 계획된 작업의 기저에 깔린 현실을 제대로 반영하지 못하는 로드맵이 만들어질 가능성이 높습니다.

마찬가지로 제품, 엔지니어링, 디자인 팀 간에는 서로 긴밀히 조율되었지만 이해관계자(일반적으로 영업 또는 마케팅)의 요청은 제대로 반영하지 못하는 로드맵도 종종 발견됩니다. 이런 경우 적절한 범위의 로드맵은 완성되더라도 그것이 회사의 과제를 최적으로 해결하지는 못할 가능성이 큽니다.

이런 상황이 발생하고 있는지를 빠르게 확인하려면 제안된 계획에 대해 다른 부서 사람들이 대체로 동의하는지 물어보세요. 만약 동의하지 않는다고 하면 각 부서의 계획 담당자들을 한자리에 모아 놓고 논의하세요. 여기서 흔히 발생하는 실수는 경영진이 일대일 대화를 통해 문제를 해결하려 한다는 점입니다. 일대일 방식은 문제의 원인을 파악하는 데는 효과적이지만, 문제를 해결하고자 한다면 모두가 참여하는 공개 그룹 토론이 필요합니다.

특히 효과적이었던 방식은 구조화된 그룹 토론을 진행하는 것입니다. 전체 토론을 시작하기 전 1~2분 동안 각 사람이 자신의 관점을 방해받지 않고 공유하여 좋은 성과를 거둔 적이 있습니다.

구체적인 작업과 범위가 지정되지 않은 작업에 대한 로드맵 작성

켈런 엘리엇–맥크리는 '어떻게 계획할 것인가?*How to plan?*'[2]라는 훌륭한 글에서 계획 프로세스가 종종 새로운 아이디어를 적극적으로 이끌어 낸다는 중요한 시각을 제시합니다.

> 계획을 수립할 때 명시적 또는 암묵적으로 새로운 아이디어를 요구하곤 합니다. "여러분의 흥미로운 새 아이디어를 모두 알려 주세요. 우리의 목표를 달성하려면 창의력이 필요합니다. 과감히 도전하세요! 대담한 아이디어를 던져 보세요!" 그러나 이것은 실수입니다.

....

2 https://kellanem.com/notes/how-to-plan

문제는 새로운 아이디어의 범위가 제대로 정의되지 않았고 검증되지도 않았다는 점입니다. 이것을 이미 검증된 기존 아이디어와 비교하면 검증되지 않은 아이디어를 어느 정도로 평가절하할지는 뻔합니다. 이런 경우 실제 잠재력보다는 대개 경영진의 심리적 요인을 반영하는 경우가 많아 계획 과정이 변덕스럽게 느껴질 수 있습니다. 또한, 새로운 아이디어가 빠르게 검증되지 못하면 이런 계획 프로세스는 오래가지 못하고 폐기될 가능성이 높습니다.

이러한 상황을 피하기 위한 효과적인 두 가지 기술은 다음과 같습니다.

- 범위가 정의된 작업과 정의되지 않은 작업 간의 할당 비율을 정하고, 각 할당 내에서 유사한 것끼리 우선순위를 매깁니다. 예를 들어 제품 엔지니어링 시간의 20%를 새로운 프로젝트를 검증하는 데 할당하기로 한다면 이 20%를 어떤 검증되지 않은 프로젝트에 투입할지 논의한 후, 나머지 80%의 시간은 검증된 프로젝트에 투자하는 논의를 별도로 진행합니다.
- 프로젝트를 검증하는 데 지속적으로 시간을 할당합니다. 예를 들어 제품 엔지니어링 시간의 10%를 할당하여 충분히 검증된 새로운 프로젝트가 기존 프로젝트와 합리적인 방식으로 우선순위를 비교할 수 있도록 합니다.

이 두 가지 접근 방식을 공식적으로 채택할 수 없더라도, 범위가 정의된 프로젝트와 정의되지 않은 프로젝트를 분리하는 방향으로 비공식적인 논의를 유도할 수 있습니다.

너무 자세한 로드맵의 함정

로드맵 작성 단계에서 마지막으로 언급할 과제는 지나치게 구체적으로 계획을 세우면 실제 작업을 책임지는 팀의 역량을 의도치 않게 떨어뜨릴 수 있다는 점입니다. 멜리사 페리는 그의 저서 『개발 함정을 탈출하라』(에이콘출판사, 2021)에서 이 개념을 훌륭하게 설명했습니다. 그는 프로젝트의 할 일 목록에 지나치게 집중하는 로드맵은 오히려 팀의 사고를 제한할 수 있다고 지적합니다.

간혹 어떤 새로운 리더들은 이를 지나치게 문자 그대로 받아들여 경영진이 아예 특정 프로젝트를 논의하지 못하도록 해야 한다고 주장하기도 합니다. 그러나 이는 모두에게 나쁜 결과를 초래합니다. 경영진이 단순히 자원 할당만 결정하는 역할로 전락해 버려 기업 규모가 매우 커지지 않는 한 지나치게 추상적인 방식으로 운영할 수밖에 없기 때문입니다.

그 대신 높은 수준의 확신으로 목표 결과를 먼저 강조한 이후에, 상대적으로 낮은 수준의 확신으로 구체적인 프로젝트를 논의해야 합니다. 실제로 일하는 팀은 목표로 하는 결과에서 크게 벗어나지 않는 한 필요에 따라 프로젝트를 변경할 수 있는 자율성을 부여받아야 합니다. 특정 프로젝트에 대해 깊이 있게 논의하면 실행에 대한 훨씬 더 풍부한 논의를 이끌어 낼 수 있으며, 이는 단순히 목표를 추상적으로 논의하는 것보다 효과적입니다.

계획 프로세스의 타임라인

지금까지 살펴본 계획 수립 3단계를 달력에 배치하면 다음과 같은 모습이 됩니다.

- 연간 예산은 전년도 말에 준비합니다.
- 기능별 계획은 연중 수시로 이루어져야 합니다.
- 분기별 로드맵은 각 분기가 시작되기 몇 주 전에 수립되어야 합니다(분기가 아닌 반기 단위인 경우, 각 반기가 시작하기 전에 준비).

이를 구현하면 [그림 4-2]와 같습니다.

	Q1			Q2			Q3			Q4		
	Jan	Feb	Mar	April	May	Jun	Jul	Aug	Sep	Oct	Nov	Dec
예산										내년 연간 예산		
기능별	수시로 업데이트											
로드맵	Q1			Q2			Q3			Q4		

그림 4-2 계획 프로세스의 타임라인 예시

여기에서 언급한 세부 사항은 회사마다 합리적인 방식으로 다를 수 있으며, 그렇다고 해도 큰 차이를 만들지는 않습니다. 제가 특별히 강조하고 싶은 것은 클레어 휴스 존슨Claire Hughes Johnson이 스트라이프에서 계획을 세우기 시작할 때 자주 언급했던 문제입니다. 계획 작업은 항상 할당된 시간을 모두 채우는 쪽으로 확장됩니다. 일주일을 할당하면 일주일이 걸리고, 한 달을 할당하면 한 달이 걸립니다. 계획은 끝이 없는 무한 반복 게임이기 때문에 시간이 제한되어 있는 특정 단계에서는 너무 많은 시간을 투자하지 않는 것이 좋습니다.

어느 시점부터는 예산, 기능별 우선순위, 로드맵을 독립적으로 해결하려 하지 않는 사람이 주도하는 계획 프로세스에 참여하게 될 수도 있습니다. 반대로 회사의 모든 문제를 해결할 기세의 계획 프로세스를 만날 수도 있습니다. 그러나 두 가지 프로세스 모두 실제로 주어진 문제를 제대로 해결하지 못하는 경우가 많습니다.

경영진의 일원으로서 계획 프로세스를 개선하려면 실제 업무 담당자와 협력해야 하지만, 동시에 해당 부서 내에서 자체적인 계획 프로세스를 병행해야 할 수도 있습니다. 예산과 기능 자원 할당에 관해서는 그렇게 병행으로 업무를 수행하는 것이 비교적 간단합니다. 예를 들어 연간 엔지니어링 인력 계획을 보수적으로 세워 놓으면 다른 부서가 연중에 더 많은 채용을 요구하더라도 엔지니어링은 원래 계획에 따라 운영할 수 있습니다.

반면, 로드맵 작성 프로세스는 그 자체로도 어렵지만 병행 로드맵 프로세스를 운영하는 것이 거의 불가능합니다. 플랫폼 엔지니어링, 개발자 생산성, 인프라 엔지니어링처럼 전적으로 엔지니어링 고객만을 대상으로 하는 팀을 제외하고는 자체 로드맵 프로세스가 성공적으로 작동하는 사례를 본 적이 없습니다.

피해야 할 함정

아무리 뛰어난 경영진조차도 계획 프로세스를 잘못 실행하는 경우가 종종 있습니다. 그 원인은 서로 맞지 않는 목표, 팀 목표에서 개인 목표로의 미묘한 이탈, 그리고 심각한 결과를 초래하는 사소한 실수 등이 복합적으로 작용합니다. 계획을 수립하는 과정에서 발생하는 문제를 진단하는 데 도움을 주고자 그동안 겪어본 가장 흔히 발생하는 문제와 이를 식별할 수 있는 증상들을 정리했습니다. 이를 통해 어떤 문제가 당신의 계획 프로세스에 영향을 미치고 있는지 파악할 수 있을 것입니다.

체크박스를 채우는 방식의 계획

결과보다 절차를 중시하는 사람이나 절차 지향적 변화를 요구하는 사람들 앞에서 단호하게 반대 의견을 제시하지 못하는 사람에게 계획을 위임하면 다음과 같은 일이 발생합니다.

- **계획이 실제 업무의 일부가 아닌 하나의 의식처럼 진행됨**

  팀은 계획 프로세스를 지원하기 위해 수십 가지의 자료를 준비하고 임원들은 이를 보며 열심히 준비했다며 좋아합니다. 그러나 계획이 끝나면 이 문서는 다음 계획 주기가 시작될 때까지 거의, 또는 전혀 참조되지 않습니다. 이는 각 개인이 실제보다는 겉보기에만 가치 있는 작업에 집중하도록 만듭니다.

- **품질보다는 형식에 더 집중함**

  임원들은 자신이 계획 프로세스를 중요하게 생각한다는 것을 보여 주기 위해 계획 내용에 개입해야 한다고 생각합니다. 그들이 제공하는 피드백은 실제로 유용하다기보다는 계획 문서의 형식이나 과정을 올바르게 따랐는지 여부 등 형식적인 내용이 대부분입니다. 이는 계획 결정 자체의 질을 올바로 평가하는 것을 어렵게 만듭니다.

효과적인 계획 프로세스에는 핵심 목표에 집중하도록 이끄는 권한이 있는 임원 스폰서와 명확한 프로세스를 운영하는 것만큼이나 유용한 계획을 생성하는 것에 열정을 가진 계획 실행자가 모두 필요합니다. 임원 스폰서는 방향을 제시하고 타협을 결정합니다. 반면 계획 실행자는 구체적인 템플릿을 설계하고, 일정을 최종 확정하며, 예외를 관리하고 계획 초안이 유용한지도 확인하는 등 프로세스를 순조롭게 진행시키는 역할을 합니다.

비효율적으로 자원을 할당하는 계획

경영진이 회사의 전반적인 목표를 최적화하기보다 자신의 이익을 최적화하는 데 집중하고 있음을 보여 주는 신호는 다음과 같습니다.

- **예산을 세운 후 무시함**

  많은 경영진이 예산 책정 과정에서 기능별로 자원 배분을 정해놓고 얼마 뒤에 여기에 어긋나는 인력을 요청합니다. 이는 회사의 목표와 연계한다기보다는 개인의 관심사나 요구에 의한 불합리한 요청으로 이어집니다.

- **가장 비효율적인 조직을 보상함**

  리더들은 종종 자신의 조직의 역량을 과소평가하고 현재 수준을 유지하기 위해 훨씬 더 많은 인력이 필요하다고 주장합니다. 이는 대부분의 자원이 가장 비효율적인 리더와 조직으로 흘러가게 만드는 결과를 초래합니다. 이와 비슷한 패턴으로 경영진 자신이 원하는 인력이 충원되지 않으면 앞으로의 성과를 책임질 수 없다고 주장하는 경우가 있습니다. 이는 그들이 자신의 의무를 제대로 이행하지 못하면서 책임을 계속 회피하는 악순환을 초래합니다.

- **인력 충원을 만병통치약으로 간주함**

  인력 중심의 경영진은 계획이 가장 중요한 업무를 결정한다기보다는 인력 요청을 합리화하는 데 집중합니다. 우선순위 설정과 계획에 대한 논의가 고정된 속도로 움직이고 업무가 반드시 수행되어야 한다고 가정하면서, 실제 업무보다는 인력 수에 초점을 맞춥니다. 이는 자신의 역할과 기능을 제대로 이해하는 창의적인 리더들이 상대적으로 덜 전략적으로 보이게 만드는 불이익을 가져옵니다.

경영진은 구성원들이 회사 전체의 이익에 집중하도록 압력을 가할 수 있지만, 궁극적으로는 CEO만이 경영진의 행동에 대해 책임을 물을 수 있습니다. 이러한 문제들을 정중하게 제기할 수는 있어도 이를 해결할 수 있는 사람은 오직 CEO뿐입니다. 따라서 이를 해결하려고 너무 강하게 밀어붙이는 것은 역효과를 낼 뿐이며, 이 내용은 18장에서 더 자세히 논의해 봅니다.

눈에 띄는 프로젝트에만 보상하는 계획

계획 프로세스가 자원 배분 문제와 기능 조율 문제를 실제로 해결하는 것보다 경영진의 이익을 극대화하는 데 중점을 두고 있다는 신호는 다음과 같습니다.

- **경영진이 가장 흥미로워하는 작업에만 기반함**

  어떤 프로젝트는 항상 특정 경영진이 흥미로워하는 작업에 기반합니다. 예를 들어 대부분의 경영진은 판매 수치나 신제품 개발에 대한 논의를 좋아하지만 규정 준수에 대한 논의에는 흥미를 덜 느낍니다. 계획 프로세스가 경영진이 재미있어 하는 작업에만 주도되면 종종 질 나쁜 계획 결과로 이어질 수 있습니다.

- **부서 간 요청만 고려함**

  많은 계획 프로세스는 수행해야 할 작업 전체에 집중하기보다는 부서 간 요청을 충족하는 데만 초점을 맞추고 있습니다. 로드맵 작성 시 부서 간 요청을 깊이 고려하는 것은 합리적이지만, 기능별 할당도 반드시 계획되어야 합니다. 그래야 경영진이 특정 부서의 책임으로 간주되는 중요한 작업을 논의할 수 있습니다. 예를 들어 어떤 회사는 고객 만족도, 보안, 규정 준수, 안정성을 특정 부서의 책임으로 간주합니다.

의미 있는 계획 결과를 만드는 것은 현재의 비즈니스 및 기능적인 문제를 해결하는 데 달려 있습니다. 경영진의 이익을 충족시키는 것도 중요하지만, 그것이 계획 수립의 핵심 목표가 되면 지나치게 높은 비용을 치러야 할 수 있습니다.

책임감을 저하시키는 계획

경영진이 계획을 접근하는 방식이 조직 전체의 자율성과 책임감을 저하시키고 있다는 신호는 다음과 같습니다.

- **프로젝트 우선순위 지정에만 지나치게 집중되어 있음**

효과적인 계획 프로세스는 회사 내 팀들이 각자 업무를 수행할 수 있는 지침 역할을 해야 합니다. 그러나 경영진이 특정 프로젝트의 우선순위 지정에만 지나치게 집중하고 필요한 결과나 투자 영역에는 소홀히 하면 프로젝트를 직접 실행하는 팀이 계획에 더 효과적으로 접근하지 못하게 만드는 결과를 초래합니다. 그 결과 팀의 참여도가 떨어지고, 경영진은 회사가 계획을 실행하는 데 긴박감이 부족하다며 불만을 갖게 됩니다. 경영진은 결과를 우선순위로 두되, 그 결과를 실행하는 데 팀이 유연하게 접근하도록 허용하는 것이 특정 프로젝트를 강하게 제약하는 것보다 더 효과적입니다.

- **새로운 미확정 작업을 생성함**

특정 경영진이 해당 영역에 대해 생각하는 유일한 시간이 계획을 수립하는 순간으로 국한되는 경우가 있습니다. 예를 들어 CFO는 고객 성공 customer success 조직의 로드맵을 계획 수립 시점 외에는 별로 신경 쓰지 않을 수 있습니다. 이런 현상이 본질적으로 문제가 되지는 않지만, 때로는 이런 경영진이 계획 수립 과정을 새로운 종류의 미확정 작업을 제안하는 기회로 삼는 경우가 있습니다. 이런 경우에는 범위가 잘 정의된 작업과 정의되지 않은 작업 사이에서 우선순위를 정하려고 시도하기 때문에 거의 항상 계획이 지연되거나 실패하는 결과를 초래합니다.

경영진은 조직 전체가 계획을 잘 진행하도록 코칭하는 데 우선순위를 두어야 합니다. 때로는 리더가 자신의 영역에서 계획을 잘 수립하지 못해 계획을 상향식으로 변경해야 할 수도 있습니다. 그러나 이러한 상황은 반드시 예외적인 경우에만 이루어져야 하며, 일반적인 방식이 되어서는 안 됩니다.

요약

이 장에서는 경영진의 연간 예산 책정 프로세스와 엔지니어링의 목표 기능 할당 유지 그리고 이 두 가지를 결합하여 구체적인 로드맵을 수립하는 과정을 다뤘습니다. 또한 엔지니어링 조직의 성장이 회사 전체 성장의 제한 요소가 되어야 하는지와 기능 할당의 세부 수준을 고려하는 방법, 그림자 계획 프로세스를 운영하는 데 따른 장단점 등 여러 작은 주제도 다루었습니다.

이제 이런 아이디어를 다음 계획 프로세스에 적용할 때면 계획 수립은 본질적으로 무한 반복 게임이라는 점을 기억하세요. 각 단계마다 늘 약간의 혼란이 있을 수 있지만, 중요한 것은 조금씩 계속 개선해 나가는 것입니다!

 다음 링크에서 추가 자료 및 리소스를 찾아보세요.
https://lethain.com/eeprimer-refs-4

유용한 조직 가치 창출하기

우버의 기업 핵심 가치는 무슨 짓을 해서라도 승리한다는 의미의 '슈퍼 펌프드Super Pumped'로 잘 알려져 있습니다. 이는 『뉴욕 타임스』 기자인 마이크 아이작Mike Isaac의 우버 관련 저서와 이후에 방영된 TV 시리즈 제목이기도 합니다. 하지만 가장 제 기억에 남는 우버의 가치는 '빌더들이 빌드하게 하라Let builders build'입니다. 이런 이 야기를 하다 보면 자신의 제안에 반대하는 의견은 엔지니어링 문화를 이해하지 못하는 것이라고 간주해 버리던 몇몇 엔지니어가 떠오릅니다. 이러한 마찰은 선 의로 제정된 가치라고 해도 회사를 운영하는 데 얼마나 도전적인 과제가 될 수 있 는지를 보여 줍니다.

앞으로 당신은 엔지니어링 임원으로서 회사의 가치를 정립하는 데 참여하거나, 그 가치가 엔지니어링에 어떻게 적용될지를 해석하거나, 엔지니어링 고유의 가 치를 추가로 정할지 여부를 결정하는 역할을 맡게 될 것입니다. 이와 관련해 이번 장에서는 다음과 같은 내용을 다룹니다.

- 가치가 효과적으로 해결할 수 있는 문제를 명확히 합니다.
- 엔지니어링과 같은 조직이 회사 전체의 가치와는 별개의 가치를 가져야 하는지 논의합니다.
- 가치를 설정하기에 가장 적합한 시기를 제안합니다.
- 제안된 가치를 명확하게 평가하는 방법을 제공합니다.
- 엔지니어링 가치와 엔지니어링 전략 간의 차이를 설명합니다.
- 가치를 도입하는 접근 방식을 공유합니다.
- 엔지니어링에서 효과적이었던 가치를 논의하며 마무리합니다.

가치를 명시한다고 해서 문화적인 변화를 이끄는 마법 같은 효과가 일어나는 것은 아닙니다. 하지만 신중히 접근하면 이미 이루어진 문화적 변화를 더 공고히 할 수 있습니다. 이 장에서는 명시적으로 작성된 가치가 현재 당신의 조직에 유용한지를 판단해 볼 것입니다. 유용하다면, 그것을 어떻게 만들지 준비할 수도 있을 것입니다.

가치는 어떤 문제를 해결할까?

명시된 가치는 사람들이 의사결정을 어떤 식으로 해야 하는지를 명확히 보여 줍니다. 고위 팀원들이 이러한 가치를 몸소 실천하고 모범을 보일 때 그 가치는 살아 움직이는 힘이 됩니다. 반대로, 명시된 가치가 사람들의 실제 행동과 일치하지 않으면 먼지 쌓인 유물이 되어 잊혀질 것입니다.

다음은 가치가 해결할 수 있는 문제를 보여 주는 몇 가지 상황입니다.

- 경력 있는 엔지니어와 매니저를 점점 더 많이 채용하고 있습니다. 이들은 다른 회사에서의 풍부한 업무 경험을 가지고 들어옵니다. 명시된 가치는 새로운 팀과 기존 팀 간의 결속을 강화하며, 새로운 구성원들이 이전 회사의 가치를 무의식적으로 따르다가 기존 팀과 문화적 균열을 일으키는 상황을 방지합니다.

- 지난 1년간 상명하달 방식의 아이디어만 수용하던 문화를 바꾸어 팀 전체에서 자유롭게 나오는 아이디어를 수용하는 큰 변화를 이루었습니다. 이제 이 변화를 지속시키기 위해 공식화하고자 합니다.

- 엔지니어링 조직이 기존 코딩 패턴과 서비스 재사용을 잘하고 있지만, 일부 목소리 큰 엔지니어들이 기존 패턴과 무관하게 각 팀만의 독립적인 패턴을 설정해야 한다고 주장하고 있습니다. 기존 코드와 서비스를 가능한 한 재사용하는 방식을 공식화하면 이런 갈등을 방지할 수 있습니다.

- 엔지니어 500명으로 이루어진 기존 조직이 5명 규모의 작은 회사를 인수하면서, 새 팀이 인수 과정을 통해 기존 조직에 통합되기를 원한다는 점을 명확히 했습니다. 명시적으로 작성된 가치는 사람들이 이러한 변화를 잘 이해하고 성공적으로 실행하도록 돕습니다.

가치는 이 모든 상황에 매우 유용하지만 기존 문화를 근본적으로 변화시키고자 할 때는 별로 효과적인 방법이 아닙니다. 오히려 이미 진행 중인 변화에 의미를 부여하고 이를 지속적으로 유지하는 데 도움을 줍니다. 여기에 이견이 있다면 가치가 개인의 삶에 적용된 경험을 떠올려 보세요. 시간 준수가 가치 있다고 말하는 것만으로는 효과가 없습니다. 실제로 시간을 꾸준히 지키는 것이 중요합니다.

엔지니어링 조직은 가치를 가져야 할까?

유용한 가치를 만드는 방법에 대해 논의하기 앞서, 엔지니어링 조직이 과연 독립적으로 별도의 가치를 갖는 것이 필요한지 확인해 보는 것이 좋습니다. 조직별로 고유한 가치를 갖는 것은 종종 논란의 여지가 있습니다. 믿지 못하겠지만 대부분의 회사는 어딘가에 문서화된 가치를 가지고 있습니다. 경영진은 엔지니어링 조직이 고유의 가치를 도입하려는 시도를 반대할 수 있습니다. 그렇다면 회사의 전체 가치를 그대로 사용하면 되지 않을까요?

가장 이상적인 방법은 회사의 기존 가치를 일부 확장해 엔지니어링 조직의 목표에 맞게 조정하는 것입니다. 가령 아마존의 리더십 원칙 중 하나인 '검소함'을 가져와 엔지니어링 조직에 맞는 뉘앙스를 추가할 수 있습니다. '검소함을 추구할 목적으로 자체적인 새로운 서비스 구축 및 유지 비용과 외부 공급업체 비용을 서로 비교한 결과, 외부 공급업체를 활용하는 것이 더 목적에 부합한다는 결론에 도달했습니다.' 이처럼 기존 가치에 새로운 해석을 추가하면 회사의 가치를 강화할 수 있을 뿐만 아니라 경영진을 설득하기에도 비교적 수월합니다.

하지만 아무리 창의적인 방식으로 기존 가치를 확장하려 해도 도무지 적합한 가치가 없을 때도 있습니다. 그런 경우에는 다음 세 가지 선택지가 있습니다.

- 회사의 가치를 새롭게 만들어 추가하기
- 엔지니어링 조직의 목적에 맞는 전용 가치 도입하기

- 엔지니어링 조직의 리더십(엔지니어링 매니저, 최상급 엔지니어, 또는 둘 다) 가치 그대로 도입하기

어떤 선택이 가장 적합할지는 회사의 규모, 경영진의 성향, 추가하려는 가치에 따라 크게 좌우됩니다. 예를 들어 구축 대 구매build-versus-buy와 관련된 가치는 엔지니어링 외부 조직보다는 엔지니어링 조직에게만 적용되는 전용 가치에 더 적합할 수 있습니다. 반대로 외부 채용보다 내부 채용을 더 우선시하는 가치는 회사 전체에 적합할 수 있습니다.

만약 해당 가치가 회사 전체에 적용 가능하고 경영진 내에서도 도입하고자 하는 열의가 있다면 이를 회사 차원의 가치로 추가하는 것을 권장합니다. 가치를 유지하는 데는 만드는 것보다 훨씬 많은 노력이 필요합니다. 회사 가치를 새롭게 추가하면 쉽지 않은 유지 작업을 경영진과 분담할 수 있습니다.

반면 그렇게 만든 가치가 회사 전체에 널리 적용되지 않는다면 엔지니어링 조직 또는 엔지니어링 리더십의 가치를 새로 추가하는 선택지가 남습니다. 명목상 엔지니어링 리더십의 가치는 최상급 엔지니어와 엔지니어링 관리자에게만 적용되지만, 실제로는 거의 모든 사람이 리더가 되기를 희망하며 팀 내 리더의 행동을 모델로 삼는 경향이 있습니다. 따라서 리더십 가치는 명시적으로 도입하지 않더라도 조직 전체의 가치로 자리 잡는 경우가 많습니다.

개인적으로 이런 리더십 가치를 통해 성공을 경험한 바 있으며, 실무에서도 이러한 사례를 쉽게 찾아볼 수 있습니다. 대표적으로 아마존의 핵심 엔지니어링 커뮤니티 원칙Principal Engineering Community Tenets[1]이 있습니다. 참고로 이 가치는 직함에 상관없이 엔지니어링 조직 내부의 누구에게나 잘 적용됩니다.

---

[1] https://www.amazon.jobs/content/en/teams/principal-engineering/tenets

무엇이 가치를 유용하게 만들까?

기업들은 분명 많은 가치를 표방하고 있지만, 사실 그렇게 명시된 가치 중 상당수는 별로 유용하지 않습니다. 가치 선언문을 만드는 과정 중 누군가는 회사의 가장 이상적인 모습을 상상하며 현실과 동떨어진 가치를 만들어 내는 경우가 있습니다. 이는 유용한 프로젝트를 무의미한 작업으로 만들거나 완전히 잘못된 방향으로 이끌 수 있습니다. 이렇게 쓸모없는 가치를 만들어 내는 상황을 피하려면 유용한 가치를 정의하는 다음 세 가지 기준을 따를 필요가 있습니다. 유용한 가치는 되돌릴 수 있고, 적용 가능하며, 정직해야 합니다.

- **역전 가능성: 다른 관점이나 반대되는 관점으로 다시 작성해도 터무니없지 않아야 합니다.**

  역전 가능성은 뒤이어 나오는 두 가지 기준, 즉 적용 가능성과 정직성을 충족하기 위한 전제 조건이지만 그 자체로도 의미가 있습니다. 효과적인 가치는 구체적인 행동을 이끌어 내며, 이는 실행 가능한 접근 방식이 여러 개 있을 때에만 가능합니다. 반면 역전 가능성이 없는 가치는 단순히 형식적인 동의를 구할 뿐입니다. 이는 구성원의 적극적인 참여를 이끌어 내지 못합니다.

  `예시` 우버의 '마법을 만들라Make magic'는 단순히 서비스 가능한 제품을 빨리 출시하기보다는 사용자에게 기쁨을 주는 요소가 충분히 갖춰질 때까지 출시를 미루는 태도를 강조한 것입니다. 많은 회사가 이와 반대되는 '빨리 그리고 자주 출시하라Ship early and often'라는 가치를 따릅니다. 성공적인 회사는 어느 쪽 접근법을 택하든 좋은 결과를 낼 수 있습니다.

  `반대 예시` 아마존의 '당신이 옳다. 그것도 많이Are Right, A Lot'라는 가치를 반대로 뒤집어 보면 '중요한 순간에는 당신이 옳다Are right when it matters' 같은 표현이 적절해 보이지만, 자세히 살펴보면 거의 같은 뜻임을 알 수 있습니다. 더 극단적으로 바꿔서 '당신이 틀렸다. 그것도 많이Are Wrong, A Lot'라고 해도 이는 상당히 확대 해석하지 않는 한 별 의미가 없습니다. 여기에 '실패에서 빨리 배워라Quickly Learn From Mistakes' 같은 추가 설명을 붙인다 해도 결국은 '당신이 옳다. 그것도 많이 Are Right, A Lot'와 개념적으로 유사합니다.

- **적용 가능성: 복잡한 실제 상황, 특히 타협할 때 활용될 수 있어야 합니다.**

  많은 가치가 일단 종이에 적힌 다음에는 잊혀집니다. 가치가 살아 있고 유용하게 지속되려면 팀에서 자주 그리고 눈에 띄게 그 가치를 활용해야 합니다. 가치는 계획 수립, 성과 평가, 채용 결정 등에 실제로 기여할 때 적용 가능하다고 볼 수 있습니다.

예시 스트라이프의 '피드백을 구하라Seek feedback'는 업무를 고립된 상태에서 수행하지 말고 적극적으로 피드백을 구해야 한다는 점을 명확히 합니다. 예를 들어 기술 사양 문서를 작성했더라도 피드백을 수집하지 않았다면 스트라이프에서는 작업이 완료되지 않은 것으로 간주됩니다. 따라서 작업을 마치기 전에는 반드시 피드백을 구해야 합니다.

반대 예시 우버의 '자신답게 행동하라Be yourself'는 실제 상황에 어떻게 적용하라는 것인지 불분명합니다. 스트라이프의 '자신의 일에 철저하라Be meticulous in your craft'도 마찬가지입니다. 매우 멋지게 들리는 이상적 가치지만 또 너무 포괄적이고 추상적이어서 이를 바탕으로 결정을 내리는 두 사람의 의견이 일치하지 않을 수 있습니다.

- **정직성: 실제 행동을 정확히 설명해야 합니다.**

  이상적 요소가 조금 섞여 있는 것은 괜찮습니다. 하지만 정말 유용한 가치는 현재 조직에서 열심히 일하는 직원들이 구체적으로 어떻게 행동해야 하는지를 정확히 설명해야 합니다. 지나치게 이상적인 가치는 선의로 움직이는 직원들에게는 함정이 될 수 있습니다. 반면, 냉소적인 직원들은 성공적인 사내 롤 모델의 행동을 본보기로 삼아 이를 무시할 것입니다. 팀 전체가 동일한 가치를 기반으로 운영되도록 하려면 행동을 최대한 정직하게 기술해야 합니다. 먼저 회사의 행동을 변화시키고 나서 이를 문서화하세요.

  예시 우버의 '능력주의와 발 밟기Meritocracy and Toe-Stepping'**2**는 외부에서 한차례 비판받은 바 있지만 우버의 리더십이 원하는 문화의 작동 방식을 정확히 반영합니다. 우버의 회의에 들어가면 그들은 실제로 그런 식으로 행동했습니다.

  반대 예시 아마존에는 '세계 최고의 고용주가 되기 위해 노력하라Strive to be the Earth's Best Employer'는 가치가 있습니다. 아마존에서 일하면 좋은 점이 많지만, 그들의 절약 정신이 그들을 최고의 고용주로 만든다고 주장할 사람은 거의 없을 것입니다.

시험 삼아 이 세 가지 기준을 모두 충족하는 가치를 몇 가지 살펴보겠습니다.

- **아마존의 '깊게 파고 들라Dive deep'**: 리더들이 세부 사항에 관여할 것을 요구합니다. 올바른 방향에 대한 확신이 서지 않는다면 리더가 이를 다른 사람에게 위임하는 대신 세부 사항을 직접 파고들어가는 것이 좋습니다.
  - **역전 가능성**: 많은 성공적인 기업들은 리더가 직접 나서기보다는 계층 구조에서 세부적인 결정을 내릴 수 있는 사람에게 이를 위임합니다.

---

2 옮긴이_ 토 스텝핑(Toe-Stepping)은 직급이나 경력에 관계없이 자유롭게 의견을 나눈다는 의미이지만, 예의 없는 태도를 정당화하는 데 악용되고 있다는 비판도 있습니다.

- **적용 가능성**: 주어진 결정에 대해 확신이 없을 때는 진행하기 전에 세부 사항을 자세히 살펴봅니다.
- **정직성**: 아마존에서 일했던 대부분의 사람들은 이러한 사고방식을 구현하며 문제를 깊이 파고드는 자세를 보였습니다.

- **스트라이프의 '피드백을 구하라**Seek feedback**'**: 계획과 결정을 최종 확정하기 전에 그 내용을 다른 사람에게 공유하고 피드백을 구하도록 요청합니다.
  - **역전 가능성**: 다른 회사들은 합의를 도출하는 과정을 피하고 빠르게 진행하도록 권장할 수도 있습니다.
  - **적용 가능성**: 주요 결정 사항은 반드시 문서화하고 공유해야 합니다.
  - **정직성**: 스트라이프에서는 사람들이 실제로 이렇게 행동하며, 종종 이러한 방식이 과도하다는 점이 지적되기도 합니다.

- **와이 콤비네이터**Y Combinator**의 '확장되지 않는 일을 하라**Do Things That Don't Scale**'**: 회사가 초기 단계에서 최적화를 서두르지 않도록 요청합니다.
  - **역전 가능성**: 많은 초기 회사들이 빠르게 작업을 완료하는 것을 강조하지만, 일부 회사들은 진정으로 독창적인 것을 창조하기 위해 느리게 가는 것에 집중합니다.
  - **적용 가능성**: 단기 대 장기 선택의 기로에 섰을 때 이 가치를 적용할 수 있습니다.
  - **정직성**: 대부분의 와이 콤비네이터 스타트업은 빠르게 테스트하고 확장 문제를 나중으로 미루는 방식을 선택합니다.

이런 가치는 회사가 자신에게 적합한지 여부를 판단할 수 있는 실질적인 기준을 제공합니다. 또한 해당 회사 내에서 조직을 성공적으로 운영하는 데에도 유용합니다.

좋은 가치는 오용될 가능성이 낮아야 한다고 주장하는 사람도 있습니다. 예를 들어 우버의 '빌더들이 빌드하게 하라Let builders build'는 제품 엔지니어링 관리자가 잘못 해석하는 경우가 많기 때문에 나쁜 가치일 수 있다는 것입니다. 하지만 저는 이에 대해 크게 신경 쓰지 않습니다. 자기 이익을 우선시하는 사람은 어떤 가치든 항상 자신에게 유리하고 비현실적인 방식으로 해석하려 할 것입니다. 해결책은 고위급 엔지니어나 엔지니어링 관리자 같이 다른 직원에게 롤 모델이 될 수 있는 사람들에게는 특별히 더 엄중한 책임을 묻는 것입니다.

유용하지 않은(혹은 쓸모없는) 가치 중 가장 흔히 발생하는 두 가지에 대해 논의할 필요가 있습니다. 바로 정체성 가치와 우선순위 설정 가치입니다.

정체성 가치는 아마존의 '당신이 옳다. 그것도 많이'와 우버의 '챔피언의 마음가짐Champion Mindset', 스트라이프의 '탁월한 결과를 만들어라Deliver Outstanding Results'와 같은 것들입니다. 정체성 가치는 역전 가능성과 정직성은 있지만, 적용 가능성은 거의 없습니다. 프로젝트를 마무리하면서 '이번에는 틀리지 말고 맞는 것에만 집중해야겠다'고 생각하는 경우가 얼마나 자주 있을까요?

우선순위 설정 가치는 우버의 '도시를 축복하라Celebrate Cities'와 거의 모든 스타트업에서 사용하는 '과감하게 시도하라Make Big Bold Bets'와 같은 변형이 해당됩니다. 이러한 가치는 종종 정직성은 있지만 역전 가능성과 적용 가능성은 없습니다. 우버는 자신들의 활동 무대인 도시에서 제대로 인정되는 작업이 이루어지기를 요구하지만, 그 작업의 규모나 우선순위에 대한 지침은 제공하지 않습니다. 중요한 사실은 우선순위 설정 가치를 자세히 살펴보면 그 안에 숨겨진 정체성 가치를 발견할 수 있다는 점입니다. 예를 들어 큰 도전을 감행한다는 것은 실제로는 혁신적이고 야심찬 목표를 달성하고자 하는 열망과 관련되어 있습니다.

유용하지 않은 가치는 피하는 것이 좋습니다. 하지만 정직한 가치라면 해롭다기보다는 무해한 경우가 더 많습니다. 따라서 이를 지나치게 배격하려고 에너지를 쏟을 필요는 없습니다. 특히, 여러분이 의사결정권자(예: 엔지니어링 부서)가 아니라 참여자(예: 회사 전체의 가치)에 해당한다면 더욱 그렇습니다.

엔지니어링 가치는 기술 전략과 어떻게 구별될까?

엔지니어링 가치와 엔지니어링 전략 간에는 일부 교차점이 있습니다. 가치와 전략(비즈니스, 기술 또는 기타 모든 전략)의 관계를 이해하는 가장 좋은 방법은 유용한 가치가 일반적으로 전략의 지침이 될 수 있다는 점입니다. 그러나 모든 지침이 가치가 되는 것은 아닙니다. 예를 들어 현재의 시장 기회에 대응하는 방식은 가치라기보다 지침이 될 가능성이 높습니다. 하지만 대부분의 가치는 실행 가능한 지침이 될 수 있습니다.

예를 들어 '10배의 개선이 없다면 공통 기술을 재사용하라'는 유용한 엔지니어링 가치이지만 특정 상황을 해결하기 위한 지침이 될 수도 있습니다. 가치는 보통 그 가치가 형성되는 데 영향을 준 상황과는 분리된 방식으로 제시되지만, 되짚어 보면 해당 가치가 만들어지는 데 기여한 상황을 유추할 수는 있습니다.

기본적으로 사람들은 조직의 가치와 전략이 너무 많이 겹치면 실패로 간주하는 경우가 많습니다. 같은 내용을 두 번 말하는 것은 불필요하다고 생각하는 것이죠. 그러나 저는 그 둘이 긴밀히 연결된 것이라고 봅니다. 그건 나쁜 신호가 아니라 세심하고 디테일을 중시하는 리더십의 증표입니다.

가치의 도입 시기와 그 방법

신임 임원들에게 오자마자 새로운 가치를 빨리 발표하도록 권장하는 매뉴얼 같은 것이 있는 듯한 느낌을 받을 때가 있습니다. 이는 새로운 임원들이 부임 후 얼마 되지도 않았는데 자신의 가치를 증명하고 싶어 조급해 하는 것과 비슷합니다. 그러나 최소한 6개월은 기다리세요. 너무 길게 느껴진다면 최소한 해당 가치가 진정성 있는 것인지 아니면 이상적인 목표인지 평가할 수 있을 때까지 기다리세요. 소규모 그룹에서 일부 가치를 더 일찍 테스트해 볼 수는 있지만, 입사 후 빨리 가치를 도입해야 한다는 확신이 든다면 과연 이 일이 맞는 작업인지 아니면 자신이 이미 익숙하고 편안한 일로 후퇴하고 있는 것인지 면밀히 살펴보아야 합니다.

정직한 가치에 초점을 맞추면 가치를 전면적으로 거부하는 사람들로 인해 도입에 어려움을 겪는 문제는 줄겠지만 도입 과정은 여전히 복잡할 것입니다. 가치를 수립하는 과정은 좋은 프로세스를 도입하는 과정의 일반적인 패턴을 따라야 합니다. 기회를 식별하고, 가능한 옵션을 문서화하고, 이해관계자를 조기에 참여시켜 동의를 구하고, 최종 확정 전에 테스트를 거쳐 사람들이 강요받는 느낌을 갖지 않도록 하며, 이 과정을 유용할 때까지 반복하는 방식입니다. 가치를 발표하는 것은 상대적으로 쉽지만 이를 실제로 도입하는 것은 훨씬 어렵습니다. 가능하면 많은 팀을 참여시키고 그들의 의견을 경청하는 방식을 몇 차례 반복하여 상향식으로 합의된 결과물을 도출하세요.

초기 도입이 완료되면 가치는 하나의 건물보다는 정원과 같다고 생각하는 것이 중요합니다. 일상적인 프로세스의 일부가 되지 않으면 쉽게 잊혀질 것입니다. 따라서 저는 다음 사항을 권장합니다.

- 채용 과정에 가치를 포함시켜 후보자가 스스로 가치와 맞지 않는다고 생각하면 미리 떠날 수 있게 하세요.
- 신입 사원 온보딩 과정에서 가치를 명시적으로 설명하세요.
- 승진을 하려면 가치에 부합하는 행동을 하도록 직급 체계를 업데이트하세요.
- 1:1 미팅, 팀 회의 등에서 가치와 부합하는 성과를 강조하세요.

표준 프로세스 도입 과정에서 주의할 사항은 엔지니어링이나 엔지니어링 리더십의 가치가 아닌 회사 전체의 가치를 작성하는 경우, 거기에 많은 임원들이나 CEO가 관여할 가능성이 크다는 점입니다. 현실적으로 임원들이 프로세스를 따르는 것은 어렵습니다. 이는 대부분 피할 수 없는 일이니 어느 정도 혼란을 감수해야 할 것입니다. 이것이 제가 회사 전체의 가치보다는 엔지니어링 리더십 가치에 초점을 맞추는 것이 더 낫다고 생각하는 이유 중 하나입니다.

유용하게 생각하는 몇 가지 가치

성공한 회사들은 그들의 가치를 다음 세대의 회사로 전파하여 일부 가치를 보편적으로 보이게 만듭니다. 아마존의 '고객 중심Customer Obsession'이 그 좋은 예입니다. 아마존 이후에 설립된 회사들 중 얼마나 많은 회사가 고객 중심에 관한 가치를 포함하고 있을까요? 거의 대부분입니다! 그런데 그중에서 아마존처럼 진정으로 고객에 집중하는 회사는 얼마나 될까요? 매우 적습니다.

가치를 복제하는 데 따르는 문제는 역전 가능성, 적용 가능성, 정직성과 같이 유용한 가치를 정의하는 방식과 직접 연관되어 있습니다. 어느 정도 보편적인 역전 가능성을 제외하면 적용 가능성과 정직성 여부는 회사마다 크게 다를 수 있습니다. 예를 들어 많은 회사들이 절약을 추구하지만, 실제로 실천하는 회사는 일부에 불과합니다. 그리고 절약이 유용한 가치인지 여부를 판단하려면 냉정한 자기 평가가 필요합니다.

이렇게 다른 회사의 가치를 따라 하는 데는 위험이 내재되어 있습니다. 그럼에도 불구하고 제가 몸담았던 엔지니어링 조직에서 특히 유용하다고 생각한 몇 가지 가치를 공유하고자 합니다. 이를 똑같이 채택하라는 것이 아니라, 이 가치의 논리적 배경을 고려하여 당신의 조직에도 정직하게 적용될 수 있는지 생각해 보라는 뜻입니다.

- **역량을 차지하려고 싸우는 대신 새로운 역량을 창출하세요.**

  이 가치는 리더들이 기존 역량을 확보하려고 내부에서 서로 싸우는 대신 회사 외부에서 새로운 역량을 창출하는 데 집중하도록 합니다. 새로운 역량을 창출하는 방식은 예산을 놓고 서로 경쟁하는 관리자들 간에 인센티브를 조정하기 때문에 '원팀 정신'을 가능하게 만듭니다.

  - **역전 가능성:** 많은 조직이 팀과 개인을 융통성 있게 이동시키는 '대체 가능한 인력' 관점을 취하는 방식을 통해 리더들이 목표 달성을 위해 필요한 역량을 확보하도록 장려합니다.
  - **적용 가능성:** 이는 우선순위를 정하거나 인력 계획이 필요한 모든 작업에서 매우 중요한 요소입니다.

- **우리의 핵심 역량이 아니면 공급업체에게 맡깁니다.**

  예를 들어 자체 구축 대 외부 구매 결정은 전체적인 구현 및 유지 보수 비용을 고려해야 합니다. 내부적으로 솔루션을 구축하는 것이 기존 공급업체 솔루션을 사용하는 것보다 지적으로는 더 흥미로울 수 있지만, 운영, 유지 보수 및 확장 비용은 훨씬 더 높습니다. 올바른 구축 대 구매 결정은 초기 구현 비용을 넘어 장기적인 유지 비용까지 함께 고려해야 합니다.

  - **역전 가능성:** 초기의 우버는 '여기서 만들지 않은 것은 사용하지 않는^{Not Invented Here}' 문화가 너무 강하여 외부 공급업체를 거의 사용하지 않았습니다.
  - **적용 가능성:** 자체 구축 대 외부 구매 결정은 모든 플랫폼이나 기능에도 적용 가능합니다.

- **대폭적인 개선이 필요한 것이 아니라면 기존의 패턴을 따르세요.**

  엔지니어링 조직은 종종 새로운 프로그래밍 언어나 도구를 도입할 때마다 끝없는 고민에 빠지게 됩니다. 이러한 결정을 조율하기 위해 명확한 기준을 설정하는 것은 매우 가치 있습니다. 부록 E의 관련 논의를 참조하세요.

  - **역전 가능성:** 많은 회사가 새로운 기술 도입을 장려하거나 새로운 기술 스택을 채택하는 데 무한히 높은 기준을 가지고 있습니다.
  - **적용 가능성:** 이는 새로운 프로젝트의 기술 스택을 선택할 때마다 관련이 있습니다.

- **'회사 전체, 사업부, 팀'에 맞게 최적화하세요.**

  이 옵션을 선택하면 리더들이 자신의 팀에 영향을 미치는 결정과 다른 팀에 영향을 미치는 결정 사이에서 어떤 식으로 균형을 잡아야 하는지 이해하는 데 도움이 됩니다. 이는 가치와 아키텍처가 어떻게 교차하는지를 보여 주는 좋은 예이기도 합니다. 큰 규모의 단일 서비스 안에 모든 팀의 시스템이 함께 존재할 경우, 다른 곳에서 심각한 문제를 일으키지 않으면서 자신의 팀만 최적화하기는 어렵습니다.

  - **역전 가능성:** 팀을 위해 최적화하는 조직과 회사를 위해 최적화하는 조직 등 성공적인 조직은 여러 모습을 가질 수 있습니다. 접근 방식이 기술 아키텍처와 일치하는 한 이 모든 접근 방식이 실행 가능한 방법입니다.
  - **적용 가능성:** 이는 팀과 조직 전체가 타협을 해야 할 때 유용합니다. 예를 들어 새로운 프로젝트의 기술 스택을 선택하는 경우가 그렇습니다.

- **호기심을 가지고 갈등에 접근하세요.**

  제가 믿는 기본 원칙 중 하나는 회사에서 발생하는 대부분의 갈등은 비대칭적인 정보 때문에 발생한다는 것입니다. 호기심을 품고 갈등 상황에 접근하면 누락된 정보를 빠르게 배우고 특별한 갈등 없이 올바른 결정을 내릴 수 있습니다.

- **역전 가능성:** 비록 약한 편이긴 하지만 성공적인 회사는 주제에 대한 전문가, 데이터, 사용자 피드백 등을 통해 갈등을 해결할 수 있습니다.
- **적용 가능성:** 갈등이 있는 모든 상황에 유용합니다.

요약

이 장에서는 역전 가능성, 적용 가능성, 정직성에 따라 가치를 평가하는 방법을 배웠습니다. 이를 통해 여러 유명 기업의 가치와 제가 개인적으로 업무에서 유용하다고 생각한 엔지니어링 조직의 가치를 평가해 보았습니다. 이제 여러분은 엔지니어링 조직의 가치를 수립할지, 회사 전체의 가치를 수립할지, 아니면 그러한 가치를 공식 문서로 확정하기 전에 먼저 그 가치를 정직하게 만드는 기초 작업이 필요한지를 결정할 수 있는 도구를 갖추게 되었습니다.

다음 링크에서 추가 자료 및 리소스를 찾아보세요.
https://lethain.com/eeprimer-refs-5

엔지니어링 조직 평가하기

지난 몇 년 동안 엔지니어링 조직의 경영진들과 함께 스터디 모임을 운영해 왔습니다. 모임에서 가장 자주 다룬 주제는 CEO와의 마찰이었고, 그다음으로 자주 등장한 주제는 CEO가 주기적인 엔지니어링 성과 보고를 요청했을 때 정확히 무엇을 평가해야 하는지에 대한 것이었습니다. 엔지니어링 조직을 평가하는 방법에 대해 논의하려고 하면 사람들은 저마다 강하게 의견을 드러내곤 합니다. 제가 들었던 대표적인 주장들은 다음과 같습니다.

- 애자일의 스토리 포인트를 추적하는 것은 필수적이거나 혹은 거의 범죄에 가깝다.
- 목표와 핵심 결과(OKR) 방법은 회사마다 도입하는 정도가 다를 수 있다.
- 엔지니어링이란 단지 개발자의 생산성을 의미할 뿐이다. 엔지니어링 조직의 성과는 배포 빈도, 주기 시간 등으로 추적할 수 있다.
- 사고가 발생하는 빈도와 미친 영향을 추적하는 것은 매우 가치가 있는 동시에 해로운 안티패턴이다.
- 무엇을 추적하든 상관없다. 어차피 아무도 읽지 않을 것이다. 그냥 보기 좋은 차트를 만들어라.
- 업무와 관련된 무언가를 평가하기만 하면 된다. 중요한 것은 특정 지표보다는 이해관계자들에게 필요한 교육을 시작하는 것이다.

모두 일리가 있는 주장이지만 측정에 대한 불만이 과장되어 있는 경우도 많습니다. 엔지니어링 조직의 성과를 효과적으로 평가하는 방법은 다양하며, 이를 잘 활용하면 소프트웨어를 더 효과적으로 개발하고 팀의 작업을 책임감 있게 관리하는 등 엔지니어링 조직을 보다 효율적으로 운영할 수 있습니다. 또한 다른 부서 간 협업이나 CEO와 의견을 일치시키기 위한 목적으로도 엔지니어링 조직을 평가할 필요가 있습니다.

이 장에서는 이러한 다양한 목표를 효율적으로 달성하기 위해 각각의 상황에서 무엇을 평가해야 하는지를 다룰 것입니다. 엔지니어링 조직의 평가를 위한 다양한 선택지는 물론 평가를 시작할 때 피해야 할 안티패턴에 대한 폭넓은 관점도 가질 수 있을 것입니다.

TIP 엔지니어링 지표 업데이트 템플릿[1]을 사용하면 이러한 평가값을 효과적으로 보고할 수 있습니다.

스스로 평가하기

경영진 역할을 새로 맡게 되면 CEO가 "3주 후 열리는 이사회 회의를 위한 엔지니어링 조직의 슬라이드를 준비하세요"라는 말을 아무렇지 않게 할 것입니다. 이는 매우 중요한 일이지만, 이사회가 원하는 것에 완전히 초점을 맞추기 전에 잠시 뒤로 물러서서 생각해 보기 바랍니다.

먼저 스스로를 위한 평가를 시작하세요. 엔지니어링 조직을 효과적으로 운영하기 위해 필요한 정보는 무엇인가요? 평가할 목표를 문서화할 때는 다음 네 가지 범주를 기준으로 시작할 것을 권장합니다.

계획을 위한 평가

분기, 반기 또는 연도에 무엇을 출시할지 결정하기 위해 부서 간 이해관계자들과 협력하는 것은 어떤 도움이 될까요? 이때 중요한 것은 구체적인 작업 방식(예: 애자일 사용 여부)이 아니라 프로젝트 선정 방법과 우선순위를 정하는 것입니다.

---

1 https://docs.google.com/document/d/1PgfKHx39QpqXrSpccTsupV_ddQ3VvIkkTgAPPofVAuU/edit?tab=t.0

즉 비즈니스, 제품, 엔지니어링 작업의 영향을 통합해서 보여 주는 단일 지표가 필요합니다.

일부 조직에서는 계획은 제품 팀이 수행해야 하는 일이라고 믿습니다. 하지만 엔지니어링 조직만이 엔지니어링 조직이 수행하는 모든 프로젝트를 실제로 대표할 수 있습니다. 예를 들어 제품 팀이 자신의 계획을 세우면서 데이터베이스 마이그레이션을 로드맵에 포함할 가능성은 낮은 것이죠. 따라서 팀별 프로젝트의 수와 각 프로젝트의 실질적 영향을 추적하는 것부터 시작하세요.

운영을 위한 평가

소프트웨어와 팀이 원활하게 운영되고 있는지는 어떻게 확인할까요? 이는 실행 품질의 지표로 볼 수 있습니다. 만약 이러한 지표가 하락한다면 잠시 장기적인 전략에서 벗어나 현재 당면한 근본적인 문제를 먼저 해결할지 여부를 고려해야 합니다.

시작하기 좋은 몇 가지 지표는 다음과 같습니다.

- 사고 발생 건수(각 사고는 사고 검토 보고서와 연결)
- 사용자 대상 API와 웹사이트의 가동 중단 시간(분 단위)
- 사용자 대상 API와 웹사이트의 지연 시간
- 핵심 비즈니스 지표 대비 엔지니어링 비용(예: 가장 중요한 API를 서비스하는 비용은 월별 API 요청 수를 해당 월의 엔지니어링 지출로 나누어 계산)
- 제품에 대한 사용자 평가(예: 앱 스토어 평점)
- 제품의 온보딩 루프 완료율(예: 웹사이트에 도달한 사용자 중 성공적으로 고객으로 전환된 비율)

최적화를 위한 평가

엔지니어링 생산성을 높이기 위해 시간을 효율적으로 투자하려면 무엇을 알아야 할까요? 엔지니어링을 하나의 시스템으로 본다면 그 시스템이 어떻게 피드백을 받으며 최적화될 수 있는지를 이해해야 합니다. 이러한 평가는 엔지니어들이 회사 내에서 근무한 경험을 평가하는 기준이 되는 경우가 많습니다.

소프트웨어 엔지니어링에서 생산성을 높이기 위해 사용하는 프레임워크인 스페이스SPACE나 그 전신에 해당하는 액셀러레이트Accelerate로 시작하세요. 두 프레임워크 모두 배포 리드 타임(소프트웨어를 실제로 배포하는 데 필요한 시간)이나 배포 빈도처럼 높은 생산성과 밀접한 관련이 있는 측정 가능한 특성을 식별합니다. 이러한 평가 방법을 도입하는 것이 초기에는 다소 부담이 될 수 있습니다. 만약 그렇다면 개발자 생산성 설문 조사와 같이 간단한 것부터 시작하세요.

영감과 목표를 위한 평가

엔지니어링 조직이 비즈니스에 미치는 혁신적인 영향을 어떻게 간결하게 전달할 수 있을까요? 잠재적인 신규 채용자나 타부서의 임원 또는 이사회 구성원에게 엔지니어링 조직이 비즈니스에 기여하는 바를 잘 전달할 수 있나요? 이런 경우에는 기존에 불가능했던 일을 이제는 너무 당연해서 언급할 필요조차 없게 만든 훌륭한 기술 투자 목록을 작성하세요. 엔지니어링 조직의 성과를 회의에서 설명할 때는 이런 혁신적인 변화 사례를 중점적으로 설명해야 합니다. 연간 계획 주기가 돌아올 때마다 이러한 개선 사항을 최소한 하나 이상 포함하도록 노력하세요.

예를 들어 한 API 엔드포인트의 성능 저하로 인해 사용자가 불안정한 상황을 경험하는 일이 자주 발생한다고 합시다. 각 API 엔드포인트가 전체 용량의 일정 비율만 차지하도록 개선하면 엔드포인트 간 불안정성이 전체 시스템에 영향을 주는 것을 방지할 수 있습니다.

평가를 논의할 때는 종종 '지금 하고 있는 일을 과연 충분히 평가하고 있는가? 데이터베이스의 CPU 사용량, 풀 리퀘스트 사이클 타임 등 더 많은 것을 측정해야 하지 않나?'라는 반응을 들을 수 있습니다. 어쨌든 좋은 평가의 비결은 실제로 무언가를 평가하는 것입니다. 평가와 관련된 가장 큰 위험은 모든 것을 평가하려다 아무것도 평가하지 않는 것입니다. 더 많이 평가하는 것이 항상 유용하지만, 처음부터 모든 것을 평가하려고 하지 말고 지금 당장 간단한 것부터 쉽고 빠르게 평가하세요. 그리고 이를 반복하는 것을 두려워하지 마세요.

이해관계자를 위한 평가

완벽한 평가보다 빠른 평가에 집중해야 하는 이유는 회사 내 많은 사람들이 현재의 추세를 확인하거나 반박하기 위해 일단 무언가를 평가하길 바라기 때문입니다. 본질적으로 평가할 가치가 있는 항목도 있지만, CEO가 평가를 요구하는 항목이나 재무 부서로부터 월간 회의에서 제시하라고 요청받는 항목도 있습니다. 또한 전략적 동료 부서(수익 성장이나 제품 채택과 같은 공통 비즈니스 목표에 대한 기여도로 평가되는 팀)와 전술적 동료 부서(티켓 응답 시간과 사용자 만족도와 같은 내부 운영을 주로 평가받는 고객 성공 팀) 양쪽에서도 평가 요청을 받을 수 있습니다.

이렇게 많은 요청이 들어와도 모든 요청을 회사 전반에 걸친 공통적이고 일반적인 네 가지 범주 중 하나로 정리할 수 있다는 점은 희소식입니다.

CEO 및 이사회를 위한 평가

CEO를 포함한 경험 많은 관리자들은 여러분이 수행하는 이런 평가를 바탕으로 자신의 업무를 수행합니다(자세한 내용은 17장에서 논의합니다). 즉, 그들은 당신이 어떤 대상을 평가하고 그에 따른 구체적인 목표를 설정한 후, 해당 목표에 대한 진행 상황을 공유해 주기를 바랍니다. 그들은 엔지니어링 배경지식이 없어 기술적인 결정을 직접 관리할 수 없으므로 이러한 목표를 실행하는 능력을 기술 리더십의 수준을 나타내는 지표로 간주할 것입니다. 그들이 측정하려는 것은 엔지니어링 조직의 비즈니스 기여도이며, 엔지니어링 조직의 일상적인 운영 방식에는 큰 관심이 없습니다.

따라서 평가 항목은 새로울 필요가 없으며, 이미 평가하고 있는 내용을 재사용하는 것이 가장 좋습니다. 실제로도 계획이나 운영을 위해 평가 항목을 재사용하는 일이 빈번하게 일어납니다.

단, CEO에게 엔지니어링 최적화 평가 항목을 내밀면서 직접 평가해 달라고 요청하는 것은 피해야 합니다. 직관적으로 생각하면 효율적인 엔지니어링 조직이 비즈니스에도 더 긍정적일 거라고 기대하기 쉽지만, 대부분의 CEO는 엔지니어가 아니기 때문에 이를 쉽게 이해하지 못할 수 있습니다. 심지어 엔지니어링 조직이 효율적이라고 해도 그건 어느 정도 영향력이 미칠 수 있다는 정도일 뿐 실제로 영향력이 있다는 것을 보장하지는 않습니다!

재정을 위한 평가

재무 팀은 일반적으로 엔지니어링 조직에게 세 가지 주요 질문을 던집니다.

- 실제 인원수는 예산에 반영된 인원수와 비교했을 때 추세가 어떤가요?
- 공급업체에게 나가는 실제 비용은 예산에 책정된 비용과 비교했을 때 추세가 어떤가요?
- 엔지니어링 비용 중 어떤 것을 자본화할 수 있고 어떤 것을 비용 처리해야 하는지 그리고 감사 시 이를 어떻게 정당화할 것인가요?

회사마다 다를 수 있지만 재무 팀은 보통 그들의 예산 책정 프로세스가 진행되는 상황에 만나야 합니다. 비용 처리 방식은 매우 민감한 영역으로, 이는 4장에서 자세히 다루었습니다.

재무 팀에서 실제로 요청하는 경우는 드물지만, 엔지니어링 조직의 투자 전략을 재무 팀의 전략과 협의하는 것은 비즈니스의 우선순위와 사업 부문을 고려하여 자원을 할당할 때 특히 유용합니다. 어느 시점이 되면 회사 내의 사업 부서들은 다양한 이니셔티브와 관련된 엔지니어링 조직의 비용을 어떤 식으로 배분할 것인지 논쟁할 것이기 때문입니다. 엔지니어링 비용이 너무 높아 여기에 많은 자원을 할당하게 되면 새로운 이니셔티브가 손실을 입을 수 있습니다. 이런 할당을 명확하게 문서화하는 노력은 훨씬 더 건설적인 논의를 진행하게 만듭니다.

전략적 동료 조직에 대한 평가

다른 부서들이 엔지니어링 조직의 비즈니스 영향 극대화를 위해 적극적인 자세로 파트너 역할을 맡는 이유는, 긍정적으로 보면 그런 조직을 통찰력을 가진 리더들이 이끌고 있기 때문입니다. 조금 더 실질적인 이유는 그런 조직의 영향력이 엔지니어링 조직의 성과에 따라 달라지는 경우가 있기 때문에, 엔지니어링 조직의 영향력을 최적화함으로써 동시에 자기 조직의 영향력도 최적화할 수 있기 때문입니다. 그래서 제품, 디자인, 영업을 담당하는 조직이 엔지니어링 조직과 전략적 파트너십을 맺는 경우는 흔합니다. 일반적으로 128쪽에 있는 '계획을 위한 평가'에서 언급한 항목을 사용하면 전략적 동료 조직과 함께 목표를 일치시킬 수 있습니다.

전술적 동료 조직에 대한 평가

전략적인 동료 조직은 엔지니어링 조직의 비즈니스적인 영향력을 평가하는 데 초점을 맞춘다면, 전술적인 조직은 더 구체적인 결과를 기반으로 평가할 것을 요구합니다. 예를 들어 고객 성공 조직customer success organization은 엔지니어링 조직을 사용자 문의 티켓 수락률과 해결 시간으로 평가하도록 요구할 수 있습니다. 법무 팀도 마찬가지로 법적 문제 해결 시간을 평가하고자 할 수 있습니다. 전술적 조직은 전략적 사고 능력이 부족하기 때문에 전술적인 것이 아닙니다. 조직 자체가 전술적인 방식으로 평가되기 때문입니다. 그들이 엔지니어링 조직과 협력하여 엔지니어링의 영향력을 극대화하다 보면 종종 목표 대비 진행 상황이 저조하게 되어(예: 들어오는 지원 티켓의 첫 응답 시간) 성과 미달로 인식될 수 있습니다.

전술적 조직은 구체적이고 명확한 수치에 대한 책임을 지기 때문에 엔지니어링 조직에도 똑같이 요구할 수 있습니다. 당신과 동료 조직이 서로 동의할 수 있는 측정 항목을 찾고, 이것이 실제 조직의 요구 사항을 얼마나 잘 반영하는지 논의하는 시간을 정해 주기적으로 해당 논의를 반복하세요.

이해관계자를 평가하는 시간은 에너지 소모가 많아 때로는 시간 낭비처럼 느껴질 수 있습니다. 그러나 지속적으로 반복되는 논의를 줄이고 구체적인 수치로 정리된 합의를 통해 예측 가능하고 체계적인 의사결정을 가능하게 하여 궁극적으로는 시간을 절약해 줍니다.

평가 항목 순서 정하기

엔지니어링 조직을 운영하면서 평가해야 할 항목을 합치면 매우 긴 목록이 될 수 있습니다. 거의 모든 임원은 실제 자원이 허용하는 것보다 더 많은 항목을 평가하기 위한 기다란 목록을 가지고 있습니다. 원하는 모든 것을 평가할 수는 없습니다. 하지만 1~2년에 걸쳐 가장 중요한 항목부터 평가하는 일을 반복하다 보면 그런 항목들이 실제로 의미하는 바에 대한 확신을 얻을 수 있습니다.

너무 많은 일을 벌이지 않으려고 어떤 것을 먼저 평가할지 정하는 구체적인 목록을 만든다 해도 그다지 유용하지 않을 것입니다. 항목마다 적용해야 하는 맥락이 너무 많기 때문입니다. 대신 평가 항목의 순서를 정할 때 도움이 될 만한 세 가지 규칙을 제안합니다.

> **1** 평가하기 어려운 항목은 실제 의사결정에 활용할 때만 평가합니다. 데이터에 기반하여 어떤 특정 항목의 접근 방식이나 우선순위를 변경할 일이 없다면, 우선 간단한 항목부터 평가하는 것이 좋습니다.

2 평가하기 쉬운 항목은 이해관계자의 신뢰를 구축하기 위해 완벽하지 않더라도 평가할 필요가 있습니다. 데이터와 이해관계자는 실제 결과보다 평가의 의도와 노력에 더 중점을 둘 것입니다. 이런 노력은 당신이 자신의 업무에 대해 책임질 의향을 가지고 있음을 나타냅니다.

3 가능하면 새로운 평가 작업은 한 번에 하나만 수행합니다. 평가 작업은 생각보다 어렵습니다. 평가 도구가 잘못될 수 있고, 데이터가 미묘하게 틀릴 수도 있습니다. 새로운 평가 항목을 한꺼번에 도입하는 것은 데이터 검증을 담당하는 사람이나 조직에게 많은 시간을 요구합니다.

각 범주(CEO, 내부 운영, 이해관계자 등)에 따라 하나씩 평가 항목을 선택하고 평가 기준을 설정하세요. 첫 번째 작업을 완료해도 추가적으로 개선하고 싶은 부분을 보완하기 위해 두 번째, 세 번째, 네 번째 작업을 더 할 수 있습니다. 첫 시도에서 훌륭하게 평가했더라도 전과 다른 평가 방식을 필요로 하는 새로운 상황이 생길 수도 있습니다.

그래도 괜찮습니다! 평가는 반복적인 과정입니다. 이 책에서 설명하는 계획을 그대로 따르는 데 얽매이지 말고, 가장 유용한 부분만 취하세요.

안티패턴: 잘못된 평가 방식

평가에는 수많은 안티패턴이 존재합니다. 평가를 잘못할 수 있는 방법은 무수히 많지만, 그중에서도 특히 자주 발생하는 문제들을 정리하면 다음과 같습니다.

- **신뢰 부족이 더 큰 문제를 평가로 해결하려는 경우**

  때때로 평가의 무한 루프에 빠지는 경우가 있습니다. CEO가 엔지니어링 조직의 지표를 제공해 달라고 요청해서 지표를 제공합니다. 그런데 CEO는 만족해하는 모습을 보이기는커녕 다른 평가 기준을 요구합니다. 이런 상황의 근본적인 문제는 신뢰 부족인 경우가 많습니다. 지표는 신뢰를 구축하는 데 도움을 줄 수 있지만, 그것만으로는 충분하지 않습니다. 더 많은 지표를 가져왔음에도 불구하고 여전히 불만족스러운 모습을 보이는 CEO(또는 이를 요구한 사람)의 태도를 제대로 연구해서 진짜 원인이 무엇인지 파악하세요.

- **완벽을 추구하다 좋은 것을 놓치는 경우**

  많은 평가 프로젝트는 필요한 데이터가 없다는 이유로 진전을 이루지 못합니다. 데이터를 확보하는 작업이 로드맵에 올라가 있지만 우선순위에서 밀려나기 쉽습니다. 결국 1년이 지나도 아무것도 평가할 수 없는 상황이 이어집니다. 다소 결점이 있더라도 합리적인 수준의 방법으로라도 우선 평가를 진행하는 것이 중요합니다.

- **최적화 지표로 성과를 평가하는 경우**

  최적화 지표를 사용하여 개인이나 팀의 성과를 판단하고 싶은 유혹에 빠지기 쉽습니다 예를 들어 한 팀이 다른 비슷한 규모의 팀보다 훨씬 적은 풀 리퀘스트를 생성하고 있으면 그 팀이 덜 생산적이라고 판단하기 쉽습니다. 이는 사실일 수 있지만 더 복잡한 코드베이스 영역에서 일하고 있다는 의미일 수도 있습니다. 팀을 평가할 때는 계획 또는 운영 지표를 기준으로 평가하세요.

- **팀이 아닌 개인을 평가하는 경우**

  소프트웨어 개발 및 운영은 팀 활동이며, 한 명의 엔지니어가 이번 스프린트에서 코드 작성에 집중할 동안 다른 엔지니어는 그가 집중할 수 있도록 이른바 '접착제 역할'에 집중할 수도 있습니다. 개별 데이터를 보는 것은 진단 목적으로는 유용할 수 있지만 성과를 측정하는 도구로는 적합하지 않습니다. 대신 조직과 팀 수준의 데이터를 평가하는 데 초점을 맞추세요. 문제가 있어 보일 때에 한해서 개별 데이터를 진단 목적으로 활용하되, 그런 데이터를 직접 평가하지는 마세요.

- **평가가 오용될까 지나치게 걱정하는 경우**

  많은 리더들이 최고 경영자나 이사회가 데이터를 오용할 것을 우려합니다. 예를 들어 많은 엔지니어들이 일주일에 두 번만 코드를 배포하는 것을 보고 게으르다며 화를 낼 수도 있습니다. 이러한 논의가 매우 답답하다고 느낀 나머지 아예 회피한다고 해서 문제가 해결되는 것은 아닙니다. 대신, 데이터를 비생산적으로 해석하는 이해관계자들을 교육하는 데 시간을 투자하세요. 특정 해석이 잘못되었더라도 항상 배울 점이 있다는 마인드로 깨어 있으세요.

- **공동체를 무시하고 혼자서 결정하는 경우**

  이전에 효과가 있었던 접근 방식을 바탕으로 명확한 관점을 가지고 평가에 임하는 것은 권장되지만, 이때는 반드시 여러 차례의 피드백과 반복이 수반되어야 합니다. 특히 새로 회사에 적응 중일 때 이전 직장에서의 경험을 현재 상황에 투영하는 것은 신뢰를 저하시킬 수 있습니다. 대신 팀원과 동료의 피드백을 반영하여 신뢰를 쌓아가세요.

이러한 안티패턴을 잘 피했다고 해서 올바른 길에 올라섰다고 보장할 수는 없지만, 적어도 성공 가능성은 분명히 높아질 것입니다.

데이터에 대한 신뢰 구축하기

새로운 엔지니어링 평가 지표를 도입한 후 기대했던 만큼 유용하지 않다는 사실을 깨닫게 될 수도 있습니다. 이는 각 부서가 내용을 다르게 해석하기 때문일 가능성이 높습니다('전체 예산을 초과하지 않았는데도 불구하고 재무 팀이 데이터베이스 공급업체 비용 증가에 대해 왜 그렇게 화를 내는가?'). 심지어는 평가 지표가 팀의 현장 경험과 충돌할 수도 있습니다('평균 빌드 지연 시간이 줄어드는데, 왜 스칼라 팀은 계속 빌드 지연에 대해 불평하는가?').

실제로 평가는 그 자체로 본질적인 가치를 갖는 것이 아니며, 데이터를 반복적으로 활용해야만 진정한 가치를 얻을 수 있습니다. 다음은 데이터에서 더 많은 가치를 이끌어 내기 위한 몇 가지 제안입니다.

- **데이터를 주간 단위로 검토합니다.**

  검토 시 데이터가 지난 한 달과 분기 또는 1년 동안 어떻게 변화했는지 주기적으로 검토하세요. 가능하면 비교할 수 있는 명확한 목표를 설정하는 것이 중요합니다. 목표를 설정하고 달성하지 못하면 오히려 가장 배울 점이 많은 영역에 집중할 수 있습니다. 이 작업을 혼자 진행하면서 답할 수 없는 질문은 문서화하여 향후 개선을 위한 기록으로 남깁니다.

- **데이터가 변화하는 이유에 대한 자신만의 가설을 정리하세요.**

  데이터가 가설에 맞지 않게 변화한다면(예를 들어 요청당 비용은 요청률이 증가할 때 감소해야 하는데, 이번에는 요청률이 증가함에 따라 비용이 증가함), 왜 잘못되었는지 완전히 설명할 수 있을 때까지 분석하세요. 이 새로운 통찰을 이용하여 가설과 평가 측정 방식 모두를 개선하세요.

- **데이터와 너무 오랜 시간을 보내지 않도록 하세요.**

  데이터를 혼자 분석하는 대신 다양한 관점을 가진 사람들과 함께 데이터를 탐구하세요. 이렇게 하면 데이터가 어떻게 반응하는지에 대한 다양한 가설이 모이고 그룹이 함께 학습할 수 있는 기회가 생깁니다.

- **데이터를 세분화하여 각기 다른 경험을 수집합니다.**

  데이터 센터와 대부분의 사용자가 미국에 있다면 유럽에서의 신뢰성과 지연 시간은 눈에 띄지 않으며 잠재적으로 매우 나빠질 수 있습니다. 마찬가지로 스칼라, 파이썬, 고 언어에는 각각 다른 테스트와 빌드 전략이 필요합니다. 평균적인 빌드 시간이 줄어든다고 해서 스칼라 엔지니어들이 좋은 빌드 경험을 하고 있다는 의미는 아닙니다.

- **객관적 평가와 데이터가 나타내는 실제 경험의 일치 여부를 논의합니다.**

  빌드 속도가 빨라지고 있지만 이를 실행하는 엔지니어들이 체감하지 못한다면 그 원인을 파악해 보세요. 무엇을 놓치고 있는 걸까요?

데이터를 활용하는 방법은 이 밖에도 더 많지만, 이러한 제안을 따르면 데이터의 세부 사항과 한계를 이해하는 올바른 길로 나아갈 수 있습니다. 데이터에 시간을 투자하지 않으면 데이터를 중심으로 의사결정을 내리거나 유용한 정보를 많이 가지고 있더라도 잘못된 결론에 도달하기 쉽습니다. 임원이 저지르는 가장 커다란 실수의 하나는 미묘하게 결함이 있는 데이터에 지나치게 의존하는 것입니다. 하지만 이런 문제는 노력을 조금만 기울여도 피할 수 있습니다.

요약

이 장에서는 엔지니어링 조직을 평가하는 다양한 방법을 배우고 이를 통해 계획 수립, 운영, 최적화를 지원하는 방법 그리고 팀에 영감을 불어넣는 방법을 익혔습니다. 또한 이러한 기법들을 활용하여 CEO, 동료, 이해관계자 및 자신의 성과를 평가하는 방법도 배웠습니다. 많은 엔지니어링 리더들이 평가를 번거롭게 생각하지만, 이제 여러분은 조직을 효과적으로 이끌기 위한 기본 요소로 조직을 평가하는 다양한 기술을 갖추게 되었습니다.

다음 링크에서 추가 자료 및 리소스를 찾아보세요.
https://lethain.com/eeprimer-refs-6

인수 합병에 참여하기

디그에서 엔지니어링 조직을 관리하던 중 자금이 다 소진되어 결국 회사가 인수되기에 이르렀습니다. 이 경험은 저에게 많은 깨달음을 주었는데, 특히 자금이 고갈되고 사용자 기반이 줄어드는 회사를 매각하는 현실과 그에 따른 여러 관점에 대해 많은 것을 배웠습니다. 그러나 겸손은 그저 시작에 불과했습니다.

그 이후로도 여러 기업을 인수 합병(M&A)하는 테이블의 반대편에 앉아 회사를 평가하는 기회를 여러 번 가졌습니다. 대부분의 논의는 실제 계약으로 이어지지 않았지만 몇 건은 성사되었고, 모든 논의는 매우 복잡한 과정 속에서 엔지니어링 조직의 역할을 배워나가는 과정이었습니다. 인수 합병은 리스크가 큰 일이며 초기 논의 단계에서는 재무, 법무, 인사 팀이 커다란 불안을 느끼는 경우가 많습니다. 엔지니어링 조직 역시 나름의 위험 요소를 떠안는 경우가 많으며, 잠재적 인수 제품의 가치를 평가하고 향후 통합 비용을 냉정히 고려할 필요가 있습니다.

하지만 다른 많은 부서와 달리 엔지니어링 조직은 인수가 완료된 후에도 인수된 제품의 통합과 운영을 주도해야 합니다. 이는 엔지니어링 조직이 평가에 특별히 신중을 기하도록 만듭니다. 비록 인수 검토에 대한 보상은 특별히 없고 동료들은 귀찮아할 수 있어도 인수 제품의 통합과 운영은 중요한 작업입니다. 신중하게 궤도를 바꾸며 인수 제품을 통합해 나가는 것은 엔지니어링 임원이 할 수 있는 가장 중요한 일 중 하나입니다. 신중하게 고민되지 않은 인수를 막는 것 또한 겉으로는 드러나지 않아도 회사의 운명에 매우 중요한 영향을 미칠 것입니다.

이번 장에서는 다음과 같은 내용을 다룹니다.

- 인수 합병 시 발생하는 복잡하고 종종 엇갈리는 인센티브
- 비즈니스 전략, 인수 작전, 엔지니어링 평가를 통해 공유된 관점 개발하기
- 엔지니어링 평가에서 다루어야 할 주제들
- 인수 합병을 실행하기 위한 통합 계획 세우기
- 반대 입장 다루기: 인수 합병 당하기

이 장의 끝부분에 도달하면 전반적인 인수 합병 프로세스를 실행하기 위한 기본 구조와 엔지니어링 조직이 담당해야 할 부분에 대한 템플릿을 갖게 됩니다. 인수 평가는 엔지니어링 임원의 가장 흥미로운 일 중 하나이며, 인수 합병 과정에서 엔지니어링 조직이 말하는 '아니오'를 제대로 관리하는 것은 자신만의 독특한 영향력을 행사하는 일이라는 것에 동의해 주시기 바랍니다.

복잡한 인센티브의 문제

가장 간단한 인수 합병조차도 종종 복잡하고 상충되는 인센티브(특정 행동을 촉진하는 요소) 때문에 고통받습니다. 한번은 인수 절차가 마무리된 후 합병된 회사의 팀과 제품을 우리 회사에 통합하는 책임을 맡은 적이 있습니다. 인수 협상 팀이 "임무 완료!"라며 발을 뺐지만, 곧 그들이 저에게 꽤나 복잡한 문제를 넘겼다는 사실을 깨달았습니다. 인수된 회사의 엔지니어들이 자신들이 몰락하고 있는 우리 회사의 기술 스택을 구제하기 위해 들어왔다고 말한 것입니다. 반면 우리 회사의 엔지니어들은 인수된 팀이 우리 회사의 표준 스택에 맞춰 그들의 코드를 다시 작성해야 할 거라고 알고 매우 기대를 품고 있었습니다. 이런 상황은 양사의 팀을 통합하는 프로세스를 원활하게 시작하는 데 전혀 도움을 주지 않았습니다.

경미한 속임수라고 불러도 좋을 이런 의사소통의 오류는 인수 합병 과정에서 흔히 발생합니다. 인수 합병 과정에서 드러나는 중요한 진실은 인센티브가 매우 왜

곡될 수 있다는 점입니다. 인수 협상 팀은 인수를 일정 수준 완수한 뒤 비즈니스에 특성 수익을 기여하는 능력으로 평가받을 수 있습니다. 이러한 목표는 통합 과정이 매우 고통스럽더라도 회사의 수익에 조금이라도 기여할 수 있는 인수라면 그게 무엇이든 추진하도록 장려합니다.

엔지니어링 임원으로서는 현재의 엔지니어링 조직과 팀 문화에 대해 매우 큰 자부심을 느끼고 있기에 새로운 인수 합병에 대해 다소 저항감을 가질 수도 있습니다. 창업자나 CEO는 이전 경험에 기반하여 인수 합병을 좋아하거나 싫어할 수 있어 과정을 더욱 복잡하게 만듭니다. 마찬가지로 상대 회사의 설립자나 CEO는 인수에 절박하게 매달리거나 혹은 완강히 저항할 수 있으며, 심지어 하루 중에도 이러한 태도가 번갈아가며 오가기도 합니다. 직접 세운 회사를 포기하는 것은 쉽지 않기 때문입니다. 설령 현금이 빠르게 바닥나는 상황에서도 말이죠.

1년 남짓한 시간 동안 6~7개의 잠재적인 인수 대상을 평가하면서도 아무런 진척이 없다면 매몰 비용의 오류sunk cost fallacy에 빠질 위험이 있습니다. 어느 시점까지 인수 협상 팀이 쏟아부은 노력이 무시하기 어려운 수준에 도달하게 되면, 수지타산이 맞지 않더라도 합병을 밀어붙이고자 하는 경향이 생기는 것입니다.

이러한 복잡한 인센티브 구조를 염두에 두는 것은 인수 작업을 성공적으로 수행하는 데 필수적입니다.

공유된 관점 개발하기

신생 회사와 마찬가지로 모든 인수가 성공하지 못하는 데는 수백 가지 이유가 있습니다. 인수가 실패할 이유만 집중적으로 찾으면 꽤 많이 찾을 수 있습니다. 반대로 잠재적인 장점만 본다면 모든 인수가 비합리적일 정도로 장밋빛으로 보일 것입니다. 이 두 극단 사이에서 균형을 잡으려면 회사는 다음 세 가지 도구를 갖출 필요가 있습니다.

1 **비즈니스 전략**: 당신의 비즈니스에서 인수 합병이 어떤 역할을 해야 할 것인가?

2 **인수 작전**: 특정 인수가 당신의 비즈니스 전략에 부합하려면 어떤 가정을 충족해야 하는가?

3 **엔지니어링 평가**: 이러한 가정을 반박하거나 다른 중요 위험 요소를 발견할 수 있는가?

놀랍게도 많은 인수 합병 과정에는 처음 두 가지 도구가 빠져 있습니다. 엔지니어링 평가가 어색하고 형식적인 절차에 머물 수밖에 없는 이유가 바로 그것입니다. 인수를 추진하고자 하지만 명시적으로 작성되지 않은 가정을 어떻게 반박할 수 있을까요? 그런 경우에 할 수 있는 가장 좋은 선택은 누락된 전략을 스스로 작성하는 것입니다. 전략, 작전, 평가라는 세 가지 도구 없이 인수를 평가하려고 하면 훗날 쓰디쓴 눈물을 삼키게 될 것입니다.

> **TIP** 특정 기업의 인수 합병 접근 방식을 자세히 살펴보고 싶다면 깃랩GitLab의 인수 과정을 살펴보세요. 이 과정은 온라인에 문서화되어 있으므로 매우 좋은 참고 자료가 될 것입니다.

비즈니스 전략

인수 합병 관점에서 볼 때 비즈니스 전략은 인수 합병이 어떤 방식으로 회사에 기여할지를 설명해 줍니다. 이는 반드시 문서로 기록되어야 하며, 다음과 같은 질문에 답할 수 있어야 합니다.

1 우리 회사의 사업 분야는 무엇입니까?

2 각 사업 부문의 수익 및 현금 흐름은 어떻습니까?

3 인수 합병이 이러한 기대치에 어떻게 부합할 것으로 예상하십니까?

4 인재 영입(팀 구성), 제품 인수(제품의 기능에 중점을 두고 수익과 배포에 덜 집중하는 경우), 또는 비즈니스 인수(제품, 수익, 배포를 포함한 전체 비즈니스 라인)를 추구하고 있습니까?

5 어떤 종류와 규모의 인수 합병을 고려하고 계십니까?

이런 전략 문서는 CEO나 경영진이 직접 작성하는 것이 이상적이지만, 필요에 의해 엔지니어링 관점에서 당신이 초안을 작성하게 될 수도 있습니다. 만약 이 문서를 직접 작성해야 한다면 무엇이든 합리적인 수준에서 초안을 작성한 후 경영진과 공유하세요. 초안의 내용이 부족할수록 누군가 투덜대며 대신 작성하려 할 가능성이 높습니다. 어느 경우든 이러한 접근 방식은 일관된 비즈니스 전략이 문서화되는 결과로 이어집니다.

가장 단순한 인수 합병 전략은 모든 것을 회사 내부에서 구축하고 인수 합병을 하지 않는 것입니다. 일반적으로 대부분의 작은 회사가 이런 방식을 기본 전략으로 삼고 있지만, 비즈니스가 성장할수록 인수를 통한 확대 가능성이 늘어납니다. 예를 들어 일반적인 인수 합병 전략에는 다음과 같은 내용이 포함됩니다.

- 핵심 사업을 위한 수익 또는 사용자 확보(예: 매치 그룹^{Match Group}의 힌지^{Hinge} 인수)
- 인수 합병을 통한 새로운 사업 분야 진출(예: 스트라이프^{Stripe}가 인덱스^{Index}를 인수하여 POS^{Point-of-Sale} 기기 시장에 진입)
- 비슷한 분야의 스타트업을 인수하여 혁신 도모(예: 메타의 인스타그램 인수)
- 경쟁 감소. 이러한 경우는 공식적으로 문서화되지는 않습니다. 법정 문서에 등장하고 싶어 하는 경우는 없기 때문이죠. 하지만 많은 인수가 미래의 경쟁을 줄이기 위한 동기로부터 이루어집니다. 예를 들어 구글의 2013년 웨이즈^{Waze} 인수는 향후 지도 서비스에서의 잠재적 경쟁을 막기 위한 것이었습니다. 만약 인수 합병 전략이 이해되지 않을 때는 경쟁을 줄이는 것이 목적은 아닌지 생각해 보세요.

기본적으로 어떤 전략이든 잘 문서화되고 경영진이 이를 중심으로 합의를 이루어 나간다면 해당 전략은 합리적이라고 봐도 무방합니다. 반대로 문서화되지 않았거나 경영진의 의견이 일치하지 않으면 다음 단계인 인수 작전으로 넘어가기는 매우 어렵습니다.

인수 작전

인수 작전^{acquisition thesis}은 특정 인수가 회사의 비즈니스 전략에 어떻게 부합하는지를 설명하는 것입니다. 특히 인수 작전은 이런 복잡한 질문에 답해야 합니다.

"인수가 우리의 비즈니스 전략에 부합하려면 구체적으로 어떤 사실을 포함해야 합니까?"

이 질문에 대한 답은 제품의 기능, 지적 재산권, 비즈니스 포트폴리오, 수익, 현금 흐름, 사업 인수(매출 및 제품을 위해 전체 사업을 인수하는 경우), 제품 인수(기존 유통을 통해 수익 증대를 위한 제품을 인수하는 경우), 팀 인수(팀을 위해 인수하는 경우) 및 기타 모든 측면을 다루어야 합니다. 인수가 가치 있는 선택이 되려면 반드시 참이 되어야 하는 중요한 질문을 식별하는 것이 중요합니다.

인수 작전의 내용은 인수의 가치 평가를 크게 좌우합니다. 다음 두 가지 시나리오를 비교하면서 각각의 인수가 얼마나 다르게 평가될지 살펴보세요.

- 코드 호스팅 비즈니스를 운영 중입니다. 경쟁사가 통합 CI/CD 제공으로 이미 시장 점유율을 확보하고 있습니다. 당신도 경쟁력 있는 CI/CD를 구축하고 있는 중이지만 출시까지는 아직 18개월이 남았습니다. 이에 CI/CD 서비스를 제공하는 스타트업을 인수하는 것을 검토합니다. 단, 해당 제품이 장기적으로 확장 가능할지에 대해서는 의구심이 듭니다.
- 앞과 동일한 상황입니다. 다만 아직 CI/CD 솔루션 제품 개발조차 시작하지 않았으며, 처음부터 시작하면 시장에 출시하는 데까지 36개월이 걸릴 것으로 예상합니다.

첫 번째 시나리오에서는 시장 출시 시간을 단축하는 것이 유일한 이점입니다. 따라서 제품이 출시될 때까지는 경쟁업체의 위협으로 인해 수익이 감소되는 정도를 평가해야 합니다. 제품의 품질에 대해 너무 걱정할 필요는 없습니다. 18개월 동안만 버티면 되기 때문입니다.

두 번째 시나리오에서는 제품이 별다른 교체 작업 없이 확장될 수 있는지 여부가 인수 작전의 유효성을 결정짓습니다. 즉 제품 구현, 인프라 구축, 기타 비용 등에 대해 훨씬 더 깊이 있는 검토가 필요하다는 뜻입니다.

인수 작전을 문서화하는 것은 매우 중요합니다. 이는 다음 단계인 엔지니어링 평가의 기반 자료로 사용되며, 인수 협상 팀 내에서 발생할지 모르는 심각한 의견 불일치를 방지합니다. 인센티브 내용이 복잡하면 일부 팀원은 인수를 임시 해결책으로 보고, 다른 일부는 이를 영구적인 비즈니스나 제품의 핵심으로 엇갈리게 평가하기도 합니다. 이렇게 서로 다른 관점에서 가치를 평가하면 동일한 결론을 내리기가 매우 어렵습니다.

인수의 가치를 명확히 설명할 때는 가치 평가 자체에 대해서도 생각할 필요가 있습니다. 이와 관련하여 한 가지 기억해 둘 점은 벤처 캐피털이 호황기에 부여한 가치 평가 결과에 휘말리지 않고 냉정한 자세로 적절한 평가를 내려야 한다는 사실입니다. 벤처의 리스크 모델은 열 번 중 아홉 번을 실패하더라도 마지막 열 번째에 성공하는 것이 가능하지만, 인수하는 기업은 한 번 결정한 인수를 무를 수 없습니다. 또한 인수가 성공할 가능성을 높이기 위해 들여야 하는 비용도 전체적으로 책임져야 합니다.

엔지니어링 평가

인수 작전을 문서화하여 인수를 정당화하기 위해 필요한 가정을 파악했다면, 다음 단계는 인수 협상 팀이 나서서 해당 가정을 실제로 검증하는 것입니다. 재무 팀은 수익 예측을, 법무 팀은 지적 재산권을 검토하며 엔지니어링 조직에서는 제품의 구현 복잡성, 통합, 확장성, 보안, 규정 준수, 엔지니어링 비용 그리고 엔지니어링 조직의 문화를 검증하는 데 집중해야 합니다.

일반적인 접근 방식은 다음과 같습니다.

1 **기본 템플릿 작성**: 모든 인수에서 꼭 다뤄야 할 기본 템플릿을 만듭니다.

2 **템플릿 수정**: 해당 템플릿을 기반으로 각 인수의 논지를 검증하는 데 필요한 구체적인 질문을 추가합니다.

3 **자료 요청**: 각 질문이나 주제에 대해 미팅 전에 검토할 수 있는 자료를 요청합니다. 예를 들어 엔지니어링 담당자에게 SOC 2 인증서, API 문서, 현재 팀 구조 등을 요청할 수 있습니다. 모든 자료를 제공받지는 못해도 제공된 자료는 초점을 좁히는 데 도움이 될 것입니다.

4 **엔지니어링 논의**: 해당 자료를 검토한 후 엔지니어링 담당자와 1~2시간 정도 논의를 진행하며 아직 검증되지 않은 가정들을 해결하거나 후속 논의를 계획합니다. 다른 팀과 만날 기회는 제한적이므로 이러한 회의마다 최대한 많은 내용을 확인해야 합니다. 여섯 번의 회의가 있을 거라 가정하지 말고 현실적인 두 번의 회의만 계획하세요.

5 후속 조치 실행: 후속 검토 작업을 통해 가정이 유효한지 또는 무효한지를 검증합니다.

6 인수 협상 팀과 의견 정리: 인수 진행이 합리적인지 논의합니다.

7 핵심 인재 인터뷰(선택적): 인수 대상 회사의 주요 구성원 몇 명과 인터뷰할 수도 있습니다. 이는 인재 확보를 위한 인수인 경우에는 매우 흔하지만, 사업 인수인 경우에는 비교적 덜 일반 적입니다. 주로 통합 조직에서 고위 직책을 맡을 것으로 예상되는 인물과 인터뷰하는 것을 추천합니다. 논의의 목적은 인수자뿐만 아니라 새로운 리더를 보호하기 위한 것입니다. 새 리더 의 직속 부하들에게 한 번도 면접을 보지 않았다고 말하는 상황을 만들고 싶지 않기 때문입니다. 인력 확보를 위한 인수가 아닌 경우 대부분의 직원을 인터뷰하는 것은 시간 소모가 크고 기존 작업을 검토하는 것보다 신뢰도가 낮으므로 그다지 권장하지 않습니다.

엔지니어링 평가 과정에는 몇 가지 단계가 더 있지만 그런 단계는 대체로 형식적 인 경우가 많습니다. 예를 들어 제품 데모는 거의 모든 인수 과정에 포함되지만 대부분 형식적이며 실질적인 정보는 거의 없습니다. 대신 몇 분 동안 제품을 직접 사용해 보는 것이 더 유용하므로 반드시 직접 테스트해 보는 것을 추천합니다. 물 론 통상적인 단계를 따르는 것이 더 예의에 맞지만 반드시 유익할 거라고 기대하 지는 마세요.

이제 이런 과정을 전체적으로 수행하는 데 엔지니어링 조직 내에서 몇 명을 참여 시킬지 결정해야 합니다. 이것은 팀의 규모나 평가받는 회사의 규모 등에 따라 달라지며, 가능하면 적은 인원을 포함시키는 것이 더 좋습니다. 인수 논의는 원 래 업무를 방해하는 데다 실제 인수로 이어지는 경우도 드물기 때문입니다. 그래 서 너무 많은 사람이 참여하면 별다른 성과 없이 다수의 고통이 늘어날 뿐입니다. 단, 효과적인 평가를 위해 필요한 세부 사항이 부족한 경우에는 필요에 따라 적절 한 수의 인원을 참여시키는 것이 좋습니다(특히 규정 준수 및 보안과 관련된 질 문의 경우).

엔지니어링 평가 템플릿에서 다뤄야 할 항목

인수 대상 기업을 검토하기 위해 필요한 질문들은 구체적인 인수 작전과 밀접한 연관이 있습니다. 하지만 인수 작전만 가지고서는 명백한 위험 요소를 놓칠 수 있습니다. 예를 들어 JP모건JPMorgan은 프랭크Frank가 가지고 있는 데이터를 기반으로 그 기업의 잠재적 가치를 모델링했지만 그 데이터가 실제 운영 데이터베이스에서 나온 것인지 여부는 확인하지 않았습니다.[1] 이와 같은 명백한 실수를 방지하려면 기본적인 평가 템플릿을 만들고, 템플릿의 복사본 안에서 각 평가 항목을 실행한 후, 인수 작전에 따라 필요한 주제를 더 추가하는 방식으로 진행하는 것이 좋습니다.

기본적인 엔지니어링 평가 템플릿에 들어갈 추천 항목은 다음과 같습니다.

- **제품 구현**

  제품 구현이 실제로 이루어졌는지 그리고 제3자를 통해 확보한 기능이 아니라 직접 구현된 것인지 확인합니다. 예를 들어 오픈AI는 AI 기반의 창업 붐을 일으켰는데, 이렇게 양산된 스타트업들이 구현한 소프트웨어는 회사가 보유한 내부 지적 재산이 아니라 오픈AI의 API를 호출하는 방식으로 제작되어 있습니다. 인수하려는 회사의 실제 소스 코드를 당신과 같은 엔지니어가 직접 읽어 보는 것은 특히 중요합니다. 기업들은 실제 소스 코드를 공유하는 것에 매우 소극적이지만 화상 통화로 코드를 보여 주는 것은 허용할 것입니다. 코드 공개를 꺼리는 기업이라도 공유하기 싫다는 이유로 인수 진행을 완전히 가로막는 회사는 드뭅니다.

- **지식 재산권**

  위의 제품 구현과 유사하게 법무 팀은 모든 특허 포트폴리오를 조사할 것입니다. 하지만 인수된 지적 재산의 가치가 실제로 현실 세계에 존재하는 것인지 여부를 엔지니어링 측면에서도 밝혀야 합니다. 이 경우에도 실제 소스 코드를 읽는 것은 특히 중요합니다.

- **보안**

  회사의 보안 책임자는 누구이며, 어떤 업무를 수행하고 있습니까? 정기적인 침투 테스트penetration test를 수행하고 있습니까? 최신 결과는 어디에 있습니까? 직원들을 대상으

---

1 옮긴이_ JP모건은 프랭크라는 스타트업 회사가 제시한 가짜 데이터를 제대로 확인하지 못해 큰 손실을 입은 사례가 있습니다.

로 정기적인 보안 교육을 실시하고 있습니까? 구체적으로 어떤 내용을 다루고 있습니까? 어떤 보안 침해가 있었는지 알고 있습니까? 침해를 당했다면 어떻게 알 수 있나요? 많은 초기 단계 스타트업에서는 이러한 질문에 대한 답변을 얻기 어려울 수 있지만 어느 정도 규모가 있는 회사라면 여기에 직접 답변할 수 있는 팀이 있어야 합니다. 만약 중요한 데이터(건강 데이터, 금융 데이터 등)를 보유하고 있는 상황에서 이를 보호하지 않는다면 이미 보안 침해를 당했지만 그 사실을 인지하지 못하고 있을 가능성을 염두에 두어야 합니다.

- **규정 준수**

회사가 보유한 규정 준수 인증은 무엇입니까? SOC 2 Type 2인가요? HITRUST란 무엇입니까? 아무것도 없습니까? 인증이 유효하다면 관련된 감사를 계속 진행하고 있습니까? 지난 감사 보고서는 무엇을 담고 있나요? 많은 기업들이 SOC 2 Type 2와 같은 인증을 보유하고 있다고 주장하지만 지난 2~3년간 감사 보고서가 없는 경우에는 조사가 필요합니다. 특히 규모가 작은 인수 협상 팀이라면 규정에 대한 지식을 가진 사람이 당신이 유일할 수 있으며, 인수 완료 후에야 문제를 발견하면 큰 어려움이 생길 수 있습니다(최소한 초기 단계에서 발견되면 두 회사의 상대적 평가를 변경하는 요소가 될 수 있습니다).

- **기술 스택 및 인프라 통합 불일치**

주요 공급업체는 누구이며, 특히 주요 클라우드 업체(AWS, GCP, 애저^{Azure}, 온프레미스 등)와 핵심 기술 스택(프로그래밍 언어, 스토리지 계층, 프로덕션 스택에 사용되는 공급업체 등)은 무엇인가요? 기존 스택과 통합하는 작업이 상대적으로 수월할지(최상의 경우) 혹은 거의 불가능할지(최악의 경우)를 판단하세요. 특히 빠른 기술 통합을 저해하거나 최소한 비용을 증가시킬 가능성이 있는 장기 계약이 있는지 찾으세요.

- **비용 및 확장성**

상대 회사가 현재 스택을 계속 운영할 계획이라면 얼마나 확장 가능하고 운영 가능한가요? 매출 대비 운영 비용은 얼마입니까? 비용과 확장성을 분리하는 것도 가능하지만, 둘을 함께 평가하면 더 흥미로운 경향이 있습니다. 이상적으로는 시간 경과에 따른 모든 엔지니어링 비용을 수익과 주요 사용자 참여 지표를 포함해 스프레드시트에서 확인하고 싶을 것입니다. 이는 규모의 경제 또는 역기능이 있는지 여부를 명확하게 파악하여 제품의 장기적인 수익 및 현금 흐름 기여도를 이해하는 데 도움이 됩니다. 만약 이러한 스프레드시트가 존재하지 않는다면 인수 협상을 진행하는 재무 팀과 함께 이러한 숫자들을 추정할 수 있어야 합니다.

- **엔지니어링 조직 문화**

  인수된 회사의 엔지니어들이 새로운 팀원이 되어 함께 일하는 것이 어떤 느낌일지 이해하는 것이 중요합니다. 회사는 기술 결정을 어떻게 내립니까? 팀 구성은 어떻게 되어 있나요? 엔지니어링 조직 담당자가 주로 본인을 의사결정자로 이야기하나요, 아니면 다른 팀원들을 언급하나요? 정답은 없지만 그들의 운영 모델이 기존 조직과 어떻게 다른지 이해하고 그 마찰을 감수할 수 있는지 여부를 미리 파악해야 합니다.

엔지니어링 평가 템플릿은 한 번 정리했다고 끝이 아닙니다. 어떤 주제로 시작하든지 인수 평가를 진행할 때마다 이를 계속해서 확장하고 개선해 나가세요. 시간이 지나고 나면 회사의 중요한 자산이 될 것입니다. 단, 이러한 조사에서 너무 멀리 나가지는 않도록 주의하세요. 한번은 제가 너무 많은 질문을 던지는 바람에 스트라이프의 인수 과정에서 조용히 제외된 적도 있습니다

통합 계획 세우기

놀랍게도 많은 인수 합병이 명확한 통합 계획 없이 완료되어 인수 기업과 피인수 기업이 서로 오해를 할 여지를 남깁니다. 경험한 바로는 명확하게 문서화된 계획을 세우는 데는 시간을 투자할 가치가 충분히 있습니다. 아래 내용은 실제 비즈니스와 통합하는 과정에서 발생할 수 있는 다양한 변수를 고려한 기본 통합 계획입니다.

- 첫 6개월 동안은 인수된 회사의 기술 스택을 그대로 운영할 것을 약속합니다. 하지만 가능하다면 인수된 회사에게 그 이후에는 기술을 통합할 계획임을 알리세요.
- 인수한 엔지니어링 팀을 데려오되, 그들의 부서장이 기존의 엔지니어링 총괄 부서장에게 보고하게 합니다(또는 작은 사업 단위 내에 포함된 소규모 인수의 경우 해당 사업 단위의 기술 책임자에게 보고). 또한 인수된 회사의 엔지니어링 조직 리더에게 앞으로 팀(개발자 생산성, 인프라 등)을 수직적으로 통합할 계획임을 알리세요.
- 모든 고위 리더들에게 그들의 역할과 해당 결정을 내리는 과정을 직접적이고 투명하게 설명하여 당사자는 물론 기존 팀의 성공 가능성을 극대화합니다. 아무리 뛰어난 리더라고 해도 그를

새로운 상사로 임명하기 전에 팀원들이 그 사람을 어느 정도 알아가도록 하는 것이 성공을 위해 더 나은 방법입니다.

자신만의 기준에 따라 여러 세부 사항을 결정하면 나중에 뭔가 잘못되거나 수정이 필요해질 가능성이 큽니다. 따라서 지금까지 설명한 일반적 방식의 통합 계획을 따르는 편이 더 나을 것입니다. 하지만 여기에서 설명한 것과 같은 느슨한 계획을 사용하더라도, 인수된 회사가 기존 조직에 어떻게 통합될지를 몇 단계 더 깊이 계획하다 보면 기회와 기회 비용에 대해 많은 것을 배울 수 있습니다. 따라서 가장 큰 위험 요소가 식별될 때까지 이러한 아이디어를 더 깊이 계속 추진하는 것을 권장합니다.

평가 과정에서는 여러 가지 통합적 선택 사항에 대한 관점을 키워야 합니다. 특히 인수된 팀이나 제품 또는 비즈니스를 기존 비즈니스 및 기능에 가장 성공적으로 통합하는 방식을 알아내야 합니다. 이때 가장 중요한 세 가지 질문은 다음과 같습니다.

1 기술을 어떻게 통합할 것인가?
2 팀을 어떻게 통합할 것인가?
3 리더십을 어떻게 통합할 것인가?

이러한 사항을 파악한 후에는 내용을 문서화하여 인수 협상 팀과 함께 검토하세요. 계획을 제때 공유하지 않으면 각 부서에 엉뚱한 계획이 전달될 가능성이 큽니다. 명확하게 정리된 통합 계획을 공유하면 인수 후 모든 조직이 같은 방향으로 움직일 수 있습니다.

기술 통합 결정

기술 통합의 세부 사항은 창출하고자 하는 가치에 따라 달라집니다. 두 가지 극단적인 방법이 있는데, 하나는 코드를 처음부터 완전히 새롭게 다시 작성하는 것이고, 다른 하나는 두 조직의 기술을 서로 완전히 분리하여 별도로 실행하는 것입니다. 구글의 소규모 인수 중 많은 경우가 전면적인 재작성으로 이루어졌는데, 2010년 메타웹Metaweb 인수가 좋은 예입니다. 메타웹은 수년간 자사의 작동 기술을 구글 스택으로 재구현해야 했습니다. 반면 구글의 가장 큰 인수 사례인 웨이즈나 유튜브는 자신들이 사용하던 기술 스택을 그대로 유지하면서 API를 통한 통합을 진행했습니다.

기술 통합은 엔지니어링 전략에 따라 결정해야 합니다. 제가 운영했던 전략에서는 항상 모든 것이 단일 클라우드 환경(AWS 대 구글 클라우드)으로 수렴할 것을 알고 있었기 때문에 가능한 한 일찍 기술 스택을 통합하려고 노력했습니다. 각각의 기술 스택을 별도로 운영하는 것이 기술적으로는 가능하더라도, 그렇게 하면 결국에는 서로 다른 기술 의사결정 방식을 가진 두 개의 엔지니어링 하위 문화가 생기게 됩니다. 대부분의 회사는 규모가 1,000명 이상의 엔지니어를 보유할 정도로 매우 커지기 전까지는 여러 개의 하위 문화를 동시에 운영하는 것을 용납하지 않습니다. 그 이후로는 대개 용인하는 편입니다. 예를 들어 우버의 자율주행 기술 부서는 회사의 핵심 제품과 본질적으로 다른 문제에 집중하고 있었기 때문에 일정 기간 동안 별도의 기술 스택을 성공적으로 운영했습니다.

팀 통합 결정

통합과 관련된 두 번째 질문은 팀의 구조에 관한 것입니다. 이는 두 회사의 상대적 규모에 크게 좌우되지만, 일반적으로는 인수된 회사의 엔지니어링 조직 책임자가 당신이나 합류하는 사업 부문의 기술 책임자에게 보고하는 식으로 정리됩니다. 인프라, 데이터 또는 보안 팀을 분리하여 기존의 중앙 조직에 통합되도록 할수도 있습니다. 어떤 방식도 절대적으로 옳다고 할 수는 없으며, 최적의 접근 방식은 관련 리더들의 역량과 경험에 따라 크게 달라집니다.

리더십 통합 결정

인수한 회사의 리더십을 어떻게 처리할지 결정하는 문제는 항상 어렵습니다. 인수된 회사의 엔지니어링 조직 리더가 기존 조직에 적응하는 데 어려움을 겪고 있거나 다른 사람에게 업무 보고하는 것을 받아들이기 힘들어하는 경우를 자주 발견할 수 있습니다. 반대로 당신과 잘 협력하는 과정에서 큰 동력을 얻고 기꺼이 배움을 나누거나 직접 채용하기 어려웠을 훌륭한 리더의 모습을 보여 주기도 합니다. 무엇보다도 인수된 회사와 기존 팀 사이에서 균형 있는 결정을 내리는 것이 중요합니다. 성공은 두 그룹이 효과적으로 협력하는 데 달려 있으며, 기존 팀 입장에서 인수된 팀이 새로운 역할을 제대로 수행하지 못한다고 느끼면 큰 문제가 일어날 수 있습니다.

지금 반대하든지, 영원히 침묵하든지

앞서 논의한 바와 같이 인수 합병은 매우 복잡한 이해관계가 얽혀 있는 과정입니다. 물론 성공 가능성만 생각하면 무척 매력적입니다. 업계를 석권한 몇몇 제품들은 인수 과정을 통해 꽃을 피운 사례도 있고요. 예를 들어 메타가 인스타그램과 왓츠앱을 인수하거나 구글이 웨이즈를 인수한 경우를 들 수 있습니다. 틴더Tinder, 힌지 등 많은 기업을 인수한 매치 그룹의 데이팅 앱 통합 전략도 있습니다.

하지만 기회 비용을 제외하더라도 인수를 통해 기대했던 성과를 달성하지 못하는 경우가 대부분입니다. 구글의 모토로라 인수, 이베이의 스카이프 인수, 아마존의 굿리즈 인수를 생각해 보세요. 게다가 대부분의 기회 비용은 엔지니어링 팀이 떠안게 됩니다. 이런 과정에 현실적인 시각을 불어넣는 것은 엔지니어링 임원인 당신의 책임입니다.

이런 책임을 제대로 수행하는 것은 상당히 어려우며, 때로는 주변 사람들과의 관계를 어렵게 만들 수도 있습니다. 이와 관련하여 드릴 수 있는 가장 좋은 조언은 당신의 피드백을 엔지니어링 조직의 목표가 아닌 회사의 목표에 맞추고 당신의 우려가 진정으로 회사의 관점에서 비롯되었다는 사실을 분명히 하라는 것입니다. 엔지니어링 조직은 공정성 문제를 떠나 인수 후의 모든 운영 비용과 기술적 복잡성을 감당해야 합니다. 따라서 회사와 자신에게 강력하고 명확한 의견을 제시할 책임이 있습니다.

엔지니어링 조직은 종종 인수에 대한 전면적인 거부권을 행사하기보다는 여러 표 중 한 표를 행사할 뿐입니다. 회사 전체가 항상 엔지니어링 조직과 똑같은 생각을 하지도 않습니다. 임원이 된다는 것은 더 넓은 비즈니스에 영향을 미치는 힘든 결정을 해야 한다는 것을 의미합니다. 저는 회사와 의견이 다른 결정을 내리고 후회한 적이 거의 없습니다. 보통은 제가 중요한 고려 사항을 놓치고 있었던 경우가 많았으니까요. 이런 충돌은 겉으로 보기에 뭔가 좋지 않은 결과로 이어질 것처럼 보이지만, 놀랍게도 항상 최선의 결과로 이어집니다.

인수 과정

이번에는 반대로 당신의 회사가 다른 회사에 인수 합병되는 상황에 대해 몇 마디 하고 마무리하겠습니다. 기업 인수에 대한 이야기는 서브 로보틱스의 사장 겸 COO인 투라지 파랑Touraj Parang의 저서 『Exit Path』(McGraw-Hill, 2022)에서 잘 다루고 있습니다. 여기에서는 이를 엔지니어링 조직에 초점을 맞춰 설명하겠습니다.

핵심은 인수자가 인수를 바라보는 시선을 이해하는 것입니다. 비즈니스 인수, 제품 인수, 혹은 인재 확보를 위한 인수 중 어느 것인가요? 비즈니스 인수라면 변화는 서서히 진행될 가능성이 높습니다. 일례로 세일즈포스의 슬랙 인수 그리고 마이크로소프트의 링크드인 인수가 진행된 이후에 슬랙 및 링크드인 직원들과 이야기해 보면 뭔가 미미한 수준에서 변화가 있었다는 사실을 알 수 있습니다. 하지만 대부분의 사람들에게 삶은 하룻밤 사이에 크게 바뀌지 않았습니다.

제품과 인재가 통합되는 다른 두 경우에는 상황이 매우 빠르게 변할 가능성이 큽니다. 인재 확보를 위한 인수는 이미 알고 있는 몇몇 동료들과 함께 새로운 직장을 시작하는 것과 같습니다. 제품 인수는 인수 작전을 실현하기 위한 구체적인 기술 통합 작업으로 시작되고, 인수하는 회사의 표준 개발 프로세스에 맞춰 소프트웨어를 다시 구현하는 과정이 뒤따릅니다.

당신이 팀을 위해 할 수 있는 최선의 일은 인수가 완료되기 전에는 팀원들의 보상 패키지를 위해 싸우고, 그 후에는 새로운 환경에 적응하도록 돕는 것입니다. 새로운 환경에 맞서 싸우기만 하는 것은 혼란만 가중시킬 뿐 아무런 성과를 이루지 못합니다. 어차피 변화는 피할 수 없으므로 인수가 되는 상황에서는 각 직원이 과거에 얽매여 있는 것이 아니라 팀에 적극적으로 협력하는 사람이 되도록 하는 것이 중요합니다.

마지막으로, 임원의 입장에서 해당 인수 진행이 개인적인 의미에서도 타당한지 여부를 생각해야 합니다. 계약서에 주식 가속 조항[2]이 있더라도 당신이 '핵심 인물'로 간주되어 반드시 인수 회사에 합류해야만 인수가 완료되는 경우도 있습니다. 그런 상황이 발생한다면 다가온 기회를 놓치지 마세요. 기업 인수는 당신의 경력 발전을 가속화하고, 그렇지 않더라도 평상시라면 얻기 어려운 특별한 역할에 대한 길을 열어 줍니다. 실패한 인수에 대한 무시무시한 이야기도 많지만 획기적으로 커리어를 전환한 조용한 성공 사례도 많습니다.

---

2 옮긴이_ 특정 조건이 충족될 때 직원의 주식 또는 주식 옵션이 즉시 완전히 귀속되는 메커니즘입니다.

요약

이번 장에서는 전반적인 비즈니스 전략과 인수 작전 그리고 그 작전을 검증하기 위한 엔지니어링 평가를 하나씩 살펴보면서 잠재적인 인수 합병에 대한 접근 방식을 제시했습니다. 아래에 요약해 놓은 구조는 이러한 논의가 본질적으로 담고 있는 혼란을 체계적이고 원칙적으로 해결할 수 있는 경로를 제공합니다.

- **비즈니스 전략 유지**: 인수 합병이 회사의 비즈니스 목표에 기여하는 전략을 설명합니다.
- **인수 작전 수립**: 이번 인수가 기업의 비즈니스 전략에 어떻게 부합하는지 구체적으로 설명합니다.
- **엔지니어링 평가 문서화**: 각 인수의 엔지니어링 평가를 문서화하여 경영진이 기회와 리스크를 명확하게 파악할 수 있도록 합니다.

또한, 인수되는 측에 있는 임원을 대상으로 한 조언도 공유했습니다. 이러한 상황에서는 다음과 같은 접근 방식을 권장합니다.

- **인수 기업의 관점 이해**: 인수자가 인수를 어떻게 보는지 이해합니다.
- **팀 보호**: 임원뿐만 아니라 팀원들의 처우 개선도 신경 써야 합니다.
- **자신의 역할 고민**: 인수 완료 시 회사를 떠날지 아니면 현재 직무에서 더 중요한 역할을 맡을 수 있을지 판단하세요.
- **보상 확보**: 인수 과정을 겪게 되어 새로운 역할에 큰 흥미가 없더라도 반드시 그에 대한 보상을 받도록 하세요.

어떤 경우든 인수 합병은 모두 복잡한 이해관계가 얽혀 있는 어려운 결정입니다. 심지어 가장 성공적인 인수조차 완전히 깔끔하게 진행되는 경우는 드물다는 것을 기억하세요.

 다음 링크에서 추가 자료 및 리소스를 찾아보세요.
https://lethain.com/eeprimer-refs-7

리더십 스타일 개발하기

오랫동안 마이크로매니징하는 CEO와 일하며 매우 답답해했던 경험이 있습니다. 그들은 어디선가 불쑥 튀어나와 제 성과에 흠집을 내다가 제가 이유를 설명하려고 하면 사라져 버리곤 했습니다. 그럴 때마다 저는 CEO들이 제가 지금까지 만들어 낸 좋은 실적을 바탕으로 절 믿어주길 바랐습니다. 믿지 못하겠다면 최소한 조금이라도 대화할 시간을 내어 제가 설명할 기회를 주면 안 됐을까요?

저는 조금 더 거리를 유지하는 CEO를 원했습니다. 명확한 업무 프로세스를 정의하고, 인원 요청을 너그럽게 승인해 주며, 가끔은 제 능력을 인정하는 메시지를 보내주면서도 그 외 업무에는 일절 개입하지 않는 CEO를요. 업계 동료들과 대화하면서 그런 '거리를 두는 CEO'가 실제로 존재한다는 사실을 깨닫고 놀란 적도 있습니다. 사실 많은 CEO들이 일상적인 업무에서 떨어져 있지만 막상 그들과 함께 일하는 동료들은 그런 상황을 좋아하지 않았고 오히려 상당히 큰 좌절감을 토로했습니다. 부재중인 CEO가 경영진에게 권한을 부여할 거라고 생각했지만 실제로는 중요한 결정을 내리지 못하는 경우가 더 많았기 때문입니다. 임원들이 무언가 진전을 이루는 경우는 최선의 결정을 내렸기 때문이 아니라 그저 다같이 합의할 수 있는 결과를 받아들였기 때문이었습니다.

이런 경험을 통해 모든 상황에 통용되는 하나의 임원 리더십 스타일 같은 것은 없다는 사실을 깨닫게 되었습니다. 특히 유능한 임원은 주어진 문제를 해결하기 위해 다양한 리더십 스타일을 상황에 맞게 바꿔가며 사용할 수도 있다는 것을 알게 되었습니다. 일선 관리자는 대개 프로세스 지향적인 리더십에 의존합니다. 중간 관리자는 종종 합의를 이끌어 내는 방식을 선택합니다. 그리고 아키텍트 리더는 확실한 하향식 의사결정을 실행합니다. 임원이라면 이러한 세 가지 스타일을 필요에 따라 사용할 수 있는 능력이 필요합니다.

이 장에서는 다음과 같은 내용을 다룹니다.

- 임원 역할이 여러 가지 리더십 스타일을 갖추는 것이 매우 중요한 이유
- 세 가지 주요 리더십 스타일을 사용하는 방법과 시기: 정책 기반 리더십, 합의 기반 리더십, 확신 기반 리더십
- 관리자 경력 초기에 배운 마이크로매니징에 대한 부정적 인식이 많은 임원들로 하여금 확신 기반 리더십을 기피하게 만드는 이유
- 현재 익숙하지 않은 리더십 스타일을 개발하는 방법
- 상황에 따라 다양한 리더십 스타일을 조화롭게 활용하는 방법과 자신에게 어떤 스타일이 가장 적합할지 확신이 서지 않을 때 균형을 잡는 법

이 장이 끝날 때쯤에는 세 가지 리더십 스타일을 명확하게 이해하고 이를 언제 사용해야 하는지 알게 될 것입니다. 그리고 지금까지 경력에서 익숙하지 않았던 리더십 스타일을 새롭게 개발하는 방법도 알게 될 것입니다.

임원에게 다양한 리더십 스타일이 필요한 이유

제가 쓴 『안녕하세요, 오늘부터 매니저입니다』(길벗, 2023)에서 가장 좋아하는 장은 '예외가 아닌 정책에 따라 일하기'입니다. 임원이 된 지금도 이 내용에 여전히 동의하지만, 모든 정책에는 'CTO의 승인에 따라 예외적인 결정도 가능하다'라는 암시적인 조항이 있다는 것도 새로 깨닫게 되었습니다.

좋은 정책은 조직이 당신 없이도 신속하게 움직일 수 있도록 만들고, 50명 이상의 엔지니어가 존재하는 효율적인 조직의 기반이 됩니다. 그러나 아무리 훌륭한

정책이 일상 업무를 이끌더라도 임원들은 예외 상황을 처리하는 데 많은 시간을 소비합니다. 예를 들어 엔지니어링 조직이 사업 파트너십에 우선순위를 매기는 방식은 정책에 따라 달라질 수 있지만, 지금 당장 특정 파트너십을 우선시할 것인지 여부는 파트너십 책임자가 CEO를 찾아가서 현재 정책을 뒤집어 달라고 부탁하고 있는 경우라면 단순히 정책으로 해결할 수 있는 문제가 아닙니다.

좋은 정책은 반복적인 개선이 필요하며, 예외 처리는 즉각적으로 이루어져야 합니다. 비즈니스 속도를 늦추는 것은 좋은 선택지가 아닙니다. 그렇게 되면 빠르게 만든 허술한 정책에 의존하거나 상황을 일회성 해결 방식으로 처리할 수밖에 없습니다. 이전의 뼈아픈 경험으로 인해 제가 이 방식을 이해하는 데에는 어느 정도 시간이 필요했습니다. 효과적인 임원이라면 존재하는 프로세스에 맞춰 조직을 운영하고, 예외 상황이 발생하더라도 조직을 운영할 수 있는 리더십 스타일을 개발해야 합니다.

다음 섹션에서는 리더십의 세 가지 접근 방식을 살펴볼 것입니다.

- **정책 기반 리더십**

  조직 내 많은 사람들이 일관되게 내려야 하는 반복적인 의사결정에 적합합니다.

- **합의 기반 리더십**

  여러 이해관계자가 얽혀 있는 상황에서 가끔 내리는 의사결정에 적합합니다.

- **확신 기반 리더십**

  관련된 사람들이 명확한 제안 없이 서로 심하게 대립하거나 조직에 장기적이고 큰 영향을 미치는 의사결정에 적합합니다.

역동적인 임원이라면 세 가지 스타일을 모두 잘 개발하고 각 상황에 맞게 적절히 적용할 수 있어야 합니다. 또한 자신이 가장 익숙하게 느끼는 스타일에 지나치게 의존하지 않도록 스스로를 객관화하는 자기 인식 능력을 갖추어야 합니다.

정책 기반 리더십

정책을 기반으로 한 리더십이란 의사결정을 위해 문서화되어 있는 예측 가능한 수단을 사용하는 것을 의미합니다. 이는 성과에 점수를 부여하거나 승진을 결정하는 등 많은 구성원이 어떤 의사결정을 반복적으로 내려야 할 때 특히 유용합니다.

대부분의 프로세스는 정책을 기반으로 합니다(예: '다음 주 성과 평가 기간 동안 각 관리자는 경력 프레임워크를 사용하여 팀의 성과 점수를 부여합니다'). 하지만 정책은 프로세스 바깥에서도 사용될 수 있습니다(예: '새로운 공급업체를 고려할 때는 이 기준을 사용하여 평가해야 합니다').

예시

필자의 경력에서 정책 기반 리더십을 발휘한 몇 가지 사례는 다음과 같습니다.

- **캄**

  팀이 테스트나 기술 개선 작업을 로드맵에 포함시키지 못한 것에 대해 불만을 느끼고 지속적인 품질 저하 문제를 겪고 있었습니다. 해결책으로 엔지니어링 조직 관리자가 각 분기마다 팀 로드맵의 20%를 책임지도록 계획 프로세스를 개편했습니다. 이를 통해 각 엔지니어링 관리자가 우선순위를 정하고, 팀의 로드맵에 동의하지 않을 때는 문제를 위로 보고하는 대신 직접 해결할 수 있었습니다.

- **스트라이프**

  외부 채용에 지나치게 의존한 나머지 엔지니어링 조직의 문화가 변질되는 문제가 발생하고 있다는 느낌이 들었습니다. 이에 따른 도전 과제 중 하나는 내부 후보자와 외부 후보자를 효과적으로 비교하기 어렵다는 점이었습니다 이를 해결하기 위해 최종적으로 선발되지 않은 내부 후보자에게 명확한 피드백을 제공하는 절차를 마련했습니다. 이를 통해 채용 과정에서 보다 예측 가능하고 지속적인 정책이 자리 잡게 되었습니다.

- **카르타**

  팀과 관리자 간에 승진 심사 기준이 일관되지 않아서 모든 엔지니어링 조직의 승진을 평가하기 위한 승진 위원회를 구성했습니다. 완벽한 공정성을 보장할 순 없지만, 특정 성과 평가 주기 동안만은 모든 승진이 동일한 그룹의 사람들에 의해 검토되도록 하여 당사의 평가 기준에 맞게 잘 평가될 수 있도록 했습니다.

핵심 매커니즘

정책 기반 리더십의 핵심 메커니즘은 다음과 같습니다.

1 자주 내려야 하는 결정 중에서 여러 사람이 일관되게 내려야 할 중요한 결정을 식별합니다.

2 현재 어떻게 결정이 이루어지고 있는지, 특히 결정을 가장 잘 내리고 있는 사람들의 방식을 연구합니다. 평균적인 결정 방식을 영구화하는 것이 아니라 가장 성공적인 방식을 정책에 반영하기 위함입니다.

3 해당 방법론을 문서화하여 정책으로 만들고, 최고 의사결정권자들로부터 피드백을 받습니다.

4 정책을 시행합니다. 대기업이라면 소규모 그룹에서 먼저 검증한 후 이를 확장합니다. 소규모 기업이라면 바로 모든 직원에게 정책을 적용합니다.

5 일정 기간(예: 하나의 성과 주기, 다섯 번의 아키텍처 리뷰 등) 후 데이터를 바탕으로 정책을 재검토할 것을 약속합니다.

합의 기반 리더십

합의를 기반으로 한 리더십은 관련 이해관계자들을 모아 특정 문제에 대한 공동의 접근 방식을 찾는 것입니다. 회사 인수와 같은 중요한 결정에 여러 이해관계자가 관여하는 경우에 가장 효과적입니다.

흔히 합의 과정은 속도가 느리다고 여기지만 이는 과장된 우려라고 생각합니다. 해당 맥락을 완전히 이해하는 사람이 아무도 없는 상황에서는 신속하면서도 견고한 결정을 내릴 수 있는 빠른 해결책이 따로 없습니다. 정책에 의존하여 결정을 내릴 수도 없는 이유는 정책을 기반으로 삼을 만큼 충분히 반복된 사례가 없기 때문입니다. 한 개인의 확신에 의존할 수도 있지만 이는 오히려 합의를 도출하는 것보다 더 느릴 확률이 높습니다. 해당 결정이 너무 중요해서 임원이 직접 개입해야 할 정도가 아니라면 관련된 맥락이 널리 분산되어 있으므로 우선 필요한 정보를 의사결정 그룹을 통해 파악하는 것이 더 낫습니다.

예시

제 경력에서 합의 기반 리더십을 발휘한 몇 가지 사례는 다음과 같습니다.

- **스트라이프가 인덱스(POS 기기를 개발한 스타트업)를 인수한 후**

  우리는 그들의 기술을 우리의 기존 시스템에 통합하는 방법을 결정해야 했습니다. 저마다 주장이 강했지만 아무도 모든 세부 사항을 완전히 이해하지는 못했습니다. 최근 인수한 팀과 긍정적인 관계를 구축할 필요도 있으므로 주로 합의를 중심으로 한 의사결정 모델을 통해 향후 방향을 결정했습니다.

- **우버**

  서비스 오케스트레이션 솔루션을 선택하는 데 있어 상당한 의견 차이가 있었습니다. 내부적으로 메소스^{Mesos}와 쿠버네티스^{Kubernetes}(당시 개발 초기 단계) 또는 자체적으로 구축 여부를 결정해야 했습니다. 당시 세 가지 옵션을 모두 잘 이해하는 사람은 없었으며, 세 가지 모두 우리의 모든 요구 사항을 충족하기 위해서는 상당한 커스터마이징이 필요했습니다. 이에 따라 각 분야의 팀이 앞으로 나아갈 방향을 최종 합의했습니다.

- **캄**

  어떤 콘텐츠를 앱에서 가장 눈에 띄는 위치에 배치할 것인지에 대한 지속적인 마찰이 있었습니다. 이는 출시된 콘텐츠의 가시성에 따라 성과가 평가되는 콘텐츠 팀에게 특히 의미가 있었습니다. 반대로, 제품 및 엔지니어링 팀은 동적 처리가 특정 콘텐츠의 성능을 높이는 대신 전체 콘텐츠의 성능을 떨어뜨린다고 생각했습니다. 이러한 갈등을 해결할 명확한 의사결정권자가 없었기 때문에 어느 정도의 커스터마이징을 지원하되 그러한 결정을 어떻게 내릴지 여부는 합의를 통해 정했습니다.

핵심 매커니즘

합의 기반 리더십의 핵심 메커니즘은 다음과 같습니다.

1 관련된 정책 없이 내리는 모든 결정은 합의 기반의 의사결정 후보가 될 수 있습니다. 하지만 합의이 진전한 의미는 어기 이헤긴게지기 힘어하꼬 있시민 어느 누구노 선체 백락을 완벽하게 이해하지 못하는 경우에 특별히 잘 발휘됩니다.

2 주어진 결정 사항을 고려할 때는 좋은 결정을 내리는 것이 정말로 중요한지를 판단하세요. 저는 여기서 내린 결정을 6개월 후에도 기억할 수 있을지 생각합니다. 답이 '아니오'라고 생각되면 최대한 빠르게 결정하고 넘어갑니다. 답이 '예'라면 합의를 추구할 좋은 기회입니다.

3 결정에 참여할 모든 이해관계자를 잘 식별하여 공통 커뮤니케이션 채널(공유 채팅방)에 참여시킵니다.

4 논의의 틀을 정리한 문서를 작성하고 다른 이해관계자들이 자신의 의견을 추가하도록 유도합니다. 긴급한 결정을 내릴 때는 아주 간략한 요약도 괜찮지만 어느 정도 문서화하는 것은 가치가 있습니다.

5 가장 경력이 많고 참여도가 높은 사람(들)을 찾아서 논의 방식을 함께 정하세요. 이때는 특히 결정 기한을 맞추는 것이 중요합니다.

6 해당 리더(들)의 지시에 따라 합의를 도출합니다.

고위직 임원이면서 가장 적극적으로 참여하는 당사자는 대부분의 경우 당신일 것입니다. 그런 경우에는 주요 이해관계자들이 자신도 참여했다고 느끼도록 합의 과정을 투명하게 설계하거나, 권한을 부여받은 대리인(예: 최고 선임 엔지니어나 직속 부하 중 한 명)에게 이를 맡깁니다. 저는 여기서 두 가지를 강조하고자 합니다. 먼저, 모든 이해관계자가 자신의 의견을 충분히 표현했다고 느끼도록 만들어야 합니다. 그리고 엄격한 마감 기한을 설정하여 이를 준수합니다. 이 두 방법은 여러 이해관계자들의 참여를 유도하는 것과 빠르게 진행하는 것 사이의 균형을 잡는 데 핵심적인 역할을 수행합니다.

확신 기반 리더십

확신을 기반으로 한 리더십은 관련된 모든 맥락을 머릿속에 떠올리고 상충되는 요소들을 신중하게 검토한 후, 최종 결단을 직접 내리는 것입니다. 아무도 결정을 내릴 수 있는 확실한 의견이 없거나 관련 이해관계자들이 서로 상반된 견해를 가지고 있을 때, 또는 조직에 장기적이고 중요한 영향을 미치는 결정을 내려야 하는 상황에서 유용합니다(예: 사업 부문의 신설 또는 폐쇄).

이는 임원의 개입이 상당한 수준으로 필요하기 때문에 비용이 많이 드는 리더십 스타일입니다. 많은 임원들이 이 방법을 너무 자주 사용하거나(거의 모든 결정을 확신을 가지고 이끄는 경우) 전혀 사용하지 않는 경우(자신의 직급에 비해 너무 세부적인 일에 참견하는 것으로 여기는 경우)가 많습니다. 둘 다 좋지 않은 징후입니다. 특히 큰 변화가 일어나는 시기(예: 경기 침체, 신규 자금 조달, 새로운 사업 분야 확장)에는 오히려 이런 리더십 스타일을 자주 활용하는 것이 좋습니다.

예시

제 경력에서 확신 기반 리더십을 발휘한 몇 가지 사례는 다음과 같습니다.

- **캄 입사 직후**

  기존 모놀리식 구조에서 마이크로서비스로의 마이그레이션 전환 작업이 실패한 것 같다는 의심이 들었습니다. 여러 팀의 의견을 수렴한 결과, 마이그레이션을 되돌려 모놀리식 구조로 돌아가기로 하향식 결정을 내렸습니다. 여러 유능한 엔지니어들이 강하게 반대했지만, 이렇게 논쟁의 여지가 많은 결정을 앞으로 진전시키기 위해서는 임원이 확신을 갖고 결정을 내려야 한다고 생각했습니다.

- **스트라이프**

  핵심 리더십 자리를 채워야 하는 상황에서 외부 후보와 내부 후보 간의 긴장이 상당했습니다. 최종 후보도 마찬가지였습니다. 앞서 언급한 것처럼, 후보자들을 평가하고 피드백을 수집하는 명확한 프로세스를 설계했지만 최종 후보를 결정하는 데는 상당한 이견이 있었습니다. 결국 저는 최종 후보자에 대한 확신을 갖고 최종 결정을 직접 내렸습니다.

- **우버**

  인프라 팀은 새로운 서비스를 제공해 달라는 요청이 폭주하여 매주 조금씩 일정이 뒤처지고 있었습니다. 팀이 모두 극심한 스트레스를 받고 있었지만 명확한 해결책이 없었습니다. 저는 이 문제를 조사한 후 데이터 센터에 과도하게 사용되는 공유 클러스터에 셀프 서비스 프로비저닝 도구를 구축하기로 결정했습니다. 완벽하지는 않았지만, 입구를 가로막는 문지기 역할을 하는 대신 그동안 의미를 얻지 못했던 새로운 서비스의 롱테일 작업을 처리할 수 있었습니다. 결과적으로 장기적인 해결책이 나오기 전까지는 팀이 곧바로 문제를 해결할 수 있게 되었습니다.

핵심 매커니즘

확신 기반 리더십의 핵심 매커니즘은 다음과 같습니다.

1 최고의 결정을 내릴 수 있는 맥락을 전부 알고 있는 사람은 아무도 없습니다. 그러므로 결정이 반복될 가능성이 낮은 의미 있고 중요한 시나리오를 파악하세요(예: 성과 평가는 자주 발생하고, 특정 인수는 한 번만 발생함).

2 해당 주제에 대한 맥락을 가장 잘 알고 있는 사람을 찾아 깊이 있게 논의하며 문제 영역에 대한 자신만의 모델을 구축하세요.

3 그 맥락을 문서화된 결정으로 만드세요.

4 관련 맥락을 잘 이해하는 사람들과 그 결정을 널리 테스트하세요(많은 경우 관련 경험이 있는 외부 네트워크 사람들을 활용할 좋은 기회지만, 인수 합병과 같은 민감한 결정에는 적절하지 않을 수 있습니다).

5 잠정적으로 결정을 내리고 관련 이해관계자들에게 며칠 후에 시행될 예정이라고 알리세요(결정을 여러 번 반복하지 않도록 타임아웃을 최대 일주일로 유지합니다).

6 타임아웃 후 결정을 확정하고 실행으로 옮깁니다.

7 확신 기반 리더십의 한 가지 단점은 다른 사람들이 결정을 이해하기 어려울 수 있다는 점입니다. 이를 피하려면 의사결정 과정을 글로 작성해 공유하세요.

8 마지막 심호흡을 하고, 아무리 현명한 결정도 실수가 될 수 있음을 인정하며 앞으로 나아가세요.

이게 마이크로매니징인가요?

신임 관리자에게 가장 먼저 가르치는 교훈 중 하나는 마이크로매니징을 경계하라는 것입니다. 이 교훈이 워낙 강하게 주입되다 보니 일부 리더들은 임원이 된 후에도 이를 여전히 중요한 리더십 원칙으로 삼습니다. 임원들에게 팀의 업무를 적극적으로 검토하라고 요구하면 종종 "팀의 업무를 일부러 점검하지 않기로 했습니다. 마이크로매니징하고 싶지 않거든요"라고 진지하게 답합니다.

저도 리더십 과정에서 직접 경험했기 때문에 그 불안에 공감합니다. 초기 관리자로서 팀원들을 마이크로매니징하던 습관을 서서히 버려야 했던 경험이 있기 때문입니다. 이러한 본능을 억누르기 위해 일부러 세부 사항에 신경을 덜 쓰려고 노력했습니다. 제가 무슨 일이 일어나고 있는지 모르면 그것을 최적화하려고 들지 않을 가능성이 높다고 생각했기 때문입니다. 이를 '시스템 사고 입문서'[1]에 설명해 두었으며, 마이클 거버의 저서『사업의 철학』(라이팅하우스, 2015)의 핵심 메시지를 내면화했습니다. 당시 저의 논리는 리더는 시스템 위에서 일하지, 시스템 안에서 일하지 않는다는 것이었습니다. 이 거리두기 접근법은 당시에는 매우 편리했지만 궁극적으로는 지원하고자 했던 팀을 약화시켰습니다.

팀이 도움을 필요로 할 때 충분히 맥락을 이해하지 못해 도움을 줄 수 없었고, 그들이 곤란에 처하기 전에 미리 감지할 수도 없었습니다. 다른 팀과 갈등이 생기면 합의와 정책에만 의존해야 했습니다. 현재 진행 중인 작업의 세부 사항에 참여하지 않고서는 전체 맥락에 대한 확신을 가질 수 없었기 때문입니다. 이런 경험을 통해 과도하게 거리를 두는 것도 지나치게 참여하는 것만큼이나 무력하다는 것을 알게 되었습니다.

팀이 무엇을 하고 있는지 알고 그들이 내리는 결정의 배경을 묻는 것은 마이크로매니징이 아닙니다. 목표와 그 목표에 대한 진행 상황을 검토하는 것도 합리적인 일입니다. 내부 및 외부 고객과 대화하며 진행 상황에 대한 피드백을 듣는 것도 괜찮습니다. 이 모든 일이 팀이 의미 있는 작업을 할 수 있도록 돕는 활동입니다. 누군가 이러한 활동을 마이크로매니징이라고 비난한다면, 이는 당신이 세부 사항에 너무 깊이 관여해서가 아니라 그 사람이 당신과 의견이 맞지 않아서인 경우가 더 많습니다. 마이크로매니징에 대한 비난 때문에 응당 해야 할 자신의 업무를 미루지 마세요.

당신이 마이크로매니징을 하고 있는지 평가하려면 두 가지 질문을 스스로에게 해

----

1 https://lethain.com/systems-thinking

보세요.

1 의사결정을 내리기 전에 업무와 가장 밀접한 사람들의 피드백을 듣고 신중하게 고려하고 있습니까?

2 당신이 간섭하지 않아도 비슷한 수준의 좋은 결정을 내릴 수 있는 팀에 불필요한 마찰을 일으키고 있진 않습니까?

첫 번째 질문에 "예", 두 번째 질문에 "아니오"라고 정직하게 대답할 수 있다면 더 이상 걱정하지 않아도 됩니다. 누군가 당신에게 마이크로매니징을 한다고 비난한다면 문제는 세부 사항에 깊이 개입하는 것이 아니라 다른 곳에 있을 확률이 높습니다.

리더십 스타일 개발하기

임원은 대부분 정책이나 신념 중 하나에 크게 의존하며, 합의를 의심의 눈초리로 바라보는 경향이 강합니다. 마찬가지로 창업자로 시작했거나 주로 소규모 회사에서 일해 온 임원들은 합의를 비효율적이라고 여기며 굳이 배울 필요가 없는 리더십 스타일로 치부하기도 합니다. 반면, 대기업에서 리더십 스타일을 개발한 임원들은 충분한 맥락을 바탕으로 직접 결정을 내려도 되는 상황에서도 지나치게 합의에 의존하려고 합니다.

어느 쪽에 속하든 그동안 덜 사용하던 리더십 스타일에 익숙해지기 위해 다음 단계를 추천드립니다.

1 한 달에 한 번은 해결해야 할 문제를 정리하는 시간을 한 시간 정도 따로 마련하세요.

2 그중에서 자주 사용하지 않거나 익숙하지 않은 리더십 스타일로 해결할 수 있는 문제를 찾아보세요.

3 그 리더십 스타일을 사용해 문제를 해결하는 시뮬레이션을 해 보세요.

4 이전에 그 스타일을 유용하게 사용한 적이 있는 회사 내부 또는 외부 사람과 함께 검토해 보세요.

5 자신에게 더 익숙한 스타일로 같은 문제를 어떻게 해결할지 생각해 보세요. 어떤 점이 더 낫거나 더 나쁜가요?

6 대안이 크게 나쁘지 않고 상황이 극도로 중요한 것이 아니라면 상대적으로 덜 익숙한 스타일로 문제를 해결해 보세요.

리더십 스타일 개선을 위한 메커니즘은 정말 간단하고 쉽습니다. 어려운 부분은 따로 시간을 내어 실행하면 됩니다. 만약 시간을 내기 힘들거나 지속적으로 실천하기 힘들다면, 리더십 스타일을 확장하려는 다른 사람을 찾아 서로 책임지고 연습하는 것도 좋은 방법입니다.

리더십 스타일 균형 맞추기

이제 각 리더십 스타일을 언제 사용해야 하는지에 대한 일반적인 지침은 얻었습니다. 하지만 이를 어떻게 균형 있게 활용할 수 있을까요? 정책을 중심으로 반복적인 의사결정은 간소화하고, 불확실성이 크고 되돌릴 수 없는 결정은 확신을 가지고 이끌어야 합니다. 대부분의 경우 이러한 지침만으로도 적절한 리더십 스타일을 선택할 수 있습니다. 하지만 대부분의 임원은 본인이 선호하는 스타일에 의존하는 경향이 강하므로 자신이 고수하는 기본 스타일이 특정 상황에 맞지 않을 수도 있다는 점을 인식하는 것이 중요합니다.

무엇보다 환경이 변했는데도 자신의 기존 스타일을 고수하지 않도록 주의해야 합니다. 제가 처음 캄에 합류했을 때는 배경지식이 부족해 정책 기반 리더십에 크게 의존했습니다. 그러나 시간이 지나고 난 뒤, 실행을 방해하지 않으려면 때로는 확신을 가지고 리드해야 하는 경우도 있다는 것을 깨달았습니다. 만약 카르타에 합류한 후에도 정책 기반 리더십을 계속 고수했다면 상황은 나빠졌을 것입니다. 카르타는 이미 정책을 효과적으로 사용하여 훌륭한 성과를 이루었기 때문에 제 입장에서는 다른 리더십 스타일을 활용하여 기여할 필요가 있었습니다.

많은 임원들이 회사가 제품 시장 적합성을 찾는 단계에서 급속도로 확장되거나 대규모 채용을 마치고 구조조정 후 안정적인 운영 방식으로 전환할 때에도 같은 리더십 스타일을 계속 고수합니다. 주변 환경이 크게 변했음에도 불구하고 여전히 동일한 스타일을 고수하고 있다면 그 이유에 대해 깊이 고민해 볼 필요가 있습니다.

마지막으로, 아무 변화가 없는데도 특정 리더십 스타일을 오랫동안 사용하지 않고 있다면 자신을 계속 발전시키기 위해 새로운 영역을 탐색해 보아야 합니다. 특정 스타일을 너무 오랫동안 사용하지 않으면 그 감각이 무뎌져 다시 익혀야 할 때가 올 것입니다. 이는 당신뿐만 아니라 함께 일하는 모든 동료들도 적응해야 하는 문제이기 때문에 성공하기가 의외로 어렵습니다.

임원이 업무에 소홀해지는 몇 가지 이유

임원이 합의나 정책에 지나치게 의존하면 그 관리 스타일을 선호하기 때문일 수도 있습니다. 그러나 경우에 따라서는 운영 업무에 대한 충분한 이해나 참여도가 부족하기 때문이기도 합니다.

일반적으로 임원들이 업무에 소홀해지는 이유는 크게 세 가지로 나눌 수 있습니다.

1 외부적인 요인으로 인해 임원의 업무 시스템이 무너진 경우입니다. 이는 고령의 노부모를 돌보거나 어린 자녀 또는 개인 질병 때문일 수 있습니다. 기존의 업무 습관이 더 이상 효과적으로 작동하지 못하고 있으며, 이를 보완할 새로운 습관을 만들지도 못하고 있는 상태입니다.

2 임원이 마이크로매니징을 피하려다 지나치게 업무에 거리두기를 한 경우입니다. 세부 사항을 파고들기보다는 팀원들에게 신뢰를 보내며 맞다고 생각하는 방향으로 진행하라고 격려합니다. 이는 팀을 강화하는 게 아니라 방치하는 결과를 낳을 수 있습니다.

3 임원이 자신이 흥미를 느끼는 곳에만 에너지를 몰입하는 경우입니다. 이로 인해 단기적인 문제에만 집착하다 팀의 핵심 업무를 놓칠 수 있습니다. 아니면 일 자체에 권태를 느껴 엔젤 투자를 매우 활발하게 하거나 조직을 시끄럽게 할 수도 있습니다.

이러한 징후가 보인다면 첫 번째와 두 번째 요인은 도움이 되는 관리자가 진단하고 해결할 수 있는 문제입니다. 물론 경력이 쌓일수록 세심하게 피드백을 주는 관리자를 만나기 어렵지만, 동료가 '최근에 좀 산만한 것 같아'라고 알려 주거나 '지금 내 팀이 정말 어려움을 겪고 있다면 누군가 먼저 말해 주지 않더라도 내가 알 수 있을까?'라고 스스로 깨우칠 가능성은 여전히 남아 있습니다.

마지막 유형은 다른 곳에서 에너지를 소모하느라 몰입하지 못하는 경우로, 가장 해결하기 어렵고 종종 복잡한 타협 과정이 필요합니다.

미국의 저명한 교육학자 미하이 칙센트미하이는 두 권의 훌륭한 책을 저술했습니다. 『창의성의 즐거움』(더난출판사, 2003)과 『몰입, FLOW』(한울림, 2004)입니다. 후자는 특히 참여자의 기술, 시나리오의 도전 과제 그리고 참가자가 몰입 상태에 도달할 가능성 간의 관계를 보여 주는 유용한 그래프를 소개합니다(그림 8-1). 예를 들면 숙련된 프로그래머는 단순 반복적인 코딩 작업을 할 때 몰입 상태에 도달하기 어렵지만, 초보 프로그래머는 매우 어려운 코딩 작업을 할 때 몰입 상태에 도달하기 어렵다는 것입니다. 몰입은 자신의 기술 수준과 같거나 약간 더 어려운 도전에 직면했을 때 가장 쉽게 발생합니다.

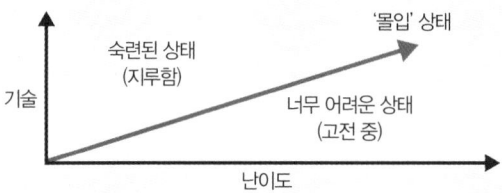

그림 8-1 기술 수준이 난이도와 잘 맞아떨어질 때 '몰입flow' 상태가 발생합니다.

임원이 업무를 대하는 모습도 마찬가지입니다. 핵심 업무에서 뒤처지거나 엔젤 투자 같은 부수적인 일에 지나치게 집중하는 등 다른 곳에 에너지를 소모한다면 이는 거의 항상 지금 수행하는 역할이 지나치게 쉽거나 지나치게 어렵기 때문입니다.

현재 맡고 있는 일이 너무 쉽다면 새로운 종류의 일을 추가로 더 해 보세요. 예를 들어 다른 팀을 임시로 지원하거나 CEO에게 우선순위가 높은 주요 사업에 배정해 줄 것을 요청할 수 있습니다. 반대로 맡고 있는 역할에 버거움을 느끼고 있다면 팀원들에게 적용하는 방식과 동일하게 자신에게 부족한 부분을 찾아내고 해결하는 것을 권합니다. 임원인 당신의 상사는 보통 CEO이며, 이들은 당신에게 직접 도움을 주기에는 너무 바쁘지만 코치를 지원해 줄 수는 있습니다. 또한 언제든지 동료들에게 도움을 요청할 수도 있습니다.

요약

이 장에서는 정책 기반 리더십, 합의 기반 리더십, 확신 기반 리더십이라는 세 가지 명확한 리더십 스타일과 이를 활용하는 방법에 대해 다루었습니다. 또한 각 스타일을 언제 사용할지 판단하는 방법과 아직 익숙하지 않은 스타일을 개발하는 방법에 대해서도 알아보았습니다.

제 경험에 따르면 거의 모든 임원은 세 가지 리더십 스타일 중 하나를 선호하지 않는 나름의 이유를 가지고 있습니다. 왜 확신 기반 리더십이 종종 마이크로매니징으로 비춰지는지 그리고 확신 없는 CEO와 함께 일하는 것이 왜 느리고 혼란스러운 실행으로 이어지는지 등도 논의했습니다. 많은 임원들은 정책 기반 리더십에도 반대할 것입니다. 잘못 활용하면 조직 전체를 잘못 이끄는 경우가 있기 때문입니다.

중요한 것은 모든 리더십 스타일이 잘못 사용될 수는 있지만, 잘 실행되면 유용하다는 점입니다. 특정 스타일이 최악으로 사용된 사례 때문에 그 자체가 쓸모없다고 결론짓지 마세요. 대신 더 나은 예를 찾아 배우고, 불편한 부분을 연습하는 방법을 찾아 자신을 역동적인 리더로 성장시켜 나가는 것이 핵심입니다.

 다음 링크에서 추가 자료 및 리소스를 찾아보세요.
https://lethain.com/eeprimer-refs-8

우선순위와 에너지 관리하기

제가 우버에서 관리자로 일할 때 팀원들에게 끊임없이 주입했던 생각이 있었습니다. 바로 '회사, 팀, 자신' 순서로 우선순위를 정하라는 것이었습니다. 이 프레임워크는 효과적인 의사결정 도구로 매우 유용했고, 당시에는 항상 올바른 결정을 이끌어낸다고 느꼈습니다. 덕분에 회사보다 개인이나 팀의 우선순위를 앞세우는 동료들의 생각에 어떤 이유로 동의할 수 없는지도 명확히 설명할 수 있었습니다.

그러나 관리자의 경험이 쌓이게 되면서 더 이상 이런 조언을 하지 않게 되었습니다. 이런 생각이 개념적으로는 여전히 좋은 가이드라인이라고 믿고 있지만, 이를 제대로 소화하지 못해 실패하는 관리자를 종종 보았기 때문입니다. 또한 이런 조언을 너무 고지식하게 따르다가 결국 에너지가 소진되는 훌륭한 리더들도 많이 보았습니다. 경력을 장기적 관점에서 바라본다면 당장 **성과를 내는 것**뿐만 아니라 계속 **몰입을 유지하는 것**이 똑같이 중요합니다.

이 장에서는 다음과 같은 주제에 대해 논의할 것입니다.

- 과거에 '회사, 팀, 자신' 프레임워크를 사용하여 우선순위를 정한 방법
- 에너지 관리는 제로섬zero-sum이 아닌 포지티브섬positive-sum이며, 이것이 우선순위 결정 방식을 바꾸게 된 이유
- 대가성quid pro quo 프레임워크로 전환한 이유
- 실제 자기중심적인 행동과 단순히 자기중심적으로 보이는 행동을 구분하는 방법
- 최고의 프레임워크를 사용하더라도 유연성을 유지하는 것이 중요한 이유

이제 세부 사항을 살펴보겠습니다.

'회사, 팀, 자신' 프레임워크

앞서 언급했듯이 과거 우버에서 일할 당시에는 어떤 의사결정을 점검할 때 특히 '회사, 팀, 자신' 프레임워크에 의존하곤 했습니다. 우버의 엔지니어링 팀은 외부 기술에 대한 거부감이 매우 강해서 M3 지표 시스템이나 메자닌^{Mezzanine} 샤드 스토리지 시스템 같은 자체 기술을 개발하는 데 많은 노력을 기울였습니다.[1] 이러한 시스템들은 실제로 확장성 문제를 해결하는 데 중요한 역할을 했지만, 시간이 지날수록 이러한 플랫폼이 존재하는 이유가 진정으로 비즈니스에 미치는 영향이 있기 때문인지 아니면 단순히 엔지니어의 경력 성장을 목표로 하는 것인지 구분하기 어려워졌습니다. 그런 상황에서 팀원들에게 자기 자신이 아니라 회사와 팀을 더 우선시하라고 촉구하는 것은 매우 중요했습니다.

이 프레임워크가 실제로 유용하다고 느낀 구체적인 사례는 다음과 같습니다.

- 메소스 기반의 오케스트레이션 시스템을 계획하던 상황에서 임시 오케스트레이션 솔루션을 우선적으로 적용할지 여부를 결정할 때

  예시 대체 시스템이 출시될 때까지 우버 엔지니어들의 업무를 지원하기 위해 임시 자동화 솔루션을 구축해야 했습니다. 비록 이 작업이 지연된 대체 시스템 작업보다 자신들의 승진에는 도움이 덜 되었지만요.

- 스트레스를 받은 채용 관리자가 채용 기준에 못 미치는 후보자를 대충 채용하려고 할 때

  예시 지금 당장 사람이 필요하긴 하지만 기준 미달인 사람을 뽑는 것은 회사에 더 큰 손해일 수 있습니다.

- 조직 내에서 인력 배치 요청의 상대적 우선순위를 평가할 때

  예시 인력 충원으로 모든 팀이 혜택을 받을 수는 있지만, 실제로 어느 팀이 회사 전체에 가장 큰 가치를 가져다 줄 수 있을까요?

---

1 옮긴이_ M3 지표 시스템은 대규모 시스템을 위한 모니터링 시스템이고, 메자닌 샤드 스토리지 시스템은 데이터 저장 시스템을 의미합니다.

이와 같은 프레임워크는 특히 플랫폼 및 인프라 팀에서 유용했습니다. 이들은 최종 사용자와 매출로부터 멀리 떨어져 있었기에 사용자 피드백이라는 강력한 신호에 접근할 수 있는 사용자 중심의 팀보다 중요한 의사결정을 내리기 더 어려웠기 때문입니다.

그러나 '회사, 팀, 자신' 프레임워크를 따를수록 이 방식의 한계가 점점 더 명확해졌습니다. 즉, 회사에게 가장 가치 있는 일은 나 자신에게 별로 흥미롭지 않으며, 아이러니하게도 회사가 그 일을 특별히 중요하게 여기지도 않는다는 점입니다. 엔지니어들은 인력 부족 상황에서도 긴급한 문제를 종종 해결하는 등 회사에 가장 이로운 일을 하지만, 그들이 제대로 인정받거나 승진하는 경우는 매우 드물었습니다. 그런 엔지니어들은 점차 에너지를 잃고 좌절감을 느끼기 시작했습니다. 이런 패턴이 반복되면서 회사의 필요를 1순위로 두는 방식이 지나치게 고지식한 해결책임을 깨달았습니다. 지속 가능한 접근 방식은 회사의 우선순위와 개인의 삶 사이에서 장기적으로 필요한 에너지의 균형을 잘 맞추는 것이었습니다.

에너지 관리는 포지티브섬이다

사람들은 모두 특징이 다르며 저마다 다양한 방식으로 에너지를 얻습니다. 어떤 관리자는 직접 소프트웨어를 개발하면서 에너지를 얻습니다. 팀의 운영과 프로젝트에 나쁜 영향을 주지 않는 선이라면 아주 훌륭한 일이죠. 어떤 관리자는 다른 사람을 코칭하는 데서 에너지를 얻습니다. 이것도 훌륭합니다. 어떤 사람은 탐구적인 작업에서, 또 어떤 사람은 기존 시스템을 최적화하는 것에서 에너지를 얻습니다. 모두 훌륭합니다. 콘퍼런스에서 발표하거나 내부 위키 문서를 정리하면서 에너지를 얻는 사람도 있습니다. 요점은 이 모든 것들이 다 훌륭한 일이라는 것입니다. 직업상 응당 해야 하는 일이라서가 아니라, 설령 이런 작업들이 별로 중요하지 않더라도 그런 일을 통해 사람이 에너지를 얻을 수 있다면 중요한 일에서 더 많은 성과를 낼 수 있기 때문입니다.

앞에서 말한 '회사, 팀, 자신' 프레임워크처럼 개념적으로는 올바른 모델이라 하더라도 어떤 우선순위 모델을 엄격하게 따르는 일은 그리 간단하지 않습니다. 올바른 우선순위 목록을 만들어 주기도 하지만 이는 오히려 그걸 따르는 팀이 너무 지친 나머지 앞으로 나아가지 못하는 상황을 초래할 수도 있습니다. 때로는 자신과 팀의 에너지를 높이기 위해 완벽하고 올바르게 작성된 우선순위를 일부러라도 어길 필요가 있습니다. 실제로 팀이 더 큰 목표를 달성할 목적으로 우선순위를 어기며 팀의 에너지를 북돋우는 것은 리더십의 공공연한 비밀입니다. 리더십은 정확한 목표 지점에 최대한 빨리 도달하는 것일 뿐, 반드시 직선 경로를 걸어야 하는 것은 아닙니다. 계획 없이 돌아다니는 것조차 때로는 안전하게 포장된 길을 느리게 걷는 것보다 더 빠를 수 있습니다.

물론 규칙을 어기는 데에도 지켜야 할 규칙이 있습니다. 가장 중요한 것은 자신들이 에너지를 얻기 위한 활동이 다른 팀에 문제를 일으켜서는 안 된다는 점입니다. 재미 삼아 새로운 프로그래밍 언어로 일회성 서비스 프로토타입을 만들어 보는 것은 괜찮습니다. 하지만 이를 실제 운영 환경에 배포해버리면 다른 팀들이 문제를 해결하기 위해 끌려들어오면서 더 큰 에너지 손실이 발생할 가능성이 높습니다.

정답과 현실은 복잡하게 얽혀 있습니다. 제가 관리자로 성장하면서 배운 가장 중요한 교훈은 '정답은 거의 항상 존재하지만 그것을 현실에 적용하는 것은 항상 복잡미묘하다는 것'입니다. 게다가 단기적으로 보느냐 장기적으로 보느냐에 따라 정답은 종종 달라지기도 합니다. 모든 의사결정은 복잡미묘합니다. 하지만 팀원들의 에너지 수준을 적절히 고려하는 것은 더 나은 리더가 되기 위해 꼭 필요한 부분입니다.

궁극적인 기브 앤드 테이크

제가 개인적인 우선순위를 정할 때는 '회사, 팀, 자신'이라는 우선순위를 기본적으로 유지하긴 하지만, 그와 동시에 내부의 에너지가 고갈되거나 일에 대한 몰입도가 떨어지는 것은 회사업무에 있어서 가장 큰 위험이라는 생각을 합니다. 기본적인 우선순위와 그런 생각을 결합하면 하나의 새로운 프레임워크를 얻게 됩니다. 저는 이것을 '궁극적인 기브 앤드 테이크eventual quid pro quo'라고 부릅니다.

핵심 프레임워크는 다음과 같습니다.

- 일반적으로 회사와 팀의 우선순위를 나의 개인적인 우선순위보다 앞세웁니다.
- 만약 에너지가 고갈되고 있다면 일부러라도 에너지를 충전할 수 있는 일을 우선시합니다. 균형이 회복될 때까지 그 양을 늘립니다.
- 에너지와 적절한 우선순위 사이의 장기적인 균형이 1년 이상 제대로 유지되지 않는다면, 다른 모든 일을 멈추고 이 문제를 해결하는 데 집중합니다(예: 역할을 변경하거나 퇴사한다).

언뜻 보면 기존 프레임워크를 조금 수정한 것처럼 보일 수 있지만 저에게는 매우 중요한 변화이며, 이것은 저에게 성공적인 프레임워크의 핵심 요소가 되었습니다. 저는 프레임워크를 매우 고지식하게 해석하는 편인데, 이렇게 수정을 가한 덕분에 프레임워크라는 틀 안에서 전보다 유연하게 대처할 수 있는 여유를 갖게 되었습니다. 이 방법을 따르면 맡은 역할에서 적어도 처음 몇 년간은 에너지를 소진하지 않는 방식으로 프레임워크에 충실할 수 있습니다.

물론 이 프레임워크가 저에게 맞는다고 해서 다른 사람들에게도 맞을 거라는 의미는 아닙니다. 우선순위 설정 프레임워크를 효과적으로 개발하려면 본인 스스로를 잘 이해하고(어떤 작업이 나에게 에너지를 주는지) 자신의 우선순위(경력, 재정 등)를 정확히 알아야 합니다. 이에 대한 답을 알기 전에는 아무리 좋은 프레임워크라고 해도 자신에게 잘 맞는 답을 줄 수 없을 것입니다.

실제로 기브 앤드 테이크 방식으로 일하는 사람을 본 적이 있을 것입니다. 이런 사람들은 어떤 프로젝트를 맡을 때마다 그 일을 맡아서 했을 때 생기는 이득이 무엇인지 먼저 묻습니다. 이렇게 자기 이익부터 챙기는 방식은 리더십 역할에 적합하지 않습니다. 특히 당신의 상사가 일을 맡기는데 그렇게 자기가 받을 보상을 우선시하면 불필요한 마찰이 생길 수 있으며, 앞으로 중요한 프로젝트에서 제외될 가능성도 높아집니다. 대신 보상을 받는 시기를 적절히 늦추면 흥미로운 업무 기회를 계속 얻을 수 있을 뿐만 아니라, 그에 대한 보상을 적절한 방식으로 받을 가능성도 높아집니다. 물론 노력한 만큼 보상을 받지 못하는 경우도 있습니다. 하지만 경영진 역할을 이미 맡고 있거나 추구하는 사람이라면 이렇게 보상을 나중 문제로 늦추는 방식은 당장의 이익을 구하는 것보다 더 낫습니다.

불일치의 거울

프레임워크의 또 한 가지 문제는 그 안에 전체 이야기를 담지 못한다는 것입니다. 경력이 쌓일수록 스스로가 기존의 사고방식과 어긋나는 행동을 하고 있다고 느끼는 순간이 더욱 예리하게 다가옵니다. 최근 저는 대규모 언어 모델(LLM)을 업무 우선순위에 넣기 위해 엔지니어링 팀과 많은 논의를 하고 있습니다. 만약 제가 임원 이전에 맡았던 역할을 수행 중이었다면 이런 일은 현재 업무에서 우선순위가 별로 높지 않다고 생각했을 것입니다. 하지만 지금 역할에서는 새롭게 부상하고 있는 혁신적인 기술을 무시하면 조직에 위험이 될 수도 있다는 점을 충분히 인지하고 있습니다.

이전의 프레임워크라면 우선순위에 맞지 않다고 생각했을 법한 일을 지금은 우선시하는 이런 모습을 일치의 거울mirrors of alignment을 탐색한다고 표현하겠습니다. 어떤 일이든 그 일을 정당화하거나 무효화하는 또 다른 맥락은 항상 존재합니다. 그렇기 때문에 항상 호기심을 품고 일하는 것이 강력한 전략일 수밖에 없습니다. 얼핏 보면 말이 안 되는 일을 하고 있는 것처럼 보여도, 그들이 나보다 더 많은 정보를 알고 있거나 혹은 내가 가지고 있는 중요한 정보를 오히려 그들이 놓치고 있거나 둘 중 하나입니다.

저는 기업이 계획을 수립하는 과정과 그렇게 공들여 세운 계획을 우회하는 프로젝트들을 통해 이러한 '거울'을 목격합니다. 급변하는 시장에 있는 기업이 한 달을 투자해서 다음 6개월의 세부 계획을 세운 다음, 곧바로 우선순위를 바꾸어 기껏 세운 계획을 무효화하는 일은 매우 흔합니다. 한동안 저는 이런 상황에 매우 화가 났고 그런 일을 한 사람들을 '나쁜 계획자'라고 낙인찍었습니다. 그러나 이제는 제가 똑같이 그러고 있는 것을 보며 제가 비난했던 사람들 다수가 그때의 나는 존재조차 몰랐던 다양한 맥락을 고려하고 있었다는 사실을 이해하게 되었습니다.

지금은 이런 상황이 발생할 때마다 자신이 가진 정보와 맥락을 더 많은 사람과 널리 공유하고 항상 일에 대한 호기심을 유지하라는 신호로 받아들이고 있습니다. 경영진 입장에 서 있으니 큰 틀의 전략적 맥락을 놓치는 일은 거의 없지만, 실제로 일이 어떻게 돌아가는지에 대한 전술적 맥락은 점점 더 놓치기 마련입니다. 직급이 올라갈수록 지식의 격차를 메우는 만큼 새로운 격차도 발생하는 법이니까요.

독립성을 지키면서 조화를 이루기

프레임워크를 확장하여 그 안에 개인적인 에너지를 충전할 수 있는 공간을 만들고자 할 때 중요한 원칙은 다음과 같습니다. 회사의 필요와 직접 상관이 없는 일을 어느 정도 하는 것은 괜찮지만, 회사의 필요와 충돌하는 일은 피해야 한다는 것입니다.

다음은 몇 가지 예시입니다.

- 많은 사람들이 회사가 필요하다고 생각하는 것보다 더 많은 근무 시간을 이용해 외부 콘퍼런스에 나가 발표를 합니다. 1년에 한두 번 정도라면 회사에 직접적인 도움이 되지는 않아도 부정적인 영향을 미친다고 주장하기는 어렵습니다. 하지만 1년에 8~10회 이상 외부에 나가

발표를 한다면 조직 내 다른 사람들에게 주어진 업무에 집중하지 않아도 좋다는 식으로 잘못된 생각을 부추기는 결과를 낼 수도 있습니다.

- 어떤 새로운 기술을 배우고 싶어 프로젝트에 그 기술을 도입하려고 하면 회사에 불필요한 실행 리스크와 유지 관리 비용을 증가시키게 됩니다. 이런 작업이 당신에게는 에너지를 줄지 몰라도, 대부분의 경우 이런 식의 도입은 회사의 필요와 반대되는 행동일 것입니다.
- 회사 일과 관련 없는 다른 사업 분야에 개인적으로 엔젤 투자를 하는 것은 지금 당장 유용한 정보를 제공하지는 않습니다. 하지만 시간이 흐르면서 해당 업계 전반에 대한 안목을 어느 정도 넓혀주기도 합니다. 게다가 그런 일은 그렇게 많은 시간을 필요로 하지도 않습니다. 하지만 엔젤 투자를 과도하게 시도하거나 스스로 투자 그룹을 직접 운영하는 것은 본업에 반대되는 행위로 간주될 수 있습니다.

외부 활동을 적당히 하는 것은 당연히 괜찮습니다. 하지만 회사의 프로젝트를 스스로의 성장 기회로 삼아 표준이 아닌 도구를 무분별하게 사용하는 것은 잘못된 선택입니다. 자신의 행동에 확신이 서지 않으면 동료에게 조언을 구하세요. 물론 확신이 없다는 것 자체가 이미 나쁜 신호일 가능성이 큽니다.

유연함을 유지하라

직원이 회사의 목표와 완벽하게 일치하지는 않지만 나름 흥미로운 일을 생각하는 것을 강하게 반대하는 사람이 있다면, 인간은 로봇이 아니라는 점을 기억하라고 말하고 싶습니다. 당연한 이야기처럼 들리겠지만 저는 이 개념을 받아들이는 데 오랜 시간이 걸렸습니다. 우선순위를 설정하거나 아키텍처 프로젝트를 진행할 때 선택해야 하는 답이 명백한데도(예: 안정적인 기술을 사용하는 것이 왜 논쟁거리인가요?) 팀들이 종종 잘못된 선택을 한다는 사실은 저에게 매우 깊은 좌절감을 주었습니다. 어떤 사람들은 이해하지 못할 수 있지만, 특정 유형의 사람들에게는 정확한 경로를 엄격하게 따르는 것이 그 자체로 매우 강력한 동기부여가 되는 일입니다. 저는 오랫동안 그런 사람이어서 좌절감을 느낄 때면 정확한 경로를 준수하는 태도로 되돌아가곤 합니다. 이런 유형의 사람들은 다른 방식으로 에너지를 충전할 필요가 없습니다. 정해진 일을 하는 것 자체가 에너지를 주기 때문입니다.

하지만 고백하건대, 저는 그렇게 엄격한 준수 성향을 가진 사람들이 고위 엔지니어링 임원 역할에서 성공하는 것을 본 적이 거의 없습니다. 임원은 흔하지 않은 상황을 다루며 다양한 사람들과 협력해야 합니다. 그런 사람 중 소수의 사람만이 규칙을 지키는 것 자체로부터 에너지를 얻습니다. 자신과 성향이 비슷한 동료 임원을 찾기는 어렵습니다. 가끔 운이 좋아 그런 사람과 함께 일을 하게 되면 그건 당신이 경험할 수 있는 가장 보람 있는 순간 중 하나가 될 것입니다. 하지만 어떤 가치가 오히려 조직의 발전을 방해하고 있음이 명백해지면 그 신념을 적절히 내려놓는 방법도 배워야 합니다.

뛰어난 엔지니어나 관리자가 자신의 경력에서 진전을 이루지 못하고 있을 때, 제가 가장 먼저 짐작하는 이유 중 하나는 준수에 대한 그들의 태도입니다. 놀랍게도 그들은 철저하게 규칙을 지키는 것을 통해 에너지를 얻으며, 규칙을 따르지 않는 다른 동료를 아예 결함이 있는 사람으로 간주합니다. 그 결과 성공을 위해 좋은 관계를 맺어야 할 사람들과 소원해지는 경우가 발생합니다. 준수에 대한 집착으로부터 벗어날 수 있어야 한다는 깨달음은 제가 지난 몇 십 년 동안의 경험을 통해 배운 가장 귀중한 교훈의 하나입니다.

요약

팀을 위한 우선순위 설정 프레임워크는 RICE[2]와 같은 여러 가지 방법이 있지만, 개인이 자신의 우선순위를 생각하는 데 도움을 주는 프레임워크는 많지 않습니다. 저에게 효과가 있었거나 그렇지 않았던 다양한 프레임워크의 예시를 살펴보며 자신에게 맞는 프레임워크가 무엇인지 생각해 볼 수 있었을 것입니다. 정해진

---

2 https://www.intercom.com/blog/rice-simple-prioritization-for-product-managers

답은 없습니다. 다만 정확성에만 너무 집중하여 스스로 에너지를 유지해야 한다는 중요한 사실을 잊는다면 성취할 수 있는 내용이 줄어들게 될 것입니다.

다음 링크에서 추가 자료 및 리소스를 찾아보세요.
https://lethain.com/eeprimer-refs-9

효과적인 엔지니어링 조직을 위한 회의

어떤 엔지니어들은 회의가 시간 낭비라고 생각합니다. 이런 시각에는 충분한 이유가 있습니다. 실제로 많은 회의가 비효율적이기 때문입니다. 하지만 이는 다소 편협한 시각이기도 합니다. 잘 운영되는 조직이라면 회의가 매우 중요한 역할을 할 수 있습니다. 특정 회의가 도움이 되지 않는다는 피드백을 받는다면 회의 방식을 개선하거나 잠시 중단하는 것을 고려해 보세요. 현재로서는 그 회의가 당신의 조직에 유용하지 않을 수 있지만 회의 자체를 포기해서는 안 됩니다.

[표 10-1]은 엔지니어링 조직의 대표적인 월간 일정으로, 매주 네 번의 팀 회의를 포함하고 있습니다. 팀 규모가 20명에서 200명 사이의 엔지니어로 구성된 경우 흔히 사용하는 방식입니다. 더 작은 조직은 모든 회의를 주간 팀 회의로 통합하는 경우가 많고, 더 큰 조직에서는 이러한 회의를 각 분야별로 나누기도 합니다 (예: 각 비즈니스 라인 내의 제품 엔지니어링, 데이터 엔지니어링, 인프라 엔지니어링 등).

표 10-1 엔지니어링 조직을 위한 대표적인 월간 일정

월	화	수	목	금
팀 회의	월간 엔지니어링 부서 Q&A	기술 사양 검토	현장 이슈 검토	
팀 회의	월간 매니저 회의	기술 사양 검토	현장 이슈 검토	
팀 회의	월간 직원 전체 회의	기술 사양 검토	현장 이슈 검토	
팀 회의				

이 장에서는 다음 내용을 알아보겠습니다.

- 회의에 대한 불신이 있더라도 회의를 해야 하는 이유
- 효과적인 주간 팀 회의를 운영하는 방법
- 기술 사양 검토 및 이슈 검토를 통해 조직의 기술 품질을 유지하는 방법
- 월간 엔지니어링 관리자 및 직원 전체 회의에 참석해야 하는 사람
- 월간 엔지니어링 Q&A 세션을 가장 좋아하는 이유
- 조직이 성장함에 따라 이러한 회의를 운영하고 확장하는 방법

회의를 그다지 좋아하지 않는 사람이라도, 잘 운영되는 회의는 조직 운영에 있어 핵심 동력에 해당한다는 점에 동의할 수 있게 되기를 바랍니다.

왜 회의를 해야 할까?

많은 회사에서 가장 풍부한 커뮤니케이션 채널은 오랜 기간 근무한 직원들 사이에 존재하는 비공식적인 관계에서 발견됩니다. 가장 명확한 프로젝트 업데이트는 주로 티켓 트래커에서 확인됩니다. 엔지니어링 전략(3장에서 논의한 내용)은 항상 문서로 작성하여 전달하는 것이 가장 좋습니다. 이런 이상적인 접근 방식들은 대규모 회의와는 약간 거리가 있는데, 이는 그리 놀라운 일이 아닙니다. 대규모로 진행되는 회의가 어떤 목표를 달성하기 위한 최적의 의사소통 방법인 경우는 거의 없기 때문입니다. 하지만 기본적인 접근 방식에서 어떤 결함이 발생하는 경우라면 오히려 대규모 회의가 상당히 효과적인 대안이 될 수도 있습니다.

대기업에서는 조직의 모든 구성원이 함께 모든 주제를 놓고 논의할 수 없습니다. 대신 각 관리자가 팀과 소통하고 이를 조직 전체 회의에 올리는 방식으로 보완합니다. 모든 기술 결정에 대해 처음부터 모든 사람의 의견을 수렴할 수는 없지만, 기술 사양 검토 회의를 통해 충분히 많은 사람에게 검토되도록 만들 수는 있습니다. 회의는 최적의 해법이 아닌 경우가 많지만, 중요한 정보를 조직 전체에 전달

하기 위해서는 최고의 대안이 될 때가 많습니다.

대부분의 리더들은 조직 회의를 보고 체계 안에서 정보를 전달하는 필수적인 메커니즘으로 생각합니다. 하지만 저는 회의가 그것 말고도 두 가지 중요한 역할을 더 수행한다고 생각합니다. 우선 모든 사람에게 조직 문화를 전파하는 역할을 수행합니다. 그리고 조직 내에서 제기되는 우려 사항을 겉으로 드러내는 역할도 수행합니다. 이런 세 가지 역할을 모두 달성하려면 조직의 규모, 커뮤니케이션 방식, 회사 전체의 회의를 적절히 고려한 맞춤형 엔지니어링 회의가 필요할 수 있습니다.

하지만 저는 모든 조직이 반드시 도입해야 할 여섯 가지 핵심 회의를 추천하고 싶습니다. 이 회의들은 예상보다 큰 효과를 발휘할 수 있습니다.

여섯 가지 필수 회의

엔지니어링 조직에 필요한 여섯 가지 회의는 세 가지 방식의 운영 회의(각 팀장과 직속 팀 간의 주간 팀 회의, 기술 사양 검토, 이슈 검토)와 두 가지 방식의 월간 개발 회의(엔지니어링 관리자 회의, 스태프 엔지니어 회의) 그리고 조직이 실제로 무엇을 생각하고 있는지 알아보는 월간 엔지니어링 Q&A로 나뉩니다.

주간 엔지니어링 리더십 회의

임원의 주요 역할 중 하나는 팀이 다 함께 같은 목표를 향해 나아가도록 관리하는 것입니다. 이는 현재 정말 중요한 일이 무엇인지 파악하는 것과 팀의 속도를 설정하는 것 두 가지입니다. 이번 주에 무엇을 성취했는지 다 함께 확인하는 것이죠. 이 두 가지 논의 사항은 직속 보고자들과 주요 이해관계자들이 함께하는 주간 실무 회의에서 가장 잘 다루는 주제입니다.

먼저 엔지니어링 리더십 회의는 CEO가 회사 전체의 리더십 팀과 진행하는 회의와 비슷한 모습입니다. 이 회의는 엔지니어링 조직을 운영하기 위한 핵심적인 구심점이자 리더십 팀이 함께 모여 문제를 해결해 나가는 구체적인 실무 세션입니다. 해결해야 할 문제가 있다면(예: 전략에 대한 이견, 새로운 경력 사다리에 대한 갈등 등) 이 시간을 이용해 해결하세요.

두 번째로 이 회의는 팀이 서로 관련된 사람들과 필요한 맥락을 공유하는 기회입니다. 이번 주에 잘된 점과 잘못된 점은 무엇인가요? 동료들이 현재 진행하고 있는 프로젝트를 어떻게 도울 수 있을까요? 팀 전체가 서로의 상황을 제대로 인식하면 우연하게 찾아오는 기회나 방법을 만들 수 있습니다.

끝으로, 이 회의는 당신의 직속 보고자들을 '첫 번째 팀'으로 결속시키는 자리입니다. 팀의 최우선 과제는 서로를 지원하는 것입니다. 이 주제에 대한 짧고 놀라운 책으로 패트릭 렌시오니의 『팀워크의 부활』(위즈덤하우스, 2021)을 읽어 보시길 추천합니다.

주간 리더십 회의를 효과적으로 운영하기 위한 몇 가지 제안 사항은 다음과 같습니다.

- 주간 리더십 회의에는 항상 직속 보고자들이 참석하며 채용, 인사, 재무 팀의 주요 파트너들도 초대합니다(엔지니어들을 포함시키기도 했는데 때론 건설적이지만 다소 확실치 않은 결과를 얻었습니다). 다양한 기능을 넘나드는 파트너들이 회의에 함께 참석하면 부서 간 신뢰가 쌓일 뿐만 아니라 문제를 보류하지 않고 즉시 해결할 수 있습니다.
- 팀이 함께 편집할 수 있는 문서에 현재 진행 중인 안건의 목록을 기록해 두며, 팀원 누구나 일주일 동안 회의 주제를 추가할 수 있도록 하세요. 회의 시작 전 몇 분을 할애해 회의 주제의 우선순위를 정하세요.
- 핵심 엔지니어링 리더십 팀은 매주 회의할 것을 권장합니다. 이 빈도를 줄이는 것은 엔지니어 수가 20명 이하인 아주 작은 회사나 매월 변화가 거의 없는 사업체에 한합니다.

주간 리더십 팀 회의를 어떤 식으로 운영하든 직속 보고자들은 당신이 진행하는 회의 방식을 그대로 따라 할 가능성이 높습니다. 만약 당신이 철저하고 효율적으로 회의를 운영한다면 조직 전체가 비슷한 방식으로 효과적인 팀 회의를 운영하게 될 것입니다.

주간 기술 사양 검토 및 이슈 검토

기술 사양 검토 및 이슈 검토는 매주 진행되는 회의로, 지난주에 발생한 새로운 기술 사양이나 현장에서 발생한 사고나 이슈를 논의합니다. 조용한 주에는 취소될 수 있지만 바쁜 주에는 두 회의 모두 각자 다른 방식으로 회사를 발전시키는 역할을 합니다.

각 회사는 이런 회의들을 저마다 다른 방식으로 운영하며, 시간이 지나면서 회의 자체도 조금씩 발전하게 됩니다. 효과적인 검토 회의를 위한 몇 가지 제안 사항은 다음과 같습니다.

- 모든 검토는 간결하고 명확하게 작성된 문서를 기준으로 합니다.
- 문서를 읽는 것이 피드백을 제공하기 위한 필수 조건이어야 합니다. 어떤 팀은 회의 시작 전 10분 동안 문서를 읽는 것이 도움이 된다고 합니다. 또는 엔지니어링 일정에서 회의 시작 전 30분 정도를 할애해 혼자 조용히 문서를 읽어 보는 시간을 마련하는 것도 유용할 수 있습니다.
- 좋은 검토는 참여자의 피드백은 물론 작성자와 참여자 간에 이루어지는 적극적인 토론에 기반해야 합니다. 나쁜 검토는 작성자가 문서를 단순히 발표하는 데 초점이 맞춰져 있습니다. 효과적으로 검토를 진행하려면 사람들이 문서를 단순히 발표하는 것에서 벗어나도록 주의를 기울여야 합니다.
- 이슈 분석 보고서나 기술 사양 문서가 검토 회의에 추가될 수 있도록 간단한 절차가 명확하게 문서화되어야 합니다. 슬랙에 전용 채널을 하나 만들어 다음 회의 일정에 추가해 달라고 요청하는 방법이 효과적입니다.
- 검토를 받기 위해 새로운 기술 사양이나 이슈 보고서를 얼마나 제출하는지를 살펴보면 이 검토 회의가 제대로 진행되고 있는지 측정할 수 있습니다. 만약 이 회의에서 다룰 내용이 부족하다면 이는 참석자들이 회의를 더 유용하게 만들기 위해 노력해야 한다는 신호일 수 있습니다.
- 처음 회의를 진행하는 진행자는 경험이 많은 진행자와 함께 연습을 시켜주세요. 이렇게 하면 진행자가 더 자신감을 갖고 더 가치 있는 토론으로 이끌 수 있으며, 문서를 큰 소리로 읽기만 하다가 회의가 끝나는 잘못을 방지할 수 있습니다.
- 검토 회의를 잘 운영하려면 시간과 노력이 많이 필요하기 때문에 각 회의를 전담하는 담당자를 두는 것을 강력히 추천합니다. 엔지니어 입장에서는 이런 회의가 성가시게 느껴질 수 있지만 경험 많은 엔지니어에게는 더 영향력 있는 리더십을 발전시키는 기회가 될 수 있습니다.

많은 엔지니어링 리더들이 너무 바쁘면 검토 회의를 건너뛰곤 합니다. 그리고 이런 회의에서 가장 큰 목소리를 내는 사람이 되는 것은 분명 좋지 않은 신호입니다. 그렇다고 해도 검토 회의는 엔지니어링 리더가 꼭 참석해야 하는 중요한 자리입니다. 다양한 직급을 가진 여러 팀의 엔지니어들이 비교적 중요한 주제에 대해 상호작용하는 드문 기회이자 당신이 일구는 엔지니어링 문화를 가늠해 보는 확실한 지표입니다. 만약 이러한 회의가 불편하거나, 지루하거나, 좌절이 느껴진다면 즉시 고쳐 나가세요.

엔지니어링 관리자 및 스태프 엔지니어와의 월간 회의

저는 팀의 지속적인 발전에 초점을 맞춘 두 개의 월간 회의를 운영합니다. 하나는 엔지니어링 관리자들이 참석하는 엔지니어링 관리자 월간 회의고, 다른 하나는 스태프 엔지니어가 참석하는(관리자는 제외) 월간 회의입니다. 대부분의 조직에서 이 두 그룹은 비슷한 규모를 가지며, 잘 운영되는 엔지니어링 조직 안에서 중요한 역할을 담당합니다.

각 회의의 형식은 조금씩 다를 수 있지만, 일반적으로 다음과 같은 방식으로 진행합니다.

1 15분 각 구성원이 1분 동안 자신이 현재 작업 중인 일, 기대하는 일, 걱정되는 일에 대해 공유합니다.

2 30분 종종 제가 발표자로 나서 개발 관련 주제를 발표합니다. 주제는 참여한 사람들의 전문성을 발전시킬 기회를 제공하는 어떤 것이든 될 수 있습니다. 관리자 회의라면 제가 최근에 읽은 글, 예를 들어 라라 호건[Lara Hogan]이 쓴 위임에 관한 글이나 제가 작성한 손익 계산서 읽기(부록 C)와 같은 내용을 다룰 수 있습니다. 스태프 엔지니어 회의라면 타냐 라일리의 『개발자를 넘어 기술 리더로 가는 길』(디코딩, 2023)이나 제가 쓴 『스태프 엔지니어』(길벗, 2022)가 주제가 될 수 있습니다.

3 15분 자유로운 질의응답(Q&A)으로 마무리합니다.

최근에 이루어진 조직 개편 등과 같은 시급한 주제가 있다면 그에 집중해서 진행하기도 합니다. 하지만 팀 구성원들의 개인적 성장을 최대한 지원할 수 있는 주제가 있으면 그게 더 가치 있다고 생각합니다. 참석자들은 잘 진행된 회의가 끝날 때마다 자신이 앞으로 팀에 더 큰 가치를 제공할 수 있다는 자신감과 회사가 자신의 성공에 투자하고 있다는 신뢰를 얻게 될 것입니다.

월간 엔지니어링 Q&A

마지막으로 추천하는 회의는 엔지니어링 Q&A입니다. 저는 이 회의를 매달 1시간 동안 진행하며, 새로운 팀원 소개로 시작한 후 팀이 생각해 보았으면 하는 메시지를 몇 분간 공유합니다. 그런 다음 나머지 시간 동안 Q&A를 진행합니다. 질문이 없으면 일찍 끝내지만, 그런 경우는 거의 없습니다.

많은 엔지니어들은 당신과 직접 일할 기회가 없으며 그들은 당신이 Q&A 세션에서 가장 어려운 질문들에 어떻게 대답하는지를 보며 당신을 신뢰하거나 불신하게 됩니다. 마찬가지로 제 입장에서는 다른 채널에서는 듣지 못할 그들의 우려 사항을 이 자리에서 바로 들을 수 있습니다. 이런 내용들은 보고 체계를 통해 당신에게 전달되어야 하지만 때로는 커뮤니케이션 장벽이 있을 수도 있습니다. 이 회의는 그런 정보를 당신에게 직접 전달하는 역할을 합니다.

좋은 Q&A를 운영하려면 청중으로부터 꾸준히 좋은 질문을 받는 것이 중요합니다. 이를 위해 제가 유용하다고 생각하는 몇 가지 기술이 있습니다.

- 저는 매번 Q&A를 시작할 때 이렇게 말합니다. "어떤 주제든지 기꺼이 이야기하겠습니다. 질문에 제한도 없습니다. 질문이 너무 난감하거나 사적이라면 답하지 않겠습니다. 무엇이든 물어보세요." 이 말은 농담처럼 들릴 수 있지만 제가 이 회의를 운영하는 실제 방식이기도 합니다. 사람들은 가끔 화가 가득 담긴 질문을 하기도 하고, 이미 이메일로 답변한 내용을 다시 하기도 합니다. 저는 질문이 다소 혼란스럽더라도 최대한 차분하고 긍정적인 태도를 유지하려고 노력합니다.
- 질문을 받을 수 있는 좋은 도구를 사용하는 것도 매우 유용합니다. 저는 세 가지 핵심 기능을 추천합니다. 바로 회의 시작 전에 질문할 수 있는 기능, 가장 중요한 질문에 투표할 수 있는 기

능, 익명으로 질문할 수 있는 기능입니다. 비록 회의 분위기가 조금 어색해질 수는 있지만 사람들이 부담 없이 질문할 수 있도록 어려운 질문은 익명으로 받는 것이 더 낫다고 생각합니다.

- Q&A 회의가 열린다는 것을 회의 하루 전과 한 시간 전에 알리고, Q&A 도구를 사용하여 더 많은 사람들이 최대한 많은 질문을 할 수 있도록 유도합니다.

- Q&A를 중요한 일을 하고 있는 개인이나 조직 내 주요 리더들을 부각시킬 기회로 활용하세요. 저는 누군가의 작업과 관련된 질문이 들어오면 먼저 제 생각을 짧게 공유한 후 당사자에게 질문을 넘기며 그들이 준비할 수 있는 시간을 몇 분이라도 줍니다.

- 모든 조직에는 질문을 하지 않고는 못 견디는 소수의 사람들이 있습니다. 그들을 잘 활용해서 최소한 몇 개의 질문이 나오도록 유도해야 합니다. 질문 투표 도구를 사용하거나 질문 기회를 공정하게 배분하면 그런 사람들의 질문에만 답하는 상황을 어느 정도 피할 수 있습니다.

- 만약 여러 지역에 흩어져 있는 팀원들 근무 시간의 시차가 3시간 이내라면 고정된 시간에 진행해도 괜찮습니다. 그러나 여러 시간대에 걸쳐 근무하는 글로벌 팀인 탓에 시차의 차이가 크면 몇 개의 시간대에 걸쳐 Q&A를 진행하여 누구나 적어도 한 번은 참석할 수 있도록 하세요. 단순히 빈도를 늘리는 대신 이렇게 다양한 시간대에 걸쳐 세션을 진행하는 것을 권장합니다. Q&A를 녹화하는 것은 일반적으로 추천하지 않습니다. 그렇게 하면 질문의 질이 떨어지는 경향이 있기 때문입니다. 하지만 큰 비용 없이 테스트할 수 있으므로 더 나은 방법이 있다면 다양한 옵션을 시도해 보는 것도 좋습니다.

믿지 않겠지만 저는 엔지니어링 Q&A를 월간 회의 중에서 가장 좋아합니다. 이 회의에서는 제 성과가 팀과 조직의 기대치와 얼마나 부합하는지 파악할 수 있습니다. 일이 잘 진행되고 있나요? 팀원들이 어떤 일에 불만을 느끼나요? 이미 알고 있던 문제인가요? 다음 달에는 문제를 해결해서 불만이 나오지 않도록 할 수 있을까요? Q&A 시간의 가치에 대해 확신이 서지 않는다면 몇 달간 시도해 본 후에 결정하세요.

다른 회의는 어떻게 진행해야 할까?

앞서 제안한 회의 외에도 많은 조직에서 추가적인 회의를 진행합니다. 제가 직접 운영해 보며 꽤 도움이 되었던 회의에는 새로운 직원들과 만나는 주간 세션부터 분기별로 진행되는 엔지니어링 전체 회의 등이 있습니다. 다음은 많은 회사에서 유용하게 활용하는 회의 유형 몇 가지입니다.

- **1:1 면담**

  직속 보고자는 물론 업무상 가장 밀접하게 일하는 동료들과 매주 1:1 면담을 할 것을 강력히 추천합니다. 예를 들면, 저는 캠에서 일하던 첫 해 동안 세 명의 임원급 동료들과 매주 한 시간씩, 다른 동료들과는 매월 한 시간 정도 정기적으로 만났습니다. 또한 각 팀원과는 매주 한 시간씩 1:1 면담을 했는데, 몇 년간 함께 일하면서 신뢰가 쌓인 후에는 시간을 30분 정도로 짧게 조정하기도 했습니다.

- **스킵 레벨 회의**

  스킵 레벨 회의(직속 보고 라인이 아닌 다른 조직 구성원과의 회의)는 조직 내에서 매우 가치 있는 회의지만, 조직이 성장할수록 이런 회의를 진행할 시간을 확보하기 어렵습니다. 제가 추천하는 방법은 스킵 레벨 회의에 할당할 시간을 아예 고정해 놓는 것입니다. 매주 1~2시간을 스킵 레벨 회의로 고정한 후 해당 시간 내에서 빈도와 형식을 조정하세요(예: 그룹 스킵 레벨 회의를 하거나 한 달에 한 번이 아닌 분기별로 한 번 만나는 방식). 스킵 레벨 회의는 생산적일 수 있지만 너무 자주 진행하려고 하면 핵심 업무 수행에 방해가 될 수 있으므로 적절히 균형을 유지하세요.

- **실행 검토 회의**

  실행 상황을 점검하고 문제를 해결하기 위해 주간 또는 월간 실행 검토 회의를 반드시 운영해야 합니다. 이 회의의 이름은 회사마다 다르며 비즈니스 리뷰, 운영 점검 회의, 계획 검토 등으로도 불립니다. 이 회의를 필수 엔지니어링 회의에 포함시키지 않은 이유는 꼭 엔지니어링만을 위한 회의가 아니라 다른 팀들과 협업해야 하는 성격이기 때문입니다. 주로 제품 팀이나 비즈니스 운영 팀에서 주관하는 경우가 많습니다. 실행 검토를 특정 부서만 하는 경우 다른 부서에게 책임을 떠넘기는 경향이 있지만 어쨌든 이렇게 다양한 기능과 목적을 가진 검토 과정이 있으면 문제를 해결할 가능성이 더 높습니다.

- **쇼 앤드 텔**show and tell **또는 데모**

  회사에서 어떤 유형의 업무를 중요하게 여기는지를 명확히 보여 주면서 조직 문화를 형성하는 회의입니다. 구성원들은 자신이 자랑스러워하는 업무 성과를 공유하며, 대개 매우 즐거운 분위기 속에서 진행됩니다. 회사마다 주간부터 월간까지 회의를 갖는 빈도가 약간씩 다릅니다.

- **기술 강연 또는 런치 앤드 런**lunch and learn

  팀 구성원들이 함께 배우는 기회를 제공합니다. 전문 지식을 공유하거나 책과 논문을 함께 읽는 방식으로 진행됩니다.

- **엔지니어링 전체 회의**

  엔지니어링 팀 전체가 모일 수 있는 시간을 마련하는 것은 중요하지만, 어떻게 운영할지는 회사의 성장 단계나 다른 전사 회의 일정에 따라 상당히 달라질 수 있습니다. 전체 회의의 목적이 모호해지기 쉽다는 문제도 있습니다. 쇼 앤드 텔인가요? 아니면 로드맵 검토인가요? 아니면 그 외 다른 형식인가요?

경험상 이러한 추가 회의는 대부분 회사의 전체 회의 일정에 크게 의존합니다. 예를 들어 전사 회의가 이미 매달 열리고 있는 상황이라면 별도의 엔지니어링 전체 회의를 운영하는 것은 부담이 될 수 있습니다. 이때는 가능하면 회의를 기존 회의와 연계하는 것이 좋습니다.

엔지니어링 팀 내에서 다른 엔지니어들이 무엇을 하고 있는지 아는 것도 중요하지만, 다른 부서의 사람들이 어떤 일에 집중하고 있는지 아는 것이 더욱 가치가 있습니다.

회의는 누가 주관할까?

엔지니어링 조직의 수장은 일반적으로 팀 회의, 엔지니어링 관리자 및 스태프 엔지니어 월간 회의 그리고 엔지니어링 Q&A를 주관하게 됩니다. 또한 기술 사양 검토와 이슈 검토 회의를 주도할 수도 있는데, 조직이 성장함에 따라 이러한 회의는 직속 리더나 스태프 엔지니어가 맡게 될 가능성이 큽니다. 이런 회의는 지속적인 관심이 필요하기 때문에 여러 가지 시급한 문제를 해결하는 데 집중해야 하는 임원으로서는 이를 계속 챙기기 어려울 수 있기 때문입니다. 만약 쇼 앤드 텔 같은 추가 회의를 도입한다면 회의 진행자는 상황에 따라 달라질 수 있습니다.

회의를 주관할 때 고려해야 할 세 가지 중요한 사항은 다음과 같습니다.

- 회의를 주관한다고 해서 반드시 모든 조정 작업을 직접 해야 한다는 의미는 아닙니다. 많은 경우 종종 임원 비서(16장에서 더 자세히 다룹니다)나 프로그램 매니저와 협력하게 됩니다.

- 팀원들은 당신을 주의 깊게 관찰하며 당신의 행동에서 어떤 신호를 읽습니다. 예를 들어 당신이 말로는 회의가 중요하다고 하면서 실제 회의에는 정기적으로 참석하지 않으면 그들은 그 말을 믿지 않을 것입니다. 당신이 참석하지 않는 경우 다른 사람이 조직 회의를 주도하기는 매우 어렵습니다.

- 회의 운영을 다른 사람에게 맡길 수는 있지만, 그 회의가 조직의 시간을 가치 있게 만드는지에 대한 책임은 당신에게 있습니다. 이 책임은 다른 사람에게 위임할 수 없습니다.

모든 일과 마찬가지로 조직에서 누가 무엇을 해야 하는지를 명확하게 정해 놓은 규칙은 없습니다. 다른 방식으로 시도해 보고 싶다면 새롭게 도전해 보는 것도 좋은 방법입니다.

회의 확장하기

많은 조직에서 실제로는 이보다 더 많은 회의를 운영하지만, 그렇다고 문제가 되는 것은 아닙니다. 각 조직에 잘 맞는 방식을 선택하세요. 엔지니어가 다섯 명인 조직이라면 주간 팀 회의 하나만으로도 충분할 것입니다. 회의를 축소하는 것은 비교적 쉽습니다. 도움이 되지 않는 회의를 없애면 됩니다. 그러나 회의를 확장하는 것은 다소 복잡할 수 있습니다.

다음은 회의를 확장할 때 추천하는 방식입니다.

- 운영 회의를 확장하여 최적의 참석자들을 확보하세요. 예를 들어 기술 사양 검토 세션이 모바일 관련 문제로 기울어지고 있는데 참석자 대부분이 모바일 관련 배경지식이 없다면, 모바일에 특화된 별도의 세션을 만들 필요가 있습니다.

- 개발 회의를 확장하여 참석자들의 참여도를 높이세요. 개발 회의에 10명 이상이 참석하면 많은 이들이 소극적으로 참여하거나 심지어 참석하지 않을 수 있습니다. 엔지니어링 관리자 수가 20명 이상이라면 전체 조직이 함께하는 회의보다는 한 단계 아래로 내려보내서 각 관리자들이 자신의 팀과 별도로 개발 회의를 운영하는 방법을 고려하세요. 물론 하이브리드 방식도 가능합니다! 예를 들어 격주로 회의를 진행하거나 콘텐츠를 소개한 후 소규모 토론 그룹으로

나누어 진행하는 방식도 있습니다.

- 엔지니어링 Q&A는 전체 조직 차원에서 진행하되, 일정 규모에 도달하면 직속 보고자들이 별도의 Q&A를 진행하도록 하세요. 예를 들어 600명의 엔지니어가 있는 조직이라면 엔지니어링 Q&A와 제품 엔지니어링 Q&A를 매달 각각 진행하는 것이 충분히 가능합니다.

많은 조직이 회의를 너무 성급하게 분리하는 경우가 있습니다. 대부분의 경우 이는 회의에서 겨우 한두 명의 사람이 부적절하게 행동하기 때문입니다. 예를 들어 특정 기술을 옹호할 목적으로 기술 사양 검토 회의에 매번 참여하는 대립적 성향의 엔지니어가 있을 수 있습니다. 이런 문제는 해당 엔지니어에게 더 높은 커뮤니케이션 기준을 요구하여 해결하는 것이 적당합니다. 참가자들의 행동에 직접 책임을 묻지 않고는 대규모 회의를 제대로 진행할 수 없습니다.

요약

이 장에서는 엔지니어링 조직을 운영하는 데 필요한 회의들에 대해 다뤘습니다. 이 템플릿은 현재 조직에서 누락되어 있는 회의를 진단하는 데 도움을 줄 것입니다. 단 하나의 회의가 빠진 경우든 아예 회의가 없는 경우든 말입니다. 기존 조직에 새로 합류했다면 기존 회의 방식을 완전히 바꾸기보다는 회사 전체의 운영 방식과 조화를 이루는 방식으로 회의를 운영하는 것이 좋습니다.

또한 조직이 여러 시간대에 걸쳐 확장된다면 단순히 회의만으로 효과적인 커뮤니케이션을 할 수 없다는 사실을 기억하세요. 훌륭한 커뮤니케이션은 회의 외에도 강력한 개인 관계나 다양한 커뮤니케이션 채널(예: 이메일, 채팅)을 통해 이루어집니다. 하지만 이 모든 것은 효과적인 회의를 기반으로 할 때 더 원활하게 이루어질 수 있습니다.

 다음 링크에서 추가 자료 및 리소스를 찾아보세요.
https://lethain.com/eeprimer-refs-10

내부 소통

임원이 새로운 회사에 들어오면 원래 선호하던 의사소통 방식과 조직 내에 이미 확립되어 있는 소통 방식이 어색하게 충돌하는 경우가 종종 있습니다. 한 임원이 새로운 회사에서 엔지니어들이 이메일을 제대로 읽지 않는다고 불평했던 기억이 납니다. 그 문제를 '해결'한답시고 그는 이메일을 확인하라는 내용의 이메일을 하루에 두 번씩 보냈습니다. 문제가 여전히 해결되지 않았다는 점은 별로 놀랍지 않습니다.

이 장에서는 조직 내 의사소통의 질을 크게 개선시킬 수 있는 다섯 가지 실천 사항을 다룹니다.

- **꾸준히 소통하기**

   새로운 정보가 없더라도 정기적으로 소통하세요.

- **발송 전 테스트하기**

   메시지를 보내기 전에 몇몇 사람들과 미리 검토하고 놓치는 부분이 없는지 확인하세요.

- **구조화된 소통 양식 만들기**

   주제에 대한 핵심 요약, 관련 정보의 출처, 질문하는 방법 등을 구조화해 명확히 전달하세요.

- **최대한 간결하게 작성하기**

   메시지는 최대한 짧고 간결하게 작성하세요.

- **모든 채널 활용하기**

   중요한 정보는 이메일뿐만 아니라 회의록, 채팅 등 모든 관련 채널을 통해 전달하세요.

중요한 점은 이 모든 것이 다분히 실천 가능한 사항이라는 것입니다. 내부 소통에 어려움을 겪는다 해도 이러한 사항을 실행하는 데는 특별한 전제 조건이 필요하지 않습니다. 문학적인 재능이나 탁월한 연설 능력이 없어도 됩니다. 단지 꾸준히 실천하려는 의지만으로도 충분합니다.

꾸준히 소통하기

대기업은 종종 임원들을 대단히 높은 인물로 보이게 만들지만 결국 임원도 한 명의 사람일 뿐입니다. 임원은 주간 이메일을 짧게 적어 보내는 노력만으로도 팀과의 거리를 좁힐 수 있습니다. 이는 당신이 현재 집중하고 있는 일과 진행 중인 업무의 내용을 공유하고, 팀이 하고 있는 일에 당신이 관심을 갖고 있다는 일종의 안도감도 전해 줄 수 있습니다.

이런 메일의 형식은 정해져 있지 않습니다. 저도 여러 번 형식을 바꿔가면서 마침내 잘 맞는 형식을 찾게 되었습니다. 주간 업데이트 사항을 한 문서에 모아두었다가 최종 이메일로 정리하는 데 보통 20분 정도를 사용합니다. 이를 제가 이끄는 조직뿐만 아니라 내부적으로 관심 있는 사람들이 누구나 읽을 수 있도록 했습니다. 개인적으로는 임원들과 긴밀하게 협력하는 주요 인물들을 미리 이 그룹에 추가해 두는 것을 추천합니다.

주간 업데이트 메일은 보통 다음과 같은 구조를 가집니다.

- **이번 주에 놀라웠던 일, 활력을 준 일, 또는 이번 주를 특별하게 만든 일 한두 문장**
- **다가오는 기한이나 일정에 대한 한 문장 요약**
- **이번 주에 다룰 주제 한 단락**
  분기별 계획 업데이트, 논란이 된 기술 사양, 제품 출시, 파트너 이슈 사항 등 중요한 주제를 2~3개 정도 선택합니다.

- **간단한 업데이트 목록**

  사고 검토, 기술 사양, 제품 디자인, 채팅에서의 흥미로운 논의 등 주목해야 할 내용을 포함합니다.

- **추가 질문이나 의견 공유에 대한 요청**

간단한 템플릿이지만 조직 내에서 일관된 소통을 유지하는 데는 매우 효과적이었습니다. 또한 팀으로부터 예상치 못한 피드백도 많이 받았으며, 그동안 전혀 생각지도 못했던 (하지만 신경 썼어야 할) 주제들을 인지하는 데도 도움이 되었습니다.

이런 업데이트는 조직 전체에 꾸준히 정보를 전달하는 역할을 합니다. 어떤 주는 가벼운 업데이트 정도일지라도, 팀원들은 당신이 어떤 일을 하고 있는지 모르겠다고 생각하는 대신 중요한 정보를 제때 전달받고 있다는 안도감을 느낄 것입니다. 따라서 매주 업데이트가 많지는 않더라도 꾸준히 공유하는 것이 중요합니다. 만약 중요한 소식이 있었다면 이미 알려 주었을 것이라는 신뢰가 쌓이기 때문입니다.

핵심만 전달하라

오랜 기간 임원으로 일하면서 임원과 팀원들 간에 소통 문제가 자주 발생하는 것을 목격했습니다. 가장 흔한 문제는 직설적인 스타일의 사람이 자신보다 덜 직설적인 임원과 세부 사항을 놓고 논쟁할 때 발생합니다. 이를 해결하는 슬로건은 '핵심만 전달하라'입니다.

예를 들어 팀이 프로젝트 일정에 대해 발표하는 자리에서 CEO가 이렇게 묻는다고 가정해 봅시다. "그냥 챗GPT를 사용하면 되지 않나요? 굳이 커스텀 모델을 만들 필요가 있나요?" 이때부터 대화는 챗GPT와 커스텀 모델을 비교하는 논쟁으로 흘러가겠지만, 사실 CEO가 하고 싶은 말은 챗GPT에 관한 것이 아닙니다. 그의 진짜 요점은 일정이 너무 느리다는 것입니다. 만약 팀이 CEO의 질문에만 매달려 기술적인 타당성을 따지기 시작하면 정작 더 중요한 논의를 놓칠 위험이 있습니다. 설령 커스텀 모델이 더 나은 선택이라는 것을 CEO에게 납득시킨다고 해도, 그는 본인이 제기한 문제(일정 지연)가 해결되지 않은 것에 불만을 느낄 것입니다.

물론 팀 입장에서는 임원들이 더 명확하게 의사소통을 해야 한다고 주장할 수도 있습니다. 이것도 분명히 맞는 말이지만, 현실은 임원들도 인간이라는 점입니다. 그들의 결점을 탓하기보다는 임원들과 더 효과적으로 소통하는 방법을 찾는 것이 훨씬 더 많은 진전을 가져다줄 것입니다.

임원으로부터 피드백을 받는 팀에게는 최대한 '핵심만 전달'할 것을 권합니다. 임원으로부터 어떤 질문을 받으면 그 속에 담긴 진짜 핵심 메시지를 파악하는 데 집중하세요. 그런 다음 자신이 이해한 내용이 맞는지 임원에게 확실하게 확인하세요. 다시 CEO의 챗GPT 질문으로 돌아가면 이렇게 되묻는 겁니다. "제가 이해한 것이 맞는지 확인하고 싶은데, 가장 중요한 피드백은 일정을 더 단축할 방법을 찾으라는 것인가요?" 이렇게 하면 CEO의 본래 의도를 확실히 짚고 넘어가면서 불필요한 기술적 논쟁에 휘말리는 것을 피할 수 있습니다.

발송 전 테스트하기

임원들은 놀랄 만큼 많은 시간을 문제 해결에 쏟습니다. 경쟁사가 새로운 제품을 출시하는 것처럼 외부 요인에 의해 발생하는 문제도 있지만 놀랍게도 너무나 많은 문제들이 스스로 만들어 낸 것입니다. 그리고 그중 절반 이상은 공감 부족이나 혼란스러운 소통에서 비롯됩니다. 이는 메시지를 널리 발송하기 전에 먼저 테스트를 함으로써 쉽게 방지할 수 있습니다.

모든 팀원을 직접 알고 있는 경우라면 이런 과정이 필요하지 않아도 관리자가 네다섯 명 정도에 전체 조직 규모가 대략 40명에 이르면 중요한 소통은 반드시 다른 사람이 먼저 검토한 후에 공유하는 것이 좋습니다. 여기서 '중요한' 소통이란 조직 변경, 중요한 결정, 또는 팀이 격하게 반응할 수 있는 주제를 뜻하며, '조직 소통'이란 단순히 한 팀을 넘어 많은 사람에게 영향을 미치는 내용을 의미합니다.

절차는 매우 간단합니다. 소통 내용을 작성한 후 널리 공유하기 전에 누군가에게 먼저 피드백을 요청하세요. 조직 전체보다는 몇몇 개인에게 직접 요청하는 것이 더 유용합니다. 또한 특별한 목적 없이 피드백을 요청하기보다는 '애매한 부분'이나 '예상치 못하게 논란이 될 수 있는 부분'에 초점을 맞춰 검토해 달라고 하세요. 예를 들면 "○○ 씨, 내일 오전 9시 전까지 성과 평가 발표 내용에 대한 피드백을 주시면 정말 감사하겠습니다"와 같이 간단하고 직접적으로 요청하는 것입니다.

일부 사람들은 자신의 소통 내용을 미리 검토받는 것에 대해 부정적인 반응을 보이기도 합니다. 저도 처음에는 답답하고 시간 낭비처럼 느껴졌습니다. 하지만 점차 깨달은 것은 사전 검토를 거치면 추가 설명에 드는 시간이 줄어들어 소통 속도가 더 빨라진다는 것입니다. 처음에는 다소 느리게 느껴져도 메시지를 받는 사람과 당신에게도 더 좋은 방향일 것입니다.

구조화된 소통 양식 만들기

초기에는 작은 팀과의 소통이 비공식적으로 이루어지지만 팀이 커질수록 일관된 구조를 유지하는 소통이 매우 중요합니다. 저는 중요한 소통은 다음과 같은 방식으로 구조화할 것을 강력히 추천합니다.

- **요약**

  간결함은 항상 최선이지만 긴 소통도 간단한 요약으로 시작하면 괜찮습니다. 요약은 다음과 같은 핵심 질문에 답할 수 있어야 합니다. 무엇이 변경되었나요? 누구에게 해당되나요? 나에게 해당된다면 무엇을 해야 하나요? 더 많은 정보는 어디에서 찾을 수 있나요? 언제 시행하나요? 질문이 있으면 어떻게 해야 하나요?

  예를 들면 다음과 같은 형태입니다.

  - "내일(2025/1/20)부터 모든 신규 서비스 제안은 기술 문서로 작성되어야 하며, 기술 사양 검토 회의에서 발표해야 합니다. 자세한 내용은 go/tech-spec에서 확인할 수 있으며, 질문은 #tech-spec 채널에서 하거나 ○○○에게 직접 문의하세요."

- **관련 정보의 출처**

  중요한 공지는 여러 곳에서 공유되겠지만 각 알림이 최신 정보인지 아닌지 헷갈리게 해서는 안 됩니다. 사람들이 가장 정확한 정보를 얻을 수 있도록 공식 출처, 예컨대 특정 문서나 위키 링크 등을 함께 제공하세요.

- **질문하는 방법**

  더 많은 사람들과 소통할수록 발표에 미처 담지 못한 예외 사항이 생기기 마련입니다. 예를 들어 새로운 서비스는 반드시 기술 사양 검토를 받아야 한다고 발표를 했는데, 새로 인수한 사업부에는 어떻게 적용되는지가 명확하지 않을 수 있습니다. 이런 일이 발생했을 때 질문하기 가장 좋은 장소는 채팅 채널이나 이메일 리스트입니다. 공개적으로 질문하는 것이 불편한 사람들(아직 의사소통 방식에 익숙하지 않은 신입 사원이나 직급이 낮은 직원)을 위해 담당자를 지정하는 것도 좋습니다.

이와 관련하여 미리 구조화된 양식을 만들어 두는 것도 그리 어렵지 않습니다. 특별한 창의성이 필요한 작업도 아니며, 이런 방식을 꾸준히 따르면 중요한 소통을 더 쉽게 할 수 있을 것입니다.

최대한 간결하게 작성하기

어떤 사람들은 다섯 문단짜리 메모를 보고 '나중에 읽어야지'라고 생각합니다. 또 어떤 사람들은 '난 안 읽을 거야'라고 생각합니다. 어느 쪽이든 메시지가 길면 결국 소수의 사람만 읽게 된다는 뜻입니다. 구조화된 정보 양식이 메모를 짧게 정리하는 데 도움이 된다고 해도, 애초에 불필요한 내용을 줄이고 꼭 전달할 메시지만 최대한 간결하게 편집하는 것이 중요합니다.

모든 채널 활용하기

오랜 경험 끝에 저는 '정보의 집단 면역'이라는 저만의 조직 커뮤니케이션 이론을 정립하게 되었습니다. 2,000명 규모의 엔지니어링 조직에 속한 모든 구성원이 모든 정보를 알게끔 만드는 것은 불가능하다는 것입니다. 당신이 직접 모든 직원에게 나음 수무터 성과 평가가 시작된다고 알리고 그 전날 이메일까지 보낸다 해도, 성과 평가가 시작된다는 사실을 아무도 자신에게 알려 주지 않았다고 투덜거리는 사람들은 분명 있을 것입니다.

이런 현실을 받아들이세요. 성공적인 커뮤니케이션의 핵심 비결은 중요한 정보를 알고 있는 사람이 각 팀에 적어도 한 명 이상 있게 만드는 것입니다. 가능하면 기존의 모든 채널을 통해 소통하고 필요한 경우 새로운 채널을 만들어서라도 적극적으로 정보를 전달해야 합니다.

주제에 따라 조금씩 다를 수 있지만 제가 추천하는 소통 채널은 다음과 같습니다.

- **이메일과 채팅**

  대부분의 회사는 이메일이나 채팅을 주요 소통 수단으로 사용합니다. 하지만 채팅을 주로 사용하는 회사에서도 이메일에 더 의존하는 사람이 있으며, 그 반대도 마찬가지입니다. 중요한 내용이라면 반드시 이메일과 채팅 모든 채널에 전달되어야 합니다.

- **회의**

  회의는 중요한 소통 채널이며 10장에서 더 자세히 다룹니다. 중요한 주제는 월간 전체 회의와 같은 큰 회의에서 다시 한번 강조하고 주간 팀 회의에서도 같은 주제를 논의하는 것이 좋습니다. 특히 임원 팀의 주간 회의에서 엔지니어링 리더십의 주간 회의로 그리고 각 팀의 주간 회의로 이어지는 계단식 소통 구조를 제대로 만들어 두는 것이 유용합니다.

- **회의록**

  대부분의 정기 회의에서는 새로운 정보와 그에 따른 결정을 문서화하는 회의록을 작성해야 합니다. 회의에 참석하지 않더라도 중요한 정보를 알고 싶어 하는 사람들에게 회의록을 공유하는 것은 매우 유용합니다.

- **주간 노트**

  앞서 언급한 바와 같이 임원이 자기 조직에 주간 노트를 작성해 공유하는 것은 매우 가치가 있습니다. 이 노트를 실제로 읽는 사람은 일부에 불과하겠지만, 그런 사람들은 충성도 높은 독자가 되어 자기 팀에 정보를 전파하는 역할을 합니다.

- **의사결정 기록**

  각 팀이나 조직이 내린 최근 의사결정 내용을 기록해 두는 것은 매우 유용합니다. 이러한 기록은 새로운 팀원들이 현재 상황에 적응할 때 팀이 어떤 과정을 거쳐 지금의 상태에 도달했는지 이해하는 데 매우 도움이 됩니다.

중요한 것은 이런 모든 채널을 활용해서 소통하는 것입니다. 사람은 저마다 한두 개의 채널을 더 선호하기 마련이므로, 중요한 정보라면 가능한 한 모든 채널을 통해 전달하는 것이 효과적입니다.

요약

이 장에서는 효과적인 내부 커뮤니케이션을 형성하는 습관과 이를 위한 다섯 가지 실천 사항을 추천했습니다. 조직의 커뮤니케이션 수준을 높게 평가하든 거의 없다고 평가하든 다음 실천 방안을 꾸준히 적용하면 빠르게 개선할 수 있을 것입니다. 꾸준히 소통하고, 메시지를 발송하기 전에 먼저 테스트하고, 필요한 정보를 담은 구조화된 소통 양식을 체계적으로 구성하고, 모든 내부 채널을 활용해 소통하세요.

다음 링크에서 추가 자료 및 리소스를 찾아보세요.
https://lethain.com/eeprimer-refs-11

개인 및 조직의 브랜드 구축하기

매달 최소 한 번은 엔지니어링 리더로부터 이런 이메일을 받습니다. 개인 브랜드가 더 잘 알려지기만 하면 자신이 훨씬 더 좋은 역할을 맡을 수 있을 것이라는 내용이죠. 이와 비슷하게 많은 회사들이 이런 생각을 합니다. 기술 산업이 빠르게 성장하여 자금이 풍부한 요즘 시기에 엔지니어링 조직의 브랜드가 조금만 더 뛰어나면 채용은 훨씬 빠르게 이루어질 거라고요.

그동안 온라인에 글도 많이 작성하고 엔지니어링 브랜드 홍보에 적극 투자하는 회사에서 근무하면서 개인 및 조직의 브랜드 구축에서 얻을 수 있는 기회와 한계를 모두 경험한 바 있습니다. 그 과정을 통해 브랜드 구축의 가치는 실제보다 과대평가되는 반면, 명성이 강화되었을 때 발생하는 영향은 의외로 과소평가되고 있다는 생각을 하게 되었습니다. 그리고 개인 및 조직의 명성을 높이는 데는 비교적 간단한 전략이 있다는 사실도 깨달았습니다.

개인 및 조직의 명성을 높이기 위해 이 장에서 설명하는 내용은 다음과 같습니다.

- 명성 쌓기와 브랜드 구축, 청중 확보의 차이점
- 개인 및 엔지니어링 조직의 명성을 쌓는 것이 과연 가치 있는지 판단하는 방법
- 적지만 높은 품질의 콘텐츠로 명성을 쌓는 전략
- 명성을 측정하는 데 따르는 한계와 대신 측정해야 할 것들

이 장을 읽고 나면 자기 자신이나 엔지니어링 조직의 명성을 위해 어떤 영역에 투자

할지 여부를 결정할 수 있을 뿐만 아니라 명확한 실행 계획도 세울 수 있게 될 것입니다.

브랜드 대 명성

브랜드란 의도적으로 만들어진 지속적 내러티브로, 당신에 대해 널리 알려진 인식을 의미합니다. 우리가 구글 엔지니어링에 대해 직접 조사하지 않아도 구글 엔지니어링에 대한 의견을 하나쯤은 가질 수 있는 것처럼 말입니다. 당신이 엔지니어링 리더로서의 경력을 쌓는 동안 브랜드를 구축하는 것이 중요하다는 조언을 자주 듣게 될 것입니다.

소셜 미디어에 자주 참여하다 보면 그 안에서 발생하는 왜곡된 현실에 빠져들기 쉽습니다. 특정 온라인 커뮤니티에서 유명해지는 것이 마치 전문적인 신뢰와 동일하다는 착각이 들게 되죠. 그러나 제 경험에 의하면 성공한 사람들 중 소수만이 온라인에서 유명하며, 많은 성공한 사람들은 온라인에서 콘텐츠를 전혀 만들지 않습니다. 그들은 인스타그램 계정이 있어도 가족 혹은 업무와 관련 없는 관심사에만 초점을 맞춥니다.

이와 같은 현상을 직관적으로 한 번에 이해할 수 있도록 두 가지 핵심 요점을 강조하여 설명하겠습니다.

- 제가 함께 일했던 성공적인 임원들의 대부분은 온라인에 아무런 글을 쓰지 않습니다. 그들은 트위터나 마스토돈에 게시물을 올리지 않으며, 책을 쓰지도 않고, 콘퍼런스에서 연설하지도 않으며, 유튜브 채널을 운영하지도 않습니다. 트위치에서 스트리밍도 하지 않죠. 엔지니어링 리더십 경력을 쌓는 동안에는 콘텐츠를 만들어야 성공한다는 생각도 들 것입니다. 하지만 이를 반박하는 수많은 사례가 존재합니다. 이런 일을 반드시 해야 할 이유는 전혀 없습니다.
- 마찬가지로 대부분의 엔지니어링 조직들은 외부에 자기 브랜드를 홍보하는 데 거의 시간을 쓰지 않으며 외부에 잘 알려져 있지도 않습니다. 메타나 넷플릭스의 엔지니어링 블로그처럼 공개적으로 알려진 사례는 극히 드물며, 대부분의 엔지니어링 조직은 대중에게 자신들의 작업을

잘 드러내지 않습니다. 그들은 매우 흥미로운 일을 하고 있지만 단지 이를 공공연하게 이야기하는 데 시간을 많이 쓰지 않을 뿐입니다. 이처럼 외부와의 소통을 통해 브랜드를 구축하지 않고도 당연히 성공적인 엔지니어링 조직을 만들 수 있습니다.

명성은 브랜드에 비해 다소 수동적인 인지도를 의미합니다. 브랜드가 사람들이 이미 알고 있는 것이라면 명성은 사람들이 조금만 검색해도 쉽게 발견할 수 있는 무엇입니다. 많은 면접관들은 저에 대해 아무것도 모르겠지만 몇 분간만 검색해도 제가 쓴 글이나 콘퍼런스 발표, 경력과 관련된 이력을 찾을 수 있을 것입니다.

명성은 크게 두 가지 방식으로 구축할 수 있습니다.

- **개인 차원에서의 명성 구축 방법**

  평판이 좋은 대학에 진학하거나, 잘 알려진 회사에 입사하거나, 녹화된 콘퍼런스 발표를 진행하는 방법이 있습니다. 채용 매니저가 온라인에서 당신이 콘퍼런스 발표를 하는 영상을 보거나 구글 같은 유명한 회사에서 일했던 경력이 있다면 10명 규모의 스타트업에서 일한 것보다 더 많은 관심을 가질 것입니다(그 스타트업이 놀라운 일을 해냈더라도 말이죠).

- **회사 차원에서의 명성 구축 방법**

  소프트웨어 엔지니어들이 매력적으로 생각하는 문제에 집중하거나, 주어진 문제를 매력적인 방식으로 접근하거나, 명망 높은 인재를 데리고 있음으로써 회사 차원의 명성을 쌓을 수 있습니다. 많은 엔지니어들은 개인 세무 자동화보다는 자율 주행 자동차 개발에 관심이 있을 것입니다. 만약 당신의 회사가 개인 세무 자동화를 다룬다면 엔지니어들은 백오피스 회계 팀의 프로세스를 간소화하는 것보다 그 과정을 완전히 자동화하는 작업에 더 관심을 가질 것입니다.

많은 성공한 엔지니어링 리더와 엔지니어링 조직은 겉으로 보기에 대단한 브랜드를 가지고 있지 않더라도 대부분 어떤 식으로든 명성을 가지고 있습니다. 명성은 일종의 만능 윤활제 같은 역할을 합니다. 이는 고위 직책을 맡거나 고위급 인재를 채용할 수 있는 문을 열어주고, 업계 전반에 걸쳐 네트워크를 확장할 수 있는 기회도 만들어 줍니다.

외부 커뮤니케이션에 대한 생각

엔지니어링 임원에게는 개인적인 브랜드가 중요하다는 주장을 들을 때가 있습니다. 그 이유는 임원이 외부 커뮤케이션에서 중요한 역할을 하기 때문이라는 것입니다. 하지만 실제로 그런 경우는 드뭅니다. 몇몇 회사를 제외하고는 외부 커뮤니케이션을 엔지니어링 임원에게 크게 의존하는 회사는 거의 없습니다. 허니콤Honeycomb의 창립 CTO인 채리티 메이저스Charity Majors가 회사의 인지도를 높이기 위해 자신의 광범위한 영향력을 활용하는 정도입니다. 외부에서 들어온 CTO가 그런 역할을 맡는 경우는 드물며, 성공 사례는 더욱 적습니다.

대부분의 회사는 시리즈 A나 시리즈 B 투자를 유치한 후에 외부 소통을 담당할 전문가를 영입합니다. 만약 영업 팀을 위한 잠재 고객을 생성하려는 경우라면 마케팅 부서가 주도할 가능성이 큽니다. 제품 가입을 늘리고자 한다면 개발자 관계 팀developer relations이나 성장 팀growth이 주도하기를 원할 것입니다.

명성을 쌓는 것이 과연 가치 있는 일일까?

명성을 쌓는 데 더 많은 시간을 투자할지 판단해야 할 때는 다음 질문들을 고려하세요.

- 당신의 조직에서 고위급 후보자를 채용할 수 있나요? 특히 당신보다 더 경험이 풍부한 인재를 영입할 수 있나요?
- 팀원들이 당신에게 경력 조언이나 현재 업무 범위를 넘어선 조언을 구하나요? 직속 팀원뿐만 아니라 조직 전반에서 당신을 멘토로 인식하나요?
- 관심 있는 직무의 면접 과정을 시작할 수 있나요? 반드시 제안을 받지 않더라도, 면접 기회를 얻을 수 있나요?
- 임원 채용 담당자가 당신을 흥미로운 직책에 매칭할 수 있나요? 특히 현재 직책보다 더 복잡하거나 매력적인 직책을 제안할 수 있나요?

- 당신의 네트워크가 자연스럽게 확장되어 더 높은 고위급 인사들과 연결될 수 있나요? 명성을 갖춘 사람들이 자연스럽게 그 범위를 확장할 수 있는 이유는 그들이 이미 아는 사람들이 더 높은 직책으로 올라가기 때문입니다.

이 질문들에 대부분 "예"라고 답할 수 있다면 추가로 더 노력을 기울일 필요는 없습니다. 반면 많은 질문에 "아니오"라고 답했다면 그리고 자신이 명문 대학 출신이 아니거나, 널리 알려진 기업에서 일하지 않았거나, 소프트웨어 엔지니어들이 관심을 가질 핵심 비즈니스 분야를 선택하지 않았다면 스스로 명성을 쌓는 방법을 배울 가치가 있습니다.

적지만 높은 품질의 콘텐츠로 명성을 쌓는 전략

엔지니어들은 새로운 문제에 직면했을 때 그 문제를 바로 해결하기보다는 어떤 시스템을 만들어 해결하려는 경향이 있습니다. 특히 아직 잘 이해하지 못하는 분야, 즉 명성을 쌓는 것과 같은 경우에 그렇습니다.

예를 들어 어떤 조직이 엔지니어링 브랜드에 투자하기로 결정하면 초기 계획은 대개 프로젝트 실행 자체에 초점을 맞춥니다. 여기에는 새로 만든 엔지니어링 블로그에 게시할 글의 빈도 목표, 다양한 엔지니어링 하위 도메인에서 기획하는 콘텐츠가 주제를 정확히 나타내는 방법, 참가자들의 기여를 유도하는 방법 등이 포함됩니다. 계획을 철저히 따르면 기술적으로는 엔지니어링 브랜드를 구축했다고 할 수 있지만, 실제로는 더 많은 노력이 필요한 동시에 효과는 예상보다 떨어지는 경우가 많습니다.

명성은 자연스럽게 쌓이는 긍정적인 인지도를 의미합니다. 이를 위해 조직적인 프로그램이나 엄격한 콘텐츠 일정이 필요하지 않으며, 오히려 수가 적더라도 사람들이 주목할 만한 내용을 만들어 내는 것이 중요합니다. 가장 효과적인 방법은 짧은 글을 쓰거나 강연을 하고 이를 많은 사람들이 볼 수 있도록 하는 것입니다.

이렇게 명성을 쌓기 위한 구체적인 단계는 다음과 같습니다.

1 수십 년이 지나도 유효한 주제를 선정하고 본인만의 독창적인 관점을 더하세요. 논란을 일으키기보다는 깊이를 보여 주는 관점을 제시하는 것이 좋습니다. 독창적이라는 것은 일반적인 수준의 논쟁 위에 가치 있는 내용으로 채워진 한 층의 깊이를 더하는 것을 의미합니다.

예를 들면, '초고속 성장 시대의 생산성'이라는 주제에서 채용보다는 신입 사원이 잘 정착하도록 돕는 것이 초고속 성장 기업의 핵심 능력이라고 주장할 수 있습니다. 또는 '마이그레이션'이라는 주제를 놓고 기술 플랫폼의 가치는 그 플랫폼의 기능보다 마이그레이션 비용을 통해 평가해야 한다고 주장할 수도 있습니다.

2 가장 편안한 형식을 선택하세요. 일반적으로 블로그 게시물이나 콘퍼런스 발표가 이에 해당합니다. 당신이 실제로 흥미를 느끼는 일이고, 콘텐츠를 출시할 때마다 비슷한 작업을 빠르게 반복할 수 있으며, 영구적인 디지털 자료(예: 비디오나 글)를 남길 수 있으면 좋습니다.

단, 책이나 팟캐스트는 피하는 것이 좋습니다. 팟캐스트는 한 번 녹음하면 편집할 때 고칠 수 있는 부분이 제한적이기 때문에 반복하기 어렵습니다. 책 또한 콘텐츠를 반복하는 데 많은 시간이 걸릴 수 있어 관련 경험이 없다면 선뜻 배우기 어렵습니다.

3 형식을 선택한 후 콘텐츠를 만드세요! 처음에는 두세 개의 초안을 버릴 각오로 시작하세요. 그리고 해당 형식에 대해 경험이 있는 사람으로부터 초기에 피드백을 받는 것이 좋습니다. 모든 사람은 좋은 콘텐츠가 어떤 모습인지에 대한 의견을 가지고 있지만, 모든 의견이 가치 있는 것은 아닙니다.

독자가 당신의 핵심 메시지를 정확히 이해하고 글이나 발표를 끝까지 즐길 수 있다면 콘텐츠가 완성된 것입니다. 일부 독자들이 당신에게 동의하지 않는다고 해도 이는 좋은 신호입니다. 흥미로운 콘텐츠라면 반드시 반대 의견이 나오기 마련입니다.

4 콘텐츠를 공유하기 위한 명확한 배포 계획을 세우세요. 가장 간단하면서도 효과적인 방법은 친구 몇 명에게 온라인에 공유해 달라고 요청하는 것입니다. 10명이 동시에 공유하는 것만으로도 충분한 효과를 기대할 수 있습니다.

5 관심 있는 사람들이 당신이 앞으로 만들 콘텐츠를 쉽게 찾을 수 있도록 개인 웹사이트와 링크드인 같은 다양한 온라인 플랫폼에 콘텐츠를 모아두세요.

6 향후 몇 년 동안 이 과정을 두세 번 반복하세요.

7 이제 완료입니다! 훨씬 더 많은 사람들이 당신에 대해 긍정적인 인식을 갖게 될 것입니다. 또한 당신이 구직 면접을 보거나 채용 관리자로 나타날 때 상대방은 당신이 이전에 작성한 콘텐츠를 검색하여 좋은 인상을 받을 것입니다. 이 과정이 즐거웠다면 비슷한 일을 더 해도 좋지만, 특별한 상황이 아니라면 추가로 더 많은 시간을 투자할 필요는 없습니다.

이런 방식은 임원의 개인 브랜드뿐만 아니라 엔지니어링 조직의 브랜드를 구축하는 네에노 녹같이 효과적입니다. 두 경우 모두 적은 양의 깊이 있는 콘텐츠가 더 많은 양의 평균적인 콘텐츠보다 더 큰 효과를 발휘할 것입니다. 사람들의 주목을 끌기 위해 일부러 논란을 만들려는 유혹이 있을 수 있지만, 이는 오히려 명성을 쌓는 데 방해가 되므로 지양합니다.

지금까지의 조언이 마음에 들지 않거나 너무 쉽다고 느껴진다면 아마도 브랜드나 청중 확보에 대한 조언을 명성을 구축하는 방법에 대한 조언으로 잘못 이해했기 때문일 것입니다. 청중을 통해 브랜드를 키우려면 일관성 있는 대량의 콘텐츠가 필요하지만, 명성은 쉽게 발견할 수 있고 긍정적인 인상을 남기는 단 몇 개의 콘텐츠만으로도 충분합니다.

이 조언을 따르는 사람이 있나요?

저는 지금까지 https://lethain.com에 수백 개의 글을 썼지만 그중 명성을 쌓는 데 기여한 글은 다음 네 편 정도에 불과합니다.

- '이전Migrations', https://lethain.com/migrations
- '40년의 경력A forty-year career', https://lethain.com/forty-year-career
- '엔지니어링 팀의 사이즈Sizing engineering teams', https://lethain.com/sizing-engineering-teams
- '고도성장 시대의 생산성Productivity in the age of hypergrowth', https://lethain.com/productivity-in-the-age-of-hypergrowth

만약 이 네 개의 글만 쓰고 나머지 600개의 글은 쓰지 않았더라도 저는 지금과 똑같은 명성을 가졌을 것입니다.

단 몇 개의 콘텐츠만으로도 상당한 명성을 얻은 사례는 많습니다.

- 채리티 메이저스Charity Majors의 '엔지니어/매니저 수수께끼The Engineer/Manager Pendulum', https://charity.wtf/2017/05/11/the-engineer-manager-pendulum

- 타냐 라일리^{Tanya Reilly}의 '연결 고리가 되기^{Being Glue}', https://noidea.dog/glue
- 패트릭 맥킨지^{Patrick McKenzie}의 '연봉 협상^{Salary Negotiation}', https://www.kalzumeus.com/2012/01/23/salary-negotiation
- 줄리아 그레이스^{Julia Grace}의 '고도성장기에 자신을 확장하기^{Scaling yourself during hypergrowth}', https://www.oreilly.com/radar/scaling-yourself-during-hypergrowth
- 존 아우스터하우트^{John Ousterhout}의 『A Philosophy of Software Design(소프트웨어 설계의 철학)』(Yaknyam Press, 2018)

물론 이들 중 일부는 분명 많은 글을 쓰고 강연도 많이 했지만, 군이 그렇게 하지 않아도 명성을 얻는 데는 충분했을 것입니다.

명성의 함정

모든 기업의 활동은 성과를 측정할 수 있는 지표가 필요하며, 이는 명성도 측정해야 한다는 복잡하고 까다로운 문제로 이어집니다. 저는 명성 측정에 많은 시간을 들이는 대신 작은 시간 제한을 설정해 채용 과정(후보자 또는 고용주로서)에서 콘텐츠가 언급되는 빈도를 추적하는 방법을 추천합니다.

명성 측정 과정에서 특히 피해야 할 몇 가지 기준은 다음과 같습니다.

- **페이지 뷰**

  페이지 뷰는 대개 가장 쉽게 측정할 수 있는 지표지만 잘못된 동기를 유발할 수도 있습니다. 논리적이고 깊이 있는 콘텐츠보다는 논란을 일으키는 것이 페이지 뷰를 더 쉽게 증가시킬 수 있기 때문입니다. 그러나 논란은 명성을 쌓기보다는 반대로 떨어뜨립니다. 또한 많은 청중(초급 소프트웨어 엔지니어)보다는 결국 영향력 있는 청중(기술 임원들)을 겨냥하는 것이 당신의 경력에 점점 더 중요해질 것입니다.

- **소셜 미디어 팔로워 수**

  팔로워 수는 도달 범위를 측정하는 좋은 방법입니다. 도달 범위는 콘텐츠가 얼마나 많은 사람들에게 전달되는지를 나타내므로 명성을 쌓는 데 유용한 지표이긴 합니다. 하지만 페이지 뷰와 마찬가지로 잘못된 동기를 유발한다는 문제를 가지고 있습니다. 논란을 통해 소셜 미디어의 도달 범위를 늘리는 방법은 명성을 쌓는 것과 상충되는 행동이기 때문에 이것도 신실한 지표가 될 수 없습니다.

- **콘텐츠 판매량**

  콘텐츠를 책이나 강의로 판매하는 경우, 판매량을 측정하는 것은 매력적인 방법입니다. 그러나 불행히도 판매량과 명성 사이의 상관관계는 의심스러운 경우가 많습니다. 특히 이것이 당신의 유일한 콘텐츠라면 판매하는 것이 오히려 도달 범위를 줄일 가능성이 높습니다.

- **콘텐츠의 양**

  콘텐츠(글)의 양을 측정하는 것도 유혹적이지만 이는 명성보다는 청중을 확보하는 데 집중하게 만들기 때문에 실제적인 명성을 쌓는 것과는 거리가 있습니다. 글을 많이 쓰는 것이 나쁜 것은 아니지만 명성을 쌓는 데는 비효율적인 방법입니다.

브랜드 구축에 투자를 많이 하게 되면 앞서 언급한 항목들을 측정하는 것이 불가피해지지만, 이러한 측정 방식이 실질적으로 도움이 될 가능성은 매우 낮습니다. 더 나은 측정 방법을 찾는 것도 좋지만 측정 자체에 들어가는 에너지와 노력을 적당한 수준으로 제한하고 절약한 에너지를 당신의 비즈니스나 경력의 유용한 활동에 직접 쓰는 것이 더 낫습니다.

요약

이 장에서는 임원으로서 개인적인 명성을 쌓는 방법과 엔지니어링 조직이 고용주로서의 명성을 쌓는 방법을 배웠습니다. 또한 명성과 브랜드 또는 청중을 구축하는 것의 차이를 알아보았습니다. 콘텐츠를 소프트웨어 엔지니어에게 직접 판매하지 않는 이상 명성을 쌓는 것이 더 효율적인 이유도 다뤘습니다. 더 나아가 명성을 측정하는 것은 대부분 우리에게 정말 중요한 목표가 아니기 때문에, 측정에 많은 투자를 하기보다는 시간 제한을 두고 접근하는 것이 좋다는 점을 배웠습니다.

이 장에서 기억해야 할 한 가지 핵심은 주변의 회사와 임원들이 따르는 조언과 패턴에 대해 적어도 가벼운 의심을 품어야 한다는 것입니다. 회사와 개인이 온라인에서 콘텐츠를 만들고 배포할 때는 각기 다른 방식의 게임을 하고 있으며, 그 게임의 규칙과 가치는 서로 상충될 수 있습니다. 따라서 자신이 어떤 게임을 하고 있는지 그리고 왜 그 게임을 하는지를 확실히 알고 있어야 합니다.

다음 링크에서 추가 자료 및 리소스를 찾아보세요.
https://lethain.com/eeprimer-refs-12

13

CEO, 동료 및 엔지니어링 조직과 협력하기

새로운 임원을 채용하면 혼란이 생긴다는 식의 이야기는 매우 많습니다. 실패할 수밖에 없는 거대한 시스템 마이그레이션을 강행하는 엔지니어링 리더, 지출을 과도하게 늘려 결국 구조조정을 초래하게 만드는 마케팅 리더, 심지어 취임 한 달 만에 해고되는 임원도 여러 번 보았습니다. 이런 이야기가 나올 때면 실패의 원인을 주로 임원 개인의 잘못에서 찾지만, 이러한 상황은 너무 흔하기 때문에 개인적인 실수 외에도 구조적인 문제가 있다고 생각합니다. 다행히 많은 신임 임원들이 빠지는 이런 구조적인 함정은 피할 방법이 있습니다. 그 안에 내재된 어려움을 겸허히 인정하고 의식적으로 극복해 나가는 것입니다.

새로운 엔지니어링 임원은 보통 CEO가 엔지니어링 조직이 제 역할을 못한다고 생각해서 불러들이는 경우가 많습니다. 그러나 팀원들과 이야기해 보면 CEO가 방향을 너무 자주 바꾼다고 말할지도 모릅니다. 동료 임원들이나 이사회와 이야기하면 또 다른 세 번째, 네 번째 이야기가 나올 수도 있습니다. 새로운 임원이 실패하는 이유는 많은 사람들이 이렇게 상황을 서로 상반된 관점으로 바라보고 있는 데 있습니다. 사실 모두 불완전하지만, 복잡한 상황을 이해하는 데는 유효한 퍼즐 조각입니다. 성공하는 임원은 이렇게 서로 다른 의견을 하나의 통합된 관점으로 만들어 내는 반면, 실패하는 임원은 한두 가지 관점에만 매몰되어 나머지를 무시합니다.

이 장에서는 새로운 임원으로서 겪게 되는 핵심적인 구조적 문제를 극복하고 효과적인 관계를 구축하기 위해 다음 주제들을 다룰 것입니다.

- 지지를 받는지, 용인되고 있는지, 혹은 반감을 사고 있는지 진단하기
- 암묵적인 권력 구조를 헤쳐 나가는 전략
- CEO, 이사회, 동료 임원, 부서 간의 시각 차이 좁히기
- 과거 경험에 매몰되지 않기
- 생각을 일치시키는 습관 기르기
- 소수의 변화에 집중하기
- 일시적인 갈등은 수용하되 지속적인 갈등은 예방하기
- 패닉에 빠진 동료를 구하는 법

이런 주제들을 다루고 나면 임원으로서 맞닥뜨리는 복잡한 문제들의 실타래를 풀어 내는 명확한 로드맵을 얻게 될 것입니다. 또한 임기 전반을 지탱해 줄 견고하고 건강한 관계 구축을 위한 효율적인 접근 방식을 배우게 될 것입니다.

지지를 받는지, 용인되는지,
혹은 반감을 사는지 진단하기

당연한 말처럼 들리겠지만 좋은 임원들은 동료와 CEO 그리고 자신이 이끄는 팀의 적극적인 지지를 받습니다. 물론 항상 그런 것은 아닙니다. 대부분의 임원은 각자 담당 영역에 고립된 채 일합니다. 여러 부서들이 서로 부딪히며 어떤 감정을 품고 일하는 환경과는 매우 다르기 때문에 주변에서 어떻게 바라보고 있는지 파악하기 어렵습니다.

회사 내 다른 부서와의 관계를 확인할 수 있는 웹사이트 같은 것은 당연히 없지만, 관계의 상태를 파악하는 방법은 비교적 간단합니다.

- **지지를 받는 경우**
  사람들이 당신의 성공을 위해 적극적으로 나서는 경우입니다. 예를 들어 시스템을 모놀리식

구조에서 서비스 기반 구조로 전환하는 작업을 추진한다면 동료들이 이를 단순히 수용하는 것이 아니라 그에 대한 실질적인 우려 사항과 해결책을 함께 고민해 줄 것입니다.

- **용인되는 경우**

  다른 사람들이 당신의 일에 무관심한 경우입니다. 서비스 전환 계획을 듣고 관련 작업을 할당하긴 하지만, 당신의 접근 방식이 갖는 구조적 비효율성을 지적하려는 노력은 하지 않습니다.

- **반감을 사는 경우**

  다른 사람들이 당신의 요청을 업무에 방해가 된다고 여기는 경우입니다. 자신들의 팀에 당신이 요청한 작업을 무시하라고 지시하고 강하게 항의하기 전까지는 이를 처리하지 않을 것입니다.

만약 함께 일하는 대부분의 임원들과 부서로부터 이미 지지를 받고 있다면 다음 장으로 넘어가도 좋습니다. 하지만 이에 대한 확신이 없거나 일부 부서로부터 용인되거나 반감을 사고 있다는 의심이 든다면 다음 내용을 계속 읽으면서 관계 악화의 원인과 그 해결책을 알아볼 필요가 있습니다.

암묵적인 권력 구조를 헤쳐 나가는 전략

새로운 임원으로서 팀을 지원하는 데 최우선을 두더라도 CEO의 엔지니어링 부서 성과 평가를 의식하는 것은 피하기 어렵습니다. 이는 자연스러운 일입니다. 면접 과정 내내 CEO와 대화했고, CEO는 당신의 상사이며, 만약 그를 실망시키면 해고될 수도 있기 때문입니다. 하지만 CEO가 새로운 임원을 채용하는 건 어떤 문제를 해결하기 위한 목적이므로 그는 엔지니어링 조직의 문제를 주로 이야기하지, 잘 진행되고 있는 부분에 대해서는 말하지 않을 것입니다. 또한 CEO의 문제 진단이 완벽하지 않을 수도 있습니다.

CEO, 이사회, 동료 임원들의 관점을 주의 깊게 듣되 새로운 관점에 마음을 닫으면 안 됩니다. 엔지니어링에 문제가 있다고 해서 반드시 엔지니어링이 문제의 원인은 아닙니다. 문제 해결에 착수하기 전에는 반드시 팀과 깊이 있는 논의를 거쳐야 합니다. 즉, 엔지니어링은 문제의 일부일 가능성은 높지만 문제의 전부는 아닙니다.

이렇게 회사 내의 권력이 작동하는 방식을 이해하려는 노력을 과소평가하는 임원들은 겉으로 드러나는 문제를 마치 근본적인 원인인 것처럼 착각하고 처리하는 경향이 있습니다. 이는 종종 잘못된 해결책을 낳습니다. 대대적인 시스템 마이그레이션이나 조직 개편을 성급하게 단행하는 임원들을 잘 보면 그런 결정 뒤에는 실무자의 의견을 무시하는 권력자만의 달콤한 유혹이 숨어 있는 것을 볼 수 있습니다.

물론 CEO의 의견을 무시하라는 말은 아닙니다. 그는 엄연히 당신의 상사입니다. 하지만 문제를 해결하기 전에 더 많은 사람의 의견을 폭넓게 경청하는 것이 그를 효과적으로 돕는 방법입니다. 눈에 보이는 증상만 해결하는 데 너무 성급하게 움직이다가는 CEO가 진짜 원하는 해결책과 더 멀어질 수 있습니다.

CEO, 이사회, 동료 임원, 부서 간의 시각 차이 좁히기

그동안 함께 일했던 유능한 임원들은 겉보기에는 상충되는 4~5가지의 관점을 하나로 통합하는 데 놀라운 능력이 있었습니다. 예를 들어 제품 팀은 엔지니어링 팀이 납기 일정을 지키지 못한다고 느낄 수 있고, 엔지니어링 팀은 디자인 팀이 요구 사항을 계속 변경한다고 불평할 수 있습니다. 디자인 팀은 제품 팀이 늦었지만 합리적인 변경 요청을 하고 있는데 엔지니어링 팀이 이를 받아들이지 않는다고 여길 수 있습니다. 또한 영업 팀은 엔지니어링 팀이 고객 지향적이지 않기 때문에 약속한 날짜를 맞추지 못한다고 생각할 수도 있습니다. 이 모든 상황을 단순히 해석하면 엔지니어링 팀의 실행력에 문제가 있는 것처럼 보이지만, 단순히 특정 팀을 탓하기보다는 확실히 더 세부적인 진단이 필요해 보입니다. 이렇게 미묘한 차이점을 이해하는 것이 더 효과적인 해결책을 찾는 데 훨씬 도움이 됩니다.

복잡한 문제를 마주하면 너무 서두르지 말고 여러 가지 관점을 먼저 충분히 고려하기 바랍니다. 이런 태도가 익숙해지면 시간이 더 오래 걸리는 것이 아니라 오히려 불필요한 책임 공방을 피할 수 있기 때문에 문제 해결 속도가 빨라집니다.

이처럼 여러 서사를 하나로 통합하는 능력을 가진 임원은 단순히 자기 부서만이 아니라 회사 전체의 이익을 위한 문제 해결사로 행동합니다. 이러한 리더십은 부서 간 협력을 기대하게 만드는 좋은 문화를 형성하며, 다른 부서와 임원들이 서로 지지하는 관계를 구축하는데 가장 효과적입니다.

과거 경험에 매몰되지 않기

많은 신임 임원들이 저지르는 실수는 이전 회사에서의 경험을 새로운 회사에서도 그대로 적용하려다 동료와 부서들을 소외시키는 것입니다. 이는 대기업에서 스타트업으로 옮겨온 임원들 사이에서 흔히 발생합니다. 이들은 대기업의 풍부한 자원과 지원 체계에 익숙해져 있는데, 작은 회사에는 그런 게 존재하지 않습니다. 자신에게 이미 익숙한 방식대로 일을 진행하다 보면 새로 만난 동료들과 쉽게 갈등을 빚게 됩니다.

반대로 작은 회사에서 대기업으로 옮기는 경우에도 어려움이 따를 수 있습니다. 이 경우 신임 임원들은 별다른 논의 없이 주요 결정을 내리려다 협의를 기대했던 동료들을 실망시키게 만듭니다.

이런 문제를 피하는 방법은 현재 회사에서 다른 사람들의 문제 해결 방식을 먼저 관찰하고, 필요하면 왜 그렇게 해결했는지 직접 물어보는 것입니다. 일부 임원들은 직접 부딪혀 가며 배우는 것이 더 빠르다고 생각하지만(예: 일단 하고 싶은 대로 해 보고 문제를 나중에 알아보기), 부딪혀야 할 '문제'가 바로 당신의 동료라면 그런 방식은 효과적이지 않습니다. 아무도 타인과 부딪히는 것을 좋아하지 않으며, 이는 당신이 협력하는 팀의 일원이 아니라 자기만 우선시하는 사람이라는 좋지 않은 인상을 남길 수 있습니다.

피드백을 요청하는 습관 기르기

많은 임원들은 실수를 하면 자연스럽게 피드백이 올 거라고 생각합니다. 물론 결국에는 그렇게 되지만 필요한 시점보다 한참 늦게 받을 가능성이 높죠. 따라서 능동적으로 피드백을 요청하고 이를 잘 받아들이는 습관을 기르는 것이 중요합니다.

임원 회의에 참석한 사람들에게 당신이 더 잘할 수 있었던 점이나 하지 말았어야 할 행동이 있었는지 물어보세요. 대부분의 경우 의미 있는 피드백을 받지 못할 수 있지만 가끔은 중요한 통찰을 얻기도 합니다. 피드백을 받을 때는 설령 그 내용이 특별하지 않더라도 감사 인사를 하고 추가 질문을 던져 피드백을 더 잘 이해할 수 있도록 하세요. 예를 들면 "보너스를 줄이겠다는 제 의견을 말할 때 제가 너무 장황하지 않았나요?"와 같이 구체적으로 질문하는 것이 좋습니다. 이런 질문이 전반적인 피드백 요청보다 답변하기 훨씬 쉽습니다. 무엇보다도 피드백을 받았으면 실제 업무에 반영해 개선하려는 의지를 보여 주어야 합니다.

모든 동료에게 그렇게 할 필요는 없지만 가끔씩은 가까이 일하는 모든 사람에게 주기적으로 피드백을 요청하세요. 이렇게 하면 사람들이 솔직하게 자신의 의견을 공유할 수 있는 기회를 열어줄 수 있습니다.

소수의 변화에 집중하기

동료들에게 새로운 아이디어를 제안할 때면 그들은 당신이 이전에 제안한 바 있는 몇 가지 아이디어를 떠올립니다. 그 제안들이 실제로 잘 진행되었는지, 자신을 포함한 주변 동료들이 그런 변화에 대해 긍정적인 느낌을 가졌는지 여부를 생각합니다. 더불어 그 변화들이 명확한 결론 없이 흐지부지된 것은 아닌지, 결론 없이 끝났거나 시간 낭비로 여겨졌는지 여부도 함께 되짚어 보세요.

과거 아이디어들이 실제로 효과적이었다면 동료들은 새로운 제안을 기꺼이 지지

한 것입니다. 반대로 그렇지 않았다면 지지하지 않겠죠. 따라서 팀과 동료들의 지지를 유지하는 최선의 방법은 실제로 의미 있는 영향을 미치는 소수의 변화에 집중하는 것입니다. 첫 번째 마이그레이션을 끝내기도 전에 여러 다른 기술 마이그레이션을 밀어붙이는 임원이 되지 마세요. 새로운 프로세스를 만들겠다고 주장하면서 정작 그 프로세스를 사용해 본 적도 없는 임원도 되지 말기 바랍니다.

잘 진행될 거라고 스스로 확신하는 몇 가지 아이디어를 선택하고 완수하는 것이 중요합니다. 너무 당연한 말로 들릴 수도 있지만, 이를 가볍게 무시하는 순간 '용인'되거나 '반감을 사는' 임원으로 찍히게 될 것입니다.

일시적인 갈등은 수용하되, 지속적인 갈등은 예방하는 법

많은 임원들이 업무 관계에서 갈등을 없애려고 하지만 이는 미묘하게 잘못된 목표입니다. 실제 회사들은 성장에 따라, 시장 환경의 변화에 따라 자연스럽게 갈등을 경험할 수밖에 없습니다. 만약 갈등이 전혀 없다면 그것은 갈등을 해결한 것이 아니라 그냥 무시하고 있을 가능성이 큽니다.

갈등은 본질적으로 부정적인 것이 아닙니다. 새로운 유형의 갈등을 경험하는 것은 성장을 나타내는 중요한 신호입니다. 피해야 할 갈등은 해결되지 않고 반복되는 갈등입니다. 건강한 갈등의 예로는 원격 근무 중 사무실 복귀 정책을 시행하는 문제에 대해 경영진의 의견이 엇갈리는 경우를 들 수 있습니다. 이는 다양한 관점이 걸려 있는 복잡한 주제이며, 이러한 관점을 모두 표출하여 논의한 후 의사결정을 내리는 것이 중요합니다. 반면 건강하지 않은 갈등도 있습니다. 연구 개발(R&D)과 영업 및 마케팅(S&M) 간의 투자 비율에 대해 임원 팀이 계속해서 강하게 의견 충돌을 일으키고, 재무 계획을 수정할 때마다 조율되지 않는 경우가 이에 해당합니다.

해결되지 않은 갈등을 감지했을 때는 각 사람들의 관점과 그들이 왜 합의에 도달하지 못하는지를 이해하는 데 시간을 할애하세요. CEO와 부서 간의 시각을 통합하는 방법을 찾는 것처럼 겉보기에는 상충하는 관점을 포괄하는 시각이 존재할 것입니다. 이 접점을 찾는 것이 갈등 해결의 핵심입니다. 그렇지 않다면 갈등을 해결하기 위한 명확한 메커니즘을 수립하는 방법도 있습니다.

마지막으로, 갈등 해결을 가로막는 주범이 자신은 아닌지 돌아보세요. 저 역시 제 입장에 너무 집착한 나머지 크게 중요하지 않은 일임에도 불구하고 내려놓지 못한 적이 있었습니다. 이런 태도는 예상보다 더 큰 손해를 낳습니다. 비록 다른 사람들과 의견이 달라도 사소한 일은 적당히 넘기는 것이 부서의 건강을 유지하는 데 도움이 됩니다.

구조화된 에스컬레이션

사람들은 종종 에스컬레이션(문제를 상급자에게 보고하여 해결을 요청하는 것)을 의심의 눈초리로 바라보며 정치적인 행위와 마찬가지로 부정적인 것으로 간주합니다. 하지만 에스컬레이션은 일을 잘 해 나가는 데 중요한 부분입니다. 때로 당신과 동료들이 서로 상충되는 지시를 받을 때가 있는데, 이런 상황은 더 높은 권한을 가진 사람이 해결할 수 있습니다. 임원의 경우 보통 CEO에게 문제를 에스컬레이션합니다.

대부분의 회사에서 에스컬레이션 프로세스는 비공식적이고 문서화되지 않아 실행하는 것이 어색하게 느껴질 수 있습니다. 하지만 링크드인은 신뢰를 쌓는 에스컬레이션을 장려하기 위해 다음과 같이 구조화된 에스컬레이션 프로세스를 개발했습니다.

1 의견 충돌이 발생하면 상대방과 함께 5일 이내에 이를 해결하기로 합의합니다.

2 상대방과의 시간을 우선적으로 할애하여 서로의 관점을 이해하고 함께 해결 방안을 도출하려고 노력합니다.

3 만약 합의에 이르지 못하면 각자 따로 에스컬레이션하여 중요한 맥락을 놓치는 대신, 함께 '클린 에스컬레이션clean escalation'을 수행하여 공동으로 작성한 문서와 함께 에스컬레이션을 진행합니다.

4 상대방과 함께 에스컬레이션한 상급자의 지시를 따르기로 약속합니다.

이 프로세스는 사람들이 잘 따른다는 조건 하에서는 매우 잘 작동하는 방식입니다. 그렇지 않으면 다른 많은 프로세스들처럼 규칙을 잘 따르는 사람들에게는 또 하나의 불리한 함정이 될 뿐입니다.

패닉에 빠진 동료를 구하는 법

회사 내에서 효과적인 관계를 구축한다 해도 일이 잘못될 때가 있습니다. 가장 흔한 상황은 CEO로부터 부정적인 피드백을 받은 동료가 그 피드백을 자기 업무에 효과적으로 반영하지 못할 때입니다. 새로 입사한 임원으로서는 장기적인 관계를 구축하기보다 단기적인 생존에 더 집중하는 동료와의 관계를 어떻게 다뤄야 할지 매우 복잡해질 수 있습니다.

이러한 상황의 예로는 다음과 같은 것들이 있습니다.

- 최근 출시된 제품이 더 많은 사용자를 유도하지 못해 제품 부문 임원에게 책임을 묻자 시스템 버그가 많았기 때문이라며 엔지니어링 팀을 탓하는 경우
- 할당량을 달성하지 못해 영업 부문 임원에게 책임을 묻자 제품 및 엔지니어링 팀의 느린 작업 속도를 탓하는 경우
- 높은 고객 획득 비용에 대해 마케팅 부문 임원에게 책임을 묻자 마케팅 웹사이트를 제대로 구축하지 못했다며 엔지니어링 팀을 탓하는 경우

이런 상황이라면 어려움을 겪고 있는 동료에게 공감하면서 그들과 함께 문제를 해결하려고 노력하세요. 그들은 때로 당신에게 책임을 돌리기도 하지만, 궁극적으로 임원 팀의 성공은 팀워크의 결과와 같습니다. 비록 한 임원이 현재 성과가 좋지 않더라도 그 임원의 실행력을 개선하는 것이 새로운 사람을 채용하는 것보다 덜 혼란스러울 때가 많습니다. 설령 그를 돕지 못하더라도 적어도 그들의 후임을 어떤 식으로 지원해야 할지에 대해서는 명확하게 이해할 수 있을 것입니다.

이러한 상황이 최악으로 치달을 수도 있습니다. 예컨대 CEO가 이미 포기한 임원을 회사에서 퇴출시킬 구체적인 계획이 없는 경우가 그렇습니다. 이런 상황이 오래 지속되면 서로에게 더 불편한 상황이 생길 뿐입니다. 그럴 때는 CEO가 최대한 빨리 변화를 추진하도록 압박하고, 당신의 팀과 불안한 임원 사이에 완충 역할을 하세요. 적어도 CEO가 문제를 해결할 때까지는 팀에 미치는 혼란을 줄일 수 있습니다.

요약

이제 당신은 CEO, 동료 및 팀의 지지를 받는 임원이 되기 위한 준비가 되었습니다. 관계에 계속 신경 쓰세요. 겉보기에는 상충하는 관점을 하나로 통합하는 종합적인 시각을 계속해서 찾으세요. 만약 무엇을 해야 할지 확신이 서지 않는다면, 앞으로 3개월이 아닌 3년 동안 회사에 가장 큰 영향을 미칠 수 있는 접근 방식을 찾아 그것을 실천하면 됩니다.

 다음 링크에서 추가 자료 및 리소스를 찾아보세요.
https://lethain.com/eeprimer-refs-13

엔지니어링 리더십 팀 결속시키기

제가 처음 읽었던 리더십 책 중 하나는 패트릭 렌시오니의 『팀워크의 부활』(위즈덤하우스, 2021)입니다. 이 책은 자신에게 직접 보고하는 팀원들보다 동료들이야말로 '첫 번째 팀'이라는 개념을 소개합니다. 이 아이디어가 저에게 매우 신선하게 다가온 이유는 동료들에게 좋은 팀원이 되는 것이 직접 보고하는 팀원들에게 좋은 리더가 되는 것보다 훨씬 어렵기 때문입니다. 관리하는 팀과는 보통 인센티브(특정 행동을 촉진하는 요소)가 일치하지만, 동료들과는 오히려 인센티브가 충돌하는 경우가 흔합니다. 예를 들어 마케팅 책임자가 당신 팀이 별로 중요하지 않다고 여기는 일을 먼저 해달라고 요청할 수 있습니다. 인사 책임자가 당신의 팀이 충분히 자격이 있다고 생각하는 데도 우수 성과자 지정을 더 까다롭게 하라고 원할 수 있습니다. 이런 주제들은 서로 합의가 어렵습니다.

직접 보고하는 팀원들과의 조율이 동료들과 조율하는 것보다 더 쉽다 하더라도, 서로 조화로운 엔지니어링 리더십 팀을 만드는 것은 예상보다 어렵습니다. 좋은 의도를 가진 팀원들도 때로 충돌하는 의견을 가질 수 있습니다. 엔지니어링 임원으로서 당신의 역할은 팀에 명확한 가치를 설정하고 그 가치에서 벗어나는 행동이 일어나지 않게 조정하는 것입니다.

이 장에서는 다음 주제들을 다룹니다.

- 새로운 역할에서 엔지니어링 리더십 팀 문제 해결하기
- 리더십 팀을 결속시켜 효과적인 팀으로 만들기

- 리더십 팀에서 직접 보고하는 팀원들에게 기대할 수 있는 것
- 팀 내 갈등 진단하기

이 장이 끝날 때쯤에는 효과적인 팀을 형성하고 운영하는 데 필요한 틀을 얻게 될 것입니다.

팀의 문제를 해결하고 잘 운영하기

새로운 임원 역할을 시작할 때 가장 중요한 임무 중 하나는 자신의 부서 내에 존재하는 리더십 팀에 대한 자신의 생각을 정립하는 것입니다. 이 작업이 까다로운 이유는 보통 당신이 일을 시작할 때쯤이면 이전 임원은 이미 오래전에 떠났고, 엔지니어링 리더십 팀은 한동안 지도나 피드백 없이 운영되었을 가능성이 있기 때문입니다. 따라서 초기에는 팀원들의 최상의 모습보다는 최악의 상태를 볼 가능성이 더 큽니다.

그럼에도 불구하고, 첫 몇 달 동안에는 몇 가지 중요한 질문에 답해야 합니다.

- **즉시 떠나야 할 팀원이 있는가?**

  이들은 주로 행동에 심각한 문제가 있거나 팀과 동료의 신뢰를 잃은 사람들입니다. 단순히 성과가 저조한 것을 떠나서 실제로 회사나 조직에 피해를 주고 있는 사람들입니다. 예를 들어 팀원 중 한 명이 자신의 역할이나 회사에 대해 지속적인 불만을 퍼뜨리며 팀의 사기를 저하시키는 상황이라면 그 사람은 떠날 때가 된 것입니다.

- **리더십 팀 내 또는 팀원들과 주요 이해관계자들 사이에 깨진 관계가 있는가?**

  협력해야 하는데도 불구하고 서로 제대로 소통하지 못하거나 함께 일하지 못하는 사람들을 찾아야 합니다. 예를 들어 비즈니스 라인의 제품 팀장과 엔지니어링 팀장이 회의에서 서로 말하지 않거나 사적으로 서로 상반된 이야기를 하고 있다면 이를 빨리 해결해야 합니다.

- **현재 조직 구조가 리더십 팀에 적합한 리더들을 포함하고 있는가?**

  데이터, 보안, 인프라와 같은 팀을 대표할 리더가 없어서 중요한 의사결정이 신속하게 진행되지 못하는 경우, 또는 중요한 팀이 방치되거나 잘못 관리되고 있는 경우 이를 개선하는 것도

중요합니다. 예를 들어 회사에 보안 의식이 크게 부족하고 보안 팀이 인프라 팀 내에 깊숙이 묻혀 있으며 보안 경험이 없는 사람이 관리하고 있다면, 보안 팀을 리더십 팀에 포함시키는 것이 좋습니다.

사람들과 일대일로 만나고, 회의에 참석하고, 팀이 어떻게 운영되는지 지켜보면서 각 질문에 대한 초기 의견을 빠르게 형성해야 합니다. 첫 번째 의견을 얻었다면 그 의견이 틀렸을 가능성도 검토합니다. 당신은 진실을 파악하기 위해 고용된 것이지, 가장 인기 있는 서사에 맞추기 위해 고용된 사람이 아닙니다. 들려오는 서사에는 항상 의심을 품어야 나중에 후회하지 않습니다.

해석에 대한 확신이 생기면 이제 행동에 나설 때입니다. 우선, 앞으로 팀의 일원이 되지 않을 사람들을 내보내는 것부터 시작하세요. 리더십 팀은 멤버가 바뀔 때마다 팀의 결속력을 다시 다져야 하므로 신뢰할 수 있는 리더십 팀을 빠르게 구성하는 것이 중요합니다. 다소 불편한 과정이지만 해결할 수 없는 상황을 계속 끌고 가는 것은 누구에게도 도움이 되지 않습니다. 인사 결정을 신속하게 내리면 대인 관계 갈등 해결에 시간을 보내는 대신 구체적인 실행과 전략에 관한 더 가치 있는 결정을 내리는 데 시간을 쏟을 수 있습니다.

때로는 명확한 답이 없는 결정을 내려야 할 때도 있습니다. 어려움을 겪고 있더라도 리더십 팀에서 의미 있는 역할을 할 수 있다고 판단되는 사람들과는 솔직한 대화를 나눠야 합니다. 새로운 리더로서 명확한 기대치를 설정할 수 있는 초기 기간을 활용하면 팀원들과 어려운 대화를 더 수월하게 할 수 있습니다. 잃을 수 없는 사람을 잃을지도 모른다는 두려움에 대화를 미루지 않도록 주의하세요. 리더라면 대부분 성과를 내고자 하는 강한 열망이 있습니다. 명확한 기대치를 설정하는 것은 그들이 더 좋은 성과를 낼 수 있도록 최선을 다해 돕겠다는 메시지를 전달하는 것입니다. 훌륭한 인재들은 이런 접근을 환영합니다! 만약 당신이 기대치를 설정했다고 해서 누군가 회사를 떠난다면, 그 사람은 이미 당신이 도울 수 없을 정도로 너무 좌절했거나 번아웃된 상태일 가능성이 큽니다.

마지막으로, 팀을 재구성한 후에는 조직 구조를 변경할 필요가 있는지도 고민해야 합니다. 리더십 팀의 모든 구성원을 직접 대표하는 것이 목표는 아니지만, 가장 중요한 팀의 입장을 세밀하게 대변할 수 있는 사람이 있어야 합니다. 특히 초기에는 다양한 관점을 수렴하기 위해 리더십 팀의 구성을 넓게 잡는 것이 좋습니다. 다만 조직의 안정성과 균형을 맞추는 것도 중요하므로 확신이 서지 않는다면 특정 인원을 한시적으로 회의에 초대하여 실험해 보는 것도 좋은 방법입니다.

> **NOTE** 가능하다면 임원인 당신이 엔지니어링 관리자만 관리하는 대신 한두 명의 시니어 엔지니어가 당신에게 직접 보고하도록 하는 방법도 고려할 수 있습니다. 엔지니어링 임원은 엔지니어링의 기술적 관점과 관리적 관점을 통합할 책임이 있으며, 두 가지 관점이 리더십 팀 내에서 모두 대표될 때 이를 더 쉽게 수행할 수 있습니다.
>
> 경우에 따라서는 이러한 구성이 어려울 수도 있습니다. 이미 너무 많은 직속 보고자가 있다면 더 많은 인원을 포함하는 것이 부담스러울 수 있습니다. 그럴 경우에는 자주 의견을 나누는 시니어 엔지니어 그룹을 구성하여 그들의 생각을 듣도록 노력해야 합니다. 이러한 그룹은 주로 아키텍처 팀이나 각 비즈니스 유닛의 최고 시니어 엔지니어로 구성됩니다.

리더십 팀 운영하기

초기 리더십 팀의 구성원을 결정했다면 이제 그들을 하나의 팀으로 결속시켜야 한다는 더 큰 과제가 남아 있습니다. 이는 당신이 팀을 효과적으로 운영하기 위해 필요한 가치, 구조, 관계 등을 어떻게 만드는가에 달려 있습니다. 초기에는 팀을 빠르게 정비할 수 있지만, 그렇게 구성된 팀을 결속시키고 운영하는 데에는 당신의 임기 내내 지속적인 노력이 필요할 것입니다.

팀을 효과적으로 운영하는 방법은 다음 네 가지 핵심 요소로 정리할 수 있습니다.

- **팀의 가치를 정의하세요.**
  이 팀이 어떤 식으로 결정을 내리기를 원하나요? 일관된 정책을 집행하는 데 얼마나 집중해야 하며, 긴급한 문제를 해결하는 데에는 또 얼마나 집중해야 할까요? 팀의 가치는 조직의 가치와 연결되어야 하지만 작업을 수행하는 과정에서 어떤 행동을 하는지에 따라 더 많은 의미를 갖게 될 것입니다. 가장 중요한 가치는 팀 내에 존재하는 갈등을 해결하는 방법을 제공하는 것입니다. 예를 들어 새로운 제품 기능을 제공하는 것과 오래되어 더 이상 신뢰할 수 없는 컴포넌트를 제거하는 마이그레이션 지원 업무 사이의 균형을 어떻게 맞출 것인가요? 두 업무의 리더가 자기들끼리 알아서 타협점을 찾아야 하나요? 아니면 의견 불일치를 정식으로 문서화한 후 에스컬레이션해야 하나요? 아니면 전체 그룹이 함께 논의하기를 원하나요, 아니면 완전히 다른 방식을 원하나요?

일부 팀은 이러한 팀 가치를 공들여서 문서화하고, 다른 팀은 문서가 없어도 자연스럽게 이를 실천해 나가기도 합니다. 중요한 것은 가치를 하나의 약속으로 확립하고 이를 실제로 지키는 것입니다. 문서화가 필요한지 여부는 팀의 구성원 성향에 따라 달라질 수 있습니다.

- **팀 구조를 확립하세요.**

여기에서 팀 구조는 리더십 팀이 엔지니어링 조직을 다 함께 운영하기 위해 활용하는 메커니즘과 의식을 의미합니다. 이 팀은 어떤 회의를 통해 업무의 맥락을 전달하고 갈등을 해결하나요? 정보는 회사의 임원 팀에서 이 그룹까지 어떻게 흐르나요? 팀원들이 채팅을 통해 주간 업데이트를 제공하고 있나요?

- **개인적으로 교류할 수 있는 공간을 만드세요.**

많은 고위 리더십 팀은 너무 형식적이어서 때론 인간적인 유대감이 부족하게 느껴지기도 합니다. 형식적인 관계로도 좋은 일을 할 수 있지만, 서로를 잘 아는 결속된 팀이 불가피하게 다가오는 어려운 순간을 더 잘 극복할 수 있습니다. 팀 관리자로서 당신의 역할은 팀원들이 서로 상호작용할 수 있는 공간을 만들어 주는 것입니다. 지금 당장은 업무와 관련이 없으므로 비효율적일 수 있지만, 여러 사람이 모인 대규모 그룹이 성공적으로 협력하려면 결속력 있는 관계가 반드시 필요합니다.

- **팀의 가치에서 벗어나는 행동을 중재하세요.**

일부 리더십 팀은 명확한 가치, 구조, 관계가 존재함에도 불구하고 어려움을 겪습니다. 이런 일은 보통 팀의 한두 명이 팀의 가치를 위반했는데도 그에 따르는 책임을 묻지 않을 때 일어납니다. 누군가 규칙을 어기고도 아무런 대가를 치르지 않으면, 다른 사람들은 그 가치를 지키는 것이 정말 필요한지 의문을 품게 됩니다. 임원으로서 당신의 역할은 팀원들이 가치를 지키고 준수하도록 책임을 묻는 것입니다. 실수는 일어날 수 있지만 반복적인 위반을 용인하는 것은 팀 가치가 존재하지 않는 것과 마찬가지입니다.

리더십과 관련된 논의가 흔히 그렇듯이 이러한 주제들은 비교적 간단합니다. 하지만 진짜 어려운 부분은 이를 지속적으로 실행하는 것입니다. 초기에 설정이 필요할 뿐만 아니라 매주 꾸준한 관리도 요구됩니다. 다행히도 이 과정을 혼자 감당할 필요는 없습니다. 팀의 적극적인 참여를 독려해야 합니다.

팀원의 기대치 설정하기

팀 구조를 만들 때 핵심적인 부분은 팀원들이 어떻게 팀에 참여해야 하는지에 대한 적절한 기대치를 설정하는 것입니다. 대개 리더십 팀에 처음 합류한 사람들은 종종 팀이 자신의 업무를 돕기 위해 왔다고 생각하고 회사의 목표를 위해 조직을 이끌어가야 한다는 사실을 인식하지 못하는 경우가 많습니다. 명확한 기대치를 설정해 놓으면 우선순위가 잘못되었다는 것을 팀원 스스로 깨달을 수 있습니다.

특히 다음과 같은 측면에서 팀원들의 기대치를 설정하는 것이 유용합니다.

- **팀을 이끄는 방법**

  어떤 회사는 내부 리더들이 반복되는 행정적인 업무에 집중하도록 요구하며 철저히 문서화된 인원 배치 스프레드시트나 분기별 계획 같은 것을 중요시합니다. 어떤 회사는 주로 리더들이 문제를 신속하게 잘 해결하는 능력을 평가 기준으로 삼습니다. 또 다른 회사들은 운영보다는 비전적인 리더십에 더 큰 비중을 둡니다. 따라서 리더십 팀에 참여하는 사람들이 당신과 회사가 그들을 평가하는 기준을 확실하게 이해하고 있는 것이 중요합니다.

- **팀원과의 소통**

  어떤 리더들은 본래 관계 지향적이며 회사 내에서 폭넓은 네트워크를 형성합니다. 이러한 유형의 리더들은 대개 팀원이 무엇을 하고 있으며 어떤 어려움을 겪고 있는지를 잘 알고 있습니다. 하지만 모든 리더가 그렇게 행동하지는 않습니다. 또 다른 유형의 리더는 자신의 팀 운영을 최적화하는 데 주로 집중하며 팀원들이 무슨 일을 하고 있는지 거의 모릅니다. 만약 당신이 그 팀에게 기대하는 바를 명확하게 알려 주지 않으면 그런 사람은 자신이 원래 하던 방식으로 행동할 가능성이 크며, 이는 아마도 당신이 원하는 방향과는 다를 것입니다.

• 팀원들과 기대치 맞추기

리더로서 팀원들의 목표를 알고 있는 것은 불필요한 갈등을 피하기 위한 필수 조건이지만, 그 것만으로는 충분하지 않습니다. 팀원들이 서로의 목표와 관련된 긴장이나 갈등을 어떤 식으로 해결하면 좋은지에 대한 당신의 기대치를 명확히 해 두어야 합니다. 직접 갈등을 해결하려고 노력하고 실패할 때만 당신에게 보고해야 할까요? 아니면 다 함께 논의한 뒤 보고하는 것이 더 나을까요? 혹은 다소 혼란이 있더라도 최대한 빨리 보고하는 것이 더 중요할까요?

• 자신만의 리더십 팀 구성하기

임원에게 보고하는 리더십 팀도 중요하지만 리더십 팀에 참여하는 각 구성원 역시 자신만의 리더십 팀을 가지고 있을 것입니다. 이는 일종의 연쇄적인 구조입니다. 당신이 리더십 팀과 소통하는 것만으로는 충분하지 않습니다. 각 구성원이 자신의 팀과 소통하도록 해야 하며, 그 과정은 계속해서 이어져야 합니다. 높은 성과를 내는 조직에서는 어느 곳에나 리더들이 존재합니다.

• 임원, 즉 당신과 효과적으로 협업하는 방법

엔지니어링 관리 커뮤니티에서 지속적으로 논란이 되는 주제 중 하나는 '개인 README', 즉 자신과 함께 일하는 방식을 설명하는 짧은 문서가 전문성의 징표인지 아니면 자기중심적인 행동인지입니다. 이에 대한 의견이 어떻든 간에 팀원들은 당신과 일하는 방법을 파악하기 위해 많은 에너지를 쏟을 것입니다. 따라서 이 과정을 더 쉽게 할 수 있도록 도와주어야 합니다. 당신은 프로세스를 고집하는 사람인가요, 아니면 그 반대인가요? 그들은 얼마나 많은 위험을 감수해야 하나요? 어느 이해관계자를 우선시해야 하나요? 이런 것들을 명확히 알려 주세요.

각각의 주제는 주간 팀 회의나 1:1 면담에서 논의하기에 유용합니다. 이런 논의는 가능하면 빨리 시작하고, 소통에 어려움을 겪는 개인들과 교류하며 팀 구성원이 변경될 때마다 다 함께 주기적으로 검토하는 것이 좋습니다. 당신이 명시적으로 말하지 않더라도 팀은 결국 당신의 기대치를 파악하게 될 것입니다. 그러나 그들에게 직접 당신이 원하는 바를 전달하는 것이 훨씬 더 빠릅니다.

팀원 간 경쟁에 대처하기

가끔 리더십 팀을 효과적으로 결속시킬 때가 있습니다. 한동안은 잘 돌아가지만 1년 후에 무언가 잘못되었음을 깨닫게 됩니다. 협력이 서서히 사라지고 내부 경쟁으로 바뀐 경우입니다. 이러한 현상이 발생하는 이유는 여러 가지가 있지만 궁극적으로는 팀원들이 조직 전체를 위한 일보다 자기 자신을 위해 서로의 역량을 빼앗는 일이 더 큰 보상을 받을 수 있는 방법이라고 믿기 때문입니다.

제가 자주 목격한 경쟁의 가장 흔한 세 가지 원인은 다음과 같습니다.

- 기회가 부족하다고 느끼는 경우
- 축소되거나 관료적인 회사에서 배운 나쁜 습관의 적용
- 리더가 팀의 갈등을 중재하지 못하는 경우

첫 번째 원인인 기회 부족에 대한 인식은 굉장히 흔하게 접한 사례입니다. 팀원들이 팀 내에서 더 이상 성장할 기회가 없다고 느끼면 스스로 기회를 만들어 내기 위한 방법을 찾게 되며, 이는 종종 동료들과 경쟁하는 형태로 나타납니다. 물론 특정 과제를 맡는 사람은 어쩔 수 없이 한 명뿐인 것이 사실입니다.

경력이 적은 사람들을 관리할 때는 그들에게 성장할 수 있는 구체적인 기회를 제공함으로써 이런 문제를 해결하는 것이 합리적입니다. 하지만 고위 리더들에게는 이런 문제를 그들에게 되돌려 주는 것이 좋습니다. 리더의 경력에서 다음 단계는 임원이 되는 것이며, 그 시점에는 아무도 그들에게 어떻게 더 크게 범위를 확장할지 알려 주지 않을 것입니다. 특히 그들이 제로섬 게임이 아닌 방식으로 자신과 경력을 성장시키는 기회를 찾도록 격려하세요. 창의성을 발휘한다면 팀원들이 기회를 놓고 반드시 경쟁해야 할 이유는 없습니다.

다음으로 흔한 문제는 축소되거나 관료적인 회사에서 배운 나쁜 습관을 가지고 있는 팀원들입니다. 그런 환경에서는 회사 내에 존재하는 기존의 무엇을 차지하는 것이 회사를 위해 새로운 가치를 창출하는 것보다 더 효과적이라는 생각을 배

우게 됩니다. 이러한 리더들은 종종 성공을 제로섬 게임으로 봅니다. 당신의 목표는 그들에게 현재 가질 수 있는 무엇이 미래에 가질 수 있는 것에 비해 아주 작은 부분에 불과하다는 점을 납득시키는 것입니다. 협력하여 창출할 수 있는 미래 가치에 집중하면 모두가 훨씬 더 많은 기회를 얻을 수 있습니다.

위의 두 가지 설명이 합리적으로 들리지 않는다면 문제는 당신 자신일 가능성이 큽니다. 팀은 당신이 잘못된 행동을 용인할 것임을 이미 알고 있을 수 있습니다. 야망 있는 사람들로 구성된 팀은 보통 규칙을 따르는 것이 최선의 길일 때에 한해서만 그 규칙을 따릅니다. 만약 그들이 당신이 설정한 규칙을 어기고 있다면, 이는 그 규칙을 효과적으로 시행하지 않고 있다는 의미입니다. 그렇다면 이 장의 처음으로 다시 돌아가 기본 원칙에 충실할 수 있도록 노력하세요.

요약

새로운 팀과 함께 일하는 것, 더구나 한동안 엔지니어링 임원이 없는 상태에서 스스로 이끌어 온 팀이라면 다소 혼란스럽지만 꼭 필요한 일입니다. 이 장에서는 새로운 엔지니어링 리더십 팀의 문제를 해결하는 방법과 팀이 결속된 후 그 팀을 운영하는 방법을 다루었습니다. 팀과 함께 아무리 훌륭한 성과를 내더라도, 첫날부터 마지막 날까지는 이 부분에 반드시 많은 시간을 쏟아야 한다는 사실을 명심하세요.

 다음 링크에서 추가 자료 및 리소스를 찾아보세요.
https://lethain.com/eeprimer-refs-14

15

네트워크 구축하기

저는 임원의 역할을 수행하는 동안 관리자보다는 팀원들에게서 더 많은 것을 배웠습니다. 관리자와 잘 지내는 것과는 별개로 팀원들의 관점이 저에게 더 가깝게 느껴졌기 때문입니다. 엔지니어링 임원 역할을 시작한 후에도 주변에는 여전히 동료들이 있지만, 그들은 이제 이전과는 다른 유형의 사람들입니다. 같은 문제를 두고도 그들은 당신과는 매우 다른 관점에서 바라볼 것입니다. 예를 들어 제품 부서의 책임자에게 피드백을 요청하면 그 피드백은 당연히 제품 관점에서 나올 것입니다. 이는 임원이 되기 전에 동료 엔지니어링 리더들로부터 받았던 피드백과는 또 다른 의미에서 가치가 있습니다.

제가 처음 엔지니어링 임원 역할을 시작했을 때는 업계 동료들과 함께 스터디 모임을 하는 데 시간을 보냈습니다. 이는 제 성공에 매우 중요한 역할을 했습니다. 막힐 때마다 그들의 관점을 빠르게 캐치하며 문제 해결 아이디어를 찾았던 것입니다. 이처럼 학습 커뮤니티를 구축하든 새로운 사람들과 네트워킹을 하든 동료 엔지니어링 리더들과 네트워크를 구축하는 것은 새로운 엔지니어링 리더로서 해야할 가장 중요한 일 중 하나이며, 이는 당신의 학습 속도를 크게 높여줄 것입니다.

이 장에서는 다음 내용을 다루겠습니다.

- 네트워크를 효과적으로 활용하는 방법
- 네트워크 구축에 '지름길'은 없다는 불편한 진실
- 시간을 들여 천천히 네트워크를 구축하는 방법
- 엔지니어 모임 외에도 다른 의미 있는 네트워크를 구축하는 방법

이 장을 마칠 때쯤에는 네트워크 구축을 시작하는 데 필요한 명확한 계획과 현실적인 기대치, 네트워크 구축에 사용할 수 있는 다양한 도구에 대해 이해할 수 있을 것입니다.

네트워크 활용하기

저는 새로운 문제를 만나면 스스로 해결책을 찾으려 노력하거나 팀이나 동료와 함께 내부적으로 해결책을 모색합니다. 그럼에도 불구하고 만족스러운 해결책이 나오지 않으면 제가 가진 외부 네트워크에 도움을 청합니다. 캄에서 일하는 동안에는 엔지니어링 조직 평가와 전략을 어떻게 작성하면 좋을지 고민하다 네트워크에서 알게 된 동료들에게 연락을 했습니다. 반대로 그들도 엔지니어링 회의, 첫 임원 직책 찾기 그리고 생각할 수 있는 거의 모든 주제에 대해 저에게 자문을 구하곤 했습니다.

지난 몇 년 동안 제가 네트워크를 활용한 몇 가지 방법은 다음과 같습니다.

- 다양한 회사들의 플랫폼 엔지니어링 팀 규모에 대한 데이터를 수집하여 자사의 팀 규모를 정할 때 참고했습니다.
- 가장 높은 비용의 공급업체와 계약을 갱신할 때 가격 책정에 대한 자문을 구했습니다.
- 회사 내에서 논의하고 싶지 않은 복잡한 임원 팀 내부 상황에 대해 조언을 구했습니다.
- 보상 데이터와 후보자들 사이에 반복되는 이견이 생길 때 채용 조건을 조율하고자 네트워크를 활용했습니다. 시장 상황이 바뀐 것은 아닌지, 아니면 그 후보자들이 비정상적인 제안을 받고 있는지 여부를 파악했습니다.
- 이직 여부를 결정할 때, 특히 임원직의 구직 시장 실태를 이해하는 데 도움을 받았습니다.
- 채용하고 싶은 후보자가 다른 회사에서도 제안을 받아 급히 액션을 취해야 하는 상황에서, 면접 과정 중에 그가 받은 상반된 피드백 외에 다른 경로를 통해 또 다른 피드백을 비공식적으로 수집했습니다.

제 경험상 네트워크에서는 어떤 주제도 금기시되지 않으며 사람들은 거의 모든 정보를 기꺼이 공유해 줍니다. 특히 직급 체계, 전략 문서, 연봉 수준 등은 정기적으로 공유됩니다. 여기에서도 당신이 필요한 정보를 얻지 못한다면 너무 민감한 주제를 건드렸다기보다는 상대방의 시간과 사회적 자본을 충분히 존중하지 않았기 때문일 가능성이 큽니다.

네트워크의 치트키는?

동료 네트워킹에 대해 이야기하면 두 가지 반응이 꼭 나오곤 합니다.

첫째, 사람들은 자신의 네트워크를 구축하는 대신 당신의 네트워크를 이용할 수 있느냐고 묻습니다. 그런 생각이 드는 것도 이해는 되지만, 이는 임원 네트워킹이 어떻게 작동하는지 제대로 이해하지 못한 것입니다. 네트워킹이라는 것은 기본적으로 가치의 교환이어야 하지 누군가의 기존 네트워크를 그냥 달라고 하는 것은 교환이 아닙니다. 대부분의 사람들은 그런 요청을 무시할 것이고, 저도 시간이 지나면서 그런 요청을 가볍게 넘기게 되었습니다.

둘째, 사람들은 돈을 내고 네트워크를 구축할 수 없느냐고 묻습니다. 제가 운영하는 스터디 그룹에 자리가 없는 것은 이해하지만 비슷한 수준의 또 다른 스터디 그룹에 돈을 내서라도 가입할 수 있는 방법을 묻습니다. 안타깝지만 저는 유료 네트워크의 혜택이 그다지 크지 않다고 생각합니다. 유료 네트워크는 참석자를 늘리는 방식으로 수익을 창출하기 때문에 높은 수준의 참가자를 우선적으로 확보하기 어려워집니다. 또한 모임을 위한 효과적인 진행자를 찾거나 어떤 참가자의 행동이 모임의 목적에 어긋날 때 비판적인 피드백을 제공하는 일도 어려워집니다.

네트워킹을 할 때는 어느 정도 노력할 각오가 있어야 합니다. 당신과 네트워킹할 사람들에게 스스로 유용한 존재가 되어야 한다는 점도 명심하시기 바랍니다. 손쉽게 해결할 수 있는 치트키를 찾으려 한다면 당신도, 당신이 연락하는 사람들도 다 같이 시간을 낭비하게 될 것입니다.

네트워크 구축 방법

네트워크를 구축하는 것은 어렵습니다. 특히 새로 시작하는 임원이면 더욱 그렇습니다. 당신은 경력 면에서 주변 동료들보다 더 앞서 있을 가능성이 높기 때문입니다. 동종 업계 사람을 수백 명 알고 있다 해도 그들 중에서 엔지니어링 임원 경험이 있는 사람은 소수일 것입니다.

저도 초기에는 네트워킹을 매우 광범위하게 했습니다. 그게 누구라도 기술 분야에서 일하는 사람을 만나면 흥분했었죠. 하지만 시간이 지나면서 기존 네트워크를 확장하는 것이 더 중요하다는 것을 깨달았습니다. 어느 시점부터는 제가 해결하려고 했던 시스템 확장성 문제와 동일한 문제를 이미 해결한 바 있는 인프라 엔지니어링 리더들을 만나는 데 집중했습니다. 또 다른 시기에는 제가 많이 의존하던 공급업체에서 근무하는 사람들을 만나는 데 집중했습니다. 중요한 공급업체 조직 내에 개인적으로 친분이 있는 담당자가 있으면 도움이 될 때가 많습니다. 나중에는 업계에서 글을 쓰거나 강연하는 데 성공한 사람들을 만나는 것을 목표로 삼았습니다.

저는 현재 배우고 있는 것이 무엇이냐에 따라 네트워킹 목표를 설정합니다. 이러한 접근 방식 덕분에 저는 업무에 도움이 되는 관계에 집중할 수 있었으며, 저 또한 상대방과 상호적으로 돕고 투자할 수 있는 관계를 형성할 수 있었습니다.

이제 관심 있는 사람들과 효과적으로 연결되는 구체적인 방법들을 하나씩 살펴보겠습니다.

함께 일하기

네트워크를 구축하는 가장 좋은 방법은 샌프란시스코, 뉴욕, 런던 같은 주요 기술 허브에 있는 대규모로 빠르게 성장하는 회사에서 일하는 것입니다. 5년 정도 지나면 동료들이 업계 전반에 걸쳐 퍼져 있을 것입니다. 이는 마치 대학에서 친구들을 사귀는 것과 같습니다. 별다른 노력 없이도 네트워크가 자연스럽게 확장되는 것이죠. 임원 역할을 목표로 한다면 경력 초반에 이러한 회사에서 1~2년 정도 경험을 쌓아볼 것을 강력히 권장합니다. 네트워크를 구축하는 유일한 방법은 아니지만 가장 쉬운 방법임에는 틀림없습니다.

인간관계 넓히기

네트워크를 가장 빠르게 확장하는 방법은 직접 알지는 않지만 공통 연결 고리가 있는 사람들에게 짧고 간결한 메시지를 보내는 것입니다(예: 모르는 사람이지만 건너 건너 공통의 친구가 있는 경우). 이 방법이 효과적인 이유는 사람들은 기본적으로 다른 사람에게 도움을 주고 싶어 하기 때문입니다. 단, 그들이 쉽게 응할 수 있도록 만들어야 합니다. 이 방법을 성공적으로 수행하는 데에는 몇 가지 규칙이 있습니다.

- 요청은 짧게 두세 문장 정도로 작성하세요.
- 구체적인 질문을 하세요.
- 바로 만나달라고 요청하지 마세요. 단, "근처에서 커피 한 잔 하는 것도 괜찮습니다!"라는 식으로 만날 시간을 제안할 수는 있습니다.
- 답장을 받지 못했다고 재촉하지 마세요. 때때로 답장을 받지 못하더라도 몇 달 후에 다른 질문을 하며 다시 연락하는 것은 괜찮습니다.
- 답장을 받으면 감사 인사를 전하고 그들의 답변 내용을 구체적으로 언급하며 고마워하세요.
- 같은 이메일을 여러 사람에게 보내는 것도 괜찮습니다.

이 과정을 몇 번 반복합니다. 특히 이전에 받은 조언이 어떻게 구체적인 도움이 되었는지에 대해 언급하며 새로운 질문을 던지세요. 그럼 상대는 어느새 낯선 사람이 아니라 지인이 되어 있을 것입니다. 이런 식으로 한 명씩 네트워크를 확장해 나가면 됩니다!

커뮤니티 직접 운영하기

저는 엔지니어링 임원들을 위한 스터디 그룹을 구성하고 운영하면서 큰 도움을 받았습니다. 이 모임을 통해 10명 이상과 의미 있는 관계를 맺었으며, 몇 주마다 열리는 정기적인 세션에서 많은 것을 배웠고 질문이 있을 때면 언제든지 연락할 수 있었습니다.

스터디 그룹이 처음 성공할 수 있었던 이유는 초기 멤버들을 모으고, 행동 규칙을 정하고, 몇 년 동안 지속적으로 잘 운영해 온 노력이 있었기 때문입니다. 또 이 모임이 꾸준히 유지될 수 있었던 이유는 사려 깊고 의사소통 능력이 뛰어난 임원들을 선별하고 서로 배울 의지가 있는 사람들을 초대했기 때문입니다.

이런 소규모 커뮤니티에는 커뮤니티를 운영하는 데 기꺼이 자기 시간을 할애하는 사람이 반드시 필요합니다. 직접 운영하지 않고 다른 사람이 만든 커뮤니티에 가입하고자 한다면 왜 당신이 이 그룹의 가치 있는 멤버가 되어야 하는지에 대한 분명한 소신을 가지고 있어야 합니다. 그렇지 않으면 단순히 누군가의 네트워크를 수동적으로 소비하는 것에 지나지 않습니다. 물론 이런 태도가 나쁘다는 것은 아니지만, 장기적으로는 새로운 커뮤니티를 직접 만들어 운영하는 것이 훨씬 경쟁이 적고 더 멀리 나아가는 기회가 될 수 있습니다.

쓰고 말하기

네트워크를 구축하는 또 한 가지 방법은 공개적으로 글을 쓰고 발표하는 것입니다. 제가 쓴 블로그나 책 그리고 콘퍼런스에서 진행한 발표는 모두 개인 네트워크를 확장하는 데 유용했습니다. 하지만 네트워크 구축만이 목적이라면 이런 콘텐츠를 만드는 것은 시간 대비 효율성이 떨어진다고 생각합니다(이 내용은 12장에서 자세히 다루었습니다). 당신이 글을 쓰고 발표하는 것에 열정이 있다면 망설임 없이 하세요. 네트워크를 구축하는 데 분명히 도움이 될 것입니다. 그러나 단순히 네트워크만이 목적이라면 다른 방법을 고려하는 것을 권장합니다.

괜찮은 블로그 글 하나를 작성하는 데 걸리는 시간이면 짧은 메시지 20건을 보내고 커뮤니티 이벤트에 세 번 참석할 수 있습니다. 효율성을 높이기 위해 짧은 글을 쓰거나 편집을 덜 하려는 시도는 크게 효과가 없을 것입니다. 콘텐츠 기반 네트워킹은 많은 양의 글을 쓰는 것이 아니라 흥미롭거나 생각할 거리를 제공하는 것이 중요하기 때문에 상당한 시간과 노력을 요구합니다.

대규모 커뮤니티의 명암

엔지니어링 리더십을 위한 대규모 커뮤니티는 여러 곳이 있으며, 대표적인 예로 랜드스 리더십 슬랙^{Rands Leadership Slack}이 있습니다. 이런 커뮤니티는 리더십을 배우기 좋은 공간이며 네트워크에 추가하고 싶은 임원을 만나는 데 최적의 장소가 될 수 있습니다. 그러나 임원의 관점에서 보면 몇 가지 한계가 있습니다(해당 커뮤니티가 문제라는 것은 아닙니다).

- **진솔한 논의를 하기에는 지나치게 개방적입니다.**

  자신이 처한 상황을 커뮤니티 회원들이 쉽게 볼 수 있는 공개적인 포럼에서 논의하는 것은 상황에 따라 무책임한 행동입니다. 실제로 임원 자리 문제와 관련해 깊은 대화를 나눌 때는 상당히 구체적인 세부 정보가 포함되는데, 이는 절대로 공공 포럼에서 공유할 수 없는 내용입니다. 이러한 논의를 제대로 진행하려면 반드시 비공개 공간이 필요합니다.

- **접근이 쉬울수록 조언의 질은 떨어집니다.**

  입증된 법칙은 아니지만 가장 뛰어난 조언을 해 줄 수 있는 사람들은 보통 대규모 커뮤니티에서 꾸준히 활동할 만큼 한가하지 않습니다. 물론 예외는 있습니다. 당신이 공공 커뮤니티에 자주 참여한다면 당신도 분명 그 예외 중 하나일 것입니다. 하지만 저는 공개적인 공간에서 복잡한 문제에 대한 최상의 조언을 얻을 수 있다는 주장에 깊은 회의를 가지고 있습니다.

이 주제는 너무 광범위해서 세부적인 부분으로 들어가면 다양한 변수가 존재합니다. 소규모 커뮤니티는 언제 대규모 커뮤니티로 넘어가는지? 커뮤니티가 엄격히 관리되고 기밀 유지 조항이 포함되어 있다면? 물론 이러한 문제들을 잘 해결하는 커뮤니티도 있지만 명목상으로는 비공개로 운영된다고 알려진 커뮤니티에서도 정보가 새어 나가는 정도를 보면 여전히 놀랍습니다. 특히 임원이 하는 말이라면 정보가 유출될 가능성이 더 높으며, 이에 따라 당신이 흥미로운 가십의 대상이 될 가능성도 더 높습니다.

피해야 할 것

만약 앞에서 설명한 방법들을 시도해도 네트워크를 구축하는 데 계속해서 어려움을 겪고 있다면 당신이 참여하는 방식을 점검해 줄 사람을 찾아 피드백을 받아보세요. 누군가의 요청을 무시하는 것은 흔히 있는 일이지만, 이 장에서 다룬 방법을 따랐음에도 요청이 지속적으로 무시된다면 아마도 당신이 뭔가를 잘못하고 있거나 이미 실수를 반복해서 네트워크가 힘을 잃은 경우일 가능성이 큽니다.

특히 다음 세 가지 패턴은 잘 통하지 않는 방식이므로 피해야 합니다.

- **애매한 요청**: 특히 다음과 같이 무작정 시간을 요청하면(예: "시간 좀 내어 주실 수 있나요?") 상대방이 도움을 주고 싶어도 답변하기 곤란해질 수 있습니다. 최대한 구체적이고 간결하게 요청하세요.
- **이해하기 어려운 요청**: 수신자가 메시지를 해석해야 하는 요청은 이미 잘못된 것입니다. 도움을 받고 싶다면 상대방이 당신의 뜻을 해석하고 추측할 필요가 없도록 명확하게 작성하세요. 이미 무언가를 요청하는 것도 부담인데 추가적인 해석까지 요구해서는 안 됩니다.
- **일방적인 소개나 연결 요청**: 소개나 연결을 요청할 때는 명확한 상호 이익이 있어야 합니다. 그렇지 않으면 상대방의 시간만 소모시키고 그에 따른 보상은 제공하지 않는 셈입니다. 이는 전반적으로 어색한 분위기를 만들 수 있으며, 또 이런 요청이 반복되면 상대방이 이후에도 도움을 주기 꺼리게 됩니다.

이러한 방식들은 명백히 나쁜 패턴이지만 놀랍게도 이런 식의 요청을 실제로 자주 받습니다. 심지어 도와주고 싶은 마음이 있어도 쉽게 답하기 어려운 유형입니다.

다른 분야의 네트워크

엔지니어링 리더들의 네트워크 외에도 창업자, 벤처 투자자, 임원 채용 담당자와의 네트워크에도 투자할 가치가 있습니다. 각 그룹은 업무의 다른 측면에서 유용하며, 관계를 구축하는 방식 또한 다른 접근 방식을 필요로 합니다.

창업자

창업자들은 독특하면서도 강력한 인사이트를 가진 자원입니다. 그들이 속한 비즈니스 영역에서는 미래에 대한 독창적이고 깊은 통찰력을 가지고 있습니다. 또한 다른 창업자들과 폭넓은 네트워크를 형성하고 있을 가능성이 큽니다. 엔지니어링이나 관리에 대해 당신보다 많이 알지는 못하겠지만, 네트워크에서 만나는 창업자들은 종종 당신의 회사 창업자들과 비슷한 시각을 제시할 수 있습니다. 만약 당신 회사의 창업자들과 갈등을 겪고 있다면 다른 창업자들과 대화하는 것이 큰 도움이 될 수 있습니다.

창업자들과 네트워크를 구축하는 가장 좋은 방법은 빠르게 성장하는 스타트업에서 일하는 것입니다. 두 번째로 좋은 방법은 엔젤 투자입니다. 소액의 엔젤 투자만으로도 놀라운 효과를 발휘할 수 있습니다. 창업자들은 다른 창업자들과 서로 긴밀히 연결되어 있기 때문에 자연스럽게 더 많은 창업자를 소개받을 기회가 생길 수 있습니다.

벤처 투자자

벤처 투자자들은 업계에서 가장 넓은 네트워크를 가지고 있으며 최고의 패턴 매칭 능력을 가진 사람들입니다. 그들이 엔지니어링 리더들을 직접 평가할 수는 없지만 자신들의 포트폴리오에 속한 엔지니어링 리더 10명을 쉽게 소개해 줄 수는 있습니다. 또한 당신 회사에 맞는 컴플라이언스 자동화 도구를 정확히 추천해 줄 수는 없지만, 그들의 포트폴리오 회사들이 사용하는 도구와 특히 가장 성공한 회사들이 선택한 도구를 알려 줄 수는 있습니다. 업계의 네트워크나 패턴 인식을 활용할 수 있는 질문이라면 벤처 투자자만큼 유용한 사람은 없습니다.

실리콘밸리, 뉴욕, 런던 같은 하이테크 중심지의 대형 테크 기업에서 일하는 것의 여러 장점 중 하나는 시간이 지나면서 많은 동료들이 벤처 투자자로 전환된다는 것입니다. 이는 하루아침에 이루어지지는 않아도 벤처 캐피털 회사들은 종종 업계 경험이 풍부한 운영자들을 고용하기 때문에 10년 정도가 지나면 자연스레 많은 사람들을 알게 될 것입니다.

만약 이 방식이 너무 느리게 느껴진다면 CEO에게 도움을 요청해 그들이 알고 있는 몇몇 벤처 투자자들과 연결해 보세요. 이사회 멤버 중에서도 벤처 캐피털 출신이 존재할 가능성이 있습니다. 그들과 대화를 나누면 회사에 대한 그들의 관점을 더 잘 이해할 수 있게 될 뿐만 아니라 네트워크 확장에도 도움이 됩니다.

임원 채용 담당자

임원 채용 담당자는 엔지니어링 임원으로서 취업하는 데 중요한 역할을 하며 (1장에서 다루었습니다), 업계 전반의 인재 이동에 대해서도 잘 알고 있는 경우가 많습니다. 임원 채용 과정에 참여하면 시간이 지남에 따라 자연스럽게 임원 채용 담당자 네트워크를 구축하게 될 것입니다. 오늘 당장 알고 있는 사람이 없어도 주변 네트워크를 통해 거의 항상 누군가를 소개받을 수 있을 것입니다. 채용 담당자를 소개받는 것은 다른 사람들보다 덜 부담스러운 편입니다. 왜냐하면 채용 담당자들은 실제로 소개받는 것을 적극적으로 원하기 때문입니다.

요약

이 장에서는 네트워크가 인간관계의 집합이라는 사실과 이 관계들을 의도적으로 키워나가야 한다는 점을 배웠습니다. 네트워크를 발전시키려면 매달 한 명의 새로운 사람을 만난다는 식의 작은 목표를 설정하고, 현재 해결하고 있는 문제에 초점을 두어 천천히 확장해 나가시기 바랍니다. 네트워크 구축을 최우선 과제로 삼지는 않더라도 이를 잊지 않고 꾸준히 관리하는 것이 중요합니다.

 다음 링크에서 추가 자료 및 리소스를 찾아보세요.
https://lethain.com/eeprimer-refs-15

동료 임원 온보딩 프로그램

많은 회사들이 엔지니어를 위해 체계적인 온보딩 프로그램을 진행하는 반면 신임 임원을 위한 온보딩 과정은 다분히 즉흥적이고 혼란스러운 경우가 많습니다. 이는 임원을 새로 채용하는 일이 상당히 드물기 때문에 체계적인 온보딩 프로그램을 만들 기회가 거의 없기 때문입니다. 임원을 채용하는 과정도 마찬가지입니다. 각 임원이 수행하는 역할이 저마다 다르기 때문에 반복 가능한 프로그램을 만들기가 어렵습니다.

또 다른 문제도 있습니다. CEO는 대개 특정 문제를 해결하기 위해 임원을 영입하는데, 임원이 일을 시작하면 자연스럽게 다른 문제로 초점을 옮긴다는 점입니다. 이러한 일이 워낙 자주 발생하다 보니 임원들의 불만은 크게 두 가지로 나타납니다.

> **"이건 CEO가 할 일이 아닌가? 내가 왜 신경 써야 하지?"**

> **"왜 내가 더 신경 쓰지 않았을까? 이런 일을 CEO에게 맡겨 두면 안 된다는 걸 알았는데."**

심지어 CEO가 적극적으로 관여한다고 해도 대부분의 신임 임원은 CEO에게 좋은 인상을 남기고 싶어 애를 씁니다. 그래서 사실은 온보딩 과정에서 어려움을 겪고 있으면서도 CEO에게는 "잘하고 있습니다"라며 안심시키려 합니다. 동료 임원으로서 당신의 역할은 누가 말해 주지 않더라도 이런 신임 임원들이 잘 성공할 수 있도록 도와주는 것입니다.

이 장에서는 동료 임원을 온보딩하는 과정을 다섯 가지 주제로 나누어 설명하겠습니다.

- 임원 온보딩이 중요한 이유
- 엔지니어 온보딩과 임원 온보딩의 차이점
- 자신의 사고방식을 효과적으로 공유하는 방법
- 서로의 역할을 명확히 정의하는 방법
- 지속적으로 함께 협력하는 시간을 투자하는 방법

동료 임원 온보딩은 시간과 주의를 조금만 기울이면 생각보다 간단하게 잘 수행할 수 있는 일입니다. 이 장을 마치고 나면 당신은 새로운 동료 임원을 온보딩하는 과정을 명확하게 이해할 수 있을 것입니다.

임원 온보딩이 중요한 이유

안타깝게도 실제로 많은 성과를 내지 않아도 능력 있는 임원처럼 보이는 경우가 있습니다. 그러나 당신과 동료, CEO 모두가 지속적으로 훌륭한 성과를 거두며 성공적인 비즈니스를 만들어 내지 않으면 누구도 진정한 의미에서 높은 성과를 내는 임원이 될 수 없습니다. 자신의 엔지니어링 팀은 뛰어난데 제품 팀이나 영업 팀의 역량이 부족해서 그 성과가 제대로 드러나지 않았다고 주장할 수도 있지만, 회사에 속한 임원진 전체가 잘 기능해야 진정으로 탁월했다고 말할 수 있습니다.

효과적인 임원진을 구성하는 가장 좋은 방법은 팀 중심적인 CEO와 협력하고 신중하게 임원을 채용하는 것입니다. 그리고 한 번 임원을 채용하면 그들을 효과적으로 온보딩하는 것이 가장 중요합니다. 온보딩 과정이 제대로 이루어지지 않으면 아무리 역량이 뛰어난 임원이라도 실수를 저지를 수 있으며, 경우에 따라서는 회복하기 어려운 치명적 실수가 될 수 있습니다. 이런 문제들은 발생한 후에 수습하는 것보다 미리 예방하는 편이 훨씬 낫습니다.

엔지니어 온보딩과 임원 온보딩의 차이점

엔지니어로서 종종 동료 엔지니어의 온보딩을 책임질 때가 있습니다. 이때 온보딩을 진행하는 당신은 새롭게 합류한 동료보다 암묵적으로 더 선임일 가능성이 크지만, 둘 다 소프트웨어 엔지니어링이라는 공통된 전문 지식을 가지고 있습니다.

하지만 임원을 온보딩하는 것은 다릅니다. 동료 임원 간에는 암묵적인 서열이 존재하지 않으며 그들은 재무, 영업, 엔지니어링 등 같은 분야에서 함께 일한 경험이 없을 가능성이 큽니다. 게다가 엔지니어들은 (대부분의 다른 직무와 마찬가지로) 한정된 분야를 깊이 파고드는 반면, 임원들은 훨씬 더 넓은 관점에서 일을 시작해야 합니다.

엔지니어 온보딩과 임원 온보딩의 차이를 명확히 구분하기 위해 다음 두 가지 포인트를 살펴보겠습니다.

* **동료 소프트웨어 엔지니어를 온보딩하는 목표는 그들이 현재 팀의 업무 프로세스를 이해하고 특정 온보딩 프로젝트를 충분히 익혀 직접 구현할 수 있도록 돕는 것입니다.**

  보통 두세 개의 프로젝트를 완료하면 신입 엔지니어는 어느 정도 적응을 마치게 됩니다. 엔지니어링 온보딩의 가장 좋은 지표는 새로 채용된 인원이 초기에 참여한 프로젝트를 높은 품질로 시간 내에 완료하는 것입니다. 이는 보통 방대하면서도 문서화가 부족한 코드베이스를 스스로 탐색하는 능력에 따라 크게 좌우됩니다. 반면 프로젝트 진행이 매우 더디거나 온보딩 과정에서 기존 팀의 프로세스에 반발하는 것은 온보딩이 잘 진행되지 않고 있다는 나쁜 징후입니다.

* **동료 임원을 온보딩할 때 목표는 그들이 회사의 전반적인 환경(비즈니스, 팀, 프로젝트, 프로세스)을 이해하도록 돕는 것입니다. 특히 회사 입장에서 가장 중요한 현안에 중점을 두고 진행합니다.**

  신임 임원이 흡수해야 할 정보는 너무 많습니다. 따라서 먼저 넓은 범위에서 개요를 먼저 설명한 후 당장 해결해야 하는 문제에 깊이 파고들도록 해야 합니다. 훌륭한 임원은 우선순위가 높은 분야에 집중하고, 실행에 앞서 가까운 동료들과 계획을 신중히 확인하며, 상황이 복잡하더라도 팀에 긍정적인 에너지를 불러일으킵니다. 반대로 핵심 문제에 대해 대책을 세우지 못하거나,

더 시급한 문제를 두고 이미 잘 작동하고 있는 시스템을 변경하려 하거나, 새로운 환경에 맞지 않는 이전 회사의 방식을 고수하는 것 등은 온보딩이 원활하지 않다는 나쁜 징후입니다.

정신적 프레임워크 공유하기

캄은 처음에 명상 앱을 제공하는 회사로 시작했습니다. 많은 사용자들이 이 앱이 자신의 삶을 더 나은 방향으로 바꾸었다고 고마워하는 편지를 보내왔습니다. 5년 후, 회사는 훨씬 더 복잡한 비즈니스를 운영하는 상황이 되었지만 여전히 많은 팀원들이 초기 명상 앱 회사였던 것처럼 행동했습니다. 그들이 확장된 사업을 모르기 때문이 아니라 사고방식 자체가 회사의 과거 모습에 머물러 있었기 때문입니다.

한 번 형성된 사고 체계를 바꾸는 것은 매우 어렵습니다. 그렇기 때문에 새로운 임원이 처음 왔을 때는 비즈니스의 본질을 정확히 이해하도록 돕는 것이 매우 중요합니다. 이는 신임 임원이 직무를 시작한 처음 몇 주 안에 제대로 이루어져야 합니다.

새로운 동료 임원을 온보딩할 때는 첫 2주 안에 다음 주제들을 모두 다루는 것이 좋습니다. 이는 기존에 잡혀 있던 회의를 취소해도 좋을 만큼 가치가 있습니다.

- **새로운 임원이 기존 생각이나 방식에 의존하지 않고 객관적인 데이터를 찾을 수 있는 곳은 어디인가요?**

  훌륭한 임원은 당신이 하는 말을 듣겠지만 이를 뒷받침하는 구체적인 데이터를 직접 확인하기 전까지는 완전히 믿지 않을 것입니다. 이는 그들이 당신을 신뢰하지 않아서가 아니라 경험 많은 임원일수록 사실이 아닌 것을 지나치게 믿고 실수를 저지른 경험이 있기 때문입니다.

  예시 회사 대시보드, 이사회 보고서, 태블로Tableau, 룩커Looker, 구글 애널리틱스Google Analytics 등

- **새로운 임원이 즉시 해결해야 할 핵심 문제 두세 가지는 무엇인가요?**

  보통 가장 먼저 답해야 할 질문이지만, 저는 그전에 먼저 신임 임원의 사고 체계를 제대로 설정하는 것이 더 중요하다고 생각합니다.

  예시 CEO가 실행 속도에 대해 매우 불만을 가지고 있는 와중에 제품, 엔지니어링, 법무 부서 간의 마찰이 새로운 계획의 진전을 방해하고 있습니다. 여기에 고위 리더 두 명 사이의 개

인적 갈등이 부서 간 협업 기능을 손상시키고 있습니다.

- **새로운 임원의 추가 예산 및 인력 충원 요청을 어떻게 처리할까요?**

  신임 임원이 흔히 하는 전형적인 행동은 CEO에게 비공개로 더 많은 예산을 요청하는 것이며, CEO는 그 임원을 기쁘게 할 생각으로 이를 승인합니다. 이로 인해 대규모 채용이 발생하면 회사의 현금 흐름에 영향을 미칠 수 있습니다. 만약 신임 임원이 섣불리 인력 충원을 요청하지 않기를 바란다면 그에 따른 영향을 사전에 논의하는 것이 좋습니다.

  예시 오늘 인력 충원을 요청하면 CEO가 승인할 가능성이 높지만 지난 3년간 매출 대비 제품 팀의 채용 효과가 점점 감소했다는 점을 고려해야 합니다. 조직 규모를 더 키우기 전에 우리가 왜 효율성이 떨어지고 있는지 분석하는 데 시간을 쓰는 것이 좋습니다.

- **많은 회사들이 어려움을 겪고 있지만, 현재 우리 회사에서 잘 운영되고 있는 영역은 무엇인가요?**

  신임 임원은 이전 회사에서 효과적이었던 방식을 적용하려는 경우가 많지만, 이런 방식은 피하도록 유도하세요.

  예시 제품 팀과 엔지니어링 팀은 이미 효과적으로 함께 계획을 세우고 있습니다. CEO는 릴리스 속도에 매우 만족하고 있습니다(바로 매출로 이어지지 않는 점이 불만일 수는 있어도). 협업을 기반으로 한 인력 충원 프로세스도 이미 업무 기능 간의 균형을 잘 이루고 있습니다.

- **새로운 팀에 대한 솔직하면서도 낙관적인 평가는 무엇인가요?**

  팀 구성원들에 대한 상세하고 투명한 평가 의견을 제공하되, 과거의 성과 저하가 새로운 임원이 영입된 이유와 연결되어 있을 수 있음을 염두에 두세요.

  예시 2년 전만 해도 디자인 팀이 제품 기획에 적극적으로 참여했지만, 디자인 부서장이 팀 구조를 분산된 모델에서 중앙 집중화된 스튜디오 모델로 전환하자 디자이너들이 사용자와 비즈니스에 대한 명확한 목표를 잃기 시작했습니다. 이는 특히 디자인 리더들에게 큰 영향을 미쳤고, 그 결과 제가 함께 일했던 가장 영향력 있는 인재들이 점점 의욕을 잃어가는 것으로 보입니다.

- **회사 내 조직 상태와 눈에 보이지 않는 권력 구조를 이해하기 위해 만나야 할 사람은 누구인가요?**

  새로운 임원이 회사의 현재 상황을 빠르게 파악할 수 있도록 가장 오래 근무한 직원들, 회사의 중요한 부분을 잘 알고 있는 사람들, 보고 체계상 명확하지 않지만 임원 팀에 많은 영향을 미치는 인물들을 어렵지 않게 만날 수 있도록 해야 합니다.

  예시 품질 보증 부서장이나 고객 경험 담당자, 오랜 경력을 가진 제품 관리자, 관리직은 아니지만 여전히 큰 영향력을 행사하는 창립 3인자 등

- **새로운 임원이 놀랄 만한 사항은 무엇인가요?**

  회사에서 남다른 방식으로 독특하게 운영되는 것이 있으면 그에 대해 이야기하고, 그들이 모를 수 있는 분기별 또는 연간 프로세스에 대해서도 논의하세요.

  예시 비즈니스 리뷰, 분기별 또는 연간 계획, 모든 회의를 문서화하는 문화 등

- **회사의 주요 프로세스는 무엇인가요?**

  회사의 프로세스들이 얼마나 오래되었으며 어떻게 작동하고 있는지 설명하고, 필요 시 변경을 제안하는 방법도 함께 알려 주세요.

  예시 기획, 예산 및 인력 충원 프로세스, 성과 관리, 조직 문화 설문 조사 등

CEO의 지시를 기계적으로만 따르는 동료 임원도 분명히 있을 것입니다. 저도 여러 명의 임원을 온보딩한 적이 있는데 그들은 제 조언을 완전히 무시하고 제품이나 기술 스택을 전면 개편할 것을 성급히 주장했습니다. 그들을 더 효과적으로 설득하지 못했다는 점이 다소 아쉽지만 그래도 최선을 다했기에 후회는 없습니다. 이런 부분은 정확한 수치를 내기 어려워도 임원들이 성급하게 행동하기 전에 제가 가지고 있는 사고방식을 충분히 공유함으로써 적지 않은 문제를 예방했을 거라고 확신합니다.

비서와 협력하기

시니어 리더로서 처음으로 비서의 지원을 받으면 마법 같은 순간을 경험하게 될 것입니다. 하지만 이는 동시에 많은 임원들을 혼란스럽게 하기도 합니다. 새로운 비서를 어떻게 온보딩해야 할지, 언제 비서를 고용할지를 결정해야 하는 순간이 있기 때문입니다. 임원이 비서와 효과적으로 일하는 데에도 분명한 학습 과정이 존재합니다. 다음은 비서를 고용하고 함께 일하는 방법에 대한 몇 가지 제안입니다.

- **비서를 고용하는 시기**

  CEO는 보통 회사 규모가 30명 이상일 때 비서를 고용하지만 다른 리더들은 조직이 50명 이상이 될 때까지 고용하지 않는 경우가 많습니다. 또한 조직이 200명 이상에

이를 때까지는 여러 사람이 비서를 공유하는 경우가 일반적입니다. 회사마다 차이는 있지만 조직이 100명에 도달할 즈음에는 반드시 임원 비서를 두는 것이 좋습니다. 비서의 역할은 단순히 임원을 지원하는 것을 넘어 대규모 팀을 관리하는 팀 리더들에게도 부분적으로 도움을 제공합니다.

- **비서와 협업하는 방법**

  비서와 처음 일할 때는 어떤 일을 맡겨야 할지 감이 오지 않을 수 있습니다. 자신의 일을 맡기는 게 이상하다고 느낄 수도 있습니다. 당신이 우선순위가 낮다고 생각했던 업무를 주로 맡겨야 하기 때문입니다. 당신이 실제로 하고 있는 일에 비해 덜 중요하다고 생각한 일을 맡겨도 괜찮을지 고민될 수도 있지만, 이제 당신의 위치에서 그런 일들은 본인이 하지 말고 남에게 맡겨야 합니다.

다음은 일반적으로 비서에게 맡기기 좋은 업무들입니다.

- **시간 관리**

  일정 관리, 시간 배분 검토 및 개선점 제안(매주 열리는 회의가 더 이상 유용하지 않을 경우) 등 사방에서 들어오는 요청을 처리하도록 해 본인의 집중력을 극대화하고 방해 요소를 최소화합니다.

- **의사소통 초안 작성**

  특히 조직의 민감한 변화와 관련된 의사소통의 경우 세심한 주의가 필요하며, 깔끔한 의사소통을 위해 논의에 관련된 인물을 빠뜨리지 않도록 주의해야 합니다.

- **정기 회의 일정 조율**

  대부분의 회사는 운영 회의를 정기적으로 가집니다. 임원의 비서는 이 회의의 안건, 발표자, 일정 및 실행 항목 등을 조율할 수 있습니다.

- **워크숍 계획**

  훌륭한 워크숍은 팀워크를 다지고 필요한 일에 집중하도록 합니다. 비서는 워크숍의 주제를 정하고 세부 일정, 대여 장소, 날짜 등을 구체화합니다.

- **전체 회의 조율**

  대부분의 조직은 전사 직원을 모아 놓고 각자의 업무와 진행 상황 및 우선순위에 대해 논의하는 시간을 갖습니다. 비서는 발표자를 조율하고 프레젠테이션에 대한 피드백을 제공하며, 연습 세션을 주관하는 등 회의 자체의 실행 사항을 조율합니다.

임원과 비서 간의 파트너십은 그때그때 상황에 따라 다릅니다. 임원이 궁극적으로 필요로 하는 것, 두 사람에게 모두 효과적인 것 그리고 비서의 경력 개발을 모두 고려하는 교차점을 찾는 것이 중요합니다.

- **기타 지원 업무**

  비서는 임원이 성공할 수 있도록 많은 일을 하지만 계약은 항상 상호적입니다. 능력 있는 비서를 원한다면 무엇보다 신뢰와 의사소통을 기반으로 하는 파트너십 관계를 형성해야 합니다. 스스로 비서 자리를 지원하지 않은 사람을 억지로 고용하면 잘해 봐야 일손만 빌리는 정도이고, 최악의 경우에는 몇 달마다 새로운 비서와 다시 파트너십을 시작해야 할 것입니다. 비서의 역할은 임원을 지원하는 것이지만 임원 또한 진심으로 그들을 지원하지 않으면 안 됩니다.

역할 정의하기

효과적인 엔지니어링 조직은 제품, 엔지니어링, 디자인 부서 간의 강력한 관계를 바탕으로 하며, 이 관계는 해당 임원들이 서로를 위해 얼마나 잘 협력하는지에 따라 큰 영향을 받습니다. 새로운 역할을 시작하는 많은 임원들은 대체로 이전 회사에서 했던 역할과 크게 다르지 않을 거라고 생각합니다. 이로 인해 임원이 어떤 일을 하든 암묵적으로 넘어가게 되는데, 이것이 회사의 현재 운영 방식과 충돌하면 역할 정의에 대한 갈등이 불거지기도 합니다. 임원들 사이에서 발생하는 모든 갈등을 전부 막을 수는 없지만, 아직 합의되지 않은 부분이 있다면 미리 논의함으로써 불필요한 마찰을 피할 수 있습니다.

다음은 임원들이 함께 논의해야 할 세 가지 질문입니다.

- **각자의 역할은 무엇인가요?**

  서로의 역할에 대해 각자가 기대하는 바를 독립적으로 적은 다음 서로 공유하세요. 만약 의견 차이가 있다면 그것도 좋은 일입니다! 빠르게 해결할 수 있는 우발적인 의견 차이일 수도 있고, 시간을 들여 해결해야 하는 진정한 의견 차이일 수도 있습니다. 어느 경우든지 이것을 모르고 있다가 나중에서야 그 차이를 발견하고 깜짝 놀라는 불편한 상황을 피할 수 있습니다.

- **공개적인 갈등은 어떻게 처리할까요?**

  효과적인 임원 팀이라면 겉으로 보기에 서로 의견이 일치하는 모습을 보여줘야 합니다. 구체적인 행동은 명확한 커뮤니케이션 전략에 따라 달라집니다. 이때는 갈등을 공개적으로 처리하는 방법에 대해 미리 합의해야 합니다. 해결하기 쉬운 갈등은 회의 중에 공손하게 해결하려고 노력하고, 의견 차이가 너무 커서 바로 해결할 수 없는 경우라면 공개적으로 갈등이 드러나지 않도록 비공개 회의로 넘겨 더 논의하는 식입니다.

- **의견이 일치하지 않을 때의 해결 절차는 무엇인가요?**

  서로 의견이 다른 순간은 반드시 옵니다. 때로는 매우 중요한 주제에 대해서도 의견이 다를 수 있습니다. 저도 예산 배분, 로드맵, 인수 합병 등 여러 주제에 대해 동료 임원들과 의견이 달랐습니다. 대부분의 임원들은 갈등 해결 절차에 암묵적으로 동의하여 문제를 헤쳐 나가지만, 이 과정에 대해 직접 대화를 나눌 수도 있습니다. 사람들이 정치적인 문제를 종종 불평하는 이유는 이러한 암묵적인 해결 절차에 대한 의견이 맞지 않기 때문입니다. 따라서 이런 부분을 미리 명확하게 설정해 두면 좋습니다.

할 일은 끊임없이 변하지만 당신과 동료와의 관계는 변함없이 중요한 요소입니다. 자신의 역할을 명확히 이해하고 동료들과 열린 소통을 하는 데 투자하는 시간은 좀 걸릴 수 있습니다. 그러나 장기적으로는 엄청난 시간을 절약하게 될 것이며, 관계를 좋은 방향으로 만들어 나갈 수 있도록 해 줄 것입니다.

신뢰는 시간이 지나면서 쌓이는 것

당신과 동료 임원이 서로의 역할을 정의하고 협력해 나가는 방식을 합의했다면, 온보딩의 마지막 단계는 지속적으로 함께 일하는 시간을 확보하는 것입니다. 처음 정한 합의 방식이 완벽할 리 없으며 어려운 상황을 함께 겪어 보아야만 진짜 필요한 것을 파악할 수 있습니다. 임원들의 일정은 금방 채워지기 때문에 미리 정해진 시간을 예약해 두지 않으면 긴급한 문제들이 터졌을 때만 협력하게 될 가능성이 큽니다. 이런 상황에서는 초기 관계가 강화되기보다 오히려 부담이 될 수 있습니다.

적절한 신뢰 관계를 구축하기 위한 주요 실천 사항은 다음과 같습니다.

- **동료를 개인적으로 알아가는 시간을 가지세요.**

  업무적인 관계를 넘어 개인적 경험을 함께 나누기 위해 점심이나 저녁 식사를 함께하세요. 임원 역할을 하다 보면 서로를 철저히 업무적인 관계로만 대하기 쉽지만 꼭 그럴 필요는 없습니다. 1년에 몇 차례라도 이러한 자리를 가지도록 노력하세요.

- **주 1회, 1시간 동안 1:1 면담을 진행하세요.**

  정기적인 만남에는 마법 같은 힘이 있습니다. 1시간은 두세 개의 중요한 문제를 깊이 파고들기에 충분한 시간입니다. 매주 1시간 진행하는 면담이 너무 과하게 느껴진다면 이는 협업할 일이 적거나 회사가 아직 초기 단계여서 임원들이 세부 사항에 직접 개입하고 있다는 신호일 수 있습니다. 몇 번 시도해 본 후에도 비생산적이라고 느껴지면 그때 빈도를 줄이는 것도 괜찮습니다.

- **우선순위 조정과 갈등 해결을 위해 협력하는 회의를 파악하세요.**

  예를 들면 주간 지표 검토, 월간 운영 검토 회의, 분기별 계획 회의 등이 있습니다. 이러한 회의를 파악한 후 처음 몇 번은 회의에 참석하세요. 그 후에 갈등이나 의견 차이가 생기면 서로 논의하여 조율해 나가면 됩니다.

신뢰는 자신이 말한 것을 실제로 지키는 것에서 비롯되며, 시간이 지나야만 쌓을 수 있습니다. 누군가와 함께 일한다면 그들이 상대가 한 약속을 잘 지키고 실행하는 모습을 확인한 후에야 비로소 그들을 신뢰할 수 있습니다. 그리고 이 과정은 절대 서두른다고 될 일도 아닙니다.

얼마나 성장할 수 있을까?

어떤 엔지니어가 불필요한 논쟁을 일삼거나 입사 후 첫 3개월 동안 매우 좋지 않은 성과를 보인다면 일반적으로 회사를 떠나게 될 것입니다. 임원의 성과가 부진할 경우에도 처음 3개월 내에는 어느 정도 징후가 드러나긴 하지만, 회사를 떠날 때까지는 1년 이상 시간이 걸리는 경우가 많습니다. 특히 성과가 미미해도 성격이 좋은 임원은 훨씬 더 오래 남아 있는 경향이 있으며, 종종 기약 없이 자리를 지키기도 합니다.

동료로서 당신이 할 수 있는 유일한 일은 새로운 임원과 협력하여 그가 성공할 수 있도록 성심껏 돕는 것입니다. 회사를 이해하는 데 필요한 사고방식이나 철학을 가르쳐 주고, 서로의 부서가 공유하는 책임과 협업 방식을 논의하며, 관계를 구축하는 데 시간을 투자하세요. 비록 사이가 껄끄럽거나 당장 급한 업무와는 관련 없어 보일지라도 말입니다. 이러한 작은 노력들이 모이면 신임 임원이 회사에서 기반을 다질 수 있는 토대가 됩니다.

아무리 훌륭한 임원이라도 주변의 지원이 필요합니다. 그들이 효과적으로 자리 잡을 수 있도록 돕는 것은 회사의 발전에도 큰 도움이 될 수 있습니다. 또한 당신의 업무 경험 자체도 긍정적인 방향으로 달라질 수 있습니다. 만약 새로운 임원이 성과를 내지 못하더라도 그것을 해결하는 것은 CEO의 역할이지 당신의 역할이 아닙니다. 이를 과도하게 문제 삼으면 오히려 당신에게 나쁜 영향을 미칠 것입니다. 이에 대해서는 18장에서 자세히 논의하겠습니다.

요약

이 장에서는 동료 임원을 온보딩하는 방법과 이것이 당신과 임원 팀 전체의 역량을 강화하는 중요한 메커니즘인 이유에 대해 알아봤습니다. 또한 임원을 온보딩하는 방식을 어떻게 조정해야 하는지와 그것이 엔지니어 온보딩과 다른 점에 대해서도 살펴보았습니다. 마지막으로, 온보딩 과정에서 가장 중요한 세 가지 우선순위는 다음과 같습니다. 사고방식을 공유하는 것, 서로의 역할이 어떻게 맞물리는지 명확하게 설명하는 것 그리고 새로운 관계에 지속적으로 투자하는 것입니다. 새로운 관계는 첫 만남에서부터 형성되지만 지속적인 관심을 통해 유지되고 발전합니다. 이 두 가지를 모두 신경 쓰는 것만으로도 놀랄 만큼 큰 차이를 만들 수 있습니다.

 다음 링크에서 추가 자료 및 리소스를 찾아보세요.
https://lethain.com/eeprimer-refs-16

신뢰 검증하기

과거에는 엔지니어링 임원이 되는 경로가 비교적 명확했습니다. 우선 소프트웨어 엔지니어로서 소프트웨어를 만드는 일에서 시작해 소프트웨어 엔지니어링과 관리자 역할을 병행하는 하이브리드 역할로 전환하는 것이었습니다. 이런 역할을 흔히 테크 리드 매니저라고 불렀으며, 이들은 팀 내에서 최고 수준의 기술 전문가인 동시에 팀원 관리 역할을 맡았습니다. 하지만 많은 사람들이 이 전환 과정에서 어려움을 겪습니다. 특히 사람 관리 역량을 개발하는 것이 어렵고 불편해서 익숙한 기술 리더 역할로 되돌아가곤 했습니다.

이런 문제를 해결하기 위해 업계에서는 기술 리더십과 사람 관리 역할을 완전히 분리하는 방향으로 나아갔습니다. 그래서 요즘 초보 관리자들은 흔히 코딩을 그만하라는 조언을 자주 듣습니다. 코딩이 관리자로 성장하는 데 방해가 될 수 있다는 것입니다. 팀 관리가 중요한 상황에서는 코딩 작업에서 한 발 물러나 사람 관리에 집중하라는 뜻이죠. 이런 조언은 대개 관리자 역할을 처음 맡은 사람을 위한 짧은 한마디로 요약할 수 있습니다.

    "팀을 믿어라."

거의 맞는 말입니다. 하지만 그렇다 보니 잘못 적용하기도 쉽습니다. 관리자와 임원에게 정말로 필요한 것은 무조건적인 신뢰가 아니라 검증된 신뢰입니다. 즉, '신뢰하되, 검증하라'와 같은 접근 방식이 필요합니다.

이 장에서는 다음과 같은 내용을 다루겠습니다.

- 임원들이 신뢰에 지나치게 의존할 때 발생하는 리더십의 한계
- 신뢰가 관리 기술이 아닌 이유
- 신뢰에만 의존하지 않고 활용할 수 있는 관리 도구
- 점검 프로세스가 부족한 조직과 회사에 이를 도입하는 방법

효과적이고 협력적인 팀을 이끌기 위해서는 신뢰에 대한 세심한 접근이 필요합니다. 당신은 임원으로서 반드시 팀과 조직과의 신뢰를 구축하기 위해 노력해야 합니다. 이 장에서는 신뢰에만 의존하려는 유혹을 피하면서 신뢰를 쌓는 방법을 설명합니다. 특히 신뢰를 리더십의 가장 중요한 요소로 여긴다면 이 장에서 많은 도움을 받을 수 있을 것입니다. 맹목적인 신뢰는 의도는 좋을지 몰라도 많은 유능한 리더들의 기반을 약화시키는 접근 방식임을 저는 자주 목격했습니다.

신뢰 기반 관리의 한계

임원으로 새롭게 회사에 합류했다면 당신은 채용 과정을 성공적으로 통과한 덕분에 이미 다른 사람들로부터 상당한 신뢰를 받고 있는 셈입니다. 회사가 당신을 채용한 이유는 아무래도 당신이 신뢰할 만한 사람이기 때문이 아닐까요? 이 시기에는 새로운 환경을 잘 이해하는 것부터 시작하는 것이 좋습니다(2장에서 논의한 바와 같이). 하지만 놀랍게도 많은 신임 임원들이 이 과정을 생략하고 다소 무모한 방식으로 새로운 환경에 뛰어듭니다. 처음에 잘 쌓아놓은 신뢰를 마구 소진하기 시작하면 그 신뢰는 오래가지 않습니다. 사람들은 자신의 상사가 방향을 잡아주거나 잘못된 접근 방식을 바로잡아주길 기대하지만, 현실에서는 많은 신임 임원들이 피드백을 받기도 전에 신뢰도를 깎아먹을 만큼 많은 피해를 주는 경우가 놀라울 정도로 흔합니다.

상사가 임원에게 필요한 피드백을 제때 주지 않는 데는 여러 이유가 있을 수 있지만, 가장 흔한 이유는 맹목적인 신뢰를 바탕으로 관리하려 하기 때문입니다. 그들

은 새로운 역할에 적응하는 동안 필요하면 실수도 할 수 있도록 여유를 주는 것이 임원을 자율적으로 일하게 만드는 방법이라고 주장합니다. 그렇게 하지 않으면 가장 지원이 필요한 시기에 지나치게 당신의 숨통을 조일 수 있다고 생각합니다.

신임 임원이 새로운 조직에서 갈팡질팡하고, 동료들과의 신뢰를 잃고, 결국 스스로 헤어나오기 힘든 상황에 빠져들고 있는데도 그런 사람들은 계속해서 자율성을 이야기합니다. 이런 식으로 1년이 지나면 해당 임원은 회사에서 '실행력이 부족한 임원'으로 낙인찍히게 될 것입니다. 결국 자신의 상사에게 불만을 품은 채 조용히 회사에서 떠나겠죠. 상사는 이를 '회사 입장에서 아쉬움 없는 퇴사'로 기록하고, 면접 과정에서 일 못하는 사람을 가려내는 것이 얼마나 어려운지를 한탄하며 똑같은 패턴으로 새로운 후보자를 다시 채용하는 악순환을 반복하게 될 것입니다.

이런 시나리오가 다소 극단적으로 들릴 수 있지만, 제 경험에서 이와 비슷한 사례를 10개 정도 떠올리는 데는 약 5분밖에 걸리지 않았습니다. 솔직히 말하자면 저역시도 신임 직원에게 자율성을 준다는 명목으로 그들을 지나치게 신뢰하다 의도치 않게 역량이 약화된 관리자로 만들어버린 경험이 있습니다. 이것이 바로 과도한 신뢰의 위험성입니다. 스스로를 훌륭한 관리자라고 생각하지만 실제로는 책임을 회피하고 팀을 약화시키고 있으면서 다른 사람에게 성장을 위한 기회를 제공한다고 착각하고 있는 것입니다.

신뢰만 보내는 것은 관리가 아니다

많은 사람들이 신뢰가 효과적인 관리의 핵심 원칙이라고 배우지만, 신뢰 자체만으로는 사실 제대로 된 관리를 할 수 없습니다. 즉, 신뢰는 업무를 '좋다', '나쁘다'라고 평가하는 기준이 될 수 없습니다.

예를 들어 팀원의 업무 평가를 다음과 같이 네 가지 범주로 구분한다고 합시다.

- **좋은 실수**

  좋은 프로세스 + 좋은 결정 → 나쁜 결과

  예시 프로젝트의 출시일을 맞추지 못한 이유가 그날 공급업체의 장애 때문인 경우

- **나쁜 실수**

  나쁜 프로세스 + 나쁜 결정 → 나쁜 결과

  예시 경험이 부족한 엔지니어를 프로젝트에 투입해 예상대로 진행 속도가 느려져 출시일을 놓친 경우

- **좋은 성공**

  좋은 프로세스 + 좋은 결정 → 좋은 결과

  예시 체계적인 계획과 실행으로 프로젝트 출시일을 맞춘 경우

- **나쁜 성공**

  나쁜 프로세스 + 나쁜 결정 → 좋은 결과

  예시 공급업체가 부족했던 기능을 예기치 않게 출시해서 프로젝트 출시일을 맞춘 경우

판단력과 결과를 별개로 평가하지 못하면 관리자를 성장시키는 데 큰 어려움을 겪게 됩니다. 이 네 가지 경우를 명확히 구분할 수 없다면, 효과적인 리더를 판단하는 데 있어 실제 역량보다 우연성이 결과에 더 큰 영향을 미치게 될 것입니다. 이렇게 되면 어떤 사람이 유능한 리더인지 판단할 수 없게 됩니다.

신뢰 검증이 더 나은 이유

오해하지 마세요. 신뢰는 효과적인 관리의 필수적이고 강력한 요소입니다. 제가 경고하는 것은 맹목적으로 신뢰하는 것과 개입이 부족한 것입니다. 대신 신뢰 검증, 즉 '우선 신뢰하되, 행동하기 전에 먼저 검증하는' 접근 방식입니다.

다음은 신뢰를 검증하는 몇 가지 예시입니다.

- 팀원이 다른 팀이 문제를 일으키고 있다고 하면 일단 그 말을 신뢰하세요. 그런 다음 직접 그 문제를 검증하고 다른 방식으로 어떻게 설명할지 생각해 보세요. 관련된 다른 팀들은 어떻게

느끼고 있는지 알아보세요. 다른 팀이 참여하지 못하게 만드는 제3자가 있는지, 문제와 관련해 언급되지 않은 전후 사정이 있는지 살펴보세요. 이 상황을 해결할 대안은 무엇일까요?

- 관리자가 팀원 중 누군가가 문제를 일으키고 있다고 하면 일단 그 말을 신뢰하세요. 그런 다음, 마찬가지로 문제를 직접 확인할 방법을 찾으세요. 해당 팀원과 1:1 면담을 하거나 그 사람과 팀 모두를 초대해서 함께 점심을 먹으며 이야기를 나눠보세요. 팀 프로젝트의 최신 보고서를 검토해 보고 잠재적인 해결책을 모색하세요.

이렇게 상황을 직접 검증하고, 가능한 대안을 생각하고, 문제를 제기한 사람과 협력해 나가면 자신 있게 문제를 해결할 수 있습니다. 그들의 초기 판단이 정확했을 수도 있지만 중요한 전후 맥락을 놓치고 있거나 심지어 본인이 문제의 주요 원인이었을 수도 있습니다. 이러한 검증은 빠르게 진행할 수 있으며, 불확실성을 남기지 않고 신속하게 문제를 해결할 수 있게 합니다.

가끔 누군가는 검증 과정에 반발하며 자신을 그냥 믿어 주지 않는 이유가 무엇이냐고 묻는 경우도 있었습니다. 저도 그 기분을 이해합니다. 아무런 의심 없이 신뢰받는 것은 기분 좋은 일이니까요. 그러나 장기적으로 봤을 때 아무런 검증이 없이 해결책을 내리는 것보다는 문제를 제대로 알고 해결하는 편이 훨씬 낫습니다. 경력 초반에는 이렇게 반발하는 태도를 나쁘게 받아들였습니다. 하지만 지금은 그런 태도가 저와 상대방 사이의 관계에 더 심오한 문제가 있음을 나타내는 신호라고 생각합니다.

함께 일할 때의 목표는 서로가 성공할 수 있도록 돕는 것이며, 여기에는 서로의 실수를 바로잡아주는 과정도 포함됩니다. 검증은 문제를 충분히 진지하게 다루면서 더 나은 해결책을 찾고자 하는 노력입니다.

> **NOTE** 신뢰 검증은 단순히 관리자가 팀을 위해 하는 일이 아닙니다. 제가 관리했던 최고의 인재들 중 많은 이들이 제가 제안한 모든 내용을 꼼꼼히 점검하여 미완성된 제안을 훨씬 더 나은 것으로 다듬었고, 제가 특정 해석에 지나치게 집착할 때에도 이를 바로잡아주었습니다.

제가 관리했던 일부 리더들은 팀의 업무를 점검해야 한다는 개념 자체에 반발하기도 했습니다. 그들은 점검이 대체로 팀에 대한 불신으로 비칠까 봐 걱정했던 것입니다. 저는 그때도 지금과 똑같이 주장했습니다. 검증 과정 없이 신뢰하는 것은 당장은 매우 편안하게 느껴질 수 있지만, 궁극적으로는 팀 리더들과 그들이 관리하는 사람들을 약화시킵니다. 아무리 뛰어난 인재들도 좋은 프로세스를 따르며 올바른 결정을 내리는 것처럼 보이지만 때로는 실수를 저지를 수 있습니다. 검증되지 않은 무조건적인 신뢰는 이러한 좋은 실수를 애당초 신뢰할 수 없는 행동으로 오해하게 만듭니다. 이렇게 좋은 행동을 계속해서 불신으로 착각하게 되면 장기적으로 건강한 관계를 구축하기 어렵습니다.

신뢰 검증 방법

앞에서 맹목적인 신뢰 대신 신뢰를 검증하는 방향으로 나아가야 한다고 했습니다. 그럼 이제 다음으로 할 일은 이를 지원하는 적절한 검증 방법을 찾는 것입니다. 효과적인 검증 방법은 여러 가지가 있으며, 경험 많은 임원이라면 이 중 한두 가지를 편안하게 활용하는 동시에 모든 방법을 적절히 활용할 수 있어야 합니다. 어떤 검증 방법이 자신에게 잘 맞을지는 개인의 리더십 스타일이나 회사의 상황 그리고 당면한 문제에 따라 조금씩 달라집니다.

제가 매우 효과적으로 사용한 검증 방법은 다음과 같습니다.

- **검증 포럼**

  기존 회사들이 검증을 수행하는 기본 전략은 일단 목표를 설정하고 나서 경과를 추적하는 것입니다. 이는 일반적으로 주간 또는 월간 지표 검토 포럼에서 이루어집니다. 분기별 검토 포럼은 주요 검증 도구가 되기에는 너무 느립니다(특히 새로운 영역이나 새로운 리더와 관련된 경우, 한 분기 내에 큰 문제가 발생할 수 있습니다).

- **학습 스파이크**

  분제를 파악한 후 관련된 많은 사람들과 대화하면서 문제에 깊이 파고들어 보세요. 다양한 기능을 담당하는 사람들 그리고 직접 일을 수행하는 사람들과 대화하는 데 집중합니다. 업무를 요약해서 보고하는 것이 주된 일인 고위 관리자와는 가급적 대화를 피하세요. 그들은 대화할 사람의 리스트를 제공하는 데에만 유용합니다. 학습 스파이크는 기존의 계층 구조를 뛰어넘어 직접 정보를 얻는 방식을 의미합니다. 계층 구조는 너무 많은 정보를 하나로 압축해서 설명하는 데 유용하지만, 이는 보통 주관적으로 선택된 정보로 구성되기 때문에 불가피하게 필수 정보가 누락될 수 있습니다. 이러한 문제를 피하려면 정보의 출처를 직접 찾아가 대화하는 것이 좋습니다.

- **데이터 직접 다루기**

  많은 고위 리더들이 누군가가 준비해서 전달하는 데이터에만 의존하여 문제를 이해하려 하지만, 여기에는 준비한 사람의 편향이 포함될 수밖에 없습니다. 그 대신 준비된 데이터의 출처를 확보하고 여기에 어떤 편향이 있을 수 있는지 파악한 후 새롭게 제시된 정보와 이런 소스들을 교차 검증하며 확인하는 것이 좋습니다.

- **불일치한 상황을 용납하지 않는 태도**

  일부 리더들은 혼란과 불일치를 용납하지 않는 태도를 가지고 있습니다. 그들은 회의에서 약간의 혼란스러운 설명이라도 듣게 되면 그 원인이 무엇인지 이해할 때까지 계속 파고듭니다. 이러한 태도는 신뢰를 떨어뜨릴 수 있는 문제를 겉으로 드러내고 해결하는 데 도움이 됩니다.

만약 당신이 고위 리더십 역할을 맡고 있거나 그런 역할을 목표로 삼고 있다면 이네 가지 검증 방법을 기회가 있을 때마다 적극적으로 연습할 것을 권장합니다. 모든 방식에 충분히 익숙해진 후에는 당면한 문제에 맞게 자신에게 더 자연스러운 방식을 사용해도 괜찮습니다.

조직에 검증 문화 도입하기

새롭게 합류한 회사가 꼼꼼하게 검증하는 관행이 일반적이지 않을 수 있습니다. 지금까지 검증을 거치지 않고 맹목적인 신뢰를 보내는 것이 일반적이었던 회사가 새롭게 검증 과정을 도입하는 경우라면 도움이 될 몇 가지 제안을 드립니다.

- **한 번에 전면적으로 확장하지 말고, 한두 가지 핵심 문제에 집중하세요.**

  너무 넓은 범위를 대상으로 검증을 시도하면 전반적인 속도가 느려지고 집중력이 분산될 위험이 있습니다. 이 장에서 다룬 개념들이 당연하게 느껴지더라도, 당신은 물론 당신의 팀에게도 학습에 필요한 충분한 시간과 노력이 있어야 한다는 점을 기억하세요.

  제가 처음 캄에 합류했을 때는 검증 문화가 일반적이지 않았습니다. 그래서 저는 두 가지 특정 문제에만 집중했습니다. 먼저 iOS, 안드로이드, 프런트엔드 및 백엔드 엔지니어링 팀들이 일정 조정 문제로 작업 계획을 세우는 데 어려움을 겪고 있자 저는 기존 팀 대신 새로운 프로젝트를 중심으로 팀 구조를 개편했습니다. 또 다른 문제는 소수의 고급 엔지니어들이 기술 방향에 대해 치열한 갈등을 빚고 있었습니다. 저는 그 갈등의 본질을 깊이 파고들어 여러 기술 전략의 핵심을 문서화한 후 합의된 의견을 이끌어냈습니다.

- **검증 포럼을 도입하기 전에 동료 임원들이 어떻게 생각하는지 파악하세요.**

  모든 회사는 시간이 지나면 전보다 깊은 수준의 검증 포럼을 도입하게 됩니다. 예를 들면 비즈니스 리뷰 회의, 제품 검토 회의, 이사회 회의를 위한 사전 회의 등이 그렇습니다. 그러나 이러한 회의가 성공하려면 CEO와 동료 임원들의 적극적인 동의가 필요합니다. 많은 준비가 필요한 회의에 임원이 제대로 참여하지 않으면 결국 아무 성과를 내지 못하고 모두의 시간을 낭비하게 됩니다.

  우버에서는 구글 출신 임원이 엔지니어링 팀에 합류하면서 OKR 및 OKR 검증 절차를 의무화했습니다. 매우 유용한 기법에다 당시 조직에는 더 많은 점검이 필요했던 것도 사실이었지만 동료 임원들이 이 과정에 큰 관심을 보이지 않았기 때문에 기대만큼의 성과를 내지는 못했습니다.

- **엔지니어링 리더십 팀에게 점검을 도입하는 이유와 의도를 명확하게 설명하세요.**

  다른 사람에게 자신의 논리를 명확히 설명하는 것은 큰 도움이 됩니다. 당신이 수행하는 꼼꼼한 검증은 모두의 성공을 위한 장기적 투자이지, 그들을 신뢰하지 않아서 하는 것이 아니라는 점을 강조하세요.

  스트라이프에서는 비즈니스 리뷰 회의를 통해 검증 문화를 도입했지만 이 과정의 목표를 신뢰 구축으로 명확하게 설정하지 않았습니다. 이렇게 목표 설정이 분명하지 않은 탓에 검증 회의는 종종 단순한 절차적 회의로만 여겨졌습니다. 팀을 신속하게 움직이고 장기적인 의견 불일치를 방지하는 건설적인 회의로 인식되지 않았던 것입니다.

새로운 검증 문화를 아무리 잘 도입하더라도 기본적으로 검증이라는 행위 자체를 신뢰 부족의 의미로 받아들이고 방어적인 태도를 보이는 팀원이 많습니다. 그런 현실 때문에 검증 수행 방식을 완화하고 싶은 유혹을 견뎌내기 바랍니다. 장기적으로 볼 때 팀의 우수한 인재들은 문제를 해결하기 위해 좋은 일을 하고자 하며, 지속적으로 피드백을 받아 성장하기를 원합니다. 실수가 두려워 피드백을 거부한다면 그런 사람은 당신의 조직에 맞지 않습니다.

요약

이 장을 읽고 나서 '팀을 신뢰하면 안 되겠다'라고 결론을 내리지는 마세요. 임원으로서 업무 범위를 성공적으로 확장해 나가려면 반드시 자신의 리더십 팀을 신뢰해야 합니다. 그렇다고 해서 맹목적인 신뢰를 보내는 것은 당신의 가장 중요한 역할 중 하나인 '팀의 성공을 돕는 일'을 포기하는 것과 다름없습니다. 여기에 소개한 기법을 사용하여 맹목적인 신뢰를 보내는 것에서 벗어나 신뢰와 검증을 병행하여 더 강력한 신뢰 관계를 구축하세요. 이런 노력을 통해 오류를 조기에 발견하고 그 오류로부터 배워 나갈 수 있습니다. 신뢰를 검증하는 것은 시간과 노력이 필요하지만 결과적으로 더 나은 리더로 성장하는 조직을 만듭니다. 반면 맹목적인 신뢰에 의존하는 방식은 단기적으로는 효과가 있는 것처럼 보이지만, 결국은 근시안적인 리더들이 교체되어 나가면서 신뢰가 낮은 조직을 만드는 결과를 초래할 것입니다.

다음 링크에서 추가 자료 및 리소스를 찾아보세요.
https://lethain.com/eeprimer-refs-17

자신만의 기준 정하기

팀을 관리하는 동안 제 자신의 행동과 동기에 대해서도 많은 것을 배웠습니다. 예를 들어 저는 오랫동안 과로하는 습관이 있었습니다. 이로 인해 항상 번아웃의 경계에 서 있었고, 회사에서 일어나는 다양한 조직 변화를 기꺼이 받아들일 여력이 없었습니다. 일을 잘해내고 있음에도 불구하고 변화를 제대로 받아들이지 못했고, 결국 회사로부터 관리하기 어려운 사람이라는 평판까지 얻게 되었습니다.

스스로의 실수로부터 배웠다고 말하고 싶지만 솔직히 말하면 똑같은 문제로 어려움을 겪는 다른 동료들을 보면서 깨닫게 된 부분이 더 많습니다. 비슷한 사례를 여러 차례 목격한 후에야 비로소 제 자신도 같은 문제를 겪고 있음을 인식하게 된 것입니다. 그래서 스트라이프에 합류했을 때는 과거처럼 너무 달리다가 2년 만에 지치는 것이 아니라, 4년 후에도 더 가치 있는 일을 하는 사람이 되기 위해 스스로의 페이스를 잘 조절하겠다는 목표를 세웠습니다.

이 장에서는 다음 주제에 대해 논의합니다.

- 당연히 좋은 것이라고 여겨지는 높은 기준이 종종 임원들에게 마찰을 일으키는 이유
- 높은 기준이 항상 옳다고 가정하는 대신 조직이 원하는 기준과 일치시키는 것이 중요한 이유
- 낮은 기준이라고 판단되는 일과 관련해서 문제를 제기하면 CEO와 갈등을 겪게 되는 이유
- 조직의 기준을 변화시키는 데 있어 롤 모델을 사용하는 것이 효과적인 이유
- 현재 상황에서 당신의 기준이 제대로 작동하지 않을 때 대처하는 방법

이 장을 마치면 동료들이 가지고 있는 기준이 회사가 받아들일 수 있는 수준을 넘

어설 때(어쩌면 스스로가 그런 경우) 이를 어떻게 인지할 수 있는지 배우게 될 것입니다. 또한 환경에 기준을 맞추는 것이 왜 중요한지 이해하고, 조직의 기준이 잘못 설정되었다고 생각될 때 활용할 수 있는 다양한 해결 방법도 익히게 될 것입니다.

잘못된 기준의 위험

지나치게 열심히 일하는 것은 사회적으로 용인되는 꽤 흥미로운 악습입니다. 어떤 사람들은 이를 성공을 위한 필수 조건으로 여기기도 하죠. 그러나 이는 겉으로 드러나지 않는 방식으로 자신의 경력에 부정적인 영향을 미칠 수 있습니다. 마찬가지로 임원 경력에 가장 해를 끼침에도 불구하고 사회적으로 용인되는 잘못이 있습니다. 그건 조직이 수용할 수 있는 수준을 훌쩍 넘어 지나치게 높은 기준을 다른 사람들에게 요구하는 것입니다.

흔히 높은 기준을 가진 사람을 뽑는 것이 바람직하다고 생각합니다. 하지만 회사라는 조직은 상식적인 수준의 기여를 기대하지, 지나치게 높은 이상을 추구하면 오히려 어떤 문제의 원인으로 간주하게 됩니다. 믿기 힘들겠지만 저뿐만 아니라 동료들의 이야기 그리고 제게 도착하는 이메일 등을 통해 이런 사례를 수없이 봐왔습니다.

이와 관련한 몇 가지 사례는 다음과 같습니다.

- 어느 임시 엔지니어링 부사장(VPE)이 앞으로 자신과 동료 중 누구에게 VPE 역할을 맡길지 결정을 미루는 CEO 밑에서 일하고 있습니다. 그 동료는 오랫동안 회사에 좋지 않은 문제를 일으켜왔지만, CEO는 "파문을 일으키고 싶지 않다"는 이유로 선뜻 결정을 내리지 않은 채 두 사람을 불안정한 상태에 방치해 두었습니다. 이때 임시 VPE가 동료에게 이런 상황에 대한 책임을 물으려고 시도하면 오히려 정식 VPE 역할을 맡기에 준비가 덜 되어 있다는 평가를 받게 됩니다.
- 어느 엔지니어링 관리자는 구현 비용이 너무 많이 들고 회사 목표와 잘 맞지도 않는 제안을 수

시로 일삼는 제품 관리자와 함께 일합니다. 엔지니어링 관리자는 제품 리더십 팀에 이 문제를 세기였시만, 이는 제품 관리자의 문제가 아니라 두 사람이 서로 협력하지 못하는 문제로 둔갑했습니다. 두 사람은 "더 나은 협업을 하라"는 압박을 받지만 팀의 성과는 여전히 저조하고 나아지지 않습니다.

- 엔지니어링 디렉터들이 회사의 채용 기준을 대폭 강화하는 방안을 도입했습니다. 채용 기준을 제대로 지키지 않는 어느 디렉터에게 CTO가 아무런 책임을 묻지 않았기 때문입니다. 문제를 회피하는 CTO가 그런 상황을 단순히 '디렉터 간의 갈등'으로 보지 않도록 만들기 위해 디렉터들이 어렵게 도출한 해결책이었습니다.

이러한 사례들을 잘 살펴보면 공통된 패턴을 찾을 수 있습니다. 문제의 핵심 인물은 자신의 일을 효과적으로 해내려 하지만 동료의 저조한 성과와 역량이 이를 방해하는 것입니다. 문제를 해결하기 위해 관리자에게 보고해도 그는 명백한 성과 문제를 단순한 관계 문제로 치부해 버립니다. 즉, 문제가 있는 사람이 성과를 내지 못하는 것이 아니라 서로 관계가 좋지 않아서 발생하는 문제라고 생각하는 것입니다. 이렇게 되면 성과 문제를 해결하는 것은 관리자의 책임이 아니라 문제를 제기한 사람의 책임이 됩니다. 동료에게 책임을 물으려던 시도가 오히려 '함께 일하기 힘든 사람'이라는 평판으로 이어지며 아무 문제도 해결되지 못한 채 자신의 앞길만 막아버리는 셈입니다.

조직의 기준에 맞추기

제가 깨닫게 된 사실 중 하나는 성과가 낮은 직원을 관리하는 사람도 대부분 문제의 원인을 알고 있지만 어떤 이유에서인지 이를 해결하려고 노력하지 않는다는 점입니다. 당신은 어떤 임원과 관련된 심각한 문제를 CEO에게 처음 알리는 것이라고 생각할지 모릅니다. 하지만 CEO는 이미 그 문제를 알고 있습니다. 아직 해결하지 않았을 뿐입니다. 그런 문제를 CEO에게 다시 이야기하면 CEO 입장에서는 자꾸 반복되는 압박을 별로 달가워하지 않을 수 있습니다.

또한 우수한 기업들조차 특정 영역에서는 평균보다 낮은 기준을 적용하는 경우가 있습니다. 때로는 그런 기준이 실수로 유지되기도 하지만, 의도적인 경우도 많습니다(예: 소규모 품질 보증(QA) 팀이 레거시 애플리케이션을 위해 소프트웨어 전체가 아닌 모바일 QA만 담당하도록 하는 경우). 당신은 CEO에게 이 문제를 제기하여 누군가 책임을 지게 해야 한다고 생각하지만 CEO는 당신의 생각과 전혀 다른 품질 기준을 적용하고 있을 뿐입니다.

제가 일했던 한 회사에서는 그로스 엔지니어링growth engineering 조직이 마치 부차적인 조직으로 취급되며 낮은 채용 기준과 낮은 품질 기준을 바탕으로 운영되고 있었습니다. 그러나 그 팀은 항상 빠르게 움직였고 잦은 방향 전환도 유연하게 받아들였으며, 전체 엔지니어링 조직이 다루고 싶어 하지 않는 문제를 도맡아 해결했습니다. 당시에는 이런 구조가 해당 조직 리더십의 실패라고 생각했지만 지금은 생각이 달라졌습니다. 이 조직은 특별히 훌륭한 작업 환경과 문화를 만들지 못했어도 회사의 목표는 효과적으로 달성했습니다. 회사와 당신이 활용할 수 있는 자원은 한정적이며, 때로는 반드시 지켜야 하는 엄격한 기한에 맞춰 일부 작업을 평소보다 낮은 기준으로 처리해야 할 때도 있는 것입니다.

문제 제기는 신중하게

동료들이 당신의 기준을 충족시키지 못해 어려움을 겪고 있다면 반대로 당신이 CEO의 운영 방식을 제대로 이해하지 못하고 있는 것일지도 모릅니다. 이런 상황은 흔히 일어나는 일이며, 해결을 위해서는 신중한 접근이 필요합니다. CEO에게 왜 지금처럼 일하고 있고 심지어 이 상태가 맞다고 생각하는지 직접 따질 수도 있습니다. 이런 상황이 팀에 미치는 영향에 대해 설명할 수도 있습니다. 이런 대화가 때때로 변화를 이끌어 낼 수도 있지만 해결까지는 속도가 매우 느릴 것입니다. 그들의 생각을 하룻밤 사이에 바꾸는 것은 불가능하기 때문입니다.

이런 상황에서 제가 나름대로 효과가 있다고 느낀 방법은 상호 건설적인 에너지를 긍정적인 방향으로 집중하는 것입니다. 동료 임원의 성과 문제는 당신이 직접 해결할 수는 없지만, 함께 나아가고자 하는 방향을 환기시키면 그들이 나쁜 성과를 극복하는데 도움이 될 수 있습니다. 심지어 흥미까지 이끌어 낼 수 있다면 문제 해결을 미루는 관리자가 직접 그 문제에 개입하지 않아도 당사자들끼리 문제를 해결하는 방법을 찾을 수 있습니다.

이와 같은 조언이 그다지 달갑지 않게 들릴 것입니다. 하지만 동료가 저조한 성과를 극복하도록 만드는 책임은 본질적으로 관리자에게 있습니다. 직장은 완벽한 곳이 아닙니다. 따라서 여러 개의 선택지 중에서 앞으로 나아갈 수 있는 하나의 길을 찾는 것이 성공적인 접근입니다. 존재하지 않는 해결책을 바라며 좌절하는 것으로는 아무것도 달라지지 않습니다. 저 역시 이 교훈을 배우는 데 꽤 오랜 시간이 걸렸습니다.

물론 윤리적인 이유 때문에 문제를 공론화해야 할 필요가 있는 상황에서는 반드시 그렇게 해야 합니다. 다만 그것이 윤리적 의무에서 비롯된 행동인지 작업 환경을 개선하기 위해 취하는 행동인지를 잘 구분하는 것이 중요합니다. 기준에 대한 단순한 의견 차이를 윤리적 문제로 포장해서는 안 됩니다.

동료를 위한 역할 모델링

당신이 특별히 신경 쓰는 특정 프로세스나 영역이 있는데 CEO가 그 부분을 개선할 의향은 있지만 적극적으로 투자하기는 꺼려하는 상황이라면, 가장 효과적인 방법은 좋은 행동을 직접 보여 주는 것입니다. 저는 중간 관리자 시절 이 방법을 자주 사용했습니다. 그 결과 '모델링, 문서화, 공유'라는 저만의 전략을 개발하게 되었습니다.

핵심 전략은 다음과 같습니다.

- **모델링하기**

  개선하고자 하는 영역을 정한 후 높은 기준을 적용하여 스스로 타인의 모범이 되는 롤 모델이 되세요. 예를 들면 특정 문제를 깊이 파고들거나, 내부 후보자를 우선적으로 고려하는 채용 과정을 운영하거나, 팀을 위한 관리자 교육을 직접 진행하는 것 등이 해당됩니다. 이러한 방식이 맞다는 확신이 들 때까지 여러 번 시행착오를 거치며 세부 사항을 다듬으세요.

- **문서화하기**

  모델링 방식이 효과가 있었다면 이를 명확한 문서로 작성하세요. 실행 가이드뿐만 아니라 그런 접근 방식이 왜 효과적인지에 대한 논리적인 배경도 함께 기록하세요. 이런 문서를 작성할 때는 이 방법이 가장 훌륭하다는 확신보다는 실제로 어떻게 효과적인지 평가해 보는 관점에서 작성하는 것이 좋습니다.

- **공유하기**

  정리한 문서를 관련 팀에 공유하세요. 당신이 시도한 것, 배운 것 그리고 이 방법이 왜 당신의 팀에 효과적인지를 설명하세요. 관심을 보이는 사람들과 적극적으로 소통하고, 반응이 없는 팀은 넘어가세요.

이런 접근 방식은 문제가 있다는 사실에 동의하고 현 상태를 개선하려는 의지를 가진 사람들이 흥미를 보일 때 가장 효과적입니다. 당신에게는 문제를 해결할 명시적인 권한이 없으므로 개선을 원하지 않는 팀과는 별로 진전을 이루지 못할 수 있습니다. 그래도 괜찮습니다. 이 방법은 CEO나 관리자들과의 마찰을 최소화하면서도 좋은 진전을 이룰 수 있는 유용한 기술입니다. 다만, 모든 조직의 갈등을 해결할 수 있는 만능 도구는 아니라는 점을 명심하시기 바랍니다.

기준 유연하게 조정하기

커리어 초반에 '배울 가치가 없는 교훈'이라는 개념을 만들었던 적이 있습니다. 그중 하나는 바로 스스로의 기준을 낮추는 것이었습니다. 당시에는 높은 기준에 대한 고집이 저를 성공으로 이끌 것이라고 확신했습니다. 그러나 어느 정도 경력이 쌓인 후에 돌아보니 다소 오만했다는 생각이 들었습니다. 오랜 커리어를 잘 이끌어가려면 스물다섯 살의 제가 상상했던 것보다는 훨씬 더 많은 유연성과 적응력이 필요하다는 사실을 깨달은 것입니다. 일이 최우선일 때도 있지만, 개인적인 삶이 혼란스러워 가족이나 친구를 돌보는 데 더 많은 에너지를 쏟아야 할 때도 있었습니다.

당신의 기준이 회사나 조직의 기준 또는 CEO의 기준보다 더 높을 수 있습니다. 그러나 어려운 상황에 부딪힐 때면 그 순간 당신에게 무엇이 가장 중요한지 깊이 고민해 보세요. 목소리를 내고 싶은 유혹은 쉽게 사그라지지 않겠지만 더 높은 직책에서 일할수록 그러한 행동에 따르는 결과는 더 큽니다. 배울 가치가 없는 교훈도 분명 있습니다. 하지만 굳이 불필요한 행동을 해서 벌을 자초할 필요도 없다는 사실을 기억하세요.

요약

이번 장에서는 높은 기준을 갖는 것이 바람직하긴 하지만 동시에 주변 임원 동료나 심지어 CEO와 갈등을 일으키는 주요 원인이라는 역설을 다뤘습니다. 당신의 기준은 조직의 수용 가능성에 맞춰져야 합니다. 이제는 업무에 대한 높은 기준이 언제 도움이 되고, 언제 관계를 어렵게 만드는지 먼저 고민할 수 있을 것입니다. 당신의 기준을 유지하되, 그 기준이 당신이 목표를 향해 나아가는 데 실제로 도움이 되고 있는지 반드시 점검해야 합니다.

 다음 링크에서 추가 자료 및 리소스를 찾아보세요.
https://lethain.com/eeprimer-refs-18

엔지니어링 프로세스의
종류와 실행 방법

19

우버에서는 덕^{DUCK} 리뷰라는 기술 명세 검토 프로세스를 운영했습니다. 'DUCK'
은 특정한 약자가 아니라 의미 없이 만들어진 이름이며, 일반적인 검토 프로세스
와 크게 다르지 않았습니다. 제가 처음 합류했을 때는 매주 한두 개의 명세를 검토
했지만 리뷰 요청이 점점 많아지자 6개월 후에는 검토 요청 후 피드백을 받기까지
1~2주가 걸렸습니다. 그로부터 1년 후 처리할 수 있는 여력이 부족해지면서 결국
완전히 폐지되었습니다. 이 경험을 통해 중요한 교훈을 얻었습니다. DUCK 리뷰
는 매우 유용한 피드백을 제공했음에도 불구하고 실패하고 말았습니다. 그 이유는
운영 비용이 우리가 감당할 수 있는 수준을 넘어섰기 때문입니다.

관리자 경력을 막 시작했을 때는 프로세스가 주어진 문제를 충분히 잘 다루지 못
해서 실패한다고 생각했습니다. 프로세스의 결과가 좋지 않다면 이를 더 정교하
고 세밀하게 조정해야 한다고 여겼습니다. 하지만 매우 신중하게 설계된 프로세
스마저 종종 실패하는 경험을 하면서 좋은 프로세스는 품질과 비용(오버헤드) 사
이의 균형에서 나온다는 사실을 깨닫게 되었습니다. 코드 리뷰 프로세스를 살펴
보면 빠르게 처리되는 리뷰는 사실 의미 없는 저품질의 피드백이 오가는 것에 불
과한 경우를 흔히 볼 수 있습니다(예를 들어 풀 리퀘스트가 생성된 후 근무 시간
내에 코드 리뷰가 완료되어야 하는 경우). 반면, 매우 고품질의 리뷰 프로세스는
너무 세밀한 나머지 결국 속도가 느려지는 경우가 많아 사람들이 리뷰 프로세스
자체를 무시하게 되는 경우가 있습니다(DUCK 리뷰의 경우).

팀에 적합한 프로세스의 수준을 결정하려면 프로세스를 어떻게 운영할 것인지 먼저 정의한 후 그에 맞춰서 역으로 조직이 실제로 유지할 수 있는 정교함의 수준을 찾아야 합니다. 이에 대한 구체적인 방안으로 이번 장에서는 다음 내용을 다룹니다.

- 프로세스를 운영하는 일반적인 패턴과 그 발전 과정
- 각 패턴의 장단점
- 기본 패턴을 성공적으로 운영하는 방법
- 예산 책정 현실에 대처하는 방법
- 업계 트렌드 주기를 탐색하는 방법

이 장을 마치면 현재 조직 내에서 어떤 프로세스를 누가 운영해야 하는지, 사용 중인 패턴은 언제 변경해야 하는지 그리고 인력 배치 프로세스에서 가장 흔히 저지르는 실수를 피하는 방법 등에 대해 이해할 수 있을 것입니다.

일반적인 패턴의 발전 과정

회사가 엔지니어링 조직 및 회사 전체 차원의 프로세스를 운영하는 방식에는 다섯 가지 대표적인 패턴이 있습니다. 이 패턴들은 보통 여기에 나열한 순서대로 나타납니다. 오늘 당신이 사용하는 패턴은 3년 전과 다를 가능성이 높으며, 빠르게 성장하는 조직이라면 3년 후에는 또 다른 패턴을 사용할 가능성이 큽니다. 하나로 정해진 올바른 패턴은 없으며 단지 현재의 상황과 제약 조건에 가장 적합한 패턴이 있을 뿐입니다(그러나 어떤 패턴들은 실패할 확률이 상대적으로 높은 경향이 있기는 합니다).

초기 스타트업 패턴

신생 기업들은 대개 '초기 스타트업 패턴'이라고 부르는 방식을 따릅니다. 이 패턴에서는 창업자나 특정 기능을 수행하는 임원이 직접 필요한 기능을 처리하며, 그렇지 않으면 그 기능은 아예 실행되지 않습니다. 제가 캄의 CTO로 첫해를 보낼 때에는 저에게 공유된 인사 프로세스가 전혀 없었기 때문에 엔지니어링 조직의 성과 평가 프로세스를 스프레드시트로 직접 운영했습니다. 평가는 반드시 제때 처리되어야 하는데, 그 일을 할 수 있는 사람이 저였기 때문이었습니다. 이런 방식은 직원 수가 30~50명에 이를 때까지 유지되며 그 이후에는 조금 더 체계화된 방식으로 발전합니다.

기본 패턴

기본 패턴은 일반적으로 직원 수가 50명 정도에 이르면 채택되며 대부분의 회사에서 최종적인 패턴으로 자리 잡습니다. 회사 전체 범위의 프로세스(예: 계획 수립, 성과 관리, 예산 책정)는 중앙 인사(HR) 부서에서, 엔지니어링 범위의 프로세스(예: 기술 사양 검토, 사고 검토, 개발자 생산성 조사)는 엔지니어 및 엔지니어링 관리자가 운영합니다. 엔지니어링 프로세스를 전문적으로 지원하는 역할은 없으며, 회사의 프로세스가 엔지니어링 부서를 위해 지원하는 장치도 제한적입니다.

전문화된 엔지니어링 역할 패턴

회사가 성장하여 엔지니어 수가 200명을 넘어서면 엔지니어링 범위의 프로세스 운영 자체만으로도 드는 시간이 많아져 전담 지원 인력이 필요해집니다. 이런 일은 보통 이슈 검토나 기술 사양 검토에서 먼저 발생하지만, 회사의 특성에 따라 가장 비용 부담이 커지는 프로세스는 다를 수 있습니다. 이런 것을 전문화된 엔지니어링 역할 패턴이라고 부르며, 대부분의 회사는 기술 프로그램 관리 팀이나 엔지니어링 운영 팀 같은 전담 부서를 신설하여 문제를 해결합니다.

내부 지원 역할 패턴

대부분의 기술 회사에서 엔지니어링 조직은 가장 규모가 큰 부서이기 때문에 다른 부문보다 더 빠르게 확장되는 경향이 있습니다. 이러한 다양한 요구를 충족시키면서 프로세스가 원활하게 작동하도록 하기 위해 엔지니어링 조직에 회사와는 별도로 전담 채용 담당자를 두거나(채용, 성과 관리 등 담당) 인사 팀이 아예 엔지니어링 조직과 함께 일하는 방식으로 전환됩니다. 이를 내부 지원 역할 패턴이라고 합니다.

엔지니어링 조직은 규모 외에도 다른 여러 요소들로 인해 복잡한 요구 사항을 가지고 있습니다. 다음과 같은 요구 사항은 패턴이 조직 내부에 파견된 역할로 전환되는 이유를 뒷받침합니다.

- 다른 부서들은 보통 하나의 승진 경로만 있는 반면, 엔지니어링 조직은 엔지니어와 엔지니어링 관리자를 겸할 수 있는 이중 경력 사다리가 있습니다.
- 엔지니어링 조직에는 개발자 관계 관리, 기술 프로그램 관리, 품질 엔지니어링, 보안 엔지니어링과 같은 전문화된 역할이 하나 이상 존재하는 경우가 많습니다.
- 엔지니어와 엔지니어링 관리자는 다른 부문보다 채용 및 유지 비용이 더 많이 들며 채용하는 데도 시간이 오래 걸립니다.
- 높은 생산성을 달성하는 데까지는 긴 적응 시간이 필요하기 때문에 우수 인력이 회사를 떠나지 않도록 유지하는 것이 중요합니다.

사업부 단위별 로컬 패턴

마지막으로 사업부 단위별 로컬 패턴이 있습니다. 엔지니어링 조직은 각 사업부 리더에게 직접 보고합니다. 더 이상 전체 엔지니어링 조직을 총괄하는 한 명의 리더가 존재하지 않는 상황입니다. 이렇게 하다가 중앙화된 방식으로 엔지니어링 조직을 운영하는 표준적인 프로세스로 돌아가기도 하고, 각 사업부에 속한 엔지니어링 조직이 각자 자체적인 문화를 만들어 가면서 회사 내에서 일관성이 사라지는 결과를 초래하기도 합니다.

패턴의 장단점

지금까지 회사가 프로세스 관리 패턴을 어떤 순서로 도입하고 발전시키는지 알아보았습니다. 이번에는 각 패턴의 장단점을 좀 더 깊이 분석해 보겠습니다.

초기 스타트업 패턴

새로운 회사를 시작하면 대개 창업자 한 명 또는 소수의 사람이 모든 일을 처리합니다. 초기 채용은 대부분 작은 제품을 빠르게 개발하여 시장 반응을 검증하거나 사업 운영을 위한 핵심 인력에 집중되며, 순수하게 프로세스만 전담하는 사람은 포함되지 않습니다. 이는 자연스러운 일입니다. 프로세스란 대규모 팀을 조율하는 데 필요하기 때문입니다. 아직 회사 규모가 작기 때문에 실행하려는 프로세스가 있다면 창업자나 그들이 고용한 관리자가 직접 실행해야 합니다.

회사가 기업 수준으로 성장하면 이 패턴을 더 이상 유지하지 어렵습니다. 기존 팀원들이 할 일이 너무 많아 성과 관리와 같은 중요한 프로세스를 실행할 수 없기 때문입니다.

- **장점**: 비용이 적게 들고, 운영 부담이 적습니다. 조직이 작기 때문에 복잡한 프로세스가 필요하지 않습니다.
- **단점**: 모든 사람이 너무 바빠 프로세스상 중요한 작업을 누락하거나, 창업자나 관리자가 프로세스를 운영할 시간이나 경험이 부족해 프로세스의 품질이 낮아질 수 있습니다.

기본 패턴

엔지니어링 관련 프로세스는 엔지니어나 엔지니어링 관리자가 운영하고, 회사 전체 범위의 프로세스는 보통 인사(또는 HR) 기능을 담당하는 중앙 부서에서 관리합니다. 대부분의 회사는 오랜 기간 이 패턴을 유지하며, 예외적으로 엔지니어 채용을 전담하는 담당자가 추가되는 정도입니다. 이 패턴은 보통 엔지니어가 100명 이상일 때까지 잘 작동합니다.

이 패턴이 초기 스타트업 패턴보다 더 효과적인 이유는 각 팀에게 필요한 소프트웨어 공급업체를 선택할 권한을 명확히 부여한다는 점입니다(예: 채용 시스템으로 그린하우스^{Greenhouse}, 성과 관리 도구로 래티스^{Lattice}를 선택). 이러한 도구들이 완벽하지는 않지만 각 관리자가 분산된 프로세스를 별도로 운영하는 데 주로 사용하는 스프레드시트에 비하면 훨씬 나은 도구입니다.

- **장점**: 어느 정도 전문화된 프로세스가 있기 때문에 엔지니어들이 엔지니어링 업무에 집중할 수 있습니다. 특히 HR 관련 업무는 엔지니어링 관리자들이 처리하기에는 어려울 정도로 복잡해지기 때문에 관련 팀이 전담하는 것이 많은 도움이 됩니다(예: 비자 관리). 통합 시스템을 활용하면 임원진이 자신의 기능에만 국한되지 않고 여러 부서를 동시에 점검할 수 있습니다.
- **단점**: 프로세스 결과는 중앙 집중 부서에 크게 의존할 수밖에 없으며, 회사 전체 프로세스를 변경하는 것도 전보다 어려워질 수 있습니다.

전문화된 엔지니어링 역할 패턴

이 패턴의 목표는 특정 업무를 담당할 전담 인력을 채용하여 엔지니어링 범위의 프로세스를 보다 더 효율적으로 운영하는 것입니다. 이는 보통 엔지니어링 운영 팀이나 기술 프로그램 관리 팀을 채용하는 것을 의미합니다. 가장 먼저 투자되는 영역은 조직 계획, 사고 관리 그리고 엔지니어링 온보딩입니다.

- **장점**: 특정 업무에 전문성을 갖춘 인력이 더 낮은 급여 수준으로도 훌륭한 성과를 내기 때문에 프로세스 효율성을 극대화할 수 있습니다. 특히 기존 업무를 더 이상 하지 않아도 되는 사람들이 부담을 덜면서 팀 전체의 에너지가 올라갑니다. 전문가들은 특정 프로세스에 집중하면서 그 프로세스를 바람직하게 개선하는 경우가 많습니다.
- **단점**: 전담 인력을 추가로 채용해야 하기 때문에 인건비 부담이 커집니다. 엔지니어링 운영이나 기술 프로그램 관리 팀 같은 전문 인력을 효과적으로 지원하는 것도 많은 노력을 필요로 합니다. 엔지니어들은 불필요한 프로세스를 제거하려 하지만, 전담 인력은 프로세스를 개선하여 유지하려는 경향이 더 강합니다.

내부 지원 역할 패턴

회사 전체 프로세스에서 엔지니어링 조직의 요구가 충분히 커졌거나 기존의 표준 운영 절차에서 벗어나면 이 패턴이 사용됩니다. 이를 위해 인사나 채용 등의 지원 부서에서 엔지니어링 조직 전담 인력을 배치합니다. 이런 변화는 보통 채용 부서에서 시작하며, 이후 인사와 재무 순으로 확대됩니다.

이 패턴은 엔지니어링 조직뿐만 아니라 다른 큰 조직에서도 비슷하게 나타납니다. 즉, 엔지니어링 조직과 영업에는 프로세스를 위한 전담 인력을 두고, 나머지 조직은 중앙 팀과 협력하는 방식이 흔합니다. 충분히 큰 회사라면 모든 부서에 자체적으로 지원 조직을 운영할 수도 있습니다.

- **장점**: 엔지니어링 조직이 자체적으로 프로세스를 최적화할 수 있으며, 타 부서와의 협업 관계를 강화합니다.
- **단점**: 운영 비용이 많이 들며 프로세스 품질이 전담 인력들의 역량에 크게 의존합니다.

사업부 단위별 로컬 패턴

이 패턴에서는 회사 내의 각 사업부가 자체적인 엔지니어링 조직 기능을 갖습니다. 이는 회사가 여러 중요한 사업부를 갖출 만큼 커졌을 때 발생하며, 각 사업부들 사이에서 엔지니어링 운영 방식을 표준화하는 것이 불필요하거나 표준화 비용이 불필요할 정도로 비싸다고 인식될 때 도입됩니다. 예를 들어 한 사업부는 하이트러스트^{HITRUST}[1] 준수를 요구하지만 다른 사업부는 그렇지 않은 경우 엔지니어링의 판단 기준이 서로 크게 달라 표준화가 오히려 비효율적일 수 있습니다.

경우에 따라 한 사업부가 다른 사업부들보다 훨씬 커져서 회사 전체의 엔지니어링 허브가 되기도 합니다. 이런 조직은 해당 부서가 모든 엔지니어링 부서를 위해 개발 도구 및 인프라 투자를 주도할 수도 있습니다.

....

1 옮긴이_ 미국의 정보 보안 프레임워크의 하나입니다.

- **장점**: 엔지니어링 조직을 각 사업부의 비즈니스 우선순위에 맞출 수 있습니다.
- **단점**: 엔지니어링 조직 프로세스와 전략이 사업부별 분리 시점에 결정되어 고착되는 경향이 있습니다. 따라서 향후 변경은 여러 엔지니어링 리더들 간의 합의가 필수적이며, 엔지니어링 전반에 걸친 투자를 진행하기가 어려워집니다.

지금까지 살펴본 모든 패턴에는 단점이 있지만 각 조직의 상황에 맞춰 고려할 만한 가치와 장점도 있습니다. 그래도 아무 조건이 없는 상태에서 하나를 고르라고 한다면 저는 기본 패턴을 추천합니다. 기본 패턴은 대체로 충분히 효과적이며 관리하기도 가장 쉽기 때문입니다.

기본 패턴 운영하기

제가 기본 패턴이라고 부르는 방식은 가장 일반적인 프로세스 운영 방식입니다. 이 패턴에서는 중앙 인사 조직이 회사 전반의 프로세스를 운영하고, 엔지니어와 엔지니어링 관리자들은 엔지니어링 조직 범위의 프로세스를 운영합니다.

이 패턴이 가장 일반적인 데에는 몇 가지 이유가 있습니다.

- **가장 기본적인 형태**

  전문화된 역할을 위해 전담 인력을 고용하지 않거나 엔지니어링 조직에 직접 지원 인력을 파견하지 않는 이상 기본 패턴이 적용됩니다.

- **비교적 간단함**

  새로운 역할을 위해 전담 인력을 고용하거나 관리할 필요가 없으며, 엔지니어링 조직을 특별히 다른 부서와 다르게 취급할 필요도 없습니다.

- **비용이 저렴함**

  다른 패턴으로 전환하려면 우선 그 패턴이 기존 인력을 더 가치 있고 중요한 일에 집중할 수 있도록 시간을 확보하는 방식이어야 합니다. 하지만 그렇게 하려면 기술 프로그램 관리자와 같은 추가 인원을 고용해야 하므로 예산 부담이 증가합니다. 하지만 예산 논의는 대부분 효율성보다는 비용에 초점이 맞춰져 있기 때문에, 비용이 더 많이 드는 패턴은 쉽게 채택되지 않습니다.

제가 몸담았던 우버와 스트라이프 역시 기본 패턴을 사용하여 엔지니어의 수가 100명을 넘길 때까지 잘 운영되었습니다. 많은 회사가 너무 일찍 다른 패턴으로 전환하려 하는데, 이는 그런 결정을 내릴 수 있는 임원이 종종 이전에 다녔던 대기업의 운영 방식을 그대로 따라 하려는 경향을 갖기 때문입니다.

만약 엔지니어 수가 아직 100명 미만인데도 기본 패턴을 바꾸고 싶다면 그전에 먼저 현재 사용하는 패턴이 더 효과적으로 작동될 수 있도록 몇 가지 일을 시도해 보는 것을 추천합니다.

- **업무를 순환시키세요.**

  캄에서는 6개월 단위로 사람들의 업무를 순환시켰는데, 결과는 매우 성공적이었습니다. 예를 들면 한 사람이 6개월 동안 한 가지 역할(예: 사고 검토 회의 운영)을 맡아 진행하면, 6개월 후에는 다른 사람으로 교체하는 방식입니다. 이때 두 사람이 잠시라도 같은 일을 함께 맡도록 담당 기간을 겹치게 설계하여 업무의 연속성을 높였습니다.

- **프로세스를 운영하는 사람들에게 흥미로운 경험을 제공하세요.**

  누군가 사고 검토 회의를 이끌고 있다면 시스템의 안정성이나 신뢰성을 높이기 위한 전사 계획 수립 과정에 그들을 초대하세요. 누군가 기술 사양 검토 프로세스를 운영하고 있다면 엔지니어링 전략 개정 작업에 그들을 참여시키세요. 일상적으로 운영하는 단순한 서비스 업무를 넘어 더 큰 일에 참여시킴으로써 그들이 좋은 학습 기회라고 느끼게 해 주면 좋습니다.

- **승진 평가 기준에 이러한 역할을 반영하세요.**

  승진 평가 기준에 프로세스 운영 경험을 포함하는 것도 가능합니다. 엔지니어가 관리직이나 상급 스태프 역할로 이동하고 싶다면 그전에 반드시 이런 종류의 프로세스 업무에 참여하도록 설계하는 것이죠. 사람들은 자연스럽게 회사가 가치를 두는 업무로 이동하려고 합니다. 모든 회의와 Q&A 세션에서(10장 참조) 이러한 프로세스를 운영하는 사람들을 특별히 언급해 주세요.

이렇게 작은 조정만 해도 기본 패턴이 더 오래 효율적으로 작동하는 데 도움이 됩니다. 확실한 보장은 없지만, 제 경험에 따르면 기본 패턴이 예상보다 훨씬 더 오래 유지되었습니다.

현실적인 예산 책정에 대처하기

패턴을 변경하려면 운영상 여러 도전 과제가 있지만, 대부분은 나중에야 명확해지는 경우가 많습니다. 대신 초기 스타트업에서 기본 패턴으로, 또는 기본 패턴에서 전문화된 엔지니어링 역할 패턴으로 전환할 때 무엇보다 가장 큰 장애물은 바로 예산 문제입니다. 기술 프로그램 관리자를 세 명 채용하면 엔지니어링의 성과가 크게 향상된다는 주장은 사실일 가능성이 높습니다. 하지만 이를 단순한 스프레드시트 계산으로 증명하기는 어렵습니다. 대부분의 예산 책정 과정은 실질적인 효과보다는 상대적으로 늘어나는 비용에 중점을 두기 때문입니다.

패턴 변경에서 발생하는 주요 예산 문제는 다음과 같습니다.

- **비용 증가를 감안하며 패턴을 성공적으로 전환하는 회사는 대부분 빠르게 성장하는 기업입니다.**

  이러한 회사들은 인건비 증가에 충분히 익숙하며, 빠른 성장을 위해 새로운 역할을 추가하는 데에도 관대합니다. 반면 성장 속도가 느린 대부분의 회사는 새로운 역할과 구조를 추가하는 데 관대하지 않습니다. 설령 추가되는 역할이 조직의 효율성을 높일 가능성이 있다고 해도 마찬가지입니다. 이 경우에는 "조직을 효과적으로 성장시키자"보다는 "적은 인원으로 더 많은 성과를 내자"는 이야기가 더 많이 나옵니다. 그렇게 비용 절감에 집중하는 임원진에게 효율성을 기반으로 주장을 펼치는 것은 매우 어려운 일입니다.

- **예산은 부서별 포트폴리오 할당 목표에 맞춰 배분됩니다.**

  예를 들어 전체 예산 중 20%는 총무 및 관리(G&A), 30%는 영업 및 마케팅(S&M), 50%는 연구 및 개발(R&D)에 할당됩니다. 패턴 전환은 대부분 G&A 예산을 증가시키는 방향이며, 이는 다른 G&A 채용 계획을 방해할 수 있습니다. 이런 현상은 대개 임원진 내에서도 패턴 전환에 대한 반대 의견이 많아지는 결과를 가져옵니다.

- **놀랍게도 대부분 예산은 총예산이 아니라 인력 수로 운영됩니다.**

  이런 상황에서는 "고연봉의 시니어 엔지니어 두 명을 중급 기술 프로그램 관리자 세 명으로 대체하자"는 식의 아이디어로는 설득이 어렵습니다. 인력 수에 기반한 예산 책정 과정에서는 후자가 전자보다 더 비싸 보이기 때문입니다. 물론 이런 오해를 바로잡을 수는 있지만, 이를 설명하는 데는 지속적인 커뮤니케이션이 필요하기 때문에 그만큼 비용이 발생하게 됩니다.

예산 책정에 관한 문제들은 철저한 계획과 인내, 확신 등이 있다면 극복할 수 있지만 이를 실행하는 것이 정말 합리적인지 여부는 스스로 판단해야 합니다. 제가 드리고 싶은 조언은 회사의 매출이나 인력 수가 급격히 늘어나지 않는 한 일단은 기본 패턴을 유지하는 것이 좋다는 것입니다. 굳이 비용을 증가시키면서까지 패턴을 무리하게 발전시키는 것은 좋지 않습니다.

트렌드 주기 탐색하기

프로세스에는 수없이 많은 트렌드가 존재합니다. 애자일^{Agile}에 대한 산업 전반의 과도한 집착의 시대가 있었습니다. 심지어 저도 한때 애자일텍트^{Agiletect}라는 직함을 가진 사람과 일한 적도 있습니다. 이때는 누가 프로세스를 담당해야 하는지, 회사의 프로세스를 발전시키는 것이 실제로 중요한 일인지 아니면 승진에 별로 도움이 되지 않는 글루 작업$^{glue\ work}$2인지 등을 두고 많은 의견 충돌이 있었습니다. 저는 경력을 쌓아가면서 '기술 중심 관리자'에서 '사람 중심 관리자'로 바뀌는 커다란 변화를 경험했으며, 이에 대한 반작용으로 '관리자는 오버헤드일 뿐'이라는 격렬한 목소리도 들었습니다.

제가 이런 목소리와 트렌드를 모두 따르려고 했다면 제가 이끄는 팀은 끊임없는 변화에 시달리며 어떤 것에서도 좋은 성과를 내지 못했을 것입니다. 그렇다고 해서 트렌드가 의미가 없다는 것은 아닙니다. 하나의 트렌드 뒤에는 대개 모종의 실체가 존재합니다. 예를 들어 경기 침체기에는 현금 흐름을 줄이는 트렌드가 있을 것이고, 경기 호황기에는 많은 투자 자금을 활용하는 트렌드가 있을 것입니다. 제가 '사람 중심 관리자'로 바뀐 것도 미국의 직원 세대 교체, 즉 밀레니얼 세대가 노동력의 큰 부분을 차지하게 된 것이 주요 원인의 하나였습니다. 이러한 트렌드로부터 배울 점은 분명히 있지만 너무 곧이곧대로 받아들이는 것도 문제입니다.

---

2 옮긴이_ 꼭 필요한 일이지만 눈에 잘 띄지 않고 성과로 인정되지 않는 성격의 일입니다.

지금까지 잘 작동해 오던 것이 하룻밤 사이에 무의미해지는 법은 없습니다.

자신의 기본 신념에 기반한 프로세스로 조직을 설계하고, 최소 3~4년 동안은 그 신념을 확고히 지키세요. 변화는 활력을 줄 수 있지만 너무 자주 변화를 주면 무엇이 잘 작동하고 무엇이 잘못되는지 배울 기회를 얻지 못합니다. 그러면 향후 변화를 위해 필요한 정보도 충분히 얻지 못하게 될 것입니다.

요약

이 장에서는 엔지니어링 조직 내에서 프로세스를 운영하는 일반적인 접근 방식을 살펴봤습니다. 이제 당신은 현재 조직에 필요한 가장 적합한 방식을 선택할 수 있게 되었습니다. 회사들이 예상보다 더 오래 기본 패턴을 사용한 후에야 더 복잡한 모델을 채택하는 경우가 많다는 것도 알았습니다. 여러분의 조직에서도 이러한 접근 방식이 효과적으로 작동할 수 있을 것입니다.

다음 링크에서 추가 자료 및 리소스를 찾아보세요.
https://lethain.com/eeprimer-refs-19

채용

엔지니어링 조직 내에서는 모든 구성원이 채용 과정에 기여합니다. 엔지니어는 좋은 면접관이 되는 데 자부심을 느꼈을 것입니다. 엔지니어링 관리자는 좋은 후보자를 설득해 팀에 합류시키는 데 중점을 두었을 것입니다. 더 고위 관리자인 여러분은 조직 내부의 사람들을 교육하거나 다른 고위직 후보자들과 대화를 나누는 데 초점을 맞추었을 것입니다.

엔지니어링 임원이 되면 채용 과정에서의 여러분의 역할은 다시 한번 바뀝니다. 직접 주요 리더십 직책의 채용을 진행하기도 하지만, 점점 더 많은 시간을 전체 면접 과정을 설계하고 조정하는 데 쓰게 될 것입니다.

이 장에서는 다음 내용을 다룹니다.

- 채용 프로세스 수립하기: 직무 기술서, 평가 기준, 면접 단계 설계
- 완벽한 채용 프로세스를 만들려다 실패하는 이유
- 채용 프로세스 모니터링 및 문제 해결 방법
- 조직 내 주요 후보자 선발 및 지원 방법
- 후보자의 수준 평가 방법
- 내부 인력 관리가 채용 관리의 중요한 부분인 이유
- 실체가 없는 유니콘 후보자를 찾지 않도록 채용 담당자를 교육하는 방법
- 네트워크 안팎에서 채용하거나 내부 승진자를 고려하는 방법
- 회사의 엔지니어링 조직 브랜드 구축 평가

- 채용 위원회 도입 여부 결정
- 채용 프로세스는 여러분을 지원하기 위한 도구라는 사실

이 장을 읽고 나면 전체적인 채용 프로세스를 체계적으로 구성하는 방법과 그 과정에서 자신의 역할을 수행하는 방법을 명확히 이해하게 될 것입니다. 그동안 채용 프로세스를 따르는 입장이었다면, 이제는 여러분에게 맞는 시스템을 만들어야 합니다.

채용 프로세스 수립하기

매우 초기 단계의 스타트업에 합류하지 않는 한 엔지니어링 조직에는 이미 어떤 형태로든 채용 프로세스가 있습니다. 현재 프로세스가 효과적이라면 기존 프로세스에 적극 참여하여 어떻게 운영되고 있는지 먼저 파악하는 것이 좋습니다. 처음부터 새로 시작하기보다는 기존 프로세스를 수정하여 목표를 달성하는 것이 더 낫기 때문입니다. 이렇게 하면 팀을 재교육하는 과정이 단순해지고, 기존 프로세스를 만든 사람들과의 신뢰도 쌓을 수 있습니다.

어떤 방식으로 시작하든지 채용 프로세스에는 다음 요소가 모두 포함되어야 합니다.

- **지원자 추적 시스템(ATS)**

  좋은 ATS는 면접 과정을 조율하는 핵심 메커니즘입니다. 많은 초기 스타트업이 ATS 없이 채용 프로세스를 운영하려고 시도하지만, 불필요한 시간이 많이 소모되기 때문에 그렇게 하지 않는 편이 좋습니다. 시중에는 여러 합리적인 ATS 옵션이 많기 때문에 특정 시스템을 추천하지는 않겠습니다.[1]

- **면접 정의 및 평가 기준**

  각 면접에서 후보자에게 물어볼 질문이나 문제를 명확하게 준비하세요. 그리고 후보자의 답변

---

[1] 옮긴이_ 미국에서는 그린하우스(Greenhouse), 레버(Lever), 워크데이(Workday) 등을 주로 사용하며, 그밖에 선택할 수 있는 소프트웨어가 매우 많습니다.

을 평가할 명확한 평가 기준을 추가하세요. 질문이나 문제는 일관성이 있어야 합니다. 예를 들이 모든 후보자에게 똑같은 코딩 문제를 출제하는 식입니다.

일각에서는 이전 후보자들로부터 문제가 유출될 수 있다는 우려도 제기합니다. 물론 그럴 가능성도 있지만, 부정행위로 발생하는 위험은 일관성 없는 문제로 인해 후보자의 자질을 왜곡시키는 사태보다는 낮다고 생각합니다. 게다가 부정행위 여부는 면접 과정에서 충분히 파악할 수 있습니다. 예상보다 너무 빠르게 문제를 해결한 후보자에게 추가 문제를 출제하고 그 해결 속도나 성과가 급격히 떨어지는지 확인하면 부정행위를 가려낼 수 있습니다.

- **면접 단계 문서화**

  모든 역할에는 면접이 이루어지는 과정을 정의하는 문서가 있어야 합니다. 여기에는 면접 순서 설명, 각 면접을 담당할 훈련된 면접관 리스트, 각 면접의 정의 및 평가 기준이 포함되어야 합니다. 이 문서에 따라 면접 과정이 체계적이고 일관되게 진행될 수 있도록 합니다.

- **후보자의 레벨 평가 기준**

  후보자가 면접 과정에서 보여 준 성적에 따라 그 사람의 레벨을 결정하는 기준을 명확히 정의합니다. 특히 면접 프로세스 중 어느 시점에 후보자의 수준을 결정할지 미리 정해 두어야 합니다.

- **채용 역할 정의**

  모든 면접관과 채용 담당자는 이전에 경험한 프로세스를 바탕으로 채용 과정에 임할 것입니다. 예를 들면 누가 채용 마무리 과정을 책임지는지, 급여를 포함한 오퍼 내용을 누가 조율해야 하는지 등에 대한 이견이 종종 발생할 수 있습니다. 이를 방지하려면 각 역할에 대한 책임을 명확히 문서화해야 합니다.

- **채용 공고 템플릿**

  조직 소개 및 직무 개요, 책임 및 역할, 필수 자격 요건, 혜택 등을 일관된 구조로 설명하는 채용 공고 템플릿을 작성하세요.

- **직무 기술서 라이브러리**

  채용 담당자는 채용 공고 템플릿을 사용해 각 역할에 대한 직무 기술서를 정확히 작성해야 합니다. 모든 직무 기술서는 공유 폴더에 모아 놓고 필요할 때마다 재사용할 수 있도록 합니다. 이렇게 하면 공통적인 요소가 수정될 때 관련된 직무 설명을 업데이트하는 과정도 간소화됩니다.

- **채용 담당자 및 면접관 교육**

  효과적인 채용 프로세스의 마지막 구성 요소는 면접관 교육 과정입니다. 가장 효과적인 방법은 새로운 면접관이 훈련된 면접관의 면접 과정을 여러 번 참관한 다음, 반대로 경험 많은 면접관이 새로운 면접관의 면접 과정을 참관하며 피드백을 제공하는 것입니다.

교육 자료나 수업을 통한 다른 접근 방식도 물론 고려할 수 있지만 대부분의 면접관은 그러한 교육을 제대로 듣지 않는 경우가 많습니다. 하지만 앞에서 말한 면접 참관 및 역참관 방법을 쓰면 면접관들이 이를 회피하기가 훨씬 어려워집니다.

상대적으로 규모가 있는 엔지니어링 조직에 합류하면 이러한 요소 중 대부분은 이미 갖춰져 있을 가능성이 큽니다. 이 경우에는 부족한 부분만 빠르게 정리하고 문서화하면 됩니다. 하지만 작은 스타트업이라면 이러한 자료들이 전혀 없는 백지 상태로 시작할 가능성이 큽니다. 그런 경우라면 1년 정도의 기간에 걸쳐 한 번에 한두 가지 요소를 도입하는 것을 목표로 삼는 것이 좋습니다. 너무 빠르게 추진하면 팀에 과부하가 걸리겠지만, 작은 변화를 하나씩 도입하면 채용 프로세스 변화로 인한 교육 때문에 발생하는 피로감을 줄일 수 있습니다.

완벽한 채용 프로세스는 없다

임원들이 채용 프로세스를 설계할 때 저지르는 실수는 크게 두 가지입니다. 첫째, 아예 프로세스를 설계하지 않는 것입니다. 이는 앞에서 설명한 내용으로 해결할 수 있습니다. 둘째, 프로세스를 지나치게 복잡하게 설계해서 채용의 효율성을 떨어뜨리는 것입니다. 두 번째 실수는 알아차리기 어렵습니다. 실수를 저지르는 임원은 채용 프로세스를 최적화하고 있다고 믿으면서 실제로는 전 과정을 더디게 만들고 있는 것이기 때문입니다.

채용 프로세스를 과하게 최적화했다는 명확한 징후 세 가지는 다음과 같습니다.

- 채용 담당자 한 명당 분기별로 5명 미만의 엔지니어를 채용합니다(인원 제한이 있는 경우 제외).
- 새로운 면접 단계나 면접 질문을 자주 만들어야 합니다.

- 후보자의 첫 면접 후 최종 제안을 하기까지 2주 이상 걸리는 경우가 빈번합니다.

이러한 징후들은 많은 에너지를 소모하면서도 큰 성과를 내지 못하는 프로세스를 의미합니다. 이런 일이 발생하는 원인은 대개 결단력이 부족한 임원이 면접을 계속 추가하면서 좀 더 명확한 신호를 얻으려고 하기 때문입니다. 이는 오히려 혼란을 가중시킬 뿐 아니라 신호를 전보다 또렷하게 만들지 못합니다. 또 다른 이유는 본질적으로 편향될 수밖에 없는 인간의 판단을 시스템적으로 구조화된 접근 방식으로 대체하려고 하기 때문입니다. 이런 접근 자체가 잘못된 것은 아니지만, 앞서 언급한 지표를 지속적으로 점검하면서 프로세스가 실제로 개선되고 있는지 확인하는 것이 중요합니다.

저는 채용 프로세스 확장을 쉽게 허락하지 않는 엄정한 기준을 요구해야 한다고 생각합니다. 이런 확장이 개별적으로는 그럴듯해 보일지 몰라도 하나로 모이면 프로세스가 전체적으로 너무 복잡해지기 때문에 제대로 된 운영이 어려워집니다. 전문화된 개별 면접, 미리 설계된 추가 면접과 팀 내부 교육, 승인 절차 추가, 책임 있는 개인에서 위원회로의 결정권 이동 등은 경우에 따라 품질을 개선할 수 있지만, 전체적으로 보면 오히려 프로세스가 무겁게 변하면서 더 나쁜 결과를 초래하는 경우가 더 많습니다. 따라서 현재 프로세스가 완벽하지 않더라도 어느 정도 동작하고 있다면 최대한 그 프로세스에 입각해서 채용을 진행하세요. 물론 프로세스가 완전히 망가졌거나 조직 전체에 적용해야 하는 개선 사항이라면 당연히 수정해야 합니다. 하지만 지나친 세분화나 맞춤형으로 확장하는 것은 경계해야 합니다.

채용 진행 상황 및 문제 모니터링

채용 프로세스를 잘 구축했다면 임원은 이제 프로세스를 직접 수행하기보다는 이를 모니터링하고 개선하는 역할을 해야 합니다. 엔지니어링 인력이 100명을 넘어가면 여러분은 최고위직 채용에만 직접 관여하게 될 것입니다.

다음은 제가 효과적으로 채용을 모니터링하고 디버깅한 방법입니다. 회사의 채용 관리 감독 체계가 미비한 상황이라면 다음 순서대로 도입하는 것을 고려해 보세요.

- **주간 팀 회의에 채용 담당자 포함시키기**

  엔지니어링 조직의 리더십 팀은 주간 팀 회의를 진행해야 합니다(10장에서 다루었습니다). 이 회의의 참여자 목록에 기술 채용 담당자를 반드시 포함할 것을 권장합니다. 채용 담당자가 있으면 그 자리에서 채용 관련 문제를 빠르고 투명하게 해결할 수 있습니다. 물론 모든 회의 주제가 채용 담당자에게는 흥미롭지 않겠지만, 대부분의 정기 회의가 특정 구성원들에게는 흥미롭지 않은 주제를 포함합니다. 팀 전체가 기술 채용 담당자와 함께하는 주간 팀 회의야말로 논의에서 배제되는 사람 없이 채용 우선순위를 조정할 수 있는 가장 쉬운 방법입니다.

- **채용 검토 회의 개최**

  한 달에 한 번 엔지니어링 조직의 채용 담당자와 만나 채용 관련 우선순위나 혹시 발생했을지도 모르는 문제에 대해 논의하세요. 이 회의는 보통 두 명 정도의 소수 인원만 초대해서 진행하는 것이 좋으며, 팀 회의에서 논의하기 어려운 까다로운 문제들을 심층적으로 다룰 수 있게 합니다.

- **채용 승인 과정 모니터링**

  조직의 모든 채용을 한 사람이 승인할 필요는 없지만 모든 승인 내용을 한눈에 확인할 수 있는 단일 창구는 매우 유용합니다. 보통은 엔지니어링 채용 담당자가 포함된 비공개 채팅방에서 각 채용 제안을 공유하고 승인받을 수 있도록 합니다. 회사의 성장 속도가 빠른 시기(분기당 수십 명을 채용하는 경우)와 느린 시기(분기당 몇 명만 채용하는 경우)에 따라 접근 방식은 달라질 수 있습니다. 채용이 적을 때는 후보자들의 모든 평가 자료를 하나씩 읽어 보면서 전체 흐름을 파악하는 것이 좋습니다.

- **예외적인 채용 조건 승인**

  이후에 더 자세히 다루겠지만, 채용 승인 과정과 마찬가지로 표준 보상 절차에서 벗어난 후보자의 특별 요구 사항에 대한 승인은 임원인 당신이 직접 맡는 것이 더 좋습니다. 이를 통해 현재의 채용 프로세스가 일부 후보자들에게 제대로 작동하지 않는 이유를 파악할 수 있습니다.

- **월간 채용 통계 검토**

  인사 팀이 현재 채용 중인 포지션에 대한 월간 채용 통계를 집계하여 보고하도록 요청하세요. 특히 채용 성과(채용 담당자 1인당 채용 인원), 채용 소요 시간, 채용 제안 비율 그리고 채용 수락 비율의 네 가지 지표만으로도 다음에 파고들어야 할 중요한 질문을 파악할 수 있습니다.

물론 지금까지 언급한 것보다 더 많은 회의와 도구를 도입할 수도 있습니다. 하지만 일단 소수의 몇 가지를 시도해 본 다음, 결과에 따라 그다음 단계로 나아가길 권장합니다. 여러 번 강조하지만, 한 번에 대대적인 변화를 도입하기보다는 조금씩 점진적인 변화를 통해 실행하는 것이 결과적으로 더 빠르게 진행할 수 있는 방법입니다.

주요 후보자의 채용 프로세스 지원

임원들은 가끔 조직이 상당히 커진 후에도 여전히 채용 프로세스의 마지막 인터뷰에 자신을 포함시키곤 합니다. 이들은 채용 기준을 높게 유지하려면 자신이 인터뷰를 진행하는 것이 필수적인 단계라고 여기는 경향이 있습니다. 그러나 이런 방식은 채용 과정을 상당히 지연시키며, 심지어 이를 강하게 신뢰하는 임원들조차 결국에는 이런 관행을 줄이는 경우가 대부분입니다.

임원이 모든 면접에 계속 참여하는 것은 비효율적이지만 고위급 후보자들을 설득하는 과정에는 적극적으로 개입할 필요가 있습니다. 임원으로서 그들에게 엔지니어링 조직의 비전이 회사 전체에 어떻게 기여하는지 설명할 수 있어야 합니다. 또한, 임원은 후보자가 제기하는 우려 사항에 대해 가장 잘 대답할 수 있는 위치에 있습니다.

다음은 임원이 주요 후보자의 채용 프로세스에 도움이 되는 세 가지 방식입니다.

1 인사 팀에게 고위급 후보자의 채용 설득 전화에 언제든 참여할 수 있음을 알리세요.

2 고위급 엔지니어 혹은 엔지니어링 관리자를 채용하는 과정에서 후보자의 요청이 있다면 여러분이 직접 설득 전화를 할 수 있음을 알리세요. 그런 사례가 많지는 않겠지만 요청하는 후보자는 채용 후에 회사에 가장 빠르게 영향을 미칠 사람일 가능성이 높습니다.

3 특히 중요한 채용이라면 직접 설득 과정에 개입하세요. 비록 새로운 메시지를 전달하지 않더라도, 임원이 직접 나서는 것만으로도 해당 후보자에게 자신이 중요한 인재로 여겨지고 있다는 명확한 신호를 전달할 수 있습니다.

이런 방식이 역효과를 낳는 경우가 두 가지 있습니다. 첫째, 일부 임원들이 설득 전화를 채용 프로세스의 필수적인 부분으로 간주할 때입니다. 이미 입사 의사가 확고한 후보자에게는 채용 과정을 지연시키기만 할 뿐인 데다가 임원과의 통화 일정 조율도 쉽지 않습니다. 둘째, 조직을 효과적으로 홍보하는 데 매우 서툰 임원들은 오히려 역효과를 가져오기도 합니다. 실제로 한 지인은 면접 과정에서 겪은 설득 전화 도중 상대 임원이 온라인 영상을 시청하며 주의를 기울이지 않아 대화에 집중하지 못했다고 합니다. 이런 일은 당연히 후보자에게 자신이 존중받지 못한다는 느낌을 주게 됩니다.

후보자의 수준 평가 방법

채용 과정에서 가장 논란이 많은 두 가지 주제는 각 후보자의 보상(연봉)과 관련된 세부 사항과 후보자의 수준을 결정하는 것입니다. 적절한 보상을 결정하려면 우선 후보자의 수준을 알아야 하므로 이에 대한 내용부터 시작하겠습니다.

가장 먼저 답해야 할 질문은 후보자의 수준을 결정하는 시점입니다. 인터뷰 과정에서 보여 준 모습을 기반으로 정하는 것이 가장 확실하지만 여기엔 몇 가지 문제가 있습니다. 가장 중요한 문제는 상당한 수준의 고위급 후보자와 이제 막 경력을 시작하는 초기 단계의 후보자를 평가하는 데는 각각 다른 평가 방법이 필요하다는 것입니다. 이때는 적어도 후보자와 만나기 위해 면접에 참여하는 사람들이 달라야 합니다. 경력이 중간 수준인 면접관이 고위급 후보자를 평가하기란 매우 어렵습니다. 만약 그렇다고 해도 그들은 자신의 평가에 확신을 갖기 어려울 것입니다.

일반적으로는 후보자가 본격적인 면접 과정을 시작하기 전에 후보자의 잠정적 수준을 미리 설정하는 것을 권장합니다. 예를 들어 기술 전화 면접을 완료한 후 임시로 수준을 평가해 놓으면 그 수준에 맞춰 나머지 면접 과정을 구성할 수 있습니다. 그 후 최종적으로 채용 제안 여부를 결정할 때 해당 후보자의 수준을 확정하는 것이 좋습니다. 저는 기술 전화 면접에서 보여 주는 모습과 엔지니어로 일한 경력을 설합하여 임시로 수준을 정합니다. 완벽한 방법은 아니지만 후보자의 수준을 판단하기에는 충분합니다.

후보자의 최종 수준을 결정하는 것은 문서화된 수준 평가 프레임워크를 기준으로 이루어져야 하며, 이는 후보자의 전반적인 면접 성과를 바탕으로 합니다. 이런 프레임워크에는 흔히 발생하는 후보자의 수준에 대한 의견 불일치를 다루는 방법도 포함되어야 합니다. 가장 일반적인 접근 방식은 다음과 같습니다.

- 최종 수준에 대한 결정은 채용 관리자가 내린 다음 상위 승인 과정을 거칩니다.
- 승인은 보통 본인의 직급 이하(일부 회사에서는 이를 '종착 레벨'이라고도 하며, 많은 회사에서 선임 소프트웨어 엔지니어 직급에 해당)라면 채용 관리자의 직속 상급자, 그 이상 고위급 레벨은 엔지니어링 임원이 진행합니다.

일부 대기업에서는 후보자의 수준 결정을 채용 담당자 한 사람 대신 여러 사람이 모인 위원회에 맡기기도 합니다. 위원회가 편견이 적어 보일 수는 있지만 그들 또한 자신들만의 편견을 새롭게 만들어 내기 때문에 생각보다 비효율적입니다. 이와 반대로 조직 크기가 일정 규모에 도달하면 최종 결정을 중앙에서 내리기 힘들어져 채용 과정이 크게 지연될 수 있습니다. 따라서 관리자 개인을 통해 진행하는 방식이 채용 속도보다 더 느리다고 판명되는 경우에 한해서만 위원회를 도입하는 것이 좋습니다.

세부 보상 내용 결정하기

보상은 광범위한 주제이기 때문에 22장에서 더 자세히 다룰 예정입니다. 여기서는 후보자에게 채용 제안을 보낼 때 보상 내용을 결정하는 방법에 대해 간략히 살펴보겠습니다. 보상 결정에서 가장 중요한 두 가지 질문은 누가 초기 제안 내용을 산정하고 어떤 승인 절차를 거치는지에 대한 것입니다.

효과적인 보상 결정 방식은 다음과 같습니다.

1 채용 담당자가 제안 내용을 먼저 산정한 후 채용 관리자와 함께 비공개 채팅 채널에 공유합니다.

2 제안 승인자가 채널에 추가되어 제안 여부, 후보자의 수준, 제안 세부 사항 등을 확인합니다.

3 제안 내용은 보통 표준 가이드라인을 따릅니다. 예를 들어 1.0 compa-ratio(해당 직책의 목표 시장가 대비 개인의 현재 보상 비율, 22장에서 자세히 다룰 예정) 이하라면 채용 관리자의 직속 상급자 승인이 필요하며, 이를 벗어나는 제안은 채용 관리자의 상급자와 엔지니어링 임원의 승인을 모두 받아야 합니다.

4 제안 내용에 대한 이의나 추가 논의는 앞서 언급한 비공개 채팅 내에서 진행해 모든 관련자가 인지할 수 있도록 합니다.

채용 담당자가 구조화된 프로세스를 따라 제안 내용을 산정하는 중앙 집중식 접근 방식은 여러 이점을 갖습니다. 첫째, 채용 프로세스 교육이 용이하며 프로세스가 변경되어도 재교육이 용이합니다. 둘째, 인재 채용을 제대로 못하는 채용 관리자가 높은 수준의 보상에 의존하는 것을 방지합니다. 즉, 후보자가 지나치게 높은 보상 패키지를 받고 들어오는 상황을 방지할 수 있습니다(이런 사례는 놀라울 정도로 흔한데, 거의 대부분 채용 관리자가 너무 뛰어난 후보자를 채용했기 때문이라는 식으로 포장됩니다). 마지막으로, 보상 범위를 벗어나는 제안이 필요하면 그에 맞는 제도와 절차를 설계해야 합니다. 중앙 집중식 접근 방식은 그런 비용을 조절하고 보상 정책의 일관성을 유지하는 것을 용이하게 합니다.

일부 채용 관리자는 이러한 접근 방식이 뛰어난 후보자에게 매력적인 제안을 할 수 있는 유연성이 부족하다고 주장합니다. 그 말도 맞지만 더 많은 보상 외에도 좋은 후보자를 채용할 수 있는 방법은 있습니다. 그리고 이런 과도한 보상 패키지는 이후 유사한 수준의 사람들과 연봉 조정 시 계속 문제를 일으킬 것입니다. 엔지니어링 임원은 더 넓은 시각으로 이런 인센티브의 균형을 맞춰야 합니다. 반면, 개별 채용 관리자는 조직에 장기적인 골치 아픈 문제를 초래할지라도 채용을 완료하는 데 더 많은 인센티브를 부여받습니다.

채용 우선순위 관리하기

4장에서 다룬 인력 채용 계획과 실제 채용 과정이 교차하는 지점은 여기서도 살펴볼 필요가 있습니다. 기본적으로 채용과 관련된 우선순위를 정하는 방식에는 두 가지가 있습니다.

- 급성장하는 회사에서는 채용해야 할 인력 수가 너무 많아 채용 담당자의 업무 처리 능력이 제약 요소가 됩니다.
- 성장 속도가 느린 회사에서는 채용할 인력의 수가 별로 없는 게 더 큰 제약 요인입니다.

두 경우 모두 각 팀들은 자신들의 포지션이 먼저 채용되길 원합니다. 하지만 저는 리더들이 주어진 제약 안에서 스스로 해결책을 찾도록 강제하는 것을 선호합니다. 물론 이는 여러 해결책 중 하나일 뿐입니다. 강조하고 싶은 것은 엔지니어링 임원의 핵심 역할은 전체 조직을 위해 채용 담당자를 배치하고 채용해야 할 인력 수를 잘 정하는 것입니다.

이런 종류의 일은 임원 본인이 직접 할 수도 있고, 전체 조직을 대신하여 한 명의 개인에게 위임할 수도 있습니다. 어느 경우든 이런 결정은 반드시 중앙에서 이루어져야 합니다. 중앙에서 결정을 내린다고 해서 시간이 많이 소요되는 것은 아닙니다. 가장 간단한 방법은 각각의 엔지니어링 하위 조직(대체로 각 직속 보고라인에 해당하는 조직)마다 필요한 인력 수와 채용 담당자를 할당한 다음, 그 범위 내에서 스스로 채용 전략을 최적화할 수 있도록 허용하는 것입니다.

가장 피해야 할 함정은 채용 필요성에 따라 채용 담당자의 우선순위를 정하는 것입니다. 이는 종종 효율성이 떨어지는 채용 담당자에게 모든 채용 자원을 집중하게 되는 결과를 초래합니다. 경험한 바에 의하면 채용 속도가 느린 이유는 대부분 채용 담당자의 실행력에 문제가 있기 때문이지, 채용 담당자 수가 부족해서 그런 경우는 별로 없었습니다. 현재 채용 담당 인원으로 감당할 수 없을 만큼 너무 많은 포지션을 한꺼번에 오픈한 상황이라면 채용 담당자당 포지션 개수를 세어

보면 쉽게 진단할 수 있습니다(채용 담당자 한 명당 3개 이상의 포지션을 동시에 채용하고 있다면 문제가 발생할 가능성이 큽니다). 임원 입장에서 도움을 주고 싶다면 채용 담당자를 바꾸거나 재배치하기 전에 먼저 관련된 사람들을 훈련시키는 것을 고려해 보기 바랍니다.

채용 관리자 교육하기

앞서 면접관을 교육하는 효과적인 방법으로 면접 참관 및 역참관을 언급한 바 있습니다. 이는 효과적인 채용 프로세스를 구축하는 데 중요한 요소이지만, 종종 간과되는 또 하나의 교육이 있습니다. 바로 채용 관리자를 교육하는 것입니다.

다음은 미숙하거나 경험이 부족한 채용 관리자에게서 자주 발생하는 대표적인 문제들입니다.

- 현실에 없는 유니콘 같은 후보자만 요구하여 결국 아무에게도 채용을 제안하지 못하는 경우
- 면접관 중 한 명이라도 부정적 의견을 제시하면 해당 후보자에게 제안을 하지 않는 경우
- 표준적인 보상 범위 내에서 후보자를 설득하는 방법을 배우지 않고, 모든 후보자에게 표준 범위를 벗어나는 보상을 주려고 하는 경우
- 후보자의 채용 여부에 대한 결정을 내리지 못하고 추가 면접을 계속 요청하다 결국 후보자가 채용 과정에서 이탈하는 경우
- 과정 초기에 후보자와 대화하는 것을 거부하다 유력한 후보자들이 면접 절차 도중에 그만 두겠다고 하면 기계적으로 채용 팀을 탓하는 경우

이런 문제 중 하나라도 발견했다면 채용 관리자들에게 해당 주제에 대한 집중적인 교육을 수행하는 것을 추천합니다. 저는 실제로 엔지니어링 관리자 월간 회의에서 여기 나열한 모든 항목에 대한 논의를 진행했습니다. 어떤 문제가 왜 발생하는지 그리고 이런 문제가 발생했다는 사실이 우리가 좋은 채용을 진행하는 게 아니라는 것도 설명했습니다. 또한 더 건강한 채용 프로세스를 확립하기 위해 합리적 수준의 후보자 통과율과 실질적인 해결 전략을 논의했습니다.

교육이 끝난 후에도 인사 팀과 함께 해당 문제를 지속적으로 지적하고 이를 해결하는 책임을 지도록 요구해야 합니다. 일부 채용 관리자들은 자신의 방식이 옳다고 확신할 수도 있지만, 여기에 휘둘리면 안 됩니다. 효과적인 채용 프로세스는 결국 좋은 후보자를 채용합니다. 채용 관리자는 자신이 맡은 채용 프로세스 전체에 대한 책임이 있으며, 이에 대해 반박하는 것은 잘못된 행동입니다.

내부 채용 및 인맥을 통한 채용

야후에서 근무할 당시 팀에는 새로운 엔지니어링 관리자가 필요했습니다. 그렇지만 공식적인 채용 절차도, 인터뷰도 진행하지 않았습니다. 대신 디렉터가 이전에 함께 일했던 동료를 데려왔습니다. 그렇게 새로 합류한 그는 곧 자신의 팀에 기술 리더가 필요하다고 판단했습니다. 그러나 이번에도 여전히 채용 절차를 진행하지 않았고 기존 팀 내 후보자도 고려하지 않은 채 또다시 이전 동료를 데려왔습니다. 이후 또 다른 이전 동료가 디렉터에게 개인적으로 연락해 면접 한 번 없이 새로운 수석 아키텍트를 채용했습니다. 그는 우리 제품에 대한 기술 사양서를 작성하거나 검토하지 않았으며, 단 한 줄의 코드도 작성하지 않았습니다.

정상적인 절차를 거쳐 팀에 합류한 어느 동료는 이를 '낙하산'이라고 했습니다. 이는 인맥을 활용해서 채용하는 최악의 예시라고 할 수 있습니다. 이런 식으로 인맥에만 의존하게 되면 기존 팀원들에게 자신의 인맥은 회사에 아무 기여를 할 수 없다는 잘못된 인상을 줄 수 있습니다. 따라서 인맥을 통해 채용할 때는 채용 과정에 지나치게 개입하지 않고 일정 거리를 유지해야 합니다.

이와 비슷한 사례로 회사가 중요한 역할을 외부 인재로만 채우는 경우도 있습니다. 개별적인 외부 인사 채용은 합리적으로 보일 수 있지만, 노골적으로 외부 인재를 우선시하는 패턴이 반복되면 팀원들은 내부에서 커리어를 발전시킬 기회가 없다고 느껴 이직을 고려하게 됩니다. 이렇게 되면 조직에서 중요한 맥락과 연속성을 잃을 수밖에 없습니다.

내부 또는 외부 채용, 네트워크 내 또는 네트워크 외의 채용 사이에서 언제나 균형을 지키는 것이 가장 이상적입니다. 한쪽 방식에만 너무 의존하면 조직이 발전할 기회를 차단하거나, 이전 직장의 문화가 고착되거나, 조직 문화 자체가 아예 형성되지 못할 수 있습니다.

대부분의 사람들은 이러한 원칙에 동의하긴 하지만 실제로 실행하는 사람은 많지 않습니다. 그 이유를 파고들어 보면 다음 중 하나인 경우가 많습니다.

- 네트워크 밖에서(혹은 네트워크 안에서) 채용하는 능력이 부족한 경우
- 내부 후보자(혹은 외부 후보자)를 공정하게 평가하는 능력이 부족한 경우

조직 내 고위직 채용에서 내부와 외부 채용의 비율을 주기적으로 확인하고 특정 유형의 채용만 일어나는 영역이 있으면 그 원인을 깊이 파고들어야 합니다. 불균형한 부분을 발견하면 해당 리더와 대화를 나누며 반대 유형의 채용을 시도하도록 독려하세요. 단 한 번이라도 실제로 해 보면 본인의 채용 기술이 부족했던 부분이 무엇인지 깨닫고 개선할 수 있을 것입니다.

만약 불균형의 당사자가 다름 아닌 당신이라면, 이를 심각하게 받아들여야 합니다. 철학적이나 이론적인 이유를 대며 불균형을 정당화하지 마세요. 대신 스스로 다른 유형의 채용을 한 번 시도해 보세요. 특히 새로 합류한 임원들은 외부에서 훌륭한 후보자를 영입할 수 없다고 생각하는 경향이 있는데, 그런 생각이 틀렸음을 입증하는 것이야말로 개인적인 성장에 중요한 부분이 될 것입니다.

채용을 통한 다양성 강화

많은 엔지니어링 조직이 조직 내부의 다양성 문제에 대해 우려합니다. 다양성을 개선하기 위한 조치를 시작할 때는 먼저 조직의 구성 현황과 최근 채용된 직원의 구성 비율을 검토하고, 두 지표를 바탕으로 적절한 목표를 설정하는 것이 일반적입니다.

만약 다양성 목표 설정이 처음이라면 한 가지 함정을 주의해야 합니다. 다양성 확보에 대한 책임을 전적으로 인사 팀에 떠넘기는 것입니다. 대부분의 프로그램들은 신규 직원의 다양성에만 집중하지만, 기존 직원의 유지와 승진도 그만큼 중요합니다. 실제로 채용 비율은 매우 좋지만 조직 내부의 비율은 좋지 않은 회사들이 많습니다. 이러한 불균형은 다양한 인재를 유지하지 못하는 데서 비롯됩니다.

채용에만 지나치게 집중한 나머지 내부 직원 유지에 대해 무관심한 경향을 연구해 보니, 대부분의 조직이 자신들조차 인식하지 못한 채 인사 팀만 다양성을 책임지도록 설계한다는 결론에 이르렀습니다. 언뜻 보기에 이는 진전처럼 보일 수 있지만 조직의 장기적인 성공은 건강한 운영에 대해 직접 책임을 지는 데 달려 있습니다. 팀의 다양성 문제를 팀 운영에 거의 영향을 미치지 않는 외부 부서에만 떠넘기는 방식으로는 결코 해결할 수 없습니다.

엔지니어링 브랜드 구축하기

엔지니어링 브랜드 구축과 관련된 세부 사항은 12장에서 자세히 다루었습니다. 여기서는 주요 요점만 간략히 정리하겠습니다.

- 일부 회사는 엔지니어링 브랜드 구축에 많은 투자를 하고 있으며, 이런 노력이 회사의 성공에 필수적인 요소라고 말합니다.
- 그러나 대부분의 회사들, 심지어 매우 성공한 회사들조차 엔지니어링 브랜딩에 거의 신경 쓰

지 않으며, 브랜딩 노력 부재로 인한 어려움도 별로 겪지 않습니다. 이는 브랜딩을 하지 않아도 된다는 말이 아니라 반드시 필수 요소는 아니라는 뜻입니다.

- 만약 엔지니어링 브랜딩에 투자하기로 결정했다면 작은 투자만으로도 큰 효과를 얻을 수 있습니다. 단, 엔지니어를 대상으로 제품을 판매하는 회사는 예외입니다. 이런 회사들은 마케팅 관점을 더 우선시할 수 있습니다.

채용 프로세스에서 이미 충분한 후보자를 확보하고 있다면 그리고 엔지니어링 브랜드 구축 작업을 다른 비즈니스 목표와 연결할 수 있거나 회사 내부에 열정이 넘치는 사람들이 사이드 프로젝트로 진행하려는 경우가 아니라면 엔지니어링 브랜드 구축에 너무 많은 시간을 할애하지 않는 것이 좋습니다.

채용 위원회를 도입해야 할까?

많은 회사들이 일관된 채용 프로세스를 유지하기 위해 중앙 집중식(엔지니어링 전체 범위) 또는 반중앙 집중식(제품 엔지니어링 또는 인프라 엔지니어링 범위) 채용 위원회를 도입합니다. 실리콘밸리의 여러 회사가 이런 위원회를 도입하자 일부 임원들은 채용 위원회를 두는 것을 자연스럽거나 이상적인 해결책이라고 믿게 되었습니다.

채용 위원회는 유용한 도구이지만 이를 유일한 해결책인 것처럼 도입하는 것은 주의할 필요가 있습니다. 유용하지만 다른 여러 문제도 동반하기 때문입니다.

일반적으로 저는 위원회 같은 것을 좋아하지 않습니다. 위원회가 있으면 결과에 대한 책임을 구체적으로 누가 져야 하는지 모호해지기 때문입니다. 채용 위원회 또한 채용과 관련된 결정을 해당 후보자가 실제로 합류할 팀으로부터 더 멀어지게 만들며, 개별적인 결정의 질이 저하되는 경향이 있습니다. 하지만 제일 큰 문제는 채용 위원회 구성원이 지속적으로 잘못된 의견을 고집할 수도 있다는 점입니다. 제가 참여했던 한 위원회에서는 새로 들어온 위원이 후보자의 출신 대학교를 너무 따지며 평가를 했습니다. 우리는 그런 식으로 채용하지 않는다고 분명히 설명했음에도 불구하고 그 사람은 태도를 바꾸지 않았습니다. 당시 엔지니어링 임원도 이를 바로잡으려 하지 않았습니다.

긍정적인 면에서 보면 채용 위원회는 채용 관리자의 후보자 판단 능력을 훈련하는 훌륭한 방식이 될 수 있습니다. 일관성이 결여된 조직이라면 좀 더 일관된 채용 프로세스를 도입해 아마존의 바 레이저Bar Raiser2 프로그램이 해결한 문제 등을 해결할 수 있습니다. 채용 위원회가 참여하는 채용 프로세스의 진행 속도는 응답이 빠른 채용 관리자보다는 느리지만, 채용에 무관심하거나 다른 일이 너무 바쁜 채용 관리자보다는 빠릅니다.

채용 프로세스는 당신을 돕기 위해 존재한다

규범을 중시하는 리더라면 채용 프로세스를 설계한 임원이 눈앞의 목표를 달성하기 위해 자신이 설계한 프로세스를 무시하는 사례를 본 적이 있을 것입니다. 저는 면접 과정에서 성과가 부진한 경력직 동료를 데려오기 위해 채용 프로세스를 무시하는 한 임원에게 매우 불만이 컸습니다. 그럴 때마다 동료들에게 "우리가 이렇게 종합적인 채용 프로세스를 만들어 두었는데 어째서 신뢰하지 않는 거지?"라며 불평하곤 했습니다.

하지만 막상 엔지니어링 채용을 책임지는 임원의 역할을 맡게 되자 채용 프로세스를 완벽하게 따르는 것이 왜 어려운지 이해하게 되었습니다. 채용 보상 체계를 정해진 대로 충실히 따르고 있는데, 동료 임원들이 훨씬 높은 보상을 제시해 암묵적으로 엔지니어링 조직의 채용을 어렵게 만드는 경우를 발견한 것입니다. 후보자에 대한 부정적인 평가를 존중하려고 노력했지만 일부 면접관들의 채용 프로세스가 정해진 기준을 따르지 않는 경우도 있었습니다. 새로운 직무를 채용할 때는

---

2 옮긴이_ 아마존의 채용 프로세스에서 중요한 역할을 하는 인물 또는 역할을 의미합니다.

그 역할을 명확히 설명하는 자료를 제공했지만, 면접관들이 각기 다른 해석을 내리는 경우도 있었습니다.

이러한 문제들은 더 나은 교육을 제공하면 장기적으로 해결할 수 있습니다. 하지만 아무리 임원이라도 모든 문제를 해결할 수 있는 시간이 주어지는 것은 아닙니다. 때로는 당장 해결해야 할 긴급한 문제가 생길 수도 있습니다. 그럴 때는 회사가 핵심 역할을 맡을 리더를 놓치는 문제를 해결하는 것이 더 나은지, 아니면 채용 프로세스를 준수하는 것이 더 나은지를 판단해야 합니다. 가급적이면 설계한 프로세스 내에서 문제를 해결하는 게 일반적이지만, 프로세스가 항상 당면한 문제보다 더 중요하다고 생각하는 오류에 빠지지 않아야 합니다. 때로는 프로세스가 현재 문제보다 덜 중요할 때도 있습니다.

그렇다고 해서 프로세스를 무시해도 좋다는 뜻은 아닙니다. 채용 프로세스에서 좋은 후보자를 탈락시켰다면 이를 주의 깊게 살펴볼 필요가 있습니다. 부정적인 평가가 잘못되었다는 확신에 그 사람을 채용하기로 결정하더라도, 혹시 그 사람이 면접에서 부정적 평가를 받았다는 사실을 다른 동료들이 알게 되면 해당 후보자의 입지가 약화될 수 있습니다. 프로세스를 따르지 않으면 불가피한 비용이 발생하듯 프로세스를 따르는 데에도 일정한 비용이 따릅니다. 따라서 임원은 이를 신중하게 결정해야 합니다.

요약

이 장에서는 조직의 채용 과정에서 수행해야 하는 임원의 역할과 효과적인 채용 프로세스를 구축하기 위한 필수 요소들을 다루었습니다. 또한 채용 프로세스를 운영하면서 마주하게 되는 수많은 문제를 해결하기 위해 구체적인 조언을 제공했습니다. 채용과 관련된 질문은 끝이 없겠지만, 이 장에서 제공한 지침을 따르면 조직의 목표를 위한 채용 시스템을 구축하고 이를 발전시킬 준비를 갖출 수 있을 것입니다.

다음 링크에서 추가 자료 및 리소스를 찾아보세요.
https://lethain.com/eeprimer-refs-20

엔지니어링 조직 온보딩

대부분의 회사는 새로 고용된 엔지니어들이 완전히 적응하는 데 3~6개월이 걸린 다고 말합니다. 그러나 엔지니어링 리더들은 실제로는 그보다 더 오래 걸린다는 사실을 알고 있습니다. 보통 신규 엔지니어들이 새로운 회사에 온전히 적응하여 생산성을 갖추기까지는 시간이 더 걸리며, 가장 영향력 있는 엔지니어조차도 몇 년에 걸쳐 성장한다는 사실도 알고 있습니다.

엔지니어링 온보딩을 운영하는 목표는 크게 두 가지입니다.

- 입사 후 3개월 내에 합리적인 수준의 생산성을 갖게 되는 엔지니어의 비율을 증가시키는 것
- 향후 몇 년 내에 엔지니어가 매우 영향력 있는 사람으로 성장할 토대를 마련하는 것

잘 설계된 온보딩은 새로운 직원들에게 동기를 부여하고 성공의 기본 토대를 높 일 수 있습니다. 빠르게 성장하는 회사라면 효과적인 온보딩이 엔지니어링 생산 성을 높이는 가장 가치 있는 투자가 될 수 있습니다. 그럼에도 불구하고 온보딩은 종종 부차적인 문제로 간주되곤 합니다. 다행인 것은 온보딩을 아예 시작하지 않 은 상태에서 상당히 훌륭한 온보딩 체계를 구축하는 데까지는 그리 오랜 시간이 걸리지 않는다는 점입니다.

이 장에서는 다음과 같은 내용을 다룹니다.

- 온보딩의 기본 구성 요소 및 여러 회사의 온보딩 프로세스 사례
- 일반적인 온보딩 프로세스에서 임원 후원자, 주관자, 관리자, 버디의 역할
- 온보딩 과정에 포함시켜야 할 커리큘럼

- 온보딩 프로그램이 실패하는 이유
- 온보딩을 회사 전체 온보딩 프로그램과 통합할지 여부
- 온보딩을 우선순위에 두어야 하는 시점

이 장을 마치고 나면 현재의 온보딩 프로세스를 점진적으로 개선하는 실행 계획을 수립할 수 있을 것입니다. 또한 온보딩 대신 임시로 진행하는 과정을 체계적인 온보딩 프로그램으로 전환시킬 적절한 시점을 명확하게 파악할 수 있을 것입니다.

온보딩 실제 사례

온보딩이 구체적으로 어떻게 진행되는지는 회사마다 다르기 때문에 실제 엔지니어링 온보딩 사례를 몇 가지 살펴보는 것이 좋습니다. 이때 두 가지 주의 사항이 있습니다. 첫째, 회사 전체의 온보딩 과정 중 상당 부분은 종종 생략되기 때문에 여기서는 엔지니어링 조직의 온보딩에만 초점을 맞춥니다. 둘째, 모든 회사의 온보딩 프로세스는 시간이 지나면서 점점 진화하므로 이 사례들은 현재 사용되는 온보딩과 다른 모습일 수 있습니다.

다음은 실제 엔지니어링 온보딩 프로그램의 몇 가지 사례입니다.

- **엔지니어가 30명인 스타트업**

  제가 처음 디그에 입사했을 때는 회사 로고가 새겨진 티셔츠와 노트북을 받았습니다. 관리자는 저를 팀 내부의 동료 두 명에게 소개해 주었습니다. 그 후 통합 개발 환경을 제공받으려 했지만 유일하게 이를 아는 엔지니어가 최근 퇴사했기 때문에, 대신 최근에 회사를 떠난 또 다른 엔지니어의 환경을 그대로 넘겨받으라는 지시를 받았습니다. 이것으로 온보딩이 끝났습니다.

  이처럼 온보딩 과정이 거의 없는 스타트업이 의외로 많습니다. 대부분은 출근해서 노트북을 받고 팀원들로부터 간단한 도움을 받는 정도에 그칩니다.

- **엔지니어가 150명인 스타트업**

  스트라이프에서는 입사 첫날 노트북 설정과 보안 정책 학습 및 개발 도구에 익숙해지는 데 집중합니다. 또한 자신의 이름을 회사 소개 페이지에 추가하는 조그만 커밋을 합니다. 이후 신규

엔지니어들은 시스템 아키텍처에서 모니터링에 이르기까지 다양한 커리큘럼을 통해 교육 과정을 이수합니다.

엔지니어링 온보딩의 마지막 단계에서는 신입 직원들을 4~6명의 그룹으로 나눈 후 스트라이프의 기존 엔지니어 한 명이 각 그룹의 기술 리드를 맡습니다. 그리고 보통 1~4주 동안 프로젝트를 진행하며, 프로젝트가 끝나면 각 신입 직원들을 실제 배정된 팀으로 이동시킵니다.

• 수천 명의 엔지니어를 보유한 회사

페이스북은 회사에 새로 들어온 모든 엔지니어와 엔지니어링 관리자가 참여하는 6주간의 엔지니어링 부트캠프를 운영합니다. 이 부트캠프는 신입 직원들이 자신의 팀을 스스로 선택할 수 있도록 돕고 페이스북의 개발 방식을 가르치는 데 중점을 둡니다. 신입 직원들은 페이스북의 소프트웨어에서 직접 작업하며 종종 버그를 수정하고, 전담 페이스북 엔지니어들의 지원을 받습니다. 이들은 코드 리뷰, 오피스 아워 운영 등을 통해 신입 직원들을 돕습니다.

페이스북의 부트캠프는 투자를 많이 하는 엔지니어링 온보딩의 대표적인 모델로 자주 언급됩니다. 하지만 이를 그대로 도입하려면 부트캠프에 동시에 참여하는 신입 엔지니어가 수십 명에서 수백 명에 달해야 한다는 점과, 부트캠프의 목표가 단순히 온보딩만이 아니라 팀 매칭에도 있다는 점을 기억해야 합니다. 이는 대부분의 회사에서는 흔치 않은 채용 과정입니다.

보통 50명 이상의 엔지니어를 보유한 회사들은 앞서 언급한 모델들을 참조하되 자신만의 독자적인 온보딩 방식을 개발합니다. 이러한 프로그램은 시간이 지남에 따라 변하는 경향이 있습니다. 실제로 많은 소규모 회사들이 페이스북의 부트캠프를 따라 하려다가 운영 난이도가 매우 높음을 깨닫고 그만두는 경우가 많습니다.

온보딩의 기본 요소

구조화된 온보딩 프로세스는 임원 후원자로서의 역할과 온보딩을 조율할 사람을 포함한 몇 개의 핵심 역할을 설정한 다음, 프로그램에 포함할 커리큘럼을 결정하는 것에서 시작됩니다. 먼저 온보딩 프로세스에 필요한 핵심 역할을 살펴보겠습니다.

핵심 역할

온보딩 프로그램은 지속적인 관리가 필요한 살아 있는 시스템입니다. 따라서 프로세스 전체를 운영하는 데 필요한 핵심 역할을 먼저 정의하는 것이 유용합니다. 여기에는 특히 임원 후원자, 프로그램 운영자, 팀 관리자, 온보딩 멘토 역할 등이 중요합니다.

임원 후원자

엔지니어링 조직을 맡은 임원이 직접 온보딩을 운영하지는 않겠지만 신입 사원 교육에 들어가 온보딩 세션을 주도할 수는 있습니다. 이렇게 하는 것은 신입 사원들에게 당신의 존재를 알리고 필요한 경우 당신에게 연락할 수 있는 접점을 형성하기 위한 것입니다. 하지만 당신이 온보딩에서 맡은 정말 중요한 역할은 바로 임원 후원자로서의 역할입니다.

온보딩을 총괄하는 임원 후원자는 다음 역할을 수행해야 합니다.

- 프로그램을 운영하고 발전시킬 프로그램 운영자를 선정합니다.
- 프로그램 운영자와 협력하여 진행 상황을 어떻게 모니터링할지 정합니다(설문 조사를 통한 모니터링, 가능하면 객관적인 데이터를 함께 활용).
- 매달 온보딩 프로그램 데이터를 모니터링합니다(예: 참가자들의 정량적 피드백이나 진행된 세션 수 등).
- 온보딩 경험이 특별히 좋거나 나빴던 신입 사원들과 만나 어디에서 문제가 발생했는지 파악합니다.
- 프로그램의 성과를 지속적으로 홍보하여 사람들이 성공 사례를 따라 하도록 장려합니다. 또한 온보딩 기여도가 승진 평가에 반영되도록 지원합니다.

기업들은 온보딩의 중요성을 머리로는 이해해도 실제 우선순위에 두는 것에는 어려움을 겪습니다. 특히 신입 사원들은 온보딩 과정에 문제가 있어도 특별히 불만을 표시하지 않을 가능성이 크기 때문에 이런 상황을 간과하기 쉽습니다.

따라서 엔지니어링 온보딩 과정을 총괄하는 임원 후원자인 당신은 전체적인 관점에서 온보닝 프로그램의 품질을 지속적으로 유지하고 개선할 수 있는 권한과 책임이 있습니다.

프로그램 운영자

온보딩 프로그램을 운영하기 위해 조직 차원에서 자원을 제공하는 사람이 임원 후원자라면, 프로그램 운영자는 이러한 자원을 실제 프로그램으로 구체화하는 역할을 수행합니다. 대개 엔지니어링 관리자가 본업과 함께 이 일을 수행하지만, 규모가 큰 회사에서는 엔지니어링 운영 팀이나 기술 프로그램 관리자가 맡을 수도 있습니다.

프로그램 운영자의 주요 역할은 다음과 같습니다.

- 온보딩 프로그램의 커리큘럼 개발 및 유지 관리(예: 어떤 콘텐츠를 우선순위로 둘지, 몇 개의 교육 과정을 운영할지 등)
- 참여자들의 피드백과 결과를 기반으로 온보딩 프로그램을 지속적으로 개선
- 각 온보딩 수업이 원활하게 진행되도록 조정
- 온보딩 프로그램 커리큘럼에 맞춘 온보딩 템플릿을 작성하여 각 신입 사원의 관리자가 온보딩 프로그램 이후에도 교육을 이어갈 수 있도록 유도
- 임원 후원자와 협력하여 온보딩 프로그램 결과를 모니터링(일반적으로 온보딩 종료 후 참가자 설문 조사, 설문 응답 요약, 데이터 트렌드 분석 등을 포함). 또한 6장에서 논의한 개발자 효율성 측정 지표를 참조하여 향후 온보딩 프로그램 투자의 우선순위를 결정
- 온보딩 프로그램 중 발생할 수 있는 작은 문제들 처리(예: 담당 강사가 갑작스레 병가를 내는 경우 등)

적절한 프로그램 운영자를 선정하는 것은 성공적인 온보딩 프로그램을 위한 가장 중요한 결정입니다. 이 역할을 맡은 사람이 교체되면 새로운 운영자를 다시 찾아야 합니다. 우수한 프로그램 운영자가 갖춰야 할 자격 요건은 다음과 같습니다.

- 엔지니어로서의 실제 경험이 있거나 관련 경험이 있는 동료들과 협업할 수 있는 역량
- 프로세스에 순응하기보다는 개개인에게 관심을 갖고 동기를 부여할 수 있는 성향
- 피드백을 적극 활용하여 프로그램을 지속적으로 개선해 나갈 수 있는 능력

온보딩 프로그램 운영자는 회사가 상당히 커지기 전까지는 보통 파트타임으로 근무합니다. 하지만 매달 20명 이상의 엔지니어가 입사하는 경우라면 풀타임으로 전환할 수도 있습니다. 이건 간단한 일이 아니며, 프로그램 성공을 위해 적어도 매달 20시간 정도를 할애할 수 있어야 합니다. 엔지니어링 관리자가 이 역할을 맡을 수도 있지만 그렇게 하면 다른 일에는 시간을 할애하기 어려울 것입니다.

팀 관리자

아무리 좋은 온보딩 프로그램이라도 모든 상황을 완벽하게 처리할 수는 없습니다. 보통의 경우 일반적인 케이스를 우선시하는 경향이 있기 때문에 신입 사원의 팀 관리자가 이 한계를 보완하는 데 중요한 역할을 합니다. 온보딩은 신입 사원이 생산성을 빠르게 끌어올릴 수 있도록 돕는 데 중점을 두지만, 관리자는 그 신입 사원이 회사에서 장기적으로 성공할 수 있도록 이끄는 데 책임을 집니다.

팀 관리자의 주요 역할은 다음과 같습니다.

- 프로그램 운영자가 제공한 템플릿을 바탕으로 각 신입 사원을 위한 맞춤형 온보딩 문서 작성
- 신입 사원과 매주 1:1 미팅 진행(관리자가 평소 1:1 미팅을 자주 하지 않더라도 신입 사원과는 최소 몇 달간 매주 미팅을 유지하는 것이 매우 중요)
- 신입 사원에게 온보딩 버디 지정(프로그램 운영자가 이 역할을 담당하기도 하며, 이 경우 관리자는 적합한 버디가 배정되었는지 확인)
- 온보딩 버디와 협력하여 신입 사원의 첫 프로젝트 선정(안전하게 배울 수 있는 동시에 회사에 실제로 가치를 제공할 수 있는 프로젝트를 찾는 것이 중요하며, 이것이 신입 사원의 영향력과 소속감을 크게 가속화함)
- 신입 사원이 팀 회의, 채팅방, 이메일 그룹 등에 실제로 추가되었는지 확인(자동으로 추가되는 경우라도 종종 누락이 발생할 수 있으며, 이는 신입 사원에게 큰 실망감을 줄 수 있음)

관리자들 역시 온보딩 외에도 본인의 업무 부담을 안고 있는 경우가 많습니다(예: 지연된 프로젝트를 완료하기거나 작은 생산 시원 팀의 인력 재배치 등). 이 때문에 관리자들의 단기 목표와 온보딩 프로그램의 장기 목표 사이에 마찰이 생기는 경우가 종종 있습니다(예: 중요한 마감일이 다가온 프로젝트에 투입하기 위해 신입 사원을 온보딩 프로그램에서 빼달라는 요청). 프로그램 운영자는 이러한 문제를 방지하기 위해 관리자들에게 온보딩이 팀 전체의 장기적인 성공에 얼마나 중요한지 꾸준히 상기시킬 필요가 있습니다.

온보딩 멘토

온보딩에서 마지막으로 언급할 중요한 역할은 온보딩 멘토입니다. 회사마다 세부 사항은 조금씩 다를 수 있지만, 대부분의 경우 멘토는 신입 사원의 팀 내에서 두 번째 연락 지점 역할을 수행합니다. 주로 신입 사원이 팀에서 소프트웨어를 개발하는 방법, 개발 환경을 설정하는 방법, 초기 프로젝트를 진행하는 방법 등에 대한 궁금증을 해결할 수 있도록 돕습니다. 또한 신입 사원의 관리자가 부재중이거나 응답이 늦을 때 대체 연락처 역할을 합니다.

온보딩 멘토의 주요 역할은 다음과 같습니다.

- 신입 사원을 팀 회의에 데려가고 함께 점심을 먹거나 회사의 다른 구성원들을 소개하세요. 신입 사원을 혼자 두지 마세요! 특히 원격 근무 환경에서는 조금만 신경 쓰면 신입 사원이 익명의 얼굴들로 가득한 곳에서 소속감을 느낄 수 있도록 할 수 있습니다.

- 신입 사원과 첫 몇 주 동안 매일 시간을 정해 함께하세요. 15~30분 정도를 할애하고 필요시 더 길게 진행할 수 있도록 시간을 확보해 두세요. 이 시간의 목표는 신입 사원이 겪고 있는 문제를 신속하게 해결하는 것입니다. 이렇게 미리 일정을 잡아두면 신입 사원이 직접 도움을 요청하는 것을 어색해할 상황을 최소화할 수 있습니다.

- 1~2주 후, 신입 사원과 논의하여 이 일정을 지속하는 것이 도움이 될지 결정하세요. 이는 신입 사원의 성격과 선호도에 따라 달라집니다.

- 신입 사원의 관리자와 지속적으로 연락을 유지하며 순조롭게 진행되는 부분과 문제가 발생하는 부분에 대해 논의하세요. 초기에 발생하는 문제를 무시하고 싶을 수도 있지만 이 시기는 신입 사원의 행동 및 문화 적응 문제를 초기에 파악하여 빠르게 해결할 수 있는 유일한 기회입니다.

커리큘럼

온보딩 프로그램의 운영자를 선정한 후에는 실제로 어떤 내용을 교육할지 결정해야 합니다. 기본적으로 우선 시작하면 좋은 세 가지 핵심 주제는 다음과 같습니다.

- 엔지니어링 가치와 전략
- 기술 아키텍처
- 개발 환경 설정

이 세 가지 개요 과정을 마련한 후에는 두 가지 각도에서 커리큘럼을 강화하는 작업을 진행하세요.

- 온보딩 후 한 달이 지난 신입 사원들에게 설문을 통해 무엇을 더 배우면 좋았을지를 질문하세요.
- 관리자와 기술 리더에게 신입 사원이 어려움을 겪고 있는 부분에 대해 설문하세요. 이는 기술적인 부분일 수도 있지만, 문화적인 부분일 가능성이 더 큽니다.

이 과정을 거치면 무한히 많은 온보딩 주제 속에서 신입 사원이 길을 잃지 않도록 안내받을 수 있습니다. 이 방법은 특히 이론적으로는 유용할지 몰라도 실제로는 별로 관심을 끌지 못할 주제를 선별하는 데 도움이 됩니다.

또 하나 고려해야 할 질문은, 페이스북의 부트캠프 프로그램이나 스트라이프의 온보딩 프로젝트 팀처럼 실제 프로젝트 기반 학습을 온보딩 프로그램에 포함시킬지 여부입니다. 일반적으로 이러한 프로젝트는 많은 에너지를 쏟으면 매우 잘 진행되지만 그렇지 않으면 별로 좋은 결과를 내지 못합니다. 온보딩을 통해 실제 프로젝트를 진행하는 방식의 대안으로는 각 팀이 신입 사원을 위한 프로젝트를 직접 선택하는 방식입니다. 이는 대체로 잘 진행되며 별도의 중앙 집중식 조정을 필요로 하지 않습니다. 보통 엔지니어가 50명 미만인 회사들이 주로 사용합니다.

마지막으로, 온보딩 커리큘럼에 암묵적으로 포함해야 하는 요소는 같은 시기에 회사에 입사한 동기들을 알아가는 것입니다. 온보딩 학습 내용과 성과 지표만 바라보고 있으면 신입 사원들이 종종 언급하는 온보딩의 가장 큰 효과를 놓치기 쉽습니다. 그것은 바로 함께 입사한 동기들을 알아가고, 질문할 수 있는 네트워크를 형성하며, 함께 식사하면서 좋은 관계를 만들어 가는 것입니다.

엔지니어링 온보딩에 참석할 수 있는 사람

엔지니어링 온보딩에 누가 필수로 참석해야 하고 누가 참석이 허용되는지에 대한 질문은 프로그램 진행 중 주기적으로 발생할 것입니다. 저는 모든 엔지니어와 엔지니어링 관리자가 직위 수준에 관계없이 반드시 참석하도록 의무화하는 방안을 추천합니다. 경력이 많은 엔지니어나 관리자들은 종종 참석을 건너뛰려 할 수 있지만, 이를 허용해서는 안 됩니다. 온보딩은 업무가 진행되는 방식뿐만 아니라 업무가 그렇게 진행되는 이유를 배우는 과정이기도 합니다. 특히 고위급 신입이 온보딩 과정을 생략하여 기존 방식을 제대로 이해하지 못한 채 변화를 시도하면 자칫 조직에 중대한 위험을 가져올 수 있습니다. 특히 온보딩에 참석할 필요가 없다고 주장하는 고위급 신입이 있다면 반드시 참석을 요구해야 합니다.

만약 제품 팀과 같은 다른 부서에서 엔지니어링 조직의 온보딩에 참석하고 싶다고 요청하면 원하는 사람에 한해서 개별적으로 참여시키세요. 이렇게 하면 엔지니어링 배경이 없는 사람들을 위한 별도의 프로그램을 만들지 않아도 다른 부서 사람들에게 엔지니어링 조직의 온보딩 참여 기회를 제공할 수 있습니다.

온보딩 프로그램이 실패하는 이유

온보딩 프로그램이 실패하는 이유는 제대로 된 프로그램을 만들기 위한 노력이 부족했기 때문이라고 생각하기 쉽습니다. 물론 일부 회사들은 온보딩에 투자하지 않아 기회를 놓치기도 합니다. 하지만 실패하는 진짜 이유는 따로 있습니다. 아주 좋은 의도를 가진 누군가가 너무 복잡하고 부담스러운 프로그램을 만들어 놓았기 때문입니다.

실패하는 온보딩 프로그램의 전형적인 패턴은 다음과 같습니다.

1 엔지니어링 온보딩 프로그램을 운영할 새로운 프로그램 운영자가 선정됩니다.

2 선택된 사람은 모든 종류의 요구 사항을 전부 해결하기 위한 새롭고 복잡한 프로그램을 설계
합니다. 이 프로그램을 운영하는 데는 엄청나게 많은 에너지가 필요합니다.

3 새로운 프로그램이 시작되면 모두 좋아합니다. 마침내 온보딩 문제가 해결되었습니다!

4 시간이 지나면서 내부 참여율이 저조해지기 시작합니다. 사람들은 여전히 프로그램을 좋아하
지만 업무상 우선순위가 높은 다른 일이 많아 참여가 어렵습니다.

5 프로그램 운영자는 실망하여 다른 역할로 이동합니다. 프로그램은 그들의 후임자가 운영하게
되지만, 원래 운영자만큼 온보딩 분야에 열정을 가지지 못하는 경우가 더 많습니다.

6 프로그램이 점차 형식적이고 관료적인 형태로 변질됩니다.

7 어느 순간 프로그램이 훨씬 더 간단한 형태로 대폭 축소됩니다.

온보딩 프로세스를 개선할 때는 장기적으로 운영할 수 있는 프로그램인지 여부를
반드시 고려해야 합니다. 초기 런칭의 흥분이 사라지고 엔지니어링 관리자들이
더 이상 프로그램 운영자에게 감사 카드를 보내지 않더라도 계속해서 운영할 수
있어야 합니다. 온보딩 프로그램이 실패하는 가장 큰 원인은 충분히 노력하지 않
아서가 아니라 오히려 너무 지나치게 노력했기 때문입니다.

전사 온보딩과 통합하기

엔지니어링 조직의 온보딩 외에도 회사 차원의 더 넓은 온보딩 프로그램이 있을
가능성이 큽니다. 이런 프로그램은 사용자, 연간 목표, 회사 가치 등 엔지니어링
온보딩에서 다루는 내용과 겹칠 수 있습니다. 따라서 이미 존재하는 전사 온보딩
자료를 적극 활용하고, 중복된 자료는 피하는 것이 좋습니다.

자주 논란이 되는 질문 중의 하나는 전사 온보딩을 담당하는 팀이 엔지니어링 온

보딩도 함께 담당해야 하는지 여부입니다. 예를 들어 인재 개발 팀이 전사 온보딩 프로그램을 운영하고 있다면 이들이 엔지니어링 조직의 온보딩 일정도 같이 관리하는 게 좋지 않을까요?

결론부터 이야기하면, 엔지니어링 조직은 내부에서 독자적으로 온보딩 프로그램을 운영하는 것이 더 좋습니다. 그 이유는 다음과 같습니다.

- 프로그램 운영자는 온보딩이 아닌 새로운 역할을 맡을 기회로 생각하고 중앙 부서에 온보딩 프로그램을 넘기는 걸 찬성하는 경우가 많습니다. 그러나 전사 온보딩을 담당하는 중앙 부서의 담당자는 엔지니어링 조직의 온보딩에 집중하지 않으며, 엔지니어로서의 경험도 없기 때문에 효과적으로 운영할 역량이 부족합니다. 이들은 엔지니어링 온보딩을 타부서의 온보딩과 일관된 모습으로 만들기 위해 엔지니어링에 특화된 중요한 요소를 제거하려 할 수도 있습니다. 단지 나쁜 의도가 아니라 중앙화된 부서의 자연스러운 특성 때문입니다.
- HR과 같은 다른 부서가 온보딩 프로그램을 책임지게 되면 개선을 위한 실험이 더 어려워집니다. 이는 다른 부서와의 조율이 필요하기 때문인데, 그들은 대개 자기 일로 매우 바쁩니다. 그럼 결국 실험 비용이 증가하게 되고 온보딩 프로그램의 품질은 차츰 크게 저하될 수 있습니다.
- 온보딩 프로그램의 품질에 대한 피드백이 다른 부서에게 민감한 의미를 갖는 데이터로 분류될 수 있습니다. 따라서 아주 가끔씩, 그것도 데이터의 뉘앙스가 어느 정도 조정된 후에야 공유될 수 있을 것입니다. 이는 구체적인 문제에 대해 누구에게 연락해야 할지 알기 어려워지고, 수집된 데이터를 바탕으로 온보딩 프로그램을 개선하는 것 또한 점점 어려워질 수 있습니다.

때로 특수한 상황 때문에 엔지니어링 조직의 온보딩 프로그램을 유지하는 것이 너무 어렵다면 온보딩을 중앙 부서에 맡기는 것도 괜찮습니다. 어떤 경우에는 온보딩 프로그램의 운영 권한이 정치적 쟁점이 되어 자기 부서에서 소유권을 유지하는 것이 어려워지기도 합니다. 경영진의 역할은 이런 모든 문제에 대해 싸우다 지쳐 포기하는 것이 아니라 그때그때 유지되는 방향으로 최선의 해결책을 찾는 것입니다.

온보딩의 우선순위를 정하는 시기

온보딩 프로그램은 매달 상당한 수의 신규 인력을 채용할 때 효과적입니다. 매달 10명의 신입 사원을 채용한다면 1:1 교육보다는 집단 교육을 운영하는 것이 더 효율적이기 시작합니다. 이런 현상은 채용이 가속화될 때 더욱 그렇습니다. 기존 팀이 채용 업무에 너무 바빠 신규 엔지니어 온보딩에 대한 경험이 부족해질 가능성이 있기 때문입니다.

물론 적은 수의 채용만 하더라도 효과적인 온보딩은 가치 있는 투자입니다. 신입 사원들이 빠르게 업무에 적응하도록 만드는 것은 언제나 유익합니다. 온보딩에 투자하지 말아야 할 유일한 때는 채용이 너무 드물어서 온보딩 자료가 두 번째로 사용되기 전에 이미 낡아 쓸모없어지는 경우입니다. 이런 경우에는 대규모 프로그램을 설계하는 것보다 개별 맞춤형 온보딩에 투자하는 것이 더 낫습니다.

온보딩 우선순위를 결정할 때는 단순 인력 증가뿐만 아니라 이직률도 고려해야 합니다. 많은 기업이 엔지니어링 조직을 특별히 확장하지 않더라도, 단순 이직률 때문에 여전히 적지 않은 신규 직원을 채용하기도 합니다.

마지막으로, 온보딩의 적절한 수준을 찾기 위해 다양한 실험을 하는 것을 잊지 마세요. 단 며칠 만에 간단히 준비할 수 있는 프로그램으로 시작해도 실험으로는 충분합니다.

요약

이번 장에서는 기업들이 엔지니어 온보딩을 위해 취하는 다양한 접근 방식과 효과적인 조직 운영을 위해 온보딩이 채용만큼이나 중요한 이유에 대해 다루었습니다. 만약 당신의 조직에 온보딩 프로그램이 전혀 없는 상태라면, 처음부터 완벽한 프로그램을 만들려 하기보다는 작은 것부터 점진적으로 발전시키는 방식으로 발전시켜 나가세요. 좋은 온보딩은 매우 가치가 있지만 그만큼 비용이 들 수 있다는 점도 반드시 기억하시기 바랍니다.

다음 링크에서 추가 자료 및 리소스를 찾아보세요.
https://lethain.com/eeprimer-refs-21

성과 및 보상

원래 우버의 성과 평가 프로세스는 T3B3라 불리는 매우 단순한 것으로, 각 개인이 가진 세 가지 강점과 세 가지 약점을 작성한 후 관리자와 직접 대면하며 피드백을 공유하는 방식이었습니다. 당시에는 피드백을 문서화하는 데에도 말이 많았습니다. 피드백이 기록으로 남으면 다른 사람에게 발견될 수 있고 더 솔직한 의견을 주고받기 어려워질 거라는 걱정 때문이었습니다. 이와 반대로, 구글 직원들의 경우에는 승진을 위한 문서와 자료를 몇 달을 투자하여 준비했는데도 승진하지 못했다는 이야기가 많습니다. 우버와 구글의 승진 프로세스를 모두 경험한 사람들 사이에서도 각 방식의 장단점에 대한 의견이 분분합니다. 하지만 이상적인 성과 평가 프로세스가 무엇인지에 대한 합의는 이루어지지 않고 있습니다.

보상 관련 문제 역시 보편적으로 만족할 만한 공통적인 프로세스가 존재하지 않는다는 점은 유사합니다. 엄격한 중앙 집중식 보상 체계에서는 같은 레벨의 직원들이 대체로 비슷한 보상을 받게 만드는 경향이 있습니다. 하지만 그 사람들의 실제 성과는 완전히 다를 수 있습니다. 이보다 더 동적인 보상 시스템은 최고 성과자에게 더 많은 보상을 제공하지만, 그 과정에서 편향과 차별의 여지를 남길 수 있습니다.

이처럼 성과나 보상 프로세스를 어떻게 운영해야 하는지에 대한 확실한 합의가 없기 때문에 임원은 다양한 경우에 대비한 프로세스를 다룰 수 있어야 합니다. 이 장에서는 다루는 내용은 다음과 같습니다.

- 성과 및 보상 프로세스를 설계하는 사람, 운영하는 사람, 참여하는 사람 간에 서로 상충되는 목표
- 성과 평가 프로세스를 운영하는 방법과 그 과정에서 발생하는 문제 해결 방법(예: 점수나 피드백을 조정하는 방법)
- 보상 평가 프로세스에 효과적으로 참여하는 방법
- 성과 및 보상 평가 주기를 얼마나 자주 운영해야 하는지
- 완벽한 프로세스가 아닌 효과적인 프로세스를 운영하는 것이 목표여야 하는 이유

이런 모든 프로세스에는 수많은 장단점과 함정이 존재합니다. 이 장을 마친 후에는 자기 조직에 맞는 올바른 방향을 설정할 준비를 마칠 수 있을 것입니다.

상충되는 목표

우버의 T3B3 성과 평가 프로세스는 6개월 동안 직원의 상위 3가지 강점과 하위 3가지 약점을 확인하는 방식인데, 가장 인상적이었던 점은 이 프로세스의 단순함이었습니다. 오로지 피드백을 받는 사람에게 유용한 피드백을 제공하는 데만 집중한 것입니다. 이렇게 명확한 목적을 가진 평가 방식은 다른 곳에서 쉽게 볼 수 없다고 생각합니다.

대부분의 성과 및 보상 프로세스는 목적이 모호한 경우가 많습니다. 너무 많은 이해관계자의 우선순위를 조율해야 하기 때문입니다. 일반적인 기업의 성과 및 보상 프로세스는 다음과 같은 여러 이해관계자의 요구를 균형 있게 조율하고자 합니다.

- **개인**
  유용한 피드백을 받아 성장하고 싶어 합니다. 최대한 빨리 승진하여 최대한의 보상을 받고 싶어 합니다.
- **관리자**
  팀원에게 공정하고 유용한 피드백을 제공하여 적절한 시기에 승진을 시키고 싶어 합니다(되

도록이면 자신이 팀원들에게 한 약속도 지키고 싶습니다). 팀원에게 적절한 보상을 빨리 제공하고 싶어 합니다.

- **인사 팀(HR)**

  모든 직원이 가치 있는 피드백을 받을 수 있도록 하고, 피드백의 품질에 대해 일정한 '최저 기준'을 마련하고 싶어 합니다. 피드백을 문서화하여 성과 관리는 물론 혹시 모를 법적 문제에 대비하고자 합니다. SOC 2[1]와 같이 업계에서 요구되는 규정을 준수하기 위해 연간 성과 평가를 구체적으로 입증하기를 바랍니다. 또한 보상 산정과 관련해서 공평하게 구조화된 데이터를 제공하고 싶어 합니다.

- **경영진**

  각 관리자들이 내린 일관성이 부족한 평가를 바탕으로 승진 결정을 내려야 합니다. 제한된 보상 예산을 최대한 잘 활용해서 조직 목표를 달성하고자 합니다. 승진 및 보상과 관련해서 경험이 부족하거나 조직 목표와 맞지 않는 관리자로 인해 발생할 수 있는 문제를 최소화하고 싶어 합니다.

모든 이해관계자들의 요구를 완벽하게 해결하는 프로세스는 본 적도, 들은 적도 없습니다. 수백 명의 직원을 대상으로 하는 프로세스는 어느 정도 복잡할 수밖에 없습니다. 객관적이고 일관된 평가를 원하면서도 성과가 뛰어난 개개인을 인정하고자 하는 욕구 사이의 균형을 완벽하게 맞추는 것은 불가능합니다.

이러한 성과 및 보상 프로세스는 개선될 여지가 많지만, 각 이해관계자들의 상충되는 목표는 피할 수 없는 현실입니다. 따라서 이를 설계할 때는 반드시 이러한 긴장 관계를 염두에 두어야 합니다.

성과 및 프로모션

먼저, 성과 프로세스 중 특히 승진과 관련된 부분을 살펴보겠습니다.

---

1 옮긴이_ 미국에서 사용하는 정보 시스템의 보안, 가용성, 기밀성, 무결성 등을 평가하는 감사 보고서입니다.

피드백 수집 방법

기본 성과 프로세스는 각 관리자가 자신이 관리하는 팀원들에 대한 서면 피드백을 제공하고 그들이 승진할지 여부를 결정해야 합니다. 여기에는 몇 가지 세부 요소와 다양한 변형이 존재합니다.

첫 번째로 고려할 요소는 동료 피드백과 상향 피드백(관리자에 대한 피드백)의 포함 여부입니다. 직원들은 보통 관리자가 한 명이기 때문에 상향 피드백을 요청한다고 해서 큰 부담이 되지는 않습니다. 다만, 최악의 경우에는 상향 피드백 요청이 별로 유용하지 않을 수 있습니다. 직원들은 보통 자기 관리자에 대해 비판하는 것을 꺼리기 때문입니다. 하지만 시간이 많이 소요되는 일은 아니므로 요청 자체는 큰 부담이 되지는 않습니다.

반면, 동료에 대한 피드백은 시간이 많이 소요될 수 있습니다. 특히 관계의 폭이 넓은 사람은 10명 이상의 동료로부터 피드백을 요청받는 경우가 있습니다. 이런 경우에는 적당히 거절해도 된다는 안내가 필요하지만, 대부분의 사람들은 거절하는 것을 어려워해 결국 부담을 느끼는 경우가 많습니다.

동료 피드백은 일관성이 떨어지는 경우가 많다는 점에 주목해야 합니다. 어떤 팀은 동료 피드백을 솔직하게 주는 것이 불편하다고 느껴 쓸모없는 피드백을 제공하는 경우가 있습니다. 이런 경우라면 동료 피드백을 수집할 가치가 없습니다. 반면 동료 피드백의 가치를 강하게 믿는 팀은 매우 통찰력 있고 가치 있는 피드백을 생성하기도 합니다. 저는 동료 피드백 수집 여부를 각 팀의 관리자에게 맡기는 것을 선호합니다. 다만, 동료 피드백이 회사 전체가 시행하는 정책의 일부라면 굳이 고민하지 않고 회사의 결정을 따르면 됩니다.

직급, 레벨과 레벨링 기준

성과 평가 등급을 정하고 승진 결정을 명확히 내리려면 각 레벨에서 기대되는 성과이 문서화된 기준이 반드시 있어야 합니다. 이 기준에 대해 논의하기 전에 먼저 '레벨'이 무엇인지에 대해 이야기할 필요가 있습니다.

대부분의 회사에서는 직급과 레벨을 짝지어 사용합니다. 예를 들면 다음과 같습니다.

- 신입 엔지니어(레벨 3)
- 소프트웨어 엔지니어(레벨 4)
- 선임 소프트웨어 엔지니어(레벨 5)
- 스태프 소프트웨어 엔지니어(레벨 6)

구체적인 레벨은 회사마다 다르며, 어떤 회사에서는 레벨 차이를 보여 주는 자료를 제공하기도 합니다. 즉, 어떤 회사에서 '레벨 3'이 다른 회사에서는 '60' 또는 '601'일 수 있습니다. 소프트웨어 엔지니어 레벨은 '레벨 3'부터 시작하는 경우가 흔한데, 많은 회사들이 여러 직군에 걸쳐 비슷한 레벨을 사용하기 때문입니다. '레벨 1'은 종종 요구 사항이 적은 초급 직무를 위해 남겨둡니다.

직급 이름 역시 산업에 따라 다르게 사용되며 보편적인 표준은 없습니다. 만약 회사의 직급을 정하는 위치에 있다면 일반적인 직급 체계를 따르는 것이 좋습니다. 예를 들면 신입 소프트웨어 엔지니어, 소프트웨어 엔지니어, 선임 소프트웨어 엔지니어, 스태프 소프트웨어 엔지니어, 시니어 스태프 소프트웨어 엔지니어와 같은 점진적인 직급 체계가 적합합니다. 새로운 직급을 실험하고 싶은 유혹이 있더라도 섣불리 도입하지 마세요. 이는 채용 과정을 더 복잡하게 할 수 있고, 표준화되지 않은 낯선 직급이 경력에 불리하게 작용하지 않을까 걱정하는 지원자를 잃을 위험도 있습니다.

엔지니어링의 직책과 레벨을 설정한 후에는 각 레벨에서 기대되는 역할과 성과를 설명하는 레벨링 기준 문서화 과정이 필요합니다. 이는 매우 방대한 작업이 될 수 있기 때문에, 온라인에서 적절한 레벨링 기준을 찾은 다음 실무 그룹을 구성하여 세부 사항을 조정한 후 성과 평가 주기가 끝날 때마다 내용을 세밀하게 다듬는 방법을 추천합니다.

추가적으로, 여러 경험을 통해 어렵게 배운 몇 가지 사항을 강조하고자 합니다.

- **너무 포괄적인 기준보다는 간결한 기준을 선호하세요.**

  레벨링 기준은 직원들의 승진을 위한 완전하고 명확한 기준을 나타내야 한다는 강한 욕구가 있을 겁니다. 문제는 많은 사람들이 특정 기준을 교묘하게 이용하려 한다는 점입니다. 예를 들어 스트라이프의 승진 기준에는 멘토링이 포함되어 있었는데, 일부 사람들은 아무 요청 사항 없이 회의를 잡아놓고는 그걸 멘토링이라고 주장하기도 했습니다.

  간결한 기준은 더 섬세한 해석을 요구하지만 기준을 교묘하게 이용하려는 시도가 있는 한 모든 선택지는 상당한 해석이 남발하게 됩니다. 이를 더 포괄적인 문서로 대응할 수는 있지만, 그렇게 하면 기준이 점점 혼란스러워지고 자꾸 나쁜 행동을 방지하는 데에만 초점을 맞추게 됩니다. 이는 오히려 선의의 사람들에게 명확한 지침을 제공한다는 본래 목적에 소홀해지게 됩니다.

- **좁은 직군보다는 넓은 직군을 선호하세요.**

  엔지니어링 조직 경영진이 마주하는 고전적인 문제는 사이트 신뢰성 엔지니어(SRE)와 소프트웨어 엔지니어가 각기 다른 레벨링 기준을 가져야 하는지 여부입니다. 만약 그렇다고 한다면 데이터 엔지니어, 데이터 과학자, 프런트엔드 엔지니어, 품질 보증 엔지니어에게도 각각 별도의 기준을 적용해야 하지 않을까요?

  물론 직군별로 자체 기준을 갖추는 것이 더 적합할 수 있지만 레벨링 기준을 일관성 있게 유지하는 데는 비용이 많이 들고 나중에 이 기준을 조정하려면 많은 사람을 자주 평가해야 합니다. 기준이 많아질수록 제대로 조율되지 않아 잘못된 승진 결정이 더 많아지며, 그러다 보면 특정 직군이 다른 직군에 비해 승진하기 더 쉽다는 인식이 생길 수도 있습니다. 특히 10명 이하의 팀에 맞춤형 기준을 유지하려면 더욱 그렇습니다. 좁은 전문 분야에서 성과를 평가할 때는 맞춤형 판단이 필요하겠지만, 맞춤형이든 아니든 상관없이 공유된 프로세스를 이용하는 것이 비용면에서 더 효과적입니다.

- **결과뿐만 아니라 행동도 기록하세요.**

  평가와 관련된 일부 기준은 특정 역량을 입증하는 데 집중하지만, 해당 역량이 발휘되어 어떤 목표를 달성했는지 평가하는 방식에는 명확한 관점이 없습니다. 이건 실패입니다. 이런 식이면 역량은 있지만 회사가 원하지 않는 방식으로 목표를 달성하는 사람을 승진시키게 될 수 있기 때문입니다. 평가 기준과 승진은 그 사람이 회사에서 필요한 목표를 달성했을 때 성공할 수 있다는 것을 명확하게 알려줘야 합니다. 이를 위해서는 행동에 대한 기대치를 지속적으로 유지하는 것이 필요합니다.

마지막으로 레벨과 레벨링 기준에 대해 언급하고 싶은 점은 그것들이 실제로 어떻게 작동하는지를 솔직히 나타내야 한다는 것입니다. 많은 회사들이 공정성과 투명성을 기반으로 한 레벨링과 승진 기준을 가지고 있지만 그 아래에는 숨겨진 프로세스가 있는 경우가 많습니다. 가능하면 불편한 부분이 있더라도 전부 공개해 조직이 현실을 정직하게 마주하게 하는 것이 좋습니다. 승진이 예산이나 비즈니스 상황에 의해 제한된다면 팀에게 예상하지 못한 결과를 설명하기 위해 있지도 않은 상상의 규칙을 이야기하는 대신 이를 그대로 인정하는 것이 더 낫습니다.

승진 및 세부 조정

레벨링 기준이 마련되면 이제 각 개인의 성과가 한 레벨에서 다른 레벨로 이동할 정도로 충분한지에 대해 구체적으로 논의할 수 있습니다. 대부분의 회사는 관리자가 승진 후보를 잠정적으로 추천하면 이후 조정 프로세스를 통해 해당 추천을 확정합니다. 조정 회의는 일반적으로 관리자들이 모여 각 개인을 잠정적으로 평가하며 승진 결정의 논리적 근거를 설명하는 자리로, 조직 전체에서 모두가 납득할 수 있는 일관된 결정을 내리는 것을 목표로 합니다.

수백 명의 엔지니어가 있는 조직에서는 일반적인 조정 프로세스가 다음과 같이 진행됩니다.

1 관리자들이 임시 평가 및 승진 결정을 제출합니다.

2 하위 조직(예: 인프라 엔지니어링)의 관리자들이 5~8명 정도의 그룹으로 모여 하위 조직을 책임지는 관리자(예: 인프라 엔지니어링 디렉터)와 함께 해당 임시 결정에 대해 논의합니다.

3 엔지니어링 임원에게 보고하는 관리자들이 엔지니어링 임원과 함께 모여 전체 조직의 임시 결정을 다시 검토합니다. 실제로는 인원이 너무 많아 세부적으로 검토하기 어려우므로 이 단계에서는 주로 승진, 최상위 성과자, 최하위 성과자에 집중합니다.

4 엔지니어링 임원이 인사 팀과 함께 최종 결정을 검토한 후 다른 부서의 임원들과 회사 전체 차원의 일관성을 유지하기 위해 협의합니다. 또한 제안된 평가 및 승진 결정이 현재 회사 예산에 미칠 영향을 검토합니다.

이 예시에서는 세 번의 조정(하위 조직, 전체 조직, 임원)이 있으며, 각 조정마다 참여한 관리자들에게 보통 3~5시간을 요구합니다. 이러한 결정은 팀원들의 경력에 중대한 영향을 미치기 때문에 논의 자체에 상당한 시간 투자가 필요합니다.

저는 여러 번 조정을 진행하면서 승진 논의에 따르는 실제 결과는 각 관리자가 이 과정에 얼마나 익숙한지에 따라 크게 좌우된다는 점을 깨달았습니다. 관리자의 역량이 팀원 평가에 미치는 영향을 줄이기 위한 한 가지 방법은 신규 관리자나 새로 합류한 관리자들을 위해 조정 연습 세션을 따로 운영하는 것입니다. 이렇게 하면 실제 팀 평가를 수행하기 전에 객관적으로 연습해 볼 수 있는 기회를 가질 수 있습니다.

또 다른 방법은 기능 임원으로서 공정한 조정 논의의 중요성을 강조하는 것입니다. 팀 평가에 반대 의견을 장황하게 늘어놓는 관리자들을 만나면 이러한 저항을 뚫고 올바른 결정을 내릴 수 있어야 합니다. 또한, 조정 회의에서 팀의 성과를 잘 드러내지 못하는 관리자들을 만나면 그 관리자가 팀원 평가에 미치는 영향을 최소화하려고 노력해야 합니다. 이러한 상황에서 임원이 가장 크게 기여할 수 있는 일은 각 조정 주기가 끝난 후 관리자들에게 성의 있는 피드백을 제공해 다음 주기에는 더 나은 결과를 준비할 수 있도록 돕는 것입니다.

대부분의 회사는 같은 그룹이 성과 평가와 승진 결정을 동시에 진행합니다. 하지만 일부 회사는 고위 직책을 위한 별도의 승진 위원회를 두기도 합니다. 이 방식의 장점은 논의 주제와 가장 관련 있는 사람들이 결정에 참여할 수 있다는 점입니다. 예를 들어 관리자가 아닌 실제 시니어 엔지니어들이 시니어 레벨로의 승진을 조정할 수 있습니다. 단점은 이 방법이 상대적으로 더 복잡한 절차를 요구한다는 점입니다. 관리자가 제공하는 피드백과 승진 위원회의 결정 사이에 간극이 생길

수도 있습니다, 그렇다 보면 조정 과정이 변덕스럽고 임의적이라고 느껴질 수도
있습니다.

강등

승진의 반대 개념인 강등은 종종 '레벨 하향'이라는 다소 모호한 표현으로도 불립
니다. 회사들은 일반적으로 이 개념에 대해 이야기하는 것을 좋아하지 않으며, 공
식 문서에서도 존재 자체를 인정하는 경우도 드뭅니다. 하지만 강등은 실제로 발
생하는 일입니다. 강등에는 세 가지 형태가 있습니다.

- **보상 조정이 있는 강등**

  예를 들어 누군가의 직급이 스태프 엔지니어(레벨 6)에서 선임 엔지니어(레벨 5)로 내려가
  면 그에 맞춰 보상도 선임 엔지니어(레벨 5) 수준으로 조정되는 경우입니다. 이때 주식 보상
  같은 것이 있다면 이를 조정하는 과정이 쉽지 않습니다.

- **보상 조정이 없는 강등**

  누군가의 직급이 스태프 엔지니어(레벨 6)에서 선임 엔지니어(레벨 5)로 내려가지만 보상은
  기존 수준을 유지하는 경우입니다. 그 사람에게는 유리하겠지만, 대부분의 보상 체계에서는
  이런 강등이 이루어지면 직급의 보상 한도를 초과하게 되어 앞으로 있을 보상 조정이 매우 제
  한될 수 있습니다.

- **레벨 조정 없이 직급만 강등**

  누군가의 직급이 시니어 엔지니어에서 스태프 엔지니어(레벨 6)로 내려가지만 레벨은 유지
  되는 경우입니다. 보상은 그대로 유지되지만 조직 내에서는 낮은 직급의 구성원으로 취급되며
  (예: 스태프 엔지니어 회의에서 제외), 직함도 인정되지 않습니다.

이러한 접근 방식들은 공정한 면과 불공정한 면이 혼재되어 있으며 이후 처리해
야 하는 행정적 절차의 경중도 다릅니다. 이러한 행정적 어려움 때문에 대부분의
회사는 가급적이면 강등을 피하려고 합니다. 또한, 구조적 해고라는 개념이 있기
때문에 강등은 해고와 같은 수준의 문서화 작업을 필요로 합니다. 따라서 강등은
결코 시간 절약을 위한 해결책이 아닙니다.

저 역시 오랫동안 누군가를 강등하는 걸 기피해 왔지만 경우에 따라서는 강등이 효과적일 수 있음을 알게 되었습니다. 예를 들어 새로 고용된 직원의 레벨을 잘못 책정하는 상황이 있을 수 있습니다. 그는 스태프 엔지니어(레벨 6)로 입사했지만 실제로는 선임 엔지니어(레벨5)의 역할을 수행하고 있을 수 있습니다. 이런 경우에는 강등 없이 스태프 엔지니어 레벨을 유지해 레벨 체계를 무너뜨리느냐(이는 향후의 승진 논의를 더 어렵게 만듭니다), 아니면 그의 레벨을 낮추느냐 하는 선택지가 주어집니다.

저는 강등을 집행한 적이 많지는 않지만 전혀 없었던 것은 아닙니다. 제가 속한 조직과 제가 직접 관리한 직원들 중에서도 강등을 실행한 적이 있습니다. 해고까지는 부적절하다고 생각되는 상황에서 강등은 항상 예상보다 더 나은 결과를 가져왔습니다.

피드백의 최소 기준

성과 프로세스를 설계할 때는 기대 결과의 기준선을 높이려는 것인지(예: 최악의 경우라도 1년에 한 번은 좋은 피드백을 받아야 합니다) 아니면 상한선을 높이려는 것인지(예: 최상의 경우, 인생을 바꿀 만한 좋은 피드백을 받습니다)를 잘 생각해야 합니다. 두 가지 경우를 모두 달성하는 프로세스는 사실상 없으며, 대부분은 성과 프로세스상 제공되는 피드백의 기준선을 높이는 데 중점을 둡니다.

예를 들어 많은 회사는 비즈니스에 상당한 가치를 창출하는 소수의 품질 보증 (QA) 테스터들을 두고 있습니다. 하지만 더 상위의 소프트웨어 엔지니어링 조직은 일관성을 강조하는 조정 프로세스를 진행하기 때문에 이런 테스터들이 승진하거나 높은 성과 점수를 받기 어렵게 만듭니다. 반면 우버의 초기 보상 프로세스는 관리자의 전적인 재량에 맡겨져 있었기 때문에 뛰어난 개인을 보상하는 데는 효과적이었으나, 개인적 편향이나 차별을 다룰 시스템이 없었습니다.

대부분의 성과 프로세스는 모두 사람이 일정 수준의 피드백을 받도록 최적화되어 있기 때문에 여기에만 의존해서 팀에게 피드백을 제공하는 것은 현명하지 않습니다. 대신 최대한 실시간으로 그리고 지속적으로 피드백을 제공해야 하며, 피드백을 제공하는 목적으로는 성과 프로세스를 크게 의존하지 않는 편이 좋습니다. 평소에 좋은 피드백을 제공하고 있다면 성과 프로세스는 별 도움이 되지 않을 것입니다.

이는 특히 팀의 구성원이 고위직일수록 더 중요합니다. 고위직 인원이 성과 프로세스에서만 피드백을 받고 있다면 무언가 크게 잘못된 것입니다. 그들은 훨씬 더 자주 피드백을 받을 수 있어야 합니다.

새로 맡은 부서 관리하기

성과 관리를 할 때 가장 까다로운 부분 중 하나는 이전에 직접 경험해 보지 못한 부서를 관리하게 될 때입니다. 소프트웨어 엔지니어의 성과 관리에는 익숙하지만 데이터 과학자나 품질 보증(QA) 엔지니어의 성과를 평가하는 것은 전혀 감이 오지 않을 것입니다. 그런 상황에서 세 가지 부서를 모두 관리해야 한다면 평가 과정을 어떻게 진행해야 할까요?

제가 효과적이라고 느낀 방법은 다음과 같습니다.

- 과거 경험에서 비롯된 해당 직군에 대한 편견(예: "QA는 쉬워")을 버려야 합니다.
- 자신이 잘 모르는 분야라도 리더로서의 역할을 두려워하지 마세요. 당신은 그 부서의 최고 책임자이며, 그 부서의 성과 관리를 제대로 하지 않으면 아무도 하지 않을 것입니다.
- 해당 분야에 대한 기본 지식을 익히세요. 그들이 일하는 과정을 지켜보고, 기초적인 자료를 읽고, 기술 강연에 참석하고, 회사 안팎의 전문가들과 이야기하세요.
- 내부에서 판단력이 뛰어난 사람을 찾아 함께 아이디어를 검증하고 조언을 구하세요. 단, 팀에서 신뢰받지 않는 사람에게 의존하면 문제가 될 수 있으니 신중하게 선택해야 합니다.

- 해당 부서의 준-임원 역할을 할 수 있는 기능적 리더를 새로 채용하는 데 우선순위를 두세요. 당신은 모든 분야에서 전문가가 될 만큼의 시간이 없습니다. 더 큰 회사에서 더 높은 직책으로 이동할수록 상황은 훨씬 복잡하게 펼쳐질 것입니다.

이런 과정이 어렵게 느껴질 수 있지만 불가능하다고 단정 짓지는 마세요. 중견 기업 이상의 임원 대부분은 자신이 직접 경험해 본 적 없는 부서를 책임지고 있습니다.

보상

엔지니어링 조직의 임원은 보상 프로세스와 관련해서 보통 인사 팀이 설계해 놓은 것을 활용하는 경우가 많습니다. 이때 임원의 업무는 제안된 변경 사항을 검토하고, 이상한 결정이 있는지 살펴보고, 시니어 관리자들로부터 그들의 팀에 대한 피드백을 수집하며, 예외적인 상황을 고려해 일부 조정을 하는 정도에 그칩니다. 그렇지만 보상 프로세스가 어떻게 작동하는지 조금 더 배경지식을 갖추어 두면 매우 유용할 것입니다.

다음은 보상과 관련해서 고려해야 하는 중요한 몇 가지 사항입니다.

- **보상 범위는 보상 벤치마킹 회사에서 제공하는 집계 데이터를 기반으로 설정합니다.**
  보상 벤치마킹 회사들은 각 기업으로부터 공유받은 회사 내부 데이터를 참고하여 보상 범위를 설정하며, 기업마다 레벨링 기준이 일관되지 않기 때문에 신뢰할 수 있는 데이터 세트를 만들기 위해 노력합니다. 그러나 이런 식으로 공유되는 데이터 세트가 완벽하지 않다는 점을 인식하고, 절대적 기준으로 여기기보다는 참고 자료로만 활용하는 것이 중요합니다.
- **보상 벤치마킹은 비교 대상에 따라 항상 달라집니다.**
  예를 들어 실리콘밸리에 본사를 둔 시리즈 A 회사들이나 '1급 시장' 외부에 본사를 둔 시리즈 B 회사들을 벤치마킹할 수 있습니다. 이때 보상 목표를 달성하기 위해 동료 그룹을 변경할 수 있습니다. 더 높은 보상을 원하면 더 경쟁력 있는 동료 그룹을 선택하고, 낮은 보상을 원하면 반대로 하면 됩니다. 동료 그룹을 선택하는 것은 과학적인 접근이라기보다는 직관적인 것에 가깝지만 예상치 못한 숫자가 나오면 비교 대상을 어떻게 설정했는지 유심히 살펴보고 확인해야 합니다.

- **벤치마크를 기반으로 보상을 논의할 때는 보통 compa-ratio(비교 비율)를 사용합니다.**
  급여가 해당 레벨의 벤치마크의 90%인 사람은 0.9 비교 비율을 가지며, 110%인 사람은 1.1 비교 비율을 가집니다.

  각 기업은 비교 비율을 기준으로 다양한 보상 정책을 운영하고 있습니다. 예를 들어 신입 사원은 0.95 비교 비율 수준에서 시작해 승진한 직원은 새 레벨에서 약 0.9 비교 비율에 도달하도록 목표를 설정합니다. 또 다른 예는 특정 레벨에서 최대 보상을 1.1 비교 비율로 설정하는 것입니다. 이 비율에 도달한 후에는 물가 상황에 따라 보상 범위를 조정하거나 승진하지 않는 한 보상이 증가하지 않습니다.

- **모든 회사는 보상 범위에 지역별 조정 요소를 포함하고 있습니다.**
  미국에서 비교적 흔한 보상 방식은 지역을 세 가지로 나누어 차등 적용하는 것입니다. 예를 들면 지역 1(실리콘밸리, 뉴욕), 지역 2(시애틀, 보스턴), 지역 3(그 외 모든 지역)으로 나누어 지역 2는 보상에서 10% 감액, 지역 3은 20% 감액을 적용하는 방식입니다. 물론 이보다 더 세분화하는 회사들도 있지만 기본 구조는 이와 비슷한 방식으로 이루어집니다.

보상 프로세스에서 결정한 최종 결과는 반드시 회사의 실제 예산과 비교 검토해야 합니다. 두 수치가 일치하지 않으면 대부분은 보상 프로세스가 예산에 맞추어 조정됩니다. 보상 결과를 최적화하는 데 너무 깊이 빠지기 전에 이 점을 반드시 명심해야 합니다. 기본적인 예산이 지원되지 않는다면 아무리 수치를 조정해도 의미가 없습니다.

직원들에게 보상을 발표할 때는 금액 자체뿐만 아니라 이를 전달하는 방식도 그만큼 중요합니다. 매년 5~7% 인상에 익숙해진 팀은 물가에 따라 보상 범위가 하락한 해에 3% 인상만 받게 되면 큰 불만을 가질 것입니다. 왜 그렇게 계산되었는지 이해할 수 있도록 세부 사항을 공유해 주면 예상치 못한 결과를 수용하도록 하는 데 도움이 될 것입니다.

성과 평가는 얼마나 자주 해야 할까?

모든 사람은 회사의 성과 평가 주기에 대해 각자의 의견을 가지고 있습니다. 1년에 한 번 성과 평가를 진행하면 평가 주기 직후에 입사한 신입 사원은 첫 해 동안 공식적인 피드백을 받을 기회가 없어 불만이 생길 것입니다. 반대로 매 분기마다 평가를 하면 아무리 평가 과정이 가볍게 진행되더라도 성과 평가에 너무 많은 시간을 할애하는 것에 불만을 가질 것입니다. 이렇게 항상 불만이 있을 수밖에 없다는 현실은 임원에게 오히려 해방감을 제공합니다. 어떤 선택도 모두를 만족시킬 수 없으므로 가장 효과적이라고 생각되는 방식을 택하면 됩니다.

대부분의 회사는 1년에 두 번 평가하는 것을 추천합니다. 일부 회사는 성과 평가를 1년에 두 번 하지만 승진과 보상은 1년에 한 번만 처리하여 전체 과정에 걸리는 시간을 줄이기도 합니다. 더 자주 성과 평가를 하는 것이 유의미한 효과가 있다는 증거는 많지 않습니다.

단, 한 가지 확실히 피해야 할 방식은 각 직원의 입사일을 기준으로 성과 평가를 진행하는 방식입니다. 예를 들어 모든 직원이 각자의 입사 기념일에 성과 평가를 받는다면 개별적으로 평가 일정을 조정해야 하므로 운영이 매우 복잡해지며, 과정을 변화시키기도 어렵습니다. 또한 조직 전체의 평점, 승진 또는 보상 배분을 한눈에 파악하기도 어렵습니다. 개별적인 성과 평가 진행 방식이 이상적일지는 몰라도 현실적으로는 크게 효과가 없습니다.

완벽을 추구하지 말자

앞서 20장에서 채용 프로세스를 다루면서 완벽한 프로세스보다는 효과적인 프로세스를 추구하라고 조언한 바 있습니다. 이 조언은 여기서도 똑같이 적용됩니다. 성과나 보상 프로세스의 완성도를 높이기 위해 추가적인 단계를 고려할 수는 있지만 정말 좋은 프로세스를 만들려면 각 추가 단계마다 필요한 실행 비용을 고려해야 합니다. 직원이 20명인 회사는 피드백이 부족한 반면, 직원이 1,000명 이상인 회사는 성과 평가 프로세스 자체에 대부분의 시간을 소비합니다. 차라리 이 시간은 더 나은 피드백을 제공하거나 업무 자체에 집중하는 데 활용하는 것이 좋습니다.

당신을 비롯한 경영진은 유용한 것과 완벽한 것 사이에서 균형을 맞추는 결정을 내려야 하는 사람입니다. 이 책임을 회피하면 조직은 점점 전략과 전술이 활기 넘치는 중간 허브가 아닌 불필요한 서류 작업만 가득한 관료적 구조로 변질될 것입니다. 한두 가지 추가적인 변화는 미미해 보일지 모르지만 이것이 누적되면 전체에 큰 영향을 미칩니다. 현재 프로세스가 실제로 효과적인지 빠르게 점검하고 싶다면 팀에게, 특히 중간 관리자를 관리하는 사람에게 직접 의견을 물어보세요. 그들뿐만 아니라 여러 회사에서 다양한 프로세스를 경험한 사람들 모두가 그 프로세스가 느리고 고통스럽다고 한다면 잘못된 방향으로 나아가고 있는 건 아닌지 따져볼 필요가 있습니다.

요약

이 장에서는 엔지니어링 조직의 성과 및 보상 검토 프로세스를 운영하고 발전시키면서 겪게 될 핵심적인 도전 과제들을 다뤘습니다. 이제 여러분은 보상과 관련해 처음 마주할 여러 문제를 해결할 준비가 되었을 것입니다. 하지만 이 주제는 사실 더 깊고 복잡하며 많은 의견 차이도 존재한다는 점을 기억하세요. 10년 전에는 모범 사례로 여겨졌던 것들이 오늘날에는 잘못된 관행으로 간주되는 경우도 많습니다.

다음 링크에서 추가 자료 및 리소스를 찾아보세요.
https://lethain.com/eeprimer-refs-22

23

조직 문화 설문 조사 데이터 활용하기

규모가 큰 회사들은 주기적으로 설문 조사를 실시하여 회사에서의 근무 경험, 팀 간 협업, 보상 체계 등을 직원들에게 묻습니다. 집계된 결과는 분석 후 각 관리자에게 팀에 대한 보고서로 제공되며 경영진은 회사 전체에 대한 보고서를 받습니다. 이러한 설문 조사를 일반적으로 '조직 문화 설문 조사'라고 부릅니다. 컬처앰프CultureAmp나 래티스Lattice 같은 솔루션 제공 업체가 여럿 있으며, 간혹 기업 내부에서 자체 조사 도구를 개발하기도 합니다.

다른 일반적인 사업 운영과 비교하면 고위 리더들은 조직 문화 설문 조사 결과에 대체로 많은 시간을 할애하지 않습니다. 그러나 이는 리더들의 데이터 이해력을 증진시키고 한정된 자원을 어떤 식으로 활용해 광범위한 문제를 해결할 수 있는지 파악하기 위한 훌륭한 렌즈 역할을 수행합니다. 이는 현재의 경영진뿐만 아니라 미래의 고위 리더들에게도 적용되는 이야기로, 이런 데이터를 바탕으로 팀의 우려 사항을 해결하면 상호 신뢰를 쌓는 데 좋은 기회가 되기도 합니다.

이 장에서는 다음과 같은 내용을 다룹니다.

- 설문 조사 결과 해석하기
- 설문 조사 데이터를 기반으로 실질적인 조치 취하기
- 설문 조사에서 질문을 변경해야 하는지 검토하기
- 설문 조사 시작 시점과 실행 주기 결정하기

조직 문화 설문 조사를 이전에 실시한 적이 없다 해도 이 장을 읽으면 이러한 데이터를 효과적으로 활용하는 방법을 익힐 수 있을 것입니다.

설문 결과 해석하기

설문 결과를 효과적으로 검토하기 위한 간단한 팁은 다음과 같습니다.

- 결과를 충분히 숙지하는 데 몇 시간을 투자하세요.
- 상대 점수보다는 절대 점수에 더 집중하세요(상대 점수가 약간 낮아졌더라도 높은 점수는 여전히 높은 겁니다).
- 처음 눈에 띄는 몇 가지 문제에만 집착하지 말고 모든 문제를 파악하는 시간을 가지세요.

이 세 가지 원칙만 잘 따라도 상당히 좋은 결과를 얻을 수 있습니다. 하지만 다양한 설문 조사를 검토하고 팀 스스로 결과를 검토하는 과정을 관리하면서 보다 정교한 접근 방식을 체계화할 수 있었습니다. 제가 현재 사용하는 방법은 다음과 같습니다.

1 설문 조사 접근 범위를 확인하세요.

시작하기 전에 회사 전체의 보고서에 접근 권한이 있는지, 아니면 엔지니어링 부서의 보고서만 볼 수 있는지 확인하세요. 만약 후자라면 다음 임원 회의에서 이를 논의하세요. 임원진이 회사의 리더 역할을 맡고 있으면서 전체 회사 설문 조사 결과를 볼 수 있을 정도로 신뢰받지 못한다면 이는 반드시 해결해야 할 문제입니다. 임원진이 서로의 설문 조사 결과를 보는 것은 불편할 수 있지만 이런 투명성은 팀 결속에 중요한 역할을 합니다. 또한 특정 사업부에서 엔지니어링 팀과 제품 팀이 동시에 불만을 가지는 등의 패턴을 파악하기 위해 데이터를 어렵게 더듬지 않아도 된다는 점에서 매우 유용합니다. 다른 부서가 엔지니어링 조직과 협업하는 데 어려움을 겪는 부분을 아는 것도 중요합니다. 전체 보고서에 대한 접근 권한이 없으면 이러한 피드백을 놓치기 쉽습니다.

2 설문 조사 결과를 정리하는 개인 문서를 만드세요.

주요 문제에 대한 데이터를 캡처하여 스크린샷으로 첨부하고 간단한 코멘트를 추가하세요. 분석을 위한 준비 단계이므로 너무 잘 정리된 문서일 필요는 없습니다.

3 설문 조사 결과의 데이터 크기를 파악하세요.

각 조직의 인원수를 확인하면 결과가 통계적으로 유의미한 수준인지를 직관적으로 이해하는 데 도움이 됩니다. 엔지니어링 조직이 2,000명이라면 대부분의 변화가 유의미할 수 있지만, 기술 프로그램 관리 팀이 7명이라면 아무리 극단적인 변화라고 해도 별로 의미 없을 가능성이 큽니다. 설문 조사 도구는 어떤 서사를 만들어 내도록 설계되어 있으므로 분석할 때는 조심스럽고 회의적으로 접근해야 합니다. 특히 통계적으로 유의미하지 않은 분석은 더욱 그렇습니다. 다만 통계적으로 유의미한 데이터가 아니라고 해도 완전히 무시하는 대신 댓글이나 후속 조치 등의 정성적 데이터를 사용하여 최대한 해석하세요.

4 설문 결과를 카테고리별로 정리하세요.

설문 결과를 빠르게 훑어본 다음 발견한 인사이트를 축하할 일, 사전에 해결해야 할 문제, 인지해야 할 사항의 세 가지 범주로 나누세요. 대략적으로만 만들어도 충분합니다. 특히 회사 상황이 좋지 않을 때는 보고서에 부정적인 내용만 들어 있지 않도록 긍정적인 부분도 반드시 함께 언급하세요.

5 이전 설문 조사 이후 투자한 분야의 성과를 확인하세요.

개선을 통해 성과가 있었다면 그 부분을 강조하고, 그렇지 않았다면 영향이 없었던 원인을 분석하세요.

6 가장 높은 절대 평가 점수와 가장 낮은 절대 평가 점수를 확인하세요.

이러한 점수가 변했습니까? 변할 것이라고 예상했었나요?

7 가장 빠르게 변화하고 있는 평가 결과에 주목하세요.

그렇게 빠른 변화를 이끄는 원인은 무엇인가요?

8 그룹별로 비교할 때 눈에 띄는 점을 파악하세요.

관리자별 성과는 어떤가요? 근속 연수, 성별, 지역별 그룹에 따라 어떻게 다른가요?

9 모든 코멘트를 읽고, 중요한 내용을 기록해 두세요.

데이터 해석에 영향을 미치는 주관적인 피드백은 무엇이 있나요? 요약 내용을 공유하거나 보고서를 작성할 때 인용할 만한 의견은 무엇이 있나요?

10 동료와 1시간 동안 분석 결과를 검토하세요.

분석이 끝나면 제품 팀 관리자와 같은 동료와 결과를 점검하세요. 그들도 데이터를 미리 검토한 후에 논의에 참여해야 합니다. 이 과정을 통해 가끔 조직 간에 공통된 주제를 발견할 수 있고, 놓쳤던 부분을 찾아낼 수도 있습니다. 이 작업을 팀원과 진행하는 것은 권장하지 않습니다.

팀원들은 동료 평가를 다루는 과정에서 불편함을 느끼거나 아주 민감한 문제를 피하려고 하기 때문입니다.

이런 과정을 통해 설문 조사 데이터를 충분히 이해했다면, 이제 구체적인 실행 계획을 세우는 더 재미있는 작업을 시작할 차례입니다.

조직 문화 설문 조사에 대한 면접

스트라이프에서 근무할 당시 부장급 이상의 엔지니어링 관리자를 채용하는 프로세스를 개편한 적이 있습니다. 제 목표는 항상 완벽한 대답을 할 줄 아는 노련한 시니어 리더들의 실제 신념과 행동을 평가하는 것이었습니다. 그들의 겉보기 너머의 진짜 모습을 알아내고 싶었던 거죠. 한 면접에서는 직속 부하 직원이 중간 수준의 전략 제안서를 가져왔을 때 후보자가 이를 어떻게 검토하고 유용한 피드백을 제공하는지를 평가하는 데 중점을 두었습니다. 그 면접이 효과적이라는 확신이 들었던 순간은 어떤 후보자가 제안서의 수준이 논의할 가치조차 없다며 아예 피드백을 주지 않겠다고 말했을 때였습니다. 또 다른 면접은 후보자가 조직 문화 설문 조사 결과를 검토하는 방식을 중점적으로 평가하는 것이었습니다.

조직 문화 설문 조사 결과를 검토하는 면접은 시니어 리더십 후보자들의 실질적인 역량을 파악하는 데 매우 유용한 신호를 제공합니다. 예를 들어 통계적으로 유의미하지 않은 차이점에 대해 명확히 언급하지 않는 점을 통해서는 데이터에 대한 이해도를 파악할 수 있고, 새로운 데이터를 기반으로 즉석에서 사고 모델을 구축하는 능력도 평가할 수 있습니다. 예를 들어 현재 데이터로만 보면 가장 큰 문제는 부서 간 협업이 잘 이루어지지 않는 것과 중요한 작업에 대한 혼란이 존재하는 것으로 보인다는 식입니다. 중요한 문제를 파악하기 위해 질문을 활용하는 능력도 평가할 수 있습니다. 특정 팀이 자신들의 관리자와 회사 전체의 경영진에 대해 불만이 많은 것으로 보아 관리자 교체가 있었는지 아니면 장기적인 문제였는지를 추적하는 식입니다. 더 중요한 것은 이러한 면접을 통해 각 리더가 자신의 조직에 얼마나 전적으로 책임감을 느끼는지, 아니면 단순히 회사 정책을 실행하는 역할로만 자신의 직무를 제한하는지 여부를 알 수 있있나는 셈입니다.

임원 면접을 설계할 때는 후보자가 실제로 회사에서 맡게 될 일을 수행하면서 자신의 역량을 보여 줄 수 있는 방법을 찾으세요. 제 경험상 조직 문화 설문 조사 분석은 이러한 평가에 완벽하게 부합하는 방법이었습니다.

설문 결과에 대한 조치 취하기

많은 팀이 설문 조사를 진행하고 수집된 결과를 분석하는 데 상당한 시간을 쏟지만 실제로는 그 분석 결과를 활용하지 않는 경우가 종종 있습니다. 이런 모습은 팀원들에게 실망감을 주며 이들은 점점 다음 설문 조사를 무시하게 됩니다. 반대로 모든 문제를 해결하려고 나서는 매우 진심 어린 리더들도 있습니다. 초기에는 긍정적인 반응을 얻겠지만 6개월 후에도 아무런 진전이 없다면 더 이상 똑같은 반응을 기대하기는 어려울 것입니다. 성공적인 접근법은 이 중간 지점을 찾는 것입니다. 즉, 실질적인 개선이 가능한 주요 분야 한두 가지를 식별한 후 그 일을 실제로 해결해 내는 것이 최선의 방법입니다.

이 상황에서 제가 흔히 사용하는 표준 패턴은 다음과 같습니다.

1 심각한 문제가 드러난 경우(예: 팀이 대놓고 반대하는 관리자나 공개적으로 제기된 윤리적 문제)에는 즉시 조치를 취하세요.

2 분석 노트를 활용하여 다음 설문 조사 전까지 집중할 두세 가지 영역을 선택합니다. 예를 들어 주요 의사결정 회의에 고위급 엔지니어를 더 많이 참여시키거나 원격 근무 직원의 소속감을 높이는 프로그램 등이 있습니다.

3 분석 노트와 새로운 투자 영역을 기반으로 조직 전반이 공유할 수 있는 문서를 작성합니다. 투명성을 추구하되 낙관적인 메시지를 유지하는 것이 좋습니다. 예를 들어 "상대적으로 하락한 지표도 절대적으로는 높으며, 최근 하락 추세는 중요하지만 여전히 역대 평균보다 훨씬 높습니다."라는 식입니다.

4 이 문서를 직속 팀원들과 회의에서 검토합니다. 인사 또는 HR 파트너, 임원 팀의 동료들과도 논의합니다. 엔지니어링 조직 내에서 신뢰할 수 있는 두세 명과 공유하는 것도 좋습니다. 현업에 있는 사람은 임원이 놓치기 쉬운 문제에 대해 더 민감하게 반응할 수 있기 때문입니다. 검토자로부터 피드백을 받을 때는 신중하게 듣고 판단하여 반영하세요. 때로 피드백은 다분히 형식적인 의견 전달이기도 하지만, 중요한 사항을 놓친 경우에 대한 지적이 있다면 주의 깊게 반영하는 것이 중요합니다.

5 추진하는 분야에 대해 명확하고 검증 가능한 실행 계획을 수립하세요. 너무 추상적인 목표는 약속 이행 여부가 모호해지기 때문에 팀의 신뢰를 얻기 어렵습니다. 예를 들어 단순히 "부서 간 협업을 장려하겠다"라는 애매한 목표 대신 리더십 팀의 사무실 간 방문 횟수를 측정하는 식으로 구체적으로 접근하세요.

6 작성한 문서를 이메일, 채팅 등을 활용해 조직에 공유하고 엔지니어링 조직 전체와 함께 발견 사항 및 우선순위를 논의하는 회의를 진행하세요. 종종 엔지니어링 Q&A 세션(10장에서 다룸)을 활용하는 것도 좋은 방법입니다.

7 매월 진행 상황을 추적합니다. 저는 종종 주간 업데이트(11장에서 다룸)에 이 내용을 포함시킵니다.

8 다음 설문 조사 시 해당 개선 사항을 언급하는 것을 잊지 마세요. 팀원들은 실제로 조치가 취해진다는 사실을 알면 설문 조사에 더 진지하게 임합니다. 그리고 이전에 개선한 내용이 실제로 반영되었는지 여부를 묻는 질문에서도 더 높은 점수를 받을 수 있습니다. 이렇게 하지 않으면 새로 입사한 직원의 경우 개선 사항을 알지 못하고 넘어갈 수 있습니다.

이런 과정은 비교적 단순하지만 팀의 신뢰를 구축하고 팀 문화를 강화할 수 있는 좋은 방법입니다. 임원들은 스스로 책임을 져야 할 상황이 생기지 않으면 대개 적극적으로 책임지는 모습을 보이지 않습니다. 하지만 이렇게 조사 결과에 대해 실제적 조치를 취하는 것은 팀에게 책임감 있는 모습을 보여 주는 좋은 기회입니다. 이런 기회를 살리면 팀에게도 책임감을 요구하는 것이 더 쉬워질 것입니다.

질문 변경 시기 검토하기

일부 경영진은 조직 문화 설문 조사를 실행할 때마다 특정 질문을 추가하는 것을 두고 논쟁을 벌입니다. 이러한 고민 자체는 충분히 공감합니다. 질문이 애매하게 표현되었을 수도 있고 가장 중요한 주제를 다루지 않을 수도 있습니다. 물론 질문이 다양한 주제를 충분히 다루도록 만드는 것이 중요하지만, 저는 기본적인 질문들도 충분히 괜찮다고 생각하기 때문에 잦은 변경이 꼭 필요하지는 않다고 봅니다.

그 이유를 설명하기 위해 조직 문화 설문 조사에서 얻는 두 가지 유형의 데이터를 생각해 보겠습니다.

- **각 질문에 대한 평점**: 이는 집단이나 부서 간의 비교가 가능하며, 시간이 지남에 따라 변화 추이를 확인할 수 있어 더욱 유용합니다.
- **자유 형식 응답**: 응답자의 주관적인 맥락을 제공합니다.

첫 번째 유형의 질문을 변경하면 과거 데이터가 사라지기 때문에 수반되는 비용이 큽니다. 기본 질문에서 벗어나면 업계 평균을 비교하는 것도 어렵게 됩니다. 따라서 설문 응답자들이 특정 질문을 자주 오해하는 경우가 아니라면 첫 번째 유형의 질문은 변경하지 않는 것을 권장합니다. 예를 들어 회사 전체가 경영진을 항상 '관리 팀'으로 칭한다는 사실을 모른다면 '관리 팀'과 '관리자'와 같은 용어를 혼동할 수 있습니다. 이러한 용어 혼동은 이미 결과를 왜곡하기 때문에 더 명확하게 변경하는 것이 연속성을 유지하는 것보다 더 가치 있을 수 있습니다.

두 번째 유형의 질문은 이미 수집된 과거 데이터를 손실할 위험이 없으므로 변경해도 문제가 없습니다. 하지만 사람들은 할 말이 있기만 하면 다소 관련이 없는 질문에도 답을 남기기 때문에 이미 몇 가지 자유 형식으로 응답을 남길 수 있는 란이 있다면 굳이 더 추가할 필요는 없습니다.

종합적으로 보았을 때, 처음 설문 조사를 준비할 때 질문을 충분히 검토하는 것은 의미 있지만 이후 반복적으로 질문을 바꾸려는 논의는 그저 경영진의 쓸데없는 논쟁에 불과합니다.

조사 시작 시점 및 빈도 결정하기

작은 조직에서는 리더가 팀원 한 명 한 명과 직접 관계를 맺고 있기 때문에 조직 문화 설문 조사를 실시해도 큰 의미를 얻기 어려울 수 있습니다. 하지만 조직이 커질수록 이러한 설문 조사의 가치는 점점 커집니다. 던바의 수Dunbar's number[1], 즉 150명 정도를 기준으로 삼아 조직 규모가 이 정도에 이르는 시점부터는 설문 조사를 실시하는 편이 좋다고 생각합니다.

대부분의 조직은 연 2회 정도 설문 조사를 실시하는데, 이는 적절한 빈도라고 볼 수 있습니다. 더 효율적인 빈도를 찾고자 한다면 설문 조사에서 제기되는 문제를 해결하기 위해 얼마나 많은 시간을 투자할 수 있을지 고려하세요. 연 2회 실시한 설문 조사에서 나온 문제를 해결하는 데 이미 어려움을 겪고 있다면 그보다 더 자주 실시하는 것은 좋지 않습니다. 이전에 제기된 문제들이 해결되지 않은 상태에서 또다시 설문 조사를 진행하면 참여한 사람들의 불만만 커질 것입니다.

요약

이 장에서는 조직 운영에 도움이 되는 조직 문화 설문 조사 데이터를 활용하는 방법을 살펴보았습니다. 많은 리더들은 평가받는 것을 불편해서 이런 데이터를 다루기 꺼려하지만, 더 나은 리더가 되기 위해 이보다 더 귀중한 데이터는 거의 없습니다.

---

[1] 옮긴이_ 영국 인류학자 로빈 던바의 연구에서 유래된 수로, 안정적 사회적 관계가 유지되는 최대 인원수를 의미합니다.

저는 종종 조직 문화 설문 조사 점수에 자부심을 느낀 적도 있지만 상당히 부끄러웠던 석노 있습니다. 팀의 우선순위를 제대로 신경 쓰지 않는다는 지적을 받은 적도 있었고, 원격 근무 환경을 개선하려 노력했지만 오히려 악화시킨 경우도 있었습니다. 평균 이하의 점수나 나쁜 평가를 받았을 때도 있었습니다. 이런 피드백을 받을 때는 잠시 불편한 마음을 받아들이세요. 그 불편함은 곧 여러분이 조직을 진심으로 신경 쓰고 있다는 의미이기 때문입니다! 그런 다음, 피드백을 적극적으로 받아들이고 이를 문제 해결의 동력으로 삼으세요. 이런 피드백을 처리할 때면 어느 정도 불편하거나 방어적인 감정을 느끼는 것은 당연합니다.

 다음 링크에서 추가 자료 및 리소스를 찾아보세요.
https://lethain.com/eeprimer-refs-23

24

퇴사하기

두 명의 친한 임원이 저녁 식사를 위해 만나면 대개 회사 상황이 얼마나 엉망인지 이야기하는 것으로 대화를 시작합니다. 프로젝트 일정이 뒤처지고, 곳곳에서 해고가 일어나며, 모든 팀이 혼란에 빠져 있다는 식으로 말이죠. 그러다 웃음을 터뜨리며 다른 주제로 넘어갑니다. 그런데 가끔 한 명은 주제를 바꾸지 못하고 식사 시간 내내 불만을 털어놓습니다. 문제를 달고 사는 것은 임원으로서 감당해야 하는 일의 일부입니다. 하지만 계속해서 불만을 멈추지 못하는 임원이 당신이라면 이제 그 일을 그만두어야 할 때가 되었다는 신호일지도 모릅니다.

임원직을 떠나는 것은 일반 직원 자리를 떠나는 것보다 훨씬 더 복잡하고 주변 팀과 회사에 미치는 영향도 큽니다. 또한 자신의 경력에도 큰 영향을 미칠 수 있습니다. 저는 일을 너무 싫어하지만 그만두는 것을 더 싫어하는 임원들을 자주 봅니다. 그들은 "2년만 버티면 경력에 큰 도움이 될 텐데요"라고 이야기합니다.

이직에 대한 외부의 시선은 실제로 존재하며, 사람들이 이런 평판에 목매다는 이유도 이해합니다. 저 역시 외적인 이미지에 얽매였던 경험이 있습니다. 그러나 경력이 쌓일수록 퇴직은 자신의 에너지를 관리하는 관점에서 접근해야 한다고 점점 확신하게 되었습니다.

이번 장에서는 다음과 같은 내용을 다룰 것입니다.

- 직무 전환 전 업무 승계 계획
- 떠날 결정을 내리는 방법

- 짧은 임원직 근무에 대한 생각
- 새로운 역할을 미리 마련하고 떠날지 여부
- CEO에게 알리기
- 퇴사 패키지 협상
- 퇴사 과정과 실제 이직

마지막으로는 사람들이 가장 어렵게 느끼는 문제인 결정 장애를 다루는 방법도 이야기할 것입니다. 이 장을 마치면 떠나는 결정을 내리는 데 필요한 생각의 프레임워크와 퇴사 절차를 조율하는 방법을 알게 될 것입니다.

업무 승계 계획

엄밀히 말하면 직장을 떠나기로 마음먹는 것은 퇴사의 첫 단계입니다. 하지만 원활한 퇴사를 위한 첫 단계는 몇 년 전부터 시작합니다. 이는 바로 당신이 회사를 떠나게 될 때를 대비해 팀을 구축해 놓는 것입니다. 설령 현재 회사에 영원히 남고 싶은 생각이 있다 해도 인생에서 변화는 예기치 않은 방식으로 다가옵니다. 저역시 30대 중반에 어린 자녀가 있는 상태에서 뇌졸중을 겪을 줄은 상상도 못 했습니다. 다행히도 저는 제가 부재한 상황에서도 서로 잘 협력하는 팀을 만들어 놓았는데, 이는 우연이 아니라 지속적인 승계 계획 관리의 결과였습니다.

이런 계획은 특별한 전략 없이도 다음과 같은 방식으로 진행할 수 있습니다.

- 당신의 직속 팀원들의 성장을 위해 무엇이 필요한지 생각해 보세요. 평가할 때는 그들이 집중할 수 있는 최소 한 가지 영역을 지정하세요.
- 팀원들이 해당 부분을 개선하면 CEO에게 이야기하여 공유하세요. 궁극적으로 당신의 역할을 이어받을 가능성이 가장 높은 한두 명이 CEO와 직접 관계를 구축할 수 있도록 지원하세요.
- 분기마다 참석하는 정기 회의를 점검하세요. 각각의 회의를 팀 내 누구에게 위임할 수 있는지 살펴보세요. 위임이 불가능하다면 나중에 올 사람이 효과적으로 참여할 수 있도록 팀원과 함께 필요한 부분을 보완해 두세요. 임원 전용 회의나 이사회 회의에서 대체할 사람을 찾는 것은

어려운 일이지만, 그 외 대부분의 회의는 대체가 가능합니다. 일부 회사에서는 엔지니어링 리더십 팀에 침어하는 사람들이 임원 대신 매수 팀 회의를 번갈아 진행하기도 합니다.

- 매년 최소 한 번은 장기 휴가를 가세요(가능하다면 2주 정도). 팀 전체에 당신의 역할을 명확하게 위임하고 일을 지연시키지 않도록 하세요. 휴가 중에는 이메일이나 채팅에 개입하지 마세요. 실수가 발생하더라도 남은 사람들에게는 좋은 학습의 기회가 될 것입니다.

궁극적으로 누가 당신을 대신하게 될지는 당신이 결정할 일이 아닙니다(부록 B에서 다루듯이, 이는 CEO의 결정입니다). 그러나 조금씩 계속 준비 작업을 하면서 내부 승계가 가능하게 만들어 놓을 수는 있습니다. 이런 사전 작업이 없으면 내부 인재에게 업무를 승계하는 작업이 진지하게 고려되지 않을 가능성이 큽니다. 이는 아쉬운 일입니다. 많은 회사들이 이미 보유한 인재를 고려하는 것이 훨씬 더 좋은 선택일 수 있으니까요.

퇴사 결정 내리기

사람들은 갑자기 직장을 그만두는 것에 대한 환상을 품습니다. 실제로 분노에 휩싸여서 갑자기 직장을 그만두는 사람을 두 명 본 적이 있습니다. 그들은 한 회의에 들어갔다가 너무 화가 난 나머지 곧바로 사표를 던졌습니다. 한 사람은 저에게 직접 보고하는 사람이었는데, 종이에 자신의 이름을 서명한 뒤 '즉시 사임합니다'라는 짧은 메시지를 적어 제 얼굴에 던졌습니다. 두 경우 모두 상황이 너무나 명확했기 때문에 저는 아무 고민이나 갈등 없이 그들의 사표를 감사한 마음으로 받아들였습니다. 이들의 경력은 그렇게 끝난 것입니다.

그러나 임원직을 그만두는 데는 그런 낭만이 별로 없습니다. 당신이 처음 회사를 선택하게 만든 꿈은 점점 빛이 바랬을 것입니다. 일하는 동안 작은 불만과 오해, 의견 충돌이 수없이 있었을 것입니다. 어쨌든 임원 자리에서 원활하게 퇴장하려면 몇 년간의 준비가 필요합니다. 함께 일하는 사람들, 당신이 구축한 팀 그리고 당신이 일조한 회사의 성공이라는 수많은 성취가 있었을 테니까요. 많은 사람에게 임원직은 커리어 정체성의 중요한 기둥이기 때문에 스스로 떠날 결심을 하는 것은 매우 어려운 일입니다.

정체성과 불만의 교차로에 서서 고민하는 임원들과 이야기할 때 그들이 퇴사 여부를 결정하는 데 도움이 주기 위해 던지는 네 가지 질문이 있습니다.

- **배움의 속도가 현저히 줄어들었는가?**

  아무리 좌절스러운 상황이라도 무언가 배움이 있으면 장기적으로 지속할 가치가 있습니다. 하지만 배움의 속도마저 느려지기 시작했다면 그때부터는 우려할 필요가 있습니다.

- **일이 지속적으로 에너지를 소진시키는가?**

  나쁜 날이 있는 것도, 나쁜 주가 있는 것도 정상입니다. 심지어 나쁜 달을 보낼 수도 있습니다. 그러나 이런 나쁜 상황이 지속된다면 변화를 고려할 때가 된 것입니다. 이때는 직감에 의존하지 말고 매일 자신의 에너지 수준을 기록하는 노트를 적어도 한 분기 동안 작성해 보세요. 나중에 확인했을 때 좋은 날이 거의 없다면 떠나는 것을 진지하게 고민할 때입니다.

- **팀에 합류할 후보자를 진정성 있게 설득할 수 있는가?**

  임원은 언제나 회사를 위한 영업자가 되어야 합니다. 그들은 다음 후보자에게 회사에 합류해야 하는 이유를 따뜻하고 균형 잡힌 그리고 긍정적인 관점으로 설명해야 합니다. 설령 자신의 역할에 불만이 있더라도 여전히 후보자를 설득할 수 있는 모드로 바뀔 수 있어야 합니다. 이마저도 스스로 부정직하게 느껴지기 시작한다면, 당신은 이미 자신의 역할을 효과적으로 수행할 능력을 잃어가고 있다는 신호입니다.

- **6개월 후에 떠나는 것이 지금 떠나는 것보다 더 큰 피해를 주는가?**

  임원들은 무심코 자신만의 가치 오아시스를 만들어 내기도 합니다. 즉, 자신의 팀이 추구하는 가치를 회사 전체가 추구하는 가치와 크게 다르게 만드는 것입니다. 이 오아시스는 팀원들에게는 편안할지 몰라도, 이런 환경에 적응해 버리면 나중에 임원이 떠났을 때 회사에서 적응하기 어려울 수 있습니다. 당신의 목표는 자신의 회사 재임 기간을 넘어서 지속적으로 성공할 수 있는 조직을 만드는 것입니다. 만약 조직이 회사 문화에서 점점 멀어지고 이런 차이를 좁힐 의사도 생기지 않는다면 회사에 남아 있는 것이 팀원들의 경력에 위험을 초래할 수 있는지 여부를 생각해야 합니다.

임원직을 떠나기로 결정했다면 이로 인해 발생할 금전적 손실에 너무 신경 쓰지 마세요. 이유는 두 가지입니다. 첫째, 회사와 잘 협상하면 퇴사로 인한 재정적 손실을 최소화시킬 수 있기 때문입니다. 둘째, 사람들은 자신이 받는 보상 패키지의 가치를 정확히 판단하는 데 매우 서툽니다. 많은 기술 임원들이 수백만 달러에서 수천만 달러가 될 수도 있는 지분을 보유하고 있지만 실제 가치는 정확히 모릅니다. 특히 비상장 회사에서 그러한데, 이미 상장한 회사라도 해마다 재정 상황이 급변할 수 있습니다. 따라서 미래 예측보다는 현재의 문제를 중심으로 결정을 내려야 합니다.

마지막으로, 경영진과의 협상에서 최후 통첩을 하는 것은 피하길 권합니다. 임원은 CEO 및 경영진과 회사 운영 방향을 지속적으로 협상하는 역할을 합니다. 이들과 계속 협상할 의사가 없다면 어쨌든 떠날 때가 된 것이지만, 비록 회사를 떠나더라도 그들이 걸어온 길에는 당신도 어느 정도 책임이 있습니다. 임원의 역할은 언제든 손을 털고 떠날 수 있는 무책임한 자리가 아닙니다. 앞으로 겪게 될 다른 면접 과정에서 이전 회사의 평판 확인을 위해 참조인 역할을 해 줄지도 모르는 사람들을 적으로 만들지 않는 것이 좋습니다.

중요한 일에 집중하기

'중요한 일에 집중하라Work on what matters'라는 글[1]에서 헌터 워크Hunter Walk의 스내킹snacking이라는 개념에 대해 다룬 적이 있습니다. 스내킹은 '가벼운 간식 먹기'라는 뜻으로, 완료하기는 쉽지만 영향력이 낮은 일을 하는 것을 의미합니다. 이런 행동은 어디서나 볼 수 있지만, 특히 더 이상 자신에게 도움이 되지도 않는 직업에 계속 매달리려는 임원들 사이에서 흔하게 발생합니다.

제 자신의 스내킹 행동을 가장 잘 보여 주는 예로는 스트라이프에서의 경험이 있습니다. 당시 저는 엔지니어링 조직의 신뢰성 있는 소프트웨어 운영 접근 방식을 개편하는 데 집중하고 있었고, 내친김에 내부 독서 모임을 시작해 보는 것이 좋겠다고 생각했습니다. 그러나 그때는 결코 독서 모임을 시작할 때가 아니

---

1 https://staffeng.com/guides/work-on-what-matters

었습니다. 일단 이런 행동 패턴을 한번 인식하기 시작하면 지금 당신의 주간 일정에도 스내킹이 존재하고 있다는 것을 알게 됩니다. 스내킹이 항상 나쁜 것은 아닙니다. 적당한 스내킹은 더 중요한 과제에 다시 투입할 에너지를 만들어 줄 수도 있습니다. 다만 가치가 적은 스내킹에 과하게 빠져드는 것은 경계해야 합니다.

스내킹이 업무 의욕을 끌어올리는 데 도움이 된다면 유용할 수 있지만, 개인이나 조직이 어려움을 겪을 때 보면 스내킹과 유사한 패턴이 발생하기도 합니다. 대부분의 사람은 압박을 받기 시작하면 과거에 자신이 높은 업무 효율성과 영향력을 발휘했던 영역으로 돌아가려 합니다. 비록 그 영역이 현재 당면한 문제와는 별로 관련이 없더라도 말입니다. 이런 행동을 회상reminiscing이라고 부릅니다. 능력 있는 CEO가 새로운 서비스 론칭 이메일의 문구 하나하나를 꼼꼼히 검토하거나, 유능한 CTO가 코드 리뷰에서 스타일 피드백을 주기 시작하는 일이 생기면 잘 살펴보세요. 그들은 지금 회상을 하고 있는 것입니다. 더 깊이 파고들면 높은 확률로 다른 더 중요한 일을 회피하고 있을 가능성이 큽니다.

다음은 제가 실제로 마주친 몇 가지 '회상' 사례입니다.

- **'내가 설계한 시스템은 심각한 신뢰성 문제가 없었어!'**

  고위 엔지니어링 리더가 회사 소프트웨어의 구조를 다시 설계하는 프로젝트를 주도하는데, 정작 현재 필요한 것이 아닌 과거 자신이 엔지니어로서 직접 다뤘던 설계상 문제를 해결하려 듭니다(예: 대규모 마이그레이션). 이런 사람은 기술 문제를 직접 해결하기보다는 시스템 신뢰성 문제를 일으키는 문화적 또는 기술적 격차를 해결하는 데 집중하는 것이 더 나을 것입니다.

- **'우리는 더 많은 위험을 감수해야 해!'**

  창업자들은 재무 목표를 맞추기 위한 반복적인 작업에 스스로 갇혀 있다고 느끼며, 재무 목표 달성과는 별다른 관계 없이 회사를 더 혁신적으로 바꾸려고 싶어 할지도 모릅니다. 일반적으로 이는 현재 단계와는 잘 맞지 않는, 회사 초기 단계로의 회상입니다.

- **'내가 채용했던 팀이 이 팀보다 훨씬 강력했어!'**

  수년간의 공백 후 창업자가 성과 및 채용 프로세스를 개편하기 시작하지만, 해당 프로세스가 그동안 왜 변화해 왔는지에 대한 충분한 고찰 없이 진행하는 경우입니다. 그런 일은 직접 하려 하지 말고 자신의 관리자에게 책임을 부여하거나 인사 팀을 지원하는 것이 더 나을 것입니다.

만약 당신이 회상이나 스내킹을 자주 하고 있다면 이는 현재 역할에서 무언가 잘 맞지 않는 게 있다는 신호입니다. 최근 본인이나 회사에 어떤 변화가 필요한지 생각해 보기 바랍니다. 변화를 직접 마주하는 대신 다른 일로 주의를 분산시키고 있지는 않은지 스스로를 돌아보세요.

직장을 너무 자주 옮기는 건 아닐까?

저는 종종 마음속으로 퇴사 결정을 내린 임원들과 이야기를 나누는데, 그들은 '작은 문제 하나' 때문에 망설이는 경우가 많습니다. 사실 이런 문제들은 결정을 미뤄두기 위해 스스로 만들어 낸 장애물인 경우가 많지만 특히 자주 나오는 질문이 있어 잠시 다뤄보고자 합니다. 이직이 너무 잦아 보일까 우려되는데, 지금 자리에서 좀 더 버티는 게 좋을까요?

엔지니어링 조직의 임원을 채용하는 사람들은 일반적으로 엔지니어가 아닙니다. 따라서 평가는 대체로 겉으로 드러나는 근속 기간에 의존할 가능성이 큽니다. 이와 관련해서 저와 동료들의 경험 그리고 임원 채용 담당자와의 논의를 바탕으로 종합한 근속 기간의 대략적인 기준은 다음과 같습니다.

- 재임 기간이 3개월 미만이면 이력서에서 빼버리고 다음 단계로 넘어갑니다.
- 재임 기간이 2년 이상이고 이전에 수행한 역할 중 일부라도 3년 이상 수행한 것이 있다면 새로운 역할을 찾는 데 아무 문제가 없습니다.
- 설득력 있는 스토리가 있다면 근속 기간은 상관없습니다. 예를 들어 현재 회사가 더 큰 회사에 인수된 경우, 대기업 환경이 맞지 않는다는 이유는 퇴사 사유로 설득력 있게 제시될 수 있습니다.
- 다른 회사가 스카우트 목적으로 직접 연락하는 경우에는 단기 근속도 문제되지 않습니다. 예를 들어 현재 직장에서 6개월 정도 근무하고 있는 중인데 다른 회사로부터 스카우트 제안을

받았다면 짧은 근속 기간은 전혀 문제되지 않습니다(단, 이로 인해 이직을 너무 여러 번 하면 좋지 않게 보일 수는 있습니다).

위의 어떤 상황에도 해당되지 않는다면 너무 짧은 근속 기간은 다음 구직 시 "우리 회사에 와도 과연 오래 버틸까?"라는 의심을 받을 수 있습니다. 이런 기준이 불공평하게 느껴질 수 있지만 큰 성공은 현실의 다양한 문제를 잘 헤쳐 나가는 데서 비롯됩니다. 이직이 너무 잦아 보인다면 적어도 4~5년 정도는 안정적으로 다닐 수 있는 곳을 우선 찾는 것이 좋습니다. 비록 승진 기회가 없는 수평 이동이라고 해도 말입니다.

다음으로 갈 곳이 있든 없든 퇴사해도 될까?

이직 시 다음으로 갈 곳을 미리 확보해 놓는 것은 근속 기간과 관련한 리스크를 줄이는 가장 쉬운 방법입니다. 현재 직책을 유지한 상태에서 협상하면 항상 더 유리한 점이 많습니다. 따라서 경력 발전이 주요 목표라면 현재 직책을 떠나기 전에 다음 역할을 찾아 놓는 것이 좋습니다. 임원급 채용 프로세스는 대개 속도가 느리기 때문에, 다음 직장을 구하지 않은 상태에서 퇴사하려면 최소 6개월 이상의 수입 공백을 견딜 수 있어야 합니다.

그럼에도 불구하고 임원 경력에서 가장 큰 위험은 에너지가 고갈되는 것이기 때문에 짧은 휴식이 더 가치 있다고 봅니다. 만약 3개월 간의 휴식이 앞으로 10년 동안 이 일을 지속할 수 있는 에너지를 준다면? 그러면 다음 직장을 찾는 것이 무조건 정답은 아닐 수 있습니다.

마지막으로 다음 직장을 정하지 않은 상태에서 퇴사하면 회사의 퇴사 관련 절차와 전환 과정을 지원하는 것이 훨씬 쉬워지며, 이는 종종 퇴직 패키지에 대한 협상으로 이어집니다. 이에 대한 내용은 뒤에서 더 자세히 다루겠습니다.

CEO에게 알리기

퇴사 결정을 내린 후 다음 단계는 CEO에게 이를 알리는 것입니다. CEO와 대화할 때는 자신의 개인적인 목표를 확고히 해 두는 것이 중요합니다. 많은 CEO가 당신의 마음을 돌리려 하겠지만 자신의 계획을 고수하는 것이 더 중요하기 때문입니다. 만약 마음을 바꿀 여지가 있다면 CEO와 퇴사 논의가 아닌 경력에 관한 논의를 나눠야 합니다.

CEO와의 관계는 신뢰에 기반하고 있으며, 그 신뢰가 흔들리면 상황이 더 나빠지고 퇴사를 결심하게 된 원인들이 더욱 악화될 수 있습니다. 이때는 퇴사 논의를 시작하는 순간 이미 퇴사는 기정사실이 됩니다. 설령 CEO가 당신을 설득한다고 해도 결국에는 떠나게 될 것입니다. 다만 실제 퇴직까지는 예상보다 몇 달이 더 걸릴 뿐입니다.

CEO와 퇴사를 논의할 때 반드시 전달해야 할 중요한 핵심 사항은 다음과 같습니다.

- **퇴사 일정**: 원하는 퇴사 날짜와 반드시 지켜야 할 일정은 무엇인가요?
- **향후 계획**: 새로운 직장을 구할지, 휴식을 취할지 등을 전달하세요.
- **퇴사 이유**: 지금까지 CEO에게 문제가 명확하게 전달되었다면 특별히 새로운 이야기를 꺼낼 필요는 없습니다. 이미 CEO에게 자신의 입장을 밝혔고, CEO는 할 수 있는 범위 내에서 조치를 취했을 것입니다. 따라서 이사회나 경영진에게 전달할 메시지 준비 정도로 생각하는 것이 좋습니다.
- **인수인계 계획**: CEO가 인수인계를 어떻게 처리하면 좋을지 제안합니다. 내부에서 누가 이 역할을 이어받아야 하는지 등의 내용을 포함합니다. 단, 이 논의를 시작하는 순간 당신은 이제 조직을 이끄는 사람이 아니라 조언자가 된다는 점을 명심하세요.

일반적으로 CEO는 퇴사를 즉각 처리하지 않을 것입니다. 그는 당신의 이야기를 듣고 고민해 보겠다고 말하며 퇴사 처리 방안과 후속 계획을 논의하기 위한 후속 미팅을 잡을 것입니다.

퇴직 패키지 협상하기

CEO와 나눈 논의 내용에 따라 퇴직 패키지를 협상할 수 있는 여지가 클 수도 있고 전혀 없을 수도 있습니다. 만약 새로운 직장을 구해 2~4주 전에 사직을 통보한 것이라면 초기 계약에서 협상한 수준 이상의 퇴직 패키지를 협상할 가능성은 매우 낮습니다(1장에서 다룬 내용).

반면 퇴사 시점을 회사의 요구에 맞출 의향이 있고 CEO와 좋은 관계를 유지하고 있다면 협상에서 상당한 여유가 생기도 합니다. 만약 3개월 후 퇴사를 합의한다면 퇴사 후 한두 달 동안 급여를 받을 수도 있습니다. 또는 급여는 받지 않더라도 의료 혜택을 유지하거나 다음 스톡옵션 베스팅 시점까지 베스팅을 유지할 수 있습니다. 보통은 승인하지 않는 2차 주식 거래를 CEO가 승인할 의향이 있을 수도 있습니다.

이 내용들은 보장된 혜택이 아니며 당신이 얼마나 원만하게 퇴사를 조율할 의사가 있는지, 회사가 당신의 기여를 어느 정도로 평가하는지, CEO가 당신을 좋아하는지 그리고 CEO의 개인적인 선호도에 따라 완전히 달라집니다. 그러나 협상 전에 본인에게 정말 중요한 한 가지가 무엇인지 분명히 정하고 들어간다면(예: 2차 주식 거래 승인, 급여 유지) 협상이 더 효과적으로 진행될 수 있습니다.

퇴사 커뮤니케이션 계획하기

퇴직 패키지 협상까지 끝나면 다음으로 협의할 사항은 커뮤니케이션 계획입니다. 이는 퇴사 이유에 대한 공식적인 설명과 퇴사 발표 일정을 포함합니다. 가장 중요한 요소는 다음과 같습니다.

- 퇴사 이유에 대한 합의된 설명(예: "가족과 더 많은 시간을 보내기 위해 떠난다"라는 흔한 이유부터 CEO와 상호 합의한 다른 표현까지)

- 퇴사 발표 시점(다른 임원, 팀원, 전사 순서로 진행)
- 조직 및 회사 전체에 보낼 이메일과 발표문의 초안

가까운 사람들에게는 계획보다 더 일찍 본인의 퇴사를 알리고 싶은 유혹이나 퇴사를 결심하게 된 배경을 솔직하게 말하고 싶은 마음이 들 수도 있습니다. 하지만 그런 유혹은 혼자 간직하고 회사와 합의한 계획을 따르는 것을 강력히 권장합니다. 퇴사하는 사람이 할 수 있는 가장 큰 기여는 남겨두고 가는 조직을 안정적으로 지원하는 것입니다. 겉으로는 깔끔하게 퇴사하는 것이 퇴사 이후에도 긍정적인 관계를 유지하는 가장 좋은 방법입니다. 본인의 퇴사 배경을 누군가와 정말 공유하고 싶다면, 약 1년 후 이전 직장 동료와 편하게 만날 때 가볍게 이야기하세요.

실제로 떠나기

떠나기로 결심하기 전에는 많은 일을 할 수 있지만, 일단 퇴사 결정을 알린 후에는 더 이상 회사에 별다른 변화를 일으킬 수 없습니다. 마침내 오랫동안 해결하지 못한 문제를 겉으로 드러낼 수 있는 기회라고 생각하기 쉬워도 당신은 이제 실권을 잃은 상태입니다. 설령 아이디어가 아무리 좋다 해도 퇴사 후에는 결과를 책임질 수 없기 때문에 그런 아이디어를 제안할 힘을 잃게 됩니다.

퇴사하는 임원들이 가장 흔히 저지르는 실수는 퇴사 후에도 회사나 조직을 너무 도우려고 애쓰는 것입니다. 이 시점이 되면 당신은 임원이 아니라 컨설턴트입니다. 최선의 태도는 CEO와 팀, 회사의 선택을 지원하며 조용히 물러나는 것입니다. 한 번 퇴사를 통보하면 당신은 더 이상 엔지니어링 팀이 아닙니다. 리더에서 팔로워로의 갑작스러운 전환을 받아들여야 합니다. 퇴사 후에 동의하지 않는 방향으로 일이 진행되더라도 이의를 제기하는 것은 팀의 전환을 불안정하게 만들 뿐입니다. 최선을 다해 팀을 지원한 후, 깔끔하게 떠나세요.

심지어 퇴사 후에도 회사 일에 매우 적극적으로 관여하는 사람들을 보게 됩니다. 그들은 1:1 면담을 계속 유지하거나, 관리하던 팀원들에게 멘토 역할을 하거나, 회사의 사교 행사에 참석하기도 합니다. 의도는 이해하지만 저는 이런 모습을 전혀 권하지 않습니다. 이러한 행동들은 회사에 도움이 되기 위해서라기보다는 떠난 것에 대한 개인적인 죄책감에서 비롯되는 경우가 많으며, 오히려 후임자의 위치를 약화시킬 수 있습니다.

퇴사 결정을 번복해야 할까?

직장을 떠나기로 한 커다란 결정 안에는 수많은 작은 판단들이 포함되어 있습니다. 사람들이 이 과정에서 막히는 지점 중 하나는 같은 결정을 반복해서, 매일 되새기는 것입니다. 특히 안 좋은 회의 후에 "아, 이제 정말 그만둬야겠다"라고 되뇌며 몇몇 외부 친구들에게 퇴사할 거라고 말합니다. 그런데 며칠 후 실적이 오르고 기분이 좋아지면 다시 마음이 바뀝니다. 친구들에게 또 마음을 바꿨다고 말하기 부끄러워서 "아, 그건 그냥 기분 탓이었어"라고 얼버무립니다.

어떤 사람들은 무한히 이런 사이클을 맴돌기도 합니다. 경력 초반에 제 상사로 왔던 어떤 관리자는 1:1 면담 첫날부터 자신이 실수로 입사했고 회사가 싫으니 그만둬야겠다고 했습니다. 그 시간의 대부분은 회사가 얼마나 멍청한지부터 자신이 그만두거나 CTO를 해고해야 한다는 관리자의 불평으로 채워졌습니다. 저에게는 그런 말이 아무런 영감을 주지 못하는 상황이었습니다.

한 번 내린 결정을 계속해서 되새기는 것은 가장 비효율적인 행동입니다. 엄청난 에너지를 소모하면서도 뚜렷한 결론에 도달하지 못하는 것입니다. 답이 명확했다면 이렇게 맴돌지도 않았겠죠. 지금 당장 결정을 내릴 수 없는 이유가 무엇이든 미래의 결정 시점을 미리 설정해 두는 것을 강력히 권장합니다. 이는 '다음 달 말'과 같은 구체적인 날짜가 될 수도 있고, '최신 제품 업데이트 결과를 본 후'와 같은 특정 상황이 될 수도 있습니다.

그 시점이 오면 자신이 실제로 결정을 내릴 수 있는 상황인지 확인하세요. 그렇다면 결정을 내리세요! 그렇지 않다면 또 다른 시점을 정하고 그때까지 다시 고민하지 마세요. 결정이 더 쉬워지는 것은 아니지만, 결정을 내릴 준비가 되지 않은 상황에서 고민에 빠져 시간을 낭비하는 것을 줄이는 데 도움이 됩니다.

요약

이번 장에서는 대부분의 회사에서 내리게 될 마지막 결정, 즉 퇴사 결정에 대해 고민해 보았습니다. 한 회사에서 퇴사는 한 번뿐이지만 당신의 커리어를 결정짓는 중요한 역할을 합니다. 더불어 원활한 퇴사를 위한 지속적인 승계 계획의 중요성을 검토했으며, 퇴사 결정을 내리는 과정과 그 결정을 팀, CEO 그리고 자신에게 효과적인 퇴사로 전환하는 방법에 대해서도 다뤄보았습니다.

 다음 링크에서 추가 자료 및 리소스를 찾아보세요.
https://lethain.com/eeprimer-refs-24

맺음말

엔지니어링 임원으로 일하면서 엔지니어링 조직의 메커니즘에 영향을 미치는 것과 그 메커니즘의 성공에 대해 궁극적으로 책임을 지는 것 사이에는 큰 차이가 있다는 것을 깨달았습니다. 이 깨달음에 중요한 역할을 했던 것은 그동안 읽었던 책이었습니다. 관련 있는 책이라면 무엇이든 찾아서 읽었습니다. 엔지니어링 임원이 되는 것에 대해 다루는 책이라면 무조건 구입한 후 열심히 읽었습니다.

여러분도 비슷한 시기에 이 책을 집어 들었다면 임원 역할에서 만날 수 있는 복잡한 질문들을 풀어나가는 데 도움이 되었기를 바랍니다. 또한 제가 겪었던 어려움을 건너뛰고 스스로 더 나은 길을 찾기를 바랍니다. 그렇지만 아무리 많이 준비를 해도, 심지어 이 책을 읽는다고 해도 엔지니어링 임원으로서 성공하는 데 필요한 모든 것을 배울 수는 없습니다.

제가 이 책을 통해 남기고 싶은 가장 중요한 말은 이것입니다. 준비하고 읽고 공부하는 것도 중요하지만, 가장 가치 있는 방법은 실제로 그 일을 해 보는 것입니다. 물론 완벽하게 준비된 상태로 일을 시작할 수는 없습니다. 대신 이제부터 시작할 일과 지금까지 일해 온 경험이 하나로 결합되어 오늘의 당신을 만들 것입니다. 모른다고 해서 너무 걱정하지 마세요. 처음 시작할 때부터 모든 것을 알고 있는 사람은 없으며, 새롭게 시작하는 임원 역할은 때로는 불편할 정도로 세밀하게 당신의 성장에 필요한 것들을 가르쳐 줄 것입니다.

길을 잃거나 혼란스러울 때면 이 책에서 다룬 관련 장들로 돌아가서 다시 살펴보세요. 하지만 그보다 더 중요한 것은 그 일을 하는 데 중심을 두는 것입니다. 무엇을 해야 하나요? 앞으로 나아가는 데 도움이 되는 것은 무엇인가요? 그 시도에서 무엇을 배웠나요? 이렇게 복잡한 문제에는 단 한 가지 해결책만 있는 것이 아니며, 여러분은 조금씩 겪고 성장하면서 필요한 해결책을 발견해 나가게 될 것입니다. 훌륭한 소프트웨어 엔지니어가 되기까지 오랜 시간이 걸렸듯, 훌륭한 임원이 되는 데에도 마찬가지로 긴 시간이 필요합니다.

소프트웨어 산업은 아직 초기 단계에 있으며 우리가 지금까지 알게 된 것보다 배워야 할 것이 훨씬 많습니다. 오늘 우리가 알고 있는 많은 것들은 미묘하게 잘못되었거나 비효율적인 것일 가능성이 큽니다. 텍스트가 실행의 질을 높여 줄 수는 있어도, 구체적인 실천을 통해 끊임없이 자신과 업계를 개선해 나가야만 한계를 뛰어넘을 수 있을 것입니다.

추천 자료

이 책은 엔지니어링 임원이 되는 데 필요한 모든 질문에 대한 답을 제공하고자 합니다. 그러나 이 모든 내용을 한 권의 책에서 다루기는 현실적으로 어렵습니다. 훌륭한 엔지니어링 임원이 되려면 소프트웨어 엔지니어링과 경영진 관리의 모든 영역을 포괄해야 하는데, 이는 너무 광범위합니다. 부록 A에서는 엔지니어, 엔지니어링 관리자, 엔지니어링 임원으로서의 경력에 유용하다고 생각하는 여러 리소스를 모아 소개합니다. 더 많은 자료를 찾고 있다면 참고하는 것을 추천합니다.

임원 기초 지식

- 『피터 드러커 자기경영노트』(한국경제신문, 2024)
- 『유니콘 프로젝트』(에이콘출판사, 2023)
- 『ESG와 세상을 읽는 시스템 법칙』(세종서적, 2022)
- 『피닉스 프로젝트』(에이콘출판사, 2021)
- 『유한 게임과 무한 게임』(마인드빌딩, 2021)
- 『개발 7년차, 매니저 1일차』(한빛미디어, 2020)
- 『전략의 거장으로부터 배우는 좋은 전략 나쁜 전략』(센시오, 2019)
- 『Resilient Management』(A Book Apart, 2019)
- 『하이 아웃풋 매니지먼트』(청림출판, 2018)
- 『90일 안에 장악하라』(동녘사이언스, 2018)
- 『Accelerate』(It Revolution Press, 2018)

- 『내 회사 차리는 법』(크리에디트, 2008)
- 『피플 웨어』(매일경제신문사, 2003)
- 『Slack』(Crown Currency, 2002)

가치 창출

- 『혁신기업의 딜레마』(세종서적, 2020)
- 『성장과 혁신』(세종서적, 2021)
- 『임파워드』(제이펍, 2021)
- 『인스파이어드』(제이펍, 2018)
- 엘리엇-맥크리(Elliott-McCrea), 'Software and its Discontents'(2023), https://laughingmeme.org/2023/01/16/software-and-its-discontents-part-1.html
- 엘리엇-맥크리(Elliott-McCrea), 'How to plan?'(2022), https://kellanem.com/notes/how-to-plan
- Increment Staff, 'What planning is like at…'(2021), https://increment.com/planning/what-planning-is-like-at-netflix-mailchimp-and-more/
- 시에라 재스펀(Ciera Jaspen), 『구글 엔지니어는 이렇게 일한다』(한빛미디어, 2022), 7장 '엔지니어링 생산성 측정하기'
- 『개발 함정을 탈출하라』(에이콘출판사, 2021), 필자 주: https://lethain.com/notes-escaping-the-build-trap
- 노다(Noda), 아비(Abi), 마거릿-앤 스토리(Margaret-Anne Storey), 니콜 포스그렌 (Nicole Forsgren), 미카엘라 그라이러(Michaela Greiler), 'DevEx: What Actually Drives Productivity'(2023), https://queue.acm.org/detail.cfm?id=3595878

팀 리더십

- 『팀워크의 부활』(위즈덤하우스, 2021)
- 『누드로 대화하기』(청림출판, 2003)

- 엘리엇-맥크리(Elliott-McCrea), 'On Sizing Your Engineering Organizations' (2019), https://kellanem.com/notes/on-team-size
- 케빈 스튜어트(Kevin Stewart), 'How to build a startup engineering team'(2019), https://increment.com/teams/how-to-build-a-startup-engineering-team/
- 제이슨 웡(Jason Wong), 'Building a First Team Mindset'(2018), https://www.attack-gecko.net/2018/06/25/building-a-first-team-mindset

엔지니어링 임원의 역할

- 라라 호건(Lara Hogan), 'How to spend your first 30 days in a new senior-level role'(2023), https://larahogan.me/blog/first-30-days-new-role
- 라라 호건(Lara Hogan), 'Pay fair'(2019), https://increment.com/teams/pay-fair/
- 오트 카우크베르(Ott Kaukver), 'The process: How Twilio scaled its engineering structure'(2019), https://increment.com/teams/how-twilio-scaled-its-engineering-structure/
- 엘리엇-맥크리(Elliott-McCrea), 'Surviving being senior (tech) management' (2013), https://kellanem.com/notes/surviving-being-senior-tech-management

면접, 채용, 구직 활동

- 『Never Search Alone』(Collaborative Gain, 2022)
- 프레드 윌슨(Fred Wilson), 'VP Engineering Vs CTO'(2011), https://avc.com/2011/10/vp-engineering-vs-cto
- 마틴 카사도(Martin Casado), 'Hire a VP of Engineering'(2017), https://a16z.com/hire-a-vp-of-engineering

회의 진행

- 스티븐 시노프스키(Steven Sinofsky), 'Reaching Peak Meeting Efficiency'(2018), https://medium.learningbyshipping.com/reaching-peak-meeting-efficiency-f8e47c93317a
- 라라 호건(Lara Hogan), 'On Better Meetings'(2017), https://larahogan.me/blog/better-meetings
- 『Death by Meeting』(Jossey-Bass, 2004)

분산 조직과 팀 관리

- 후안 파블로 부리티카(Juan Pablo Buriticá), 케이티 워머슬리(Katie Womersley), 'A guide to distributed teams'(2019), https://increment.com/teams/a-guide-to-distributed-teams/
- 킴-마이 커틀러(Kim-Mai Cutler), 'How To Build and Run A Geographically Distributed Engineering Team'(2018), https://medium.com/initialized-capital/how-to-build-and-run-a-geographically-distributed-engineering-team-609ffc897a79
- 브루노 미란다(Bruno Miranda), 'Building a Distributed Engineering Team'(2018), https://brunomiranda.com/blog/building-a-distributed-engineering-team
- 론 프라기데스(Ron Pragides), 'Six Virtues for Distributed Offices'(2017), https://mr-p.medium.com/six-virtues-for-distributed-offices-94f9dd897413

 다음 링크에서 추가 자료 및 리소스를 찾아보세요.
https://lethain.com/eeprimer-refs-A

엔지니어링 임원 인터뷰

1장에서 엔지니어링 임원으로 채용되는 방법에 관해 다루었다면 이번에는 그 반대의 질문, 즉 기업이 엔지니어링 임원을 면접하고 평가하는 방법에 대해 논의하고자 합니다. 엔지니어링 임원이 채용과 관련해서 후보자를 직접 물색하지는 않겠지만 이에 대해 조언해 달라는 요청을 받을 수도 있습니다. 드물지만 후임자를 채용하는 절차를 직접 진행하는 경우도 있습니다. 부록 B에서는 그 절차를 안내합니다.

엔지니어링 임원 채용 과정에서 다룰 핵심 주제는 다음과 같습니다.

- 유니콘에 대한 기대 내려놓기
- 잘못된 임원 인터뷰
- 평가 프로세스 구조화
- 엔지니어링 임원 평가의 네 가지 영역

이러한 주제는 엔지니어링 임원 채용 과정을 준비하고 오늘날 회사에 필요한 리더를 찾는 데 도움이 될 것입니다. 또한 수개월에 걸친 채용 프로세스로 인해 경영진이 수렁에 빠지지 않도록 해 줍니다.

유니콘에 대한 기대 내려놓기

대부분의 기업이 신임 임원을 효과적으로 평가하기 위해 고군분투하는 반면, 임원 평가에 능숙하면서도 너무나 특별한 인재를 찾느라 채용에 실패하는 기업도 있습니다. 대규모 엔지니어링 부서를 이끈 경험이 있고, 시장 진출 및 제품 경험이 풍부하며, 좁은 인프라 엔지니어링 영역에 대한 깊은 도메인 경험, 합의 기반 의사결정에 대한 이해, 회사 프로세스를 가속화할 수 있는 강력한 동력을 전부 갖춘 사람을 원하는 엔지니어링 임원 채용 사례를 본 적이 있습니다.

이런 조건에 모두 부합하는 후보자를 채용하는 것은 매우 어려운 일입니다. 채용 과정에서 잘못된 판단을 내리는 일을 완전히 피할 수 없다는 사실을 인정하면 더 신중해지는 경향이 있어, 조건에 정확히 맞는 사람을 식별하고 고용하기가 더 어렵습니다. 게다가 한 번 탈락한 후보자를 다시 고려하기는 어렵기 때문에 설령 나중에 그 후보가 우수하다는 사실을 깨닫더라도 이미 기회를 놓친 것일 수 있습니다. 또한 후보자를 너무 좁은 기준을 가지고 오래 찾다 보면 이미 최적의 후보자를 탈락시켰을 수도 있습니다.

이와 같이 너무 완벽한 유니콘을 찾는 일을 피하려면 채용 과정을 시작하기 전에 CEO가 노련한 엔지니어링 인원들과 함께 후보자의 프로필을 평가하는 것이 좋습니다. 이는 실제로 채용할 수 있는 사람을 찾기 위함이 아니라 프로필에 대한 피드백을 듣고 어떻게 하면 자격을 갖춘 후보자가 채용 기회를 수락하게 할 수 있을지를 파악하는 것이 목적입니다. 이 작업에는 몇 주의 시간이 걸리지만 장기적으로는 몇 달의 시간을 절약할 수 있습니다.

잘못된 임원 인터뷰

일반적인 소프트웨어 엔지니어링 직무의 채용 과정은 처음에는 어수선하게 시작하지만 성공적인 채용을 거듭하면서 점차 효과적인 채용 프로세스로 개선됩니다. 이런 후속 과정은 면접관의 피드백에서 잘못된 긍정적 평가와 부정적 평가의 수를 줄이기 위해 특히 중요합니다. 그러나 임원은 결국 한 명만 채용하지만 매우 광범위한 역할을 위한 다양한 역량을 평가하기 때문에 이러한 조정이 어렵습니다.

더욱 어려운 문제는 회사의 최고 기술 책임자로 채용되는 엔지니어링 임원 후보자의 잠재력을 온전히 평가할 수 있는 사람이 회사 내부에 거의 없다는 사실입니다. 그럼에도 불구하고 누가 채용되어야 하는지에 대해 강한 의견을 가진 사람들이 있습니다. 이런 복잡한 상황을 해결하기 위해 대부분의 회사는 두 가지 면접 형식을 번갈아 가며 사용합니다.

- **비공식적인 평가 및 비공식적인 추천**

  채용은 후보자의 이전 업무에 대한 몇 차례의 면담과 비공식적인 추천에 크게 의존합니다. 이러한 과정들은 이 후보자가 적합하다는 명확한 평가를 거의 제공하지 않기 때문에 내부 동료들이 신뢰하지 못할 때가 많습니다. 후보자 본인도 자신이 제대로 평가받지 못한다고 느껴서 제안을 거절할 수 있습니다.

- **다양한 의견을 전부 수용하는 방식**

  채용에는 다양한 내부 면접관이 참여합니다. 여기에는 CEO, 제품, 디자인, 인사, 재무, 마케팅, 영업 부서와 엔지니어링 조직에서 4~5명과의 인터뷰가 포함될 수 있습니다. 이렇게 많은 면접관 중 상당수는 해당 직무에 대한 면접 경험이 부족하거나 비공식적인 면접에 의존할 가능성이 큽니다. 이는 명확한 평가 기준이 없고 채용하려는 직무를 잘 모르는 사람들에 의해 평가가 왜곡되는 상황을 초래할 수 있습니다.

두 가지 방법 중 전자는 너무 많은 후보자를 받아들이고 후자는 무작위로 후보자를 거절하는 등 후보자를 평가하는 데는 둘 다 효과적이지 않습니다. 후보자들 역시 이런 과정을 거치다 보면 회사의 의사결정 방식에 회의감을 느낄 수 있습니다.

임원 평가의 구조적 절차

다행히 많은 엔지니어링 임원 평가에서 공통적으로 발생하는 실수를 피하면서도 합리적인 프로세스를 설계하는 방법은 비교적 간단합니다. 보통 다음과 같은 프로세스로 시작하는 것이 좋습니다.

- **채용 담당자 심사**

  일반적으로 임원급 채용은 임원 채용 담당자, 임원 채용 전문 회사 또는 벤처 캐피털 채용 전문 회사를 통해 진행됩니다. 이들은 후보자의 역할에 대한 관심도와 채용 제안을 받을 가능성을 가볍게 필터링하는 역할을 합니다. 임원 채용 담당자는 이러한 필터링에 능숙하므로 여러분은 그들의 말을 잘 듣기만 하면 됩니다!

- **CEO 면담**

  CEO와 후보자가 함께 일할 가능성이 있는지 확인하고 후보자가 이 기회와 핵심 과제를 어떻게 이해하고 있는지에 초점을 맞춥니다. 이때 회사가 직면한 과제를 회피하려 하지 마세요. 좋은 후보자라면 회사의 문제를 알고 있어야 합니다. 그런 주제를 회피하거나 경시하려고 하면 오히려 의심을 받을 것입니다. 후보자가 해당 역할에 적합할 뿐만 아니라 적극적으로 참여할 거라는 확신을 심어줄 정도의 대화를 진행하세요.

- **2~3명의 임원 동료 면접**

  2~3명의 임원급 동료가 후보자를 면접하도록 합니다. 이 면접에서는 다음 절에서 살펴볼 '임원 평가의 네 가지 핵심 영역'에서 나루는 주제를 명확히 검토해야 하며, 후보자를 평가하기 위한 문서화된 평가표rubric가 있어야 합니다. 평가표를 활용하면 임원 면접에서 자주 발생하는 잘못된 긍정 평가나 부정 평가의 위험을 줄이는 데 도움이 됩니다.

- **30분 발표 및 30분 질의응답**

  후보자가 새 역할에서 수행해야 할 업무에 대한 이해도를 보여 주는 짧은 발표입니다. 이는 후보자가 면접 과정 전반에 걸쳐 주어진 정보를 얼마나 잘 듣고 이해했는지 그리고 조직 내에서 임원으로서의 통찰력을 발휘할 수 있는지를 평가할 수 있는 훌륭한 방법입니다. 이때는 참석자를 무리하게 늘리지 말고 이미 후보자를 만난 임원 및 CEO만 참석하도록 제한하세요.

  참석자 수를 늘리면 평가가 개선되는 것이 아니라 오히려 무작위로 이루어질 확률이 큽니다. 예를 들어 CMO(최고 마케팅 책임자)를 처음으로 초빙하면 후보자가 아직 마케팅 담당자를 만난 적이 없는 상황에서는 마케팅 부서의 주요 요구 사항을 발표에서 누락하는 실수를 저지를 수 있습니다. CMO가 중요한 핵심 이해관계자라면 발표 단계가 아니라 임원 동료 면접 단계부터 미팅에 참여하도록 소성해야 합니다.

- ● **철저한 비공식 추천 경로 확인**

  후보자와 오랜 기간 함께 일한 경험이 있는 3~4명의 사람을 찾아보세요. 개인적으로 이러한 확인 방식을 선호하지는 않지만, 임원 채용의 경우 잘못하면 부적절한 임원을 고용할 위험이 높기 때문에 필수적인 단계라고 생각합니다. 후보자가 가져온 추천서는 후보자가 직접 제공한 추천인 명단이기 마련이며, 후보자가 사전에 추천인을 선정하면서 특정 질문에 대한 답변 등을 조율했을 가능성이 높습니다.

- ● **엔지니어링 팀과의 2~3회 면접**

  이전 단계가 잘 진행되었다면 엔지니어 및 엔지니어링 관리자와의 인터뷰를 몇 차례 진행하는 것으로 마무리합니다. 여기서 가장 중요한 목표는 엔지니어링 팀이 후보자에 대해 갖는 신뢰를 구축하는 것이지만 엔지니어링 팀의 주요 우려 사항에도 귀를 기울여야 합니다. 면접관은 명확한 평가 기준을 가지고 구조화된 면접을 진행해야 하며, 다소 미지근한 반응이 나와도 괜찮습니다. 새 관리자를 채용할 때 팀의 우려 없이 채용하는 경우는 매우 드뭅니다.

이 단계까지 모두 진행했다면 이제 후보자에게 채용을 제안할지 혹은 채용하지 않을지를 결정합니다. 이때 결정을 미루려고 하지 마세요. 최종 결정을 지연시키면 후보자에게 나쁜 인상을 줄 수 있으며, 설령 뒤로 미룬다고 해도 결정에 실질적인 영향을 미칠 수 있는 추가 정보를 구할 확률이 거의 없습니다.

임원 평가의 네 가지 핵심 영역

임원에게는 실제 평가할 수 있는 것보다 더 많은 역량이 있습니다. 따라서 다음 네 가지 핵심 영역에 걸쳐 임원 평가를 진행하는 것이 좋습니다.

임원으로서의 기본 역량

효과적인 경청자이자 커뮤니케이터인가요? 재무 계획 운영, 단일 또는 다중 사업부 조직 지원, 채용 및 성과 검토 프로세스 운영 등 해당 수준의 임원으로서 기대되는 기본 역량을 갖추고 있나요? 이러한 역량은 후보자의 발표, 동료 임원과의 면담, 비공식적인 추천 확인을 통해 파악할 수 있습니다.

회사에 특화된 역량

채용하는 모든 임원의 직책은 회사의 특정 문제를 해결하는 데 초점이 맞춰져 있어야 합니다. 경우에 따라서는 영업과 엔지니어링 조직 간의 파트너십 개선, 엔지니어링 팀의 개발 속도 향상, 다른 임원과의 효과적인 파트너십 구축 등이 목표가 되기도 합니다. 이를 명확히 파악하고 CEO 또는 동료 임원 면접에서 반드시 평가하도록 하세요.

엔지니어링 전문 지식

엔지니어링 임원 역할의 범위를 어떻게 설정했는지에 따라 특정 전문성이 요구됩니다. 예를 들면 대규모 조직을 운영하고, 신제품 개발을 이끌며, 엔지니어링 부서와 비즈니스 부서 간의 협업을 촉진하고, 기술 아키텍처 설계 및 인프라 운영 등의 역할을 맡기도 합니다. 필요한 전문 지식이 무엇이든 엔지니어링 팀 면접이나 동료 임원 인터뷰에서 반드시 이러한 사항을 다뤄야 합니다.

과거 성과 및 행동

비공식적인 추천을 활용하면 후보자의 실제 성과와 시간의 경과에 따른 행동을 정확하게 파악할 수 있습니다. 일부 유능한 임원들은 성과는 냈지만 동료들에게 불만을 남기고 떠나는 경우가 있습니다. 반면 무능하지만 직원들에게 사랑받는 임원들 중에는 자신이 근무하는 회사에 너무 오래 머물러 있는 경우도 있습니다. 이러한 점들을 직접 물어볼 수도 있지만, 실제 성과는 그들과 함께 일했던 사람들과 이야기해야만 평가할 수 있습니다. 뛰어난 임원일수록 최악의 성과조차도 긍정적으로 포장할 수 있으므로 후보자의 자기 평가에만 의존해서는 안 됩니다.

이에 대한 평가 역량 체크리스트는 제공하지 않겠습니다. 유능한 엔지니어링 임원의 역할은 매우 광범위하기 때문에 이를 단순한 기술 목록으로 축소하면 정작 중요한 핵심 요소를 놓칠 수 있습니다. 현직에서 일하는 많은 CTO나 엔지니어링 부사장 대부분은 회사에 적합한 인재가 아닙니다. 따라서 보편적인 요소가 아닌 각 회사에 맞는 구체적인 역량을 중심으로 평가하세요.

요약

지금까지 유니콘을 찾으려는 비현실적인 채용을 피하는 방법과 면접에 너무 많은 면접관을 참여시키지 않는 방법, 후보자의 분위기에 의존하지 않고 실제 필요한 역량을 구체적으로 평가하는 방법을 알게 되었습니다. 이를 모두 고려하더라도 임원 채용은 여전히 어려운 과정입니다. 특히 본인의 후임자를 찾는 경우나 정말 중요한 평가 기준에 대해 서로 의견이 다른 CEO와 파트너십을 맺고 있는 경우에는 더욱 그렇습니다. 마음에 드는 사람을 찾기까지 5~6명의 후보자를 거쳐야 한다고 해도 낙담하지 마세요. 만족할 만한 새로운 인재를 찾는 것은 자연스럽게 겪는 과정입니다. 만약 10명 이상의 후보자를 만나봤음에도 확신이 서지 않는다면 채용 과정이 엉뚱한 방향으로 흘러가고 있다는 뜻이니 주의하세요.

손익 계산서 읽기

몇 년 전, 관리자에게 일이 다소 지루하다고 했더니 손익 계산서를 읽는 법을 배우라고 하더군요. 당시에는 '내 시간 낭비하지 말고 할 일 찾아서 해라'는 말처럼 들렸지만 임원으로 일하면서 그 말의 의미를 새롭게 깨닫게 되었습니다. 이는 실제로 놀라울 정도로 유용했습니다. 손익 계산서는 회사 운영을 한눈에 보여 주는 지도이자 가장 시급하게 파악해야 할 영역을 지시하는 효과적인 도구입니다.

손익 계산서를 읽는 법은 깊이 있는 주제지만 여기서는 기초부터 실전까지 차근차근 설명해 드리겠습니다. 이 부록에서 다룰 내용은 다음과 같습니다.

- 손익 계산서의 구성 요소
- 손익 계산서를 검토하는 단계
- 검토 단계를 적용한 예
- 연습할 상장 기업의 손익 계산서를 찾는 방법

이 부록을 마친다고 해서 재무 전문가가 되는 것은 아니지만 임원 회의에서 재무 관련 사항을 논의할 때 훨씬 더 편안하게 참여할 수 있을 것입니다.

손익 계산서의 항목

손익 계산서를 검토하려면 먼저 분석할 손익 계산서가 필요합니다. 여기서는

[그림 C-1] 하시코프HashiCorp의 S-1 명세서[1] 18페이지에 있는 'SUMMARY CON SOLIDATED FINANCIAL DATA(요약 연결 재무 데이터)' 부분을 살펴보겠습니다.

| | Year Ended January 31, | | | Six Months Ended July 31, | |
	2019	2020	2021	2020	2021
			(in thousands, except share and per share data)		
Consolidated Statements of Operations Data:					
Revenue:					
License	$ 5,610	$ 18,503	$ 36,208	$ 15,204	$ 21,958
Support	43,462	96,820	165,607	75,622	110,888
Cloud-hosted services	972	2,339	4,092	1,341	6,342
Total subscription revenue	50,044	117,662	205,907	92,167	139,188
Professional services	3,807	3,599	5,947	2,625	2,837
Total revenue	53,851	121,261	211,854	94,792	142,025
Cost of revenue:					
Cost of license[1]	169	294	536	243	130
Cost of support[1]	7,619	17,704	27,194	13,469	16,684
Cost of cloud-hosted services[1]	156	1,390	4,811	1,164	5,197
Total cost of subscription revenue[1]	7,944	19,388	32,541	14,876	22,011
Cost of professional services[1]	1,449	4,527	8,511	4,340	3,584
Total cost of revenue[1]	9,393	23,915	41,052	19,216	25,595
Gross profit	44,458	97,346	170,802	75,576	116,430
Operating expenses:					
Sales and marketing[1]	39,386	89,308	141,018	75,951	88,869
Research and development[1]	20,612	40,118	65,248	34,314	43,048
General and administrative[1]	32,337	24,137	48,545	32,835	25,028
Total operating expenses	92,335	153,563	254,811	143,100	156,945
Loss from operations	(47,877)	(56,217)	(84,009)	(67,524)	(40,515)
Other income, net	694	3,382	756	543	89
Loss before income taxes	(47,183)	(52,835)	(83,253)	(66,981)	(40,426)
Provision for income taxes	168	535	262	346	61
Net loss	$ (47,351)	$ (53,370)	$ (83,515)	$ (67,327)	$ (40,487)
Net loss per share attributable to common stockholders, basic and diluted[2]	$ (0.87)	$ (0.90)	$ (1.32)	$ (1.09)	$ (0.61)
Weighted-average shares used to compute net loss per share attributable to common stockholders, basic and diluted[2]	54,238,742	59,161,264	63,375,470	61,696,317	66,076,683
Pro forma net loss per share attributable to common stockholders, basic and diluted[3]			$		$
Weighted-average shares used to compute pro forma net loss per share attributable to common stockholders, basic and diluted[3]					

그림 C-1 하시코프의 S-1 명세서 중 요약 재무 데이터

여기에는 많은 데이터가 포함되어 있습니다! 먼저 표의 상단 헤더부터 살펴보겠습니다.

처음 세 열은 2019년부터 2021년까지의 연간 매출을 표시합니다. 모든 숫자는 '천 단위'로 표시되므로 $18,503은 실제로는 $18,503,000입니다. 마지막 두 열은 6개월 동안의 데이터를 보여 줍니다. 우리는 비즈니스 전반의 흐름을 파악하는 것이 목표이므로 여기서는 연간 데이터를 중심으로 분석하겠습니다.

내부 재무 데이터를 살펴볼 때는 과거 데이터에서 예측 데이터로 전환되는 지점을 이해하는 것이 특히 중요합니다. 초기 단계의 스타트업에서 재무 데이터의 일

---

1 https://www.sec.gov/Archives/edgar/data/1720671/000119312521319849/d205906ds1.htm

부를 통해 다소 낙관적인 올해를 예측하는 것은 매우 흔한 일입니다. 반면에 상장 기업은 기본적으로 예측 데이터를 공유하지 않습니다. 모든 S-1, 10-K 등의 재무 보고서는 과거 데이터입니다.

보고된 데이터가 처음에는 예측 데이터로 보이는 경우가 있습니다(예: 일부 회사는 회계 연도가 1월에 종료됩니다). 깃랩GitLab의 경우 2021년 회계 연도가 2021년 1월 31일까지이므로 이 보고서가 2021년 11월 4일에 발행되었음에도 불구하고 2021년 실적은 예측이 아닙니다. 깃랩의 2021년 실적은 대부분 2022년 회계 연도 보고서에서 확인할 수 있습니다.

[그림 C-2]는 이전과 같은 데이터이지만 연간 데이터만 따로 정리한 버전입니다.

	Year Ended January 31,		
	2019	2020	2021
			(in thousands, except share and
Consolidated Statements of Operations Data:			
Revenue:			
License	$ 5,610	$ 18,503	$ 36,208
Support	43,462	96,820	165,607
Cloud-hosted services	972	2,339	4,092
Total subscription revenue	50,044	117,662	205,907
Professional services	3,807	3,599	5,947
Total revenue	53,851	121,261	211,854
Cost of revenue:			
Cost of license(1)	169	294	536
Cost of support(1)	7,619	17,704	27,194
Cost of cloud-hosted services(1)	156	1,390	4,811
Total cost of subscription revenue(1)	7,944	19,388	32,541
Cost of professional services(1)	1,449	4,527	8,511
Total cost of revenue(1)	9,393	23,915	41,052
Gross profit	44,458	97,346	170,802
Operating expenses:			
Sales and marketing(1)	39,386	89,308	141,018
Research and development(1)	20,612	40,118	65,248
General and administrative(1)	32,337	24,137	48,545
Total operating expenses	92,335	153,563	254,811
Loss from operations	(47,877)	(56,217)	(84,009)
Other income, net	694	3,382	756
Loss before income taxes	(47,183)	(52,835)	(83,253)
Provision for income taxes	168	535	262
Net loss	$ (47,351)	$ (53,370)	$ (83,515)
Net loss per share attributable to common stockholders, basic and diluted(2)	$ (0.87)	$ (0.90)	$ (1.32)
Weighted-average shares used to compute net loss per share attributable to common stockholders, basic and diluted(2)	54,238,742	59,161,264	63,375,470
Pro forma net loss per share attributable to common stockholders, basic and diluted(3)			$
Weighted-average shares used to compute pro forma net loss per share attributable to common stockholders, basic and diluted(3)			

그림 C-2 하시코프의 S-1 회계 연도 데이터

먼저 표의 행을 살펴보겠습니다. 주요 항목은 다음과 같습니다.

- **각 사업 라인별 총수익**

  각 사업 라인에서 발생한 총수익입니다. 예를 들어 '지원 사업'은 2019년에 4,300만 달러의 수익을 올렸습니다.

- **각 사업 라인별 수익 원가**

  수익을 창출하는 데 드는 비용입니다. 예를 들어 '클라우드 호스팅 서비스'는 2019년에 156,000달러를 지출하여 972,000달러의 수익을 창출했습니다.

- **총이익**

  '총수익'에서 '총수익 비용'을 뺀 값입니다 즉, 운영 비용을 고려하지 않고 회사가 벌어들인 이익을 의미합니다. 예를 들어 2021년 총이익은 1억 7천만 달러입니다.

- **운영 비용**

  회사 운영에 지출된 금액입니다. 예를 들어 2020년 운영 비용은 1억 5,300만 달러입니다.

- **운영 손실**

  '총이익'에 '기타 순이익'을 더하고 '운영 비용'을 뺀 값입니다. 예를 들어 2021년 운영 손실은 8,400만 달러입니다.

- **순손실**

  '총이익'에서 '운영 손실'과 '법인세 비용'을 뺀 값입니다. 예를 들어 2019년에는 4,700만 달러의 순손실이 있었습니다.

이 외에도 몇 가지 행이 더 있지만 비즈니스의 기본적인 재무 흐름을 이해하는 데는 위 항목들만으로 충분합니다.

마지막으로 잠시 시간을 내어 GAAP와 비(非)GAAP의 차이를 살펴볼 필요가 있습니다. GAAP는 미국 재무회계기준위원회Financial Accounting Standards Board에서 정의한 회계 규칙이며, 대부분의 재무 보고서는 GAAP 준수 여부를 표시합니다(예: 하시코프의 10-K 명세서의 이 부분[2]). [그림 C-3]은 일반적인 보고서에서 GAAP

---

2 https://www.sec.gov/ix?doc=/Archives/edgar/data/0001720671/000095017022004668/hcp-20220131.htm

회계가 어떻게 강조되는지 보여 줍니다.

The following table presents our cash flows for the periods presented and a reconciliation of free cash flow and free cash flow margin to net cash provided by (used in) operating activities, the most directly comparable financial measure calculated in accordance with GAAP:

| | Year Ended January 31, | | |
	2022	2021	2020
	(in thousands)		
GAAP net cash used in operating activities	$ (56,215)	$ (39,623)	$ (28,365)
Add: purchases of property and equipment	(214)	(4,304)	(980)
Add: capitalized internal-use software	(6,382)	(2,920)	-
Free cash flow (used in)	$ (62,811)	$ (46,847)	$ (29,345)
GAAP net cash used in operating activities as a percentage of revenue	(18) %	(19) %	(23) %
Free cash flow as a % of revenue	(20) %	(22) %	(24) %

그림 C-3 GAAP 회계 기준을 명시적으로 강조한 문서

기업이 비GAAP 재무 지표를 계산하는 방식에는 일관성이 거의 없기 때문에 이를 해석하는 것이 까다로울 수 있습니다. 대부분의 경우 회사는 비정기적이거나 일회성 비용을 제외하여 비GAAP 수치를 산출합니다. 회사의 내부 손익 계산서를 검토하고 있다면 가장 좋은 방법은 재무 팀에 문의하여 비GAAP 수치가 GAAP와 어떻게 다른지 명시적으로 설명해 달라고 요청하는 것입니다. 종종 비GAAP를 통해 비즈니스의 운영 상태를 더 명확하게 파악할 수 있지만, 비GAAP의 목표는 항상 기업이 원하는 내러티브를 작성하는 것입니다. 따라서 비GAAP 지표를 해석할 때는 기업이 전달하고자 하는 의도가 무엇인지 충분히 이해하는 것이 중요합니다!

손익 계산서에서 배울 점

손익 계산서의 개별 항목을 살펴봤으니 [그림 C-4]에서 실제로 이를 분석해 보겠습니다. 첫 번째 단계는 손익 계산서를 자체 스프레드시트(구글 스프레드시트)로 만들어 기본적인 계산을 할 수 있도록 하는 것입니다. 먼저 전년 대비 성장률Year-Over-Year(YoY)을 추적하는 열부터 살펴보겠습니다.

	2019	2020	YoY %	2021	YoY %
Revenue					
License	5,610	18,503	230%	36,208	96%
Support	43,462	96,820	123%	165,607	71%
Cloud-hosted services	972	2,339	141%	4,092	75%
Total subscription revenue	50,044	117,662	135%	205,907	75%
Professional services	3,807	3,599	-5%	5,947	65%
Total revenue	53,851	121,261	125%	211,854	75%
Cost of revenue					
Cost of license(1)	169	294	74%	536	82%
Cost of support(1)	7,619	17,704	132%	27,194	54%
Cost of cloud-hosted services(1)	156	1,390	791%	4,811	246%
Total cost of subscription revenue(	7,944	19,388	144%	32,541	68%
Cost of professional services(1)	1,449	4,527	212%	8,511	88%
Total cost of revenue(1)	9,393	23,915	155%	41,052	72%
Gross profit	44,458	97,346	119%	170,802	75%
Operating expenses					
Sales and marketing(1)	39,386	89,308	127%	141,018	58%
Research and development(1)	20,612	40,118	95%	65,248	63%
General and administrative(1)	32,337	24,137	-25%	48,545	101%
Total operating expenses	92,335	153,563	66%	254,811	66%
Loss from operations	-47,877	-56,217	17%	-84,009	49%
Other income, net	694	3,382	387%	756	-78%
Loss before income taxes	-47,183	-52,835	12%	-83,253	58%
Provision for income taxes	168	535	218%	262	-51%

그림 C-4 전년 대비 변화를 보여 주는 재무 정보 간소화 보기

편집 가능한 테이블을 만들었다면 다음 단계를 통해 손익 계산서를 분석합니다.

1 사업 부문별로 수익과 수익 원가 간의 관계를 이해합니다.

2 과거 추세와 예측 전망 사이의 차이를 살펴봅니다(예측이 포함된 비공개 회사의 손익 계산서를 보는 경우에만 해당되며, 공개된 데이터에는 적용되지 않습니다).

3 예상치 못한 점을 기록합니다.

4 이러한 의외의 요소를 더 깊이 이해하기 위한 추가 분석 방안을 마련하세요.

마지막 단계는 질문을 모두 수집한 후에 넘어가겠습니다. 그전에 테이블의 각 행을 한 줄씩 살펴보면서 수익 이해부터 시작하여 앞의 세 가지 단계를 적용해 보겠습니다.

- 라이선스 수익은 230%('19~'20)에 이어 96%('20~'21) 성장했습니다.

- 지원 수익은 123%('19~'20)에 이어 71%('20~'21)로 증가했습니다.

- 클라우드 서비스 매출은 141%('19~'20)에 이어 75%('20~'21)로 성장했습니다.

- 총매출은 125%('19년~'20년)에 이어 75%('20년~'21년) 성장했습니다.

- 클라우드 서비스에 대한 수익은 괜찮은 속도로 진행되고 있지만 절대적인 규모(2021년 400만 달러)가 상대적으로 낮다는 점을 고려하면 조금 느리게 성장하고 있습니다. 순전히 재무 분석의 관점에서 보면 클라우드 서비스가 아직 제품 시장 적합성이 부족하거나 시장 진입에 어려움을 겪고 있는 것은 아닌지 궁금합니다.

- 클라우드 서비스 외의 전문 서비스도 규모가 작고 성장 속도가 느립니다.

- 전체적으로 보면 합리적인 수익 성장률입니다. 특히 비즈니스의 절대적인 규모를 고려할 때 지원 수익의 성장이 두드러집니다.

이러한 각 사업 부문에 대한 또 한 가지 질문은 수익의 몇 퍼센트가 재계약 고객에서 발생하며, 몇 퍼센트가 신규 고객에서 발생하는가 입니다. 건강한 SaaS 비즈니스의 핵심은 높은 재계약률입니다. 제품이 기존 수익을 잘 유지한다면 훨씬 적은 수의 영업 팀으로도 수익 성장을 이끌어 낼 수 있습니다.

다음으로 '수익 원가'를 살펴보겠습니다. 주목해야 할 부분은 매출 성장에 비해 수익 원가 증가율이 가속화되거나 둔화되는 곳입니다. 예를 들어 라이선스 수익은 '20년에서 '21년까지 96% 성장한 반면 비용은 같은 기간 82%로 약간 더디게 증가했습니다. 이는 그들이 어느 정도 경제적인 성장을 이루고 있다는 것을 의미합니다. 반대로 클라우드 서비스 수익을 살펴보면 '20년에서 '21년까지 75% 성장하는 데 그친 반면 비용은 246%나 증가했습니다. 클라우드 서비스의 전략적 역할이 불분명한 상황에서 손익 계산서만 보면 그 궤적이 특별히 낙관적이지 않을 가능성이 높습니다.

때때로 흥미로운 질문은 시간이 지남에 따라 변화하는 모습에서 나오기도 합니다. 예를 들어 '20년에는 지원 비용 증가율이 지원 수익 증가율을 앞질렀지만 '21년에는 그렇지 않았습니다. '20년보다 '21년에 지원 비용이 더 느리게 증가한 이유를 이해하면 해당 사업이 실제로 어떻게 운영되는지에 대한 귀중한 인사이트를 얻을 수 있습니다.

총수익 성장률과 총수익 원가 성장률을 살펴보면 '20년에는 수익 성장이 수익 원가 성장보다 느리게(수익 성장 125% 대비 수익 원가 성장 155%), '21년에는 수익 성장이 수익 원가 성장보다 약간 빠르게(수익 성장 75% 대비 수익 원가 성장 72%) 증가하며 다소 우려스러운 추세가 나타나고 있습니다. 하지만 성장률만 보고 판단하는 것은 다소 오해의 소지가 있습니다. 절댓값은 총이익 행에서 볼 수 있듯이 전반적으로 양수가 크게 나타나는 등 재무 상태는 더 건강해 보입니다.

다음은 운영 비용입니다. '영업 및 마케팅(S&M)' 비용은 '20년에는 상당히 가속화되다가 '21년에는 상대적으로 둔화되었습니다. 그러나 절대적인 기준으로 볼 때는 두 해 동안 약 5천만 달러가 증가했습니다. 이는 매우 큰 폭의 증가로 해당 비용이 어디로 흘러갔는지 자세히 살펴볼 필요가 있습니다. 보통 운영 부문별 상대적인 규모를 살펴보는 것이 도움이 되는 경우가 많은데, 2019년에는 '일반 및 관리(G&A)' 비용이 '연구 및 개발(R&D)' 비용보다 더 크다는 점이 다소 의외로 느껴져 이를 좀 더 이해하는 것이 중요해 보입니다.

마지막으로 순손실에 대해 간단히 살펴보겠습니다. 이 기업은 현재 수익성이 없는 상태이며 손실이 커지고 있습니다. 그러나 손실은 '21년 수익 성장률보다 더 느리게 증가했으며 '20년 수익 성장률보다도 훨씬 더 느립니다. 이러한 변화의 원인('20년에서 '21년으로 두 배로 증가한 G&A 비용)을 분석하면 수익성을 확보하기 위한 경로가 훨씬 더 명확해질 것입니다.

질문 파헤치기

자, 이제 내부 임원의 관점에서 놀라운 점들을 각각 어떻게 파헤칠 수 있는지 살펴보는 것으로 마무리하겠습니다. 가장 효과적인 방법은 후속 조치를 취할 해당 팀별로 질문을 그룹화하여 미리 사전 질문을 보낸 다음 토론 시간을 예약하는 것입니다.

재무 팀과 논의할 질문은 다음과 같습니다.

1 사업 부문별 수익 유지율이란 무엇인가요? 신규 수익과 갱신의 수익은 얼마나 되나요? (회사 구조에 따라 영업 팀과 논의 필요)

2 '19년 G&A 운영 비용이 R&D 운영 비용보다 높은 이유는 무엇인가요? G&A 비용이 '20년에서 '21년으로 두 배로 증가한 이유는 무엇인가요?

관련 사업 부서와 논의할 질문은 다음과 같습니다.

1 클라우드 서비스가 상대적으로 느리게 성장하는 이유는 무엇인가요? (제품 및 영업 팀과 논의 필요)

2 클라우드 서비스 비용이 매출보다 3.5배 빠르게 증가한 이유는 무엇인가요? 앞으로 이런 패턴이 사라질 것으로 예상되나요?

3 '21년에는 지원 비용 증가율이 수익 증가율보다 빨랐지만 '20년에는 그렇지 않은 이유는 무엇인가요? 무엇이 바뀌었나요?

4 '20년과 '21년에 추가로 발생한 5천만 달러의 S&M 지출은 정확히 어디에 사용되나요? 이러한 지출의 효율성을 어떻게 측정하고 있나요?

경영진의 전략에 따라 논의할 질문은 다음과 같습니다.

1 수익성을 확보하기 위한 경로는 무엇인가요?

2 S&M 운영 비용과 R&D 운영 비용에 대한 전략은 무엇인가요?

이러한 논의를 모두 거치면 비즈니스의 실상을 훨씬 더 명확하게 이해할 수 있을 것입니다. 이런 연습을 하기 전까지는 스스로 비즈니스를 이해하고 있다고 생각해도 다른 사람의 해석에 의존했을 수도 있습니다. 이제 자신의 분석과 이해를 바탕으로 더욱 확신을 가지고 의사결정을 내릴 수 있을 것입니다.

끝이 아닌 지속적인 과정

손익 계산서를 다 살펴보고 나면 이제 끝났다고 생각할 수 있습니다. 엄밀히 말하면 한 번의 작업은 끝난 것이 맞지만, 실제로는 다음 손익 계산서가 나오기 전까지 잠시 멈춘 것에 불과할 뿐입니다. 앞에서 검토한 [그림 C-1]의 하시코프 S-1 명세서에는 2021년 1월까지의 실적을 포함했지만 [그림 C-5]에서는 2022년 3월에 발행된 10-K에서 2022년 1월까지의 실적[3]을 확인할 수 있습니다. 보고서의 77페이지에는 2022년 결과(구체적으로는 2022년 1월까지의 결과를 의미)를 찾을 수 있습니다.

	2019	2020	YoY %	2021	YoY %	2022 (from 10-K)	YoY %
Revenue							
License	5,610	18,503	230%	36,208	96%	47,504	31%
Support	43,462	96,820	123%	165,607	71%	247,566	49%
Cloud-hosted services	972	2,339	141%	4,092	75%	18,613	355%
Total subscription revenue	50,044	117,662	135%	205,907	75%	313,683	52%
Professional services	3,807	3,599	-5%	5,947	65%	7,086	19%
Total revenue	53,851	121,261	125%	211,854	75%	320,769	51%
Cost of revenue							
Cost of license(1)	169	294	74%	536	82%	221	-59%
Cost of support(1)	7,619	17,704	132%	27,194	54%	38,080	40%
Cost of cloud-hosted services(1)	156	1,390	791%	4,811	246%	14,031	192%
Total cost of subscription revenue(	7,944	19,388	144%	32,541	68%	52,332	61%
Cost of professional services(1)	1,449	4,527	212%	8,511	88%	11,108	31%
Total cost of revenue(1)	9,393	23,915	155%	41,052	72%	63,440	55%
Gross profit	44,458	97,346	119%	170,802	75%	257,329	51%
Operating expenses							
Sales and marketing(1)	39,386	89,308	127%	141,018	58%	269,504	91%
Research and development(1)	20,612	40,118	95%	65,248	63%	165,031	153%
General and administrative(1)	32,337	24,137	-25%	48,545	101%	112,108	131%
Total operating expenses	92,335	153,563	66%	254,811	66%	546,643	115%
Loss from operations	-47,877	-56,217	17%	-84,009	49%	-289,314	244%
Other income, net	694	3,382	387%	756	-78%	162	-79%
Loss before income taxes	-47,183	-52,835	12%	-83,253	58%	-289,152	247%
Provision for income taxes	168	535	218%	262	-51%	986	276%
Net loss	-47,351	-53,370	13%	-83,515	56%	-290,138	247%

그림 C-5 하시코프 10-K 명세서에 업데이트된 재무 데이터

---

3 https://www.sec.gov/ix?doc=/Archives/edgar/data/0001720671/000095017022004668/hcp-20220131.htm#item_8_financial_statements_supple

자세한 내용을 모두 다루지는 않겠지만 S-1과 10-K 결과를 결합한 이 스프레드 시트를 검토해 보면 하시코프가 어려운 한 해를 보냈다는 것을 알 수 있습니다. 2021년에는 거의 대부분의 기업들이 힘든 한 해를 보냈지만, 이 어려움을 어떻게 극복하느냐에 따라 훨씬 더 수익성 있는 회사로 거듭날 수 있을 것입니다. 이러한 불확실성 때문에 경기 침체기에는 재정적으로 최적의 결정을 내리지 않는 것을 권장하는 편입니다.[4]

S-1 및 10-K 손익 계산서 찾기

이번에는 공개된 기업의 손익 계산서 찾는 방법을 간략하게 살펴보겠습니다. 이 부록에서 제공하는 모든 숫자는 공개 기록이며, 미국 증권거래위원회의 EDGAR 검색을 통해 회사 이름을 입력하면 찾을 수 있습니다. 예를 들어 'hashi'를 입력하면 검색 결과에서 하시코프의 주식 코드인 'HCP'가 표시되는 방식입니다. 해당 페이지로 이동한 후 '서류 보기View filings'를 클릭하면 S-1 및 10-K를 비롯한 기업의 주요 보고서를 확인할 수 있습니다.

대부분의 회사는 하시코프의 **ir.hashicorp.com**과 같은 투자자 관계(IR) 웹사이트를 운영합니다. 이 페이지에서는 하시코프의 최근 제출 보고서 및 분기별 실적 자료를 확인할 수 있습니다. 일반적으로 EDGAR 검색을 활용하는 것이 더 쉽지만, IR 웹사이트에서는 종종 실적 발표와 보도 자료 등을 통해 회사가 원하는 방향으로 해석한 자료도 볼 수 있습니다. 하지만 이것을 읽기 전에 손익 계산서를 먼저 분석하는 것이 더 객관적인 시각을 유지하는 데 좋습니다.

---

4 https://lethain.com/downturn-career-decisions/

요약

이제 손익 계산서를 분석하는 데 자신감이 생겼을 것입니다. 이러한 문서는 몇 개의 열 안에 복잡한 비즈니스 흐름을 담고 있기 때문에 읽기가 결코 간단하지 않습니다. 하지만 트렌드를 이해하는 데 필요한 약간의 공부이니 시간이 걸리더라도 겁먹지 마세요.

초기 단계 기업의 손익 계산서는 종종 틀릴 수 있으며 틀리는 방식도 매우 다양합니다. 예를 들어 비용이 잘못 분류되거나 비정기적 수익을 정기적 수익으로 잘못 기록할 수도 있습니다. 그러나 손익 계산서가 틀렸다고 해도 무의미한 것은 아닙니다. 오히려 그 오류를 분석하는 과정에서 해당 비즈니스의 실체와 이를 운영하는 팀에 대해 더 깊이 배울 수 있습니다. 어떤 기업을 처음부터 이해하고 싶다면 최신 손익 계산서를 분석하는 것보다 더 좋은 출발점은 없습니다.

 다음 링크에서 추가 자료 및 리소스를 찾아보세요.
https://lethain.com/eeprimer-refs-C

엔지니어링 허브 만들기

2020년 코로나19 팬데믹의 시작과 동시에 원격 및 대면 근무의 형태는 끊임없이 변화하고 있습니다. 기업들은 대부분 사무실에서 근무하던 방식에서 벗어나 재택 근무로 급격히 전환했습니다. 이후 예측할 수 없는 사무실 복귀가 이어졌고, 직원과 경영진 모두 새로운 균형을 찾기 위해 노력하고 있습니다. 2023년에 설립된 많은 기업들은 사무실 문화를 크게 강화하고 있지만 처음부터 원격 근무를 내세우는 기업도 있습니다. 이 두 가지 상반된 관점을 가진 사람들은 모두 자신들이 미래에 잘 대비하고 있다고 확신합니다.

이러한 배경에서 두 번째 엔지니어링 허브, 즉 본사 외부에 첫 번째 엔지니어링 허브를 설립하는 것에 대해 이야기하는 것은 다소 기이할 수 있습니다. 전체 주제와는 다소 거리가 멀어도 현대의 엔지니어링 임원들이 직면한 사무실 및 근무 형태 전반에 대한 통찰을 얻을 수 있기를 바랍니다.

개인적으로 허브 오피스 설립은 새로운 환경에서 기존 회사의 문화를 다시 구축할 수 있는 흔치 않은 기회이기 때문에 특히 유익하다고 생각합니다. 저는 리투아니아에 진출한 우버, 시애틀에 진출한 스트라이프, 샌프란시스코에 새로운 지사를 설립한 소셜코드의 디그 인수 등 지사 설립에 관여할 때마다 매번 새로운 것을 배울 수 있었습니다.

이 부록에서는 다음과 같은 내용을 살펴보겠습니다.

- '원격 오피스'가 아닌 '허브 오피스'라고 부르는 이유
- 허브 오피스를 개설해야 하는 이유
- 명확한 오피스 미션의 이점
- 새 오피스 성공을 위한 임원의 참여
- 새 오피스가 예측 불가능성과 일관성 없는 접근 방식에 특히 취약한 이유
- 새 오피스를 기존 회사 문화에 통합하는 방법

이 부록을 끝까지 읽고 나면 새 허브 오피스를 성장시키는 데 필요한 단계와 이를 수행할 준비가 되었는지 여부를 명확하게 파악할 수 있을 것입니다.

원격이 아닌 허브 오피스

허브 오피스를 성공적으로 만드는 방법에 대해 알아보기 전에, 일부 본사에서 자사의 다른 허브 오피스를 지칭할 때 사용하는 용어인 '원격 오피스'에 대해 짚고 넘어가겠습니다. 먼저 '원격 오피스'라는 단어 자체가 사무실이 멀리 떨어져 있다는 뜻이기 때문에 이는 잘못된 단어 선택입니다. 새로운 오피스를 정착시키려면 이곳이 회사가 성공하는 데 있어 중요하고 핵심적인 부분이 될 것이라는 믿음을 심어줘야 합니다. 그런데 '원격'이라는 단어를 사용하면 신규 입사자와 후보자들은 혼란을 느끼게 될 것입니다. 리더가 계속 '원격'이라고 부르면 어떻게 이곳이 회사의 핵심적인 부분이 될 수 있을까요?

해결책은 간단합니다. 오피스를 '원격'이라고 부르지 말고, 어느 회사 오피스에도 속하지 않는 근무 형태를 지칭하는 용도로만 '원격'이라는 용어를 사용하세요.

엔지니어링 허브를 설립해야 하는 이유

회사의 주요 의사결정 대부분은 재무 계획과 연결되며, 엔지니어링 허브를 새로 구축하는 것도 예외는 아닙니다. 새로운 허브 설립에 대한 논의는 대개 다음 세 가지 주요 요인 중 하나에서 시작됩니다.

1 엔지니어링 인건비가 높기 때문에 비용이 저렴한 지역에서 채용하면 비용 절감 효과를 얻을 수 있습니다. 예를 들어 미국에 본사를 둔 회사가 인건비가 저렴한 미국 내 다른 도시나 인도, 중국, 동유럽 및 남미에서 직원을 채용할 수 있습니다.

2 엔지니어링 채용 속도가 기존 목표에 미치지 못하는 경우 여러 시장에서 채용을 진행하면 더 빠르게 인력을 확보할 수 있습니다. 특히 급격하게 성장하는 제품을 보유한 회사에서 이런 경우가 많습니다. 이러한 기업들은 상당한 규모의 인프라를 운영한 경험이 있는 엔지니어를 영입하고자 합니다.

3 회사가 기존에 진출하지 않은 지역에 이미 엔지니어링 팀이 있는 회사를 대규모로 인수하는 경우가 있습니다.

허브는 이러한 모든 문제를 해결하는 데 기여할 수 있지만 결코 단기적인 해결책은 아닙니다. 예를 들어 규모가 작거나 인건비가 저렴한 지역에서 채용하면 비용을 절감할 수는 있지만 해당 지역에서는 일반적으로 경험이 부족한 인재를 더 많이 만날 가능성이 큽니다. 이러한 허브가 성공하려면 경험이 부족한 엔지니어를 효과적으로 교육시켜 조직에 필요한 인재로 성장시키는 전략이 필수입니다. 이 과정에는 지속적이고 상당한 투자가 필요합니다. 투자를 해야 성과가 나오는 것이지, 단순히 허브를 설립한다고 해서 문제가 해결될 것이라고 착각해서는 안 됩니다.

임원으로 일하다 보면 이사회나 CEO가 허브 설립을 기적처럼 빠른 해결책으로 밀어붙이는 경우가 종종 있습니다. 사실 가장 편리한 조건(예: 교육과 출장에 크게 투자하지 않고도 숙련된 엔지니어를 고용할 수 있는 이상적인 허브)이 아닌 이상 현실적인 대안 중에서 선택하는 것이 가장 어렵습니다.

각 오피스의 임무

제가 우버에 입사했을 때는 당직실의 긴급 알림이 너무 과부하 상태여서 12시간 교대 근무가 끝나기도 전에 담당 엔지니어의 휴대폰 배터리가 다 떨어지곤 했습니다. 장기적인 해결책은 사고 대응에서 사고 예방으로 전환하고 불필요한 알림을 줄이는 것이었습니다. 하지만 단기적인 해결책으로 리투아니아에 엔지니어링 사무소를 설립하여 스태프 엔지니어를 24시간 순환 배치하기로 결정했습니다. 왜 리투아니아였을까요? 시간대가 맞았고, 이미 리투아니아에서 원격 근무하는 두 명의 훌륭한 엔지니어가 팀에 있었으며, 우리가 이 지역에서 최고의 엔지니어링 고용주가 될 것이라고 믿었기 때문입니다.

리투아니아에서 채용한 팀은 당직 로테이션을 지원하는 역할을 훌륭하게 해냈고, 팀이 성장하면서 긴급 알림 폭주의 근본적인 원인을 점점 더 많이 해결하기 시작했습니다. 그러나 이러한 문제를 해결할 때마다 자신들이 경고 시스템을 소유하고 있다고 느끼는 기존 팀과 경고 시스템을 개선하고자 하는 리투아니아 팀이 계속 부딪혔습니다. 퍼핏^{Puppet} 배포 방식을 변경하려고 하면 다른 팀이 이의를 제기하고, 서비스 간 라우팅이 업데이트되는 방식을 변경하려면 또 다른 팀이 들고 일어났습니다.

이러한 문제를 몇 번 겪다 보니 처음부터 허브 오피스의 임무를 충분히 명확하게 정의하지 않았다는 것이 분명해졌습니다. 긴급 알림을 처리하는 것은 가치 있는 일이지만 그것이 목적은 아닙니다. 진정한 임무는 특정 사업 부문을 담당하거나 신제품 또는 주요 인프라의 전체를 책임지는 것을 의미합니다.

분쟁을 관찰한 후에는 리투아니아 허브 오피스가 완전한 소유권을 갖고 책임질 수 있는 핵심 영역을 파악하는 작업을 했습니다. 다른 시간대에 있는 사람들의 승인 없이도 독자적으로 일을 진행할 수 있도록 했고 이 임무가 중요하다는 것, 즉 잘 진행되지 않으면 회사 전체가 마비될 수 있는 중요한 일이어야 한다는 것을 확인했습니다. 이것으로 당장 문제가 해결되지는 않았지만 팀에게 명확한 임무를 부여하고 그 권한을 충분히 부여하고 있는지에 대한 피드백 루프가 만들어졌으며, 경영진의 집중력이 높아졌습니다.

각 오피스가 중요한 임무를 가지고 있는 것은 오피스를 성공적으로 만드는 가장 중요한 일입니다. 명확하고 소유할 수 있는 임무를 식별할 수 없다면 새 오피스를 만들 이유가 없습니다. 해당 임무가 고위급 임원이 지원할 만큼 중요하지 않다면 그 임무는 오피스의 첫 번째 미션으로 삼을 만큼 중요하지 않다는 것입니다. 오피스가 성장하면서 다양한 업무를 담당할 수도 있지만 첫 번째 미션은 반드시 중요한 것이어야 합니다.

인력이 충분하지 않은 오피스로 중요한 업무를 이전하는 것은 생각보다 까다로운 절차이며, 대략 6개월 동안은 기존 팀과 공동 소유하는 것이 가장 효과적입니다. 즉, 아직 팀 규모가 충분하지 않더라도 인력이 충원되기를 기다리기보다는 조기에 임무를 넘기는 것이 새 오피스가 자체적인 문화와 책임감을 형성하는 데 도움이 됩니다.

회사의 모든 구성원이 작년에 해당 오피스가 시작한 일을 알고 있고 그 오피스에 가면 가장 먼저 해야 할 일을 한 가지 이상 알고 있다면 새 오피스가 제대로 자리 잡고 있는 것입니다.

임원의 관심과 참여

디그 팀을 인수하여 샌프란시스코에 새로운 지사를 설립했을 때는 제가 지사 내 유일한 고위 리더였습니다. 당연히 지사의 성공에 큰 책임감을 느꼈지만 아직 지사장이라는 개념이 정립되지 않아 회사의 여러 프로세스에서 지사를 대변할 수 있는 위치에 있지 않다고 느낀 경우가 많았습니다.

저는 지사장의 역할을 조기에 명확하게 정의하고 구체적인 책임을 부여하는 것이 새 지사를 성공적으로 운영하기 위해 회사가 투자해야 할 두 번째 필수 요소라고 믿었습니다. 먼저 지사장을 배치하고, 최소 12명 이상의 직원이 있어야 공동체 의식을 형성할 수 있습니다. 더불어 임원의 관심도 필요합니다.

새로운 지사를 설립할 때는 12명의 인원이 한 팀 또는 최대 두 팀에 속하도록 하세요. 어떤 회사들은 내년에 50명을 추가하는 등 새 오피스에 상당한 인력을 투입하지만, 이를 너무 여러 팀에 분산시키면 결국 팀이 결속력을 가지지 못하거나 중요한 미션을 단독으로 수행하기 어려운 상황이 발생할 수 있습니다.

또한 임원의 방문 주기를 정하는 것도 중요합니다. 가장 간단한 원칙은 설립 후 처음 1~2년 동안은 분기별로 한 번씩 방문하는 것입니다. 새 오피스의 직원들은 여러분이 실제로 얼마나 자주 방문하는지를 체크할 것입니다.

다른 오피스를 방문해도 마치 내 집처럼 느껴지고 전체 회의와 같은 회사 차원의 행사에서 해당 오피스의 성과에 대한 언급이 활발하게 이루어진다면 당신의 투자가 제대로 진행되는 것입니다.

오피스 성장에 대한 예측 가능성

최근 한 친구와 저녁 식사를 하며 그가 겪은 일을 들었습니다. 그 친구는 새 오피스를 열고 몇 명을 채용했다가 갑자기 계획을 취소한 뒤 대신 다른 지역에 새 오피스를 열었고, 내년에 두 번째 오피스의 인력을 10배로 늘리기로 결정하고 실제로 그렇게 하여 성공했습니다. 그리고 다시 10배 성장을 계획했지만 갑자기 인원 동결을 단행했습니다. 두 번째 오피스에 채용된 직원들은 놀라울 정도로 열정적이었지만, 실제 실행 계획과 채용 제안에 주저하는 분위기가 형성되었습니다. 과연 장기적으로 성공할 수 있을까라는 의문이 커졌기 때문입니다.

불확실성은 항상 혼란을 야기하지만, 특히 대기업처럼 오랜 기간 동안 쌓아온 불확실성을 성공적으로 극복한 사례가 없는 신생 기업에게는 더 큰 피해를 줍니다.

그런 역사가 없으면 회복력도 부족합니다. 따라서 새로운 오피스를 설립할 때는 최소 3년 이상은 예측 가능하고 일관된 투자를 유지하는 것이 매우 중요합니다.

여기서 한 가지 탈출 카드는 새 오피스에서는 팀 성장에 관한 기존 모범 사례를 무시하고 1년간은 채용을 늘릴 수 있다는 점입니다. 첫해에 50명의 엔지니어를 고용하고 싶다면 그렇게 해도 괜찮습니다. 첫해에 10명을 채용한 후 2년차에 100 명으로 늘려도 됩니다. 단, 예외 카드는 한 번만 사용할 수 있으며 그 이후에는 전년 대비 약 50% 성장률을 유지하는 지속 가능한 채용 속도로 돌아와야 합니다.

오피스의 성장이 예측 가능하게 이루어지고 있는지를 확인하려면 초기 계획 대비 실제 성과와 업무 소유권을 측정하여 현재 상태를 확인하는 것이 중요합니다.

오피스 통합하기

스트라이프 엔지니어링 조직이 글로벌로 확장되자 우리는 유럽과 아시아 태평양에 있는 엔지니어링 허브에 동시에 대규모 투자를 단행했습니다. 세부 사항을 몇 차례 조장한 끝에 오피스는 꽤 잘 운영되고 있었지만, 초기에는 시차 문제로 인해 통합이 예상보다 더 어려웠습니다.

각 회사에는 조직 문화의 핵심이 되는 일련의 커뮤니케이션 및 커뮤니티의 핵심 요소들이 있으며, 더 많은 오피스가 여기에 참여하려면 물리적, 문화적 장벽을 넘어야 합니다.

- **물리적 장벽**

  오피스가 여러 시간대에 분산되어 있으면 모든 오피스에 적합한 회의 시간을 정하기가 어렵습니다. 원격으로 질문하는 것은 같은 공간에서 질문하는 것과 느낌이 다릅니다. 화상 회의 장비가 계속 발전하고는 있지만 여전히 결정적인 순간에 불의의 장애를 일으키곤 합니다.

- **문화적 장벽**

  새로운 오피스의 직원들은 설립자와 오랜 기간 함께한 관계가 없습니다. 또한 오피스가 위치한 지역의 문화나 언어 환경이 다를 수 있으며, 종종 회사 문화가 어떻게 변화했는지를 보여 주는 거울이 되어 오랫동안 근무한 직원들을 놀라게 하기도 합니다.

이러한 문제를 해결하기 위한 표준 접근 방식이 있는데, 놀랍게도 잘 작동하므로 참고하시기 바랍니다.

- **랜딩 팀 파견**

  기존 오피스에서 경력이 많은 사람들 3~5명을 선택해 첫 1~2년 또는 영구적으로 새 오피스로 이동시킵니다. 이들은 새 오피스의 초기 커뮤니케이션 및 문화적 구심점 역할을 하게 됩니다.

- **임원의 정기적인 오피스 방문**

  방문은 단순히 들르는 것 이상의 의미를 가지며, 임원이 방문할 때마다 전체 오피스를 대상으로 Q&A 시간을 가지도록 합니다.

- **모든 오피스에 동등한 기회 제공**

  모든 고위급 엔지니어가 첫 번째 사무실에만 근무하거나 특정 팀이나 역할에 일관된 DRI 선발 프로세스[1]를 사용하는 등 암묵적인 이중 시스템이 생성되지는 않았는지 점검하세요.

- **전사 회의를 위한 시간대 조정**

  전사 회의는 조직 문화에서 중요한 의식이며, 자주 열리지는 않지만 경영진의 우선순위를 명확하게 보여 주는 강력한 신호가 될 수 있으므로 반드시 시간대를 조정해 전 인원이 참여하도록 합니다.

이러한 방안을 완전히 실행하면 기존 오피스의 운영 방식에도 영향을 미칠 수 있습니다. 새 오피스가 기존 오피스만큼 성공적으로 정착하려면 전체 조직이 그 부담을 함께 나눠야 합니다. 새 오피스를 열어도 기존 오피스와 마찰이 발생하지 않는다면 프로세스를 제대로 숙지했거나 반대로 새 오피스에 너무 많은 부담을 떠넘기고 있을 가능성이 큽니다.

주기적으로 실시하는 조직 문화 설문 조사 결과를 각 오피스별로 세분화하고 편

----

1 https://lethain.com/selecting-project-leads

차가 거의 없는지를 확인하면 오피스들을 잘 통합하고 있다는 것을 알 수 있습니다. 짧은 테스트를 위해 기존 오피스 직원 몇 명에게 최신 오피스를 통합하는 데 어떤 노력을 했는지 물어보세요. 만약 답변이 나오지 않는다면 다시 한번 통합 전략을 고민해 볼 필요가 있습니다.

여담이지만, 오피스 통합의 또 다른 측면은 새 오피스가 위치한 도시 및 지역 사회와 융화되는지 여부입니다. 이를 위해 해당 지역 커뮤니티와 연고가 깊은 지사장을 두는 것이 매우 중요하며, 소규모 커뮤니티 만찬이나 이벤트를 개최하는 것도 도움이 됩니다. 이에 대한 가이드라인은 없지만 충분히 생각해 볼 만한 가치가 있는 요소입니다.

요약

성공적인 새 오피스를 위한 모든 요소를 고려하다 보면 새 오피스를 여는 것이 그만한 가치가 없다고 느껴질 수도 있습니다. 만약 그런 결론에 도달했다면 열지 않아도 좋습니다! 제대로 지원받지 못하는 새 오피스는 피해야 할 불명예스러운 일일 겁니다. 하지만 충분히 투자할 준비가 되었다면 이 부록의 내용을 따라 회사에 긍정적인 영향을 미칠 수 있는 방법을 고민해 보세요. 명확한 목표 설정, 임원의 적극적인 참여, 성장에 대한 예측 가능성 그리고 오피스 통합에 집중한다면 나머지는 진행하면서 자연스럽게 따라올 것입니다.

 다음 링크에서 추가 자료 및 리소스를 찾아보세요.
https://lethain.com/eeprimer-refs-D

기술 탐색의 규모

3장에서 효과적인 엔지니어링 전략 수립에 대해 설명했습니다. 하지만 이 과정에서 한 가지 어려운 점은 공개적으로 공유되는 엔지니어링 전략이 거의 없다는 것입니다. 전략이 명확하게 문서화된 회사에서 일하지 않는다면 실제 전략 문서를 접할 기회가 드뭅니다. 따라서 부록 E에서는 2019년 스트라이프의 엔지니어링 전략을 정리하여 소개합니다.

> **요점만 정리하자면 대부분의 기술을 표준화하고, 탐색은 최소한 한 차원 이상의 개선을 이끌어 내야 하며, 동시에 여러 개의 탐색을 제한하는 것이 중요합니다.**

기술을 표준화하는 것은 영향력을 창출할 수 있는 강력한 수단입니다. 툴을 조금만 개선하면 모든 엔지니어의 생산성이 향상됩니다. 우수한 기술을 도입하는 것은 장기적으로 볼 때 더욱 강력한 힘을 발휘하며 시간이 지남에 따라 성공이 배가됩니다. 효과적인 기술 표준화와 우수한 기술 채택 사이의 균형을 맞추고 이를 위한 적절한 타이밍을 파악하는 것이 엔지니어링 전략의 핵심입니다.

효과적인 접근 방식은 표준화를 우선시하고, 현재 표준보다 최소한의 개선이 보장된 기술 탐색을 제한된 개수만큼 수행하는 것입니다.

기술 표준화

표준화란 소수의 핵심 기술에 초점을 맞추고 해당 기술의 역량과 제약 조건에 맞춰 접근 방식을 조정하는 것입니다.

기술의 종류를 줄이면 각 기술에 더 깊이 투자할 수 있으며 기술 간 통합에 소요되는 시간을 줄일 수 있습니다. 또한 표준이 명확할수록 우수한 문서를 작성하고 효과적인 교육을 진행하며, 우수한 도구를 제공하는 과정이 단순해집니다.

운영 규모가 커질수록 표준화의 이점은 더욱 분명해집니다. 신뢰성은 종종 사고 및 사고 해결의 형태로 이루어지는 반복적이고 집중적인 학습의 부산물이며, 대규모 운영 환경에서는 도구, 교육, 준비 및 연습에 대한 대대적인 투자가 필요합니다.

특히 중요한 것은 이미 채택된 기술을 개선하는 것이 조직에 위험을 초래하지 않는 유일한 투자 방식이라는 점입니다. 새로운 기술을 도입하면 조직이 학습해야 하는 미지의 영역이 생기지만, 기존 표준 기술에 더 많이 투자하면 적어도 위험 리스크를 줄일 수 있습니다(기회 비용은 여기서 다루지 않고, 잠시 후에 자세히 설명합니다).

저는 비교적 적은 수의 표준화된 기술에 크게 의존하지 않고 성공한 기술 회사를 본 적이 없습니다. 표준화를 통해 얻을 수 있는 높은 효율성과 낮은 리스크의 조합은 매우 강력한 경쟁력을 제공합니다.

기술 탐색

기술 탐색은 새로운 접근 방식이나 기술을 실험하는 것으로, 실험이 끝나면 명확한 기준을 적용하여 채택 또는 중단이 이루어집니다.

1 **채택**: 새로운 기술의 효과가 입증되면 이전 접근 방식에서 새로운 접근 방식으로 전환이 이루어집니다.

2 **중단**: 새로운 기술이 기대에 부응하지 못하면 해당 실험을 종료하고 그 과정에서 쌓인 데이터만 남깁니다.

이 정의는 효과적인 탐색의 중요성을 강조하기 위해 상당히 제한한 것입니다. 제대로 실행되지 않은 탐색이 기술 부채와 조직 기능 장애로 이어진다는 사실을 증명하는 것은 표준화 노력이 제대로 실행되지 않은 경우를 증명하는 것만큼이나 쉽습니다.

탐색의 핵심 가치는 여기에 있습니다. 현재 사용 중인 기술이 어느 정도 정점에 가까워졌지만 전체 최고점에는 아직 크게 미치지 못한다는 점입니다. 설령 최고점에 근접했더라도 시간이 지남에 따라 기술 환경은 계속 변하며, 장기적인 경쟁력을 유지하려면 지속적인 투자가 필요합니다.

탐색에 성공할 때마다 조직 전체의 생산성은 조금씩 향상됩니다. 한두 번 탐색만으로는 큰 변화가 없을 수 있지만, 탐색을 계속 성공적으로 완료하면 기술적 레버리지가 서서히 누적되어 가장 강력한 핵심 동력이 됩니다.

표준화와 탐색 간의 균형

기술 표준화와 탐색은 모두 매우 강력하지만 서로 상충되는 경우가 종종 있습니다. 탐색을 지속적으로 수행하면 표준화의 이점을 거의 누릴 수 없으며, 엄격한 표준화는 탐색의 가능성을 차단시켜 버립니다.

아마존의 직원들은 내부 도구에 대한 과도한 표준화가 초래한 부작용을 지적하기도 했습니다. 처음에는 혁신적이었던 도구들이 시간이 지나면서 외부 생태계의 변화 속도를 따라잡지 못해 개발자 경험이 열악해지거나 도구 자체의 성능이 떨어지며 많은 불만이 발생한다는 것입니다. 물론 아마존 같은 거대 기업에서는 팀, 역할, 관점에 따라 개발 경험이 매우 다양하므로 이것이 모든 현실을 완전히 대변하는 것은 아닙니다.

과도한 표준화가 진화의 막다른 골목이 되어 최고점을 향해 나아갈 발이 묶인다면 탐색을 너무 우선시하는 접근법 또한 별다른 효과를 발휘하지 못합니다.

소프트웨어 업계에서 5년 정도만 일하다 보면 기존의 표준화된 기술 사용을 거부하고 독자적인 기술 스택을 도입하는 엔지니어나 팀을 만나게 될 것입니다. 초기에는 이 새로운 기술이 매우 효과적으로 보일 수 있지만, 결국 그 기술을 완전히 정착시키고 운영하는 과정에서 어려움이 커지기 시작합니다. 특히 새로운 기술을 도입한 사람들이 기술 운영에 피로감을 느끼고 이를 다른 팀에 넘기려고 하면서 문제가 악화되는 경우가 많습니다. 이마저도 실패하면 팀이나 회사를 떠나는 경우가 많으며, 이는 남아 있는 사람에게 암묵적으로 부담을 떠넘기는 것입니다.

따라서 표준화와 탐색의 균형을 맞추는 것은 중요합니다. 모든 성공적인 기술 기업은 신기술 도입에 일정한 제약을 두면서도 새로운 기술을 지속적으로 도입하기 위한 프로세스를 갖추고 있습니다.

획기적인 개선

저는 오랫동안 표준화와 탐색 사이에서 적절한 절충점을 찾기 위해 한동안 고심했지만 최근 동료와 나눈 대화에서 깊은 공감을 불러일으키는 법칙을 발견했습니다.

표준화는 매우 강력한 도구이므로 가능한 한 소수의 플랫폼에 통합하는 것을 기본으로 하고, 그 성공을 위해 많은 투자를 해야 합니다. 하지만 기존 기술보다 최소 한 단계 이상 높은 수준으로 개선할 수 있는 탐색이라면 시도해 볼 가치가 있습니다.

이러한 개선은 단순히 한 가지 차원에서만 이루어지는 것이 아니라 전체적으로 기존 기술과 거의 비슷한 수준을 유지하면서 적어도 한 차원에서는 최소한 10배 이상의 개선을 나타내는 것을 목표로 합니다.

몇 가지 가능한 예가 있지만, 실제 개선 효과를 입증하려면 철저한 검증이 필요합니다.

1 속도와 표현력은 비슷하지만 운영 비용이 10배나 저렴한 스토리지 엔진으로 전환합니다.

2 하둡과 같은 배치 컴퓨팅 모델에서 플링크와 같은 스트리밍 컴퓨팅 모델로 변경하면 데이터를 일일 주기에서 실시간 주기로 처리할 수 있습니다(단, 운영 복잡성과 비용을 기존 수준으로 유지할 수 있다는 가정 하에).

3 엔지니어가 노트북에서 개발하며 문제를 디버깅하는 데 며칠씩 소비하던 방식에서 벗어나 문제가 발생하면 즉시 처음부터 환경을 재구성할 수 있는 가상 머신에서 작업하도록 합니다.

가장 어려우면서도 중요한 부분은 실제 개선 효과를 정량화해 측정하고 기준선이 저하되지 않았다는 데 동의하는 것입니다. 이론적으로는 완벽한 기술과 현실적으로 결함이 있지만 이미 검증된 기존 기술을 비교하는 것은 매우 어렵습니다. 따라서 이 두 가지를 모두 현실로 끌어와 평가하기 위해서는 탐색 과정이 필수적입니다.

진행 중인 탐색의 한도 제한

기술 변화에 대한 제 경험을 돌이켜보면 '한 차원 높은 수준의 개선' 규칙에 한 가지 조건을 추가하면 훨씬 더 유용한 규칙이 될 수 있다고 생각합니다. 이는 바로 주어진 시간에 진행할 수 있는 탐색의 한도를 제한하는 것입니다.

동시에 추진하는 탐색의 개수를 제한하면(1,000명 규모의 엔지니어링 조직이라면 2~3개로 제한) 기술 부채 증가의 위험을 방지하고 장기적으로 탐색을 계속할 수 있는 여력을 유지할 수 있습니다. 반대로 탐색의 개수를 제한하지 않는다면 많은 기업이 더 이상 기술적 위험을 감수할 여력이 없는 상황에 처하게 됩니다. 이는 지속하기 어려운 상태입니다.

탐색의 진정한 힘은 단순한 첫걸음이 아니라 'n+1' 단계, 즉 모든 과정에서 기술적 레버리지가 누적되는 것이기 때문에 계속해서 새로운 기술을 발견해 내는 능력이 필수적입니다.

모든 상황의 복잡성을 완벽하게 파악할 수 있는 하나의 규칙이나 접근 방식은 없지만 탄탄한 기본 접근 방식만 있어도 많은 도움이 됩니다.

저는 '표준화할 것인가, 탐색할 것인가' 전략에 대한 토론을 꽤 많이 반복해 왔는데, 이것이 제가 지금까지 찾은 가장 좋은 표현입니다. 대부분의 작업을 표준화하고, 탐색은 반드시 한 차원 높은 수준의 개선을 이끌어야 하며, 동시에 진행하는 탐색의 수를 제한하는 것입니다.

다음 링크에서 추가 자료 및 리소스를 찾아보세요.
https://lethain.com/eeprimer-refs-E

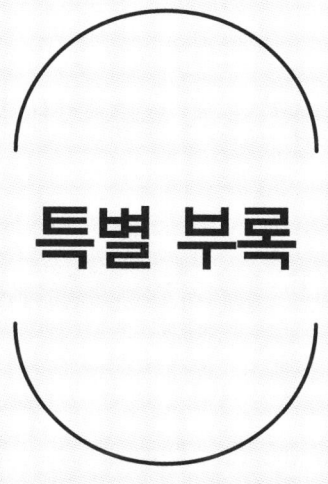

특별 부록

국내 CTO
9인의 이야기

특별 부록에 수록된 내용은 오라일리 원서와 별개로 한빛미디어에서
기획한 콘텐츠입니다.

기술 임원의 첫걸음: 실전에서 배운 것들

김연태, 헤렌 CTO

 대기업과 다양한 규모의 스타트업에서 백엔드/클라우드 개발자 및 매니저로 활동했습니다. 비즈니스 문제 해결을 위한 적정 기술을 사용하는 것과 팀 빌딩에 관심이 많습니다. AI를 실무에 사용하며 '이 것이 공각기동대에서 나온 전뇌화인가'라는 상상을 하곤 합니다.

소프트웨어 엔지니어로서 임원의 역할은 어떻게 정의해야 할까요? 모든 일이 그렇듯 처음에는 '내가 뭘 해야 하지?'라는 질문이 머릿속에 맴돌 수 있습니다. 사실 임원의 역할은 회사의 규모, 팀의 역량, 기술적인 문제, 비즈니스 시장의 상황 그리고 여러분의 경험과 스타일에 따라 달라집니다. 예를 들어 스타트업에서의 임원은 빠른 의사결정과 실행에 집중해야 할 때가 많고, 대기업에서는 조직 간 조율과 상기석인 전략에 더 무게를 둘 수도 있습니다. 이러한 변수들로 인해 '임원은 이거다'라고 단 한 문장으로 정의하기란 어렵습니다.

이 글에서는 소프트웨어 엔지니어에서 임원으로 넘어오며 겪은 저의 경험을 바탕으로, 임원을 희망하거나 관심이 있는 분들을 위해 주의할 점과 조직을 이끄는 데 도움이 되는 내용을 정리했습니다. 여러분이 속한 회사와 팀의 맥락에 맞춰 해석하고 적용해 보세요. 이 글이 여러분의 첫걸음을 조금이라도 가볍게 만들어 주길 기대해 봅니다.

처음 임원이 됐을 때, 이건 꼭 챙기세요

임원이 되자마자 모든 걸 바꾸고 싶을 수도 있고, 반대로 어디서부터 손대야 할지 막막할 수도 있습니다. 저도 이런 고민을 하다가 방향을 잃었던 경험이 있습니다.

몇 년 전, 새로운 회사로 이직하며 기술 조직을 맡았을 때입니다. 회사는 시장에서 입지가 흔들리고 있었고, 기술 조직의 변화가 절실한 상황이었습니다. 팀원들은 연이어 회사를 떠나고 있었고, 쉽게 손대기 어려운 기술 레거시로 인해 서비스론칭 속도도 느려진 상황이었습니다.

문제는 산더미 같았지만, 정작 저는 어디서부터 시작해야 할지 몰랐습니다. 모든 걸 한꺼번에 고치려다 보니 우선순위가 흐려졌고, 팀원들과의 신뢰도 쌓기 전에 혼자서 너무 많은 결정을 내리려 했죠. 결과적으로 몇 달간 성과는커녕 혼란만 가중됐습니다.

이 시기를 돌아보며 얻은 교훈은 두 가지입니다.

- **상황을 먼저 객관화하세요:** 모든 문제를 동시에 해결하려 하지 말고, 지금 무엇이 가장 급한지, 어디서 손실이 큰지 관련된 자료를 모으고 분석하는 데 시간을 쓰세요. 팀원들을 인터뷰하며 중요한 정보를 파악하고 정리하세요. 이러한 정보를 바탕으로 일의 우선순위와 규모를 가늠할 수 있으며 중요한 의사결정에 도움이 됩니다.
- **협력자를 찾아 관계를 만드세요:** 임원은 혼자서 결과를 만들 수 없습니다. 저는 당시 PO product owner와 핵심 엔지니어들과 주 1회 커피 타임을 가지며 가벼운 얘기부터 다소 무겁거나 서로에게 민감할 수 있는 대화까지 차근차근 단계를 밟아가며 신뢰를 쌓는 과정을 거쳤습니다. 이 덕분에 서로의 목적을 이해하며 공감대가 만들어졌고, 조직 차원의 변화가 시작됐습니다.

이 경험 이후, 더 체계적인 도움을 받고 싶어서 관련 자료를 찾던 중 우연히 『90일 안에 장악하라』(동녘사이언스, 2018)라는 책을 읽게 되었습니다. 새로운 리더가 조직에 적응하며 성과를 내는 데 필요한 구체적인 단계를 제시하는 책입니다. 다양한 사례와 상황을 분석할 수 있는 프레임워크 덕분에 팀 빌딩과 조직 차원의 성과를 내는 데 많은 도움을 받았습니다. 처음 임원이 됐다면 이런 자료를 참고해 보는 것도 추천합니다.

팀의 가치를 알리는 법을 고민하세요

소프트웨어 엔지니어의 역할은 코드를 작성하는 데서 끝나지 않습니다. 비즈니스 요구 사항을 분석하고, 레거시를 최소화하거나 개선할 수 있는 적절한 시스템을 설계하기 위한 고민도 필요합니다. 동료의 코드를 리뷰하고, 때로는 밤늦게까지 장애를 복구하는 경우도 생깁니다. PO나 디자이너와 열띤 토론을 벌이며 서비스 지표를 개선하기도 하고, IT 업계의 빠른 기술 트렌드에 맞춰 새로운 프레임워크를 공부하기도 합니다. 이런 노력들은 매우 가치 있고 높이 평가받아야 하지만, 조직 안팎에 충분히 알려지지 않으면 그 의미가 반감되기도 합니다.

- **내부에 알리기**: 목표와 성과를 팀원들과 공유하면 팀이 지향하고자 하는 방향을 맞출 수 있습니다. 예를 들어 정기적인 팀 회의에서 "이번 배포에서 개선한 특정 API 성능이 20% 개선됐다", "장애 복구 시간이 이전보다 30% 단축됐다" 등의 결과를 보여 주세요. 팀원들이 자신의 기여를 눈으로 확인하면 동기 부여가 되고, 소속감도 커집니다. 엔지니어링 조직이 클수록 지식 공유는 빛을 발합니다.

- **외부에 알리기**: 기술 블로그나 콘퍼런스 발표로 엔지니어링 조직의 브랜드를 키우세요. 예를 들어 "우리는 이렇게 결제 시스템의 안정성을 높였다"거나 "시스템 성능에 병목이 발생하는 부분을 특정 방법으로 개선했다"는 것과 같은 내부적인 경험을 공유하면 됩니다. 제가 속했던 팀은 이런 활동에 참여한 소프트웨어 엔지니어에게 소정의 보너스를 지급하며 참여를 독려했는데, 덕분에 외부에서 긍정적인 평가를 들었고, 우수 인재가 지원하는 계기가 되기도 했습니다. 외부에 공유하는 과정은 단순히 보여 주기가 아니라, 팀의 자부심을 높이고 회사의 기술적 입지를 강화하는 방법입니다. 여러분의 팀이 어떤 가치를 만들어 내는지, 그걸 어떻게 알릴지 고민해 보세요.

사일로 현상, 이렇게 개선해 보세요

조직이 커지면 스쿼드 같은 자율적인 팀 구조를 도입하게 됩니다. 스쿼드는 작은 팀 단위로 서비스 기능을 개발하며, 시장 변화에 유연하게 대응할 수 있어서 좋습니다. 하지만 단점도 있습니다. 제가 경험한 조직에서는 스쿼드마다 기술 스택이 달라져 표준화가 무너졌었고, 한 팀이 해결한 문제를 다른 팀이 모르는 상황도 발생했습니다. 이른바 '사일로 현상'이 생긴 겁니다.

이를 해결하기 위해 기술 스택 협의체를 구성해 운영하는 방식을 도입했습니다.

- **플랫폼 기술 스택 협의체**: 백엔드, 웹 프런트엔드, iOS, 안드로이드 등에서 메이저 버전 업데이트나 새로운 기술 도입을 논의하는 협의체입니다. 예를 들어 Node.js 버전을 올릴 때 어떤 리스크가 있는지 검토하고 성능상 이점이나 이전 버전과 차별화되는 장점은 무엇인지, 서비스에는 어떤 긍정적인 영향이 있는지 검토합니다.
- **데이터 기술 스택 협의체**: 서비스별 데이터 구조 변경 시 검토를 하는 협의체입니다. 한 팀이 데이터베이스 스키마를 바꾸면 다른 팀에 어떤 영향을 줄지 미리 확인합니다.
- **인프라 기술 스택 협의체**: 인프라 변경의 영향도를 검토하는 협의체입니다. 예를 들어 AWS에서 새로운 서비스를 도입할 때 성능과 비용을 검토하거나, 레거시 개선 방향과 우선순위 선정에 활용합니다.

기술 스택 협의체의 운영 방식은 이러합니다. 각 주제별 제안자가 관련된 문서를 작성한 후 주요 이해관계자들에게 미리 공유합니다. 짧은 안건은 온라인으로 결정하고 조금 무거운 주제인 경우에는 별도 회의를 통해 결정합니다. 주로 신뢰성, 성능, 보안, 기술 부채 같은 항목을 고려해서 논의합니다.

이 과정에서 다음과 같은 긍정적인 효과가 있었습니다.

- 첫째, 문제를 구체화하는 과정에서 해결책이 선명해집니다. 스타트업에서는 업무 특성상 문제를 객관화하고 깊이 들여다볼 시간이 부족한 경우가 많습니다. 하지만 문서를 작성하는 과정에서 해결책이 선명해지고 이해관계자들이 동일한 정보를 접할 수 있게 되어 이후 의사결정도 더욱 효과적으로 이루어집니다.
- 둘째, 문서로 기록함으로써 지식이 효과적으로 공유됩니다. 불가피하게 회의에 참석하지 못한 팀원도 나중에 문서를 보고 의사결정 과정을 확인할 수 있었고, 이후 비슷한 문제를 겪을 때 유용한 참고 자료로 활용할 수 있습니다.

사일로 현상을 극복하기 위해서는 시간과 노력이 필요하지만, 조직의 일관성과 효율성을 높이는 데 큰 역할을 합니다. 여러분의 조직에서도 이런 협의체 운영을 시도해 보세요.

기술 부채와 하인리히 법칙

하인리히 법칙을 들어본 적이 있나요? 중대 사고가 1번 발생하기 전에 작은 사고는 29번, 그전에 징후는 300번이 발생한다는 이론입니다. 이 개념과 기술 부채는 아주 유사합니다.

많은 회사가 단기적인 목표를 달성하기 위해 일정 부분 기술 부채를 허용합니다. 특히 급속도로 성장하는 회사일수록 시장의 요구 사항을 받아들이기 위해 기술 부채 해결에 충분한 시간을 할애하기 어려운 경우가 많습니다. 그러다 보니 문제를 해결하려고 나섰을 때는 이미 너무 커져 있어, 어디서부터 손을 대야 할지 가늠하기조차 어려운 상황을 마주하기도 합니다.

이처럼 기술 부채는 시간이 지날수록 부정적인 영향을 점점 더 크게 미치는 특성이 있습니다. 아이러니하게도 기술 부채는 하인리히 법칙과 유사하게 여러 가지 신호를 소프트웨어 엔지니어와 사용자에게 보내며 문제의 징후를 드러냅니다.

코드베이스가 점점 복잡해지거나 컨벤션이 잘 정리되지 않아서 가독성이 떨어지는 현상도 발생하며, 의존성 관리가 미흡해서 버전 업데이트에 어려움을 겪는 경우도 있습니다. 테스트 커버리지가 부족하거나 QA 프로세스의 부재 등의 이유로 프로덕션 서비스가 변경된 후 예상치 못한 버그를 만나기도 합니다. 적절한 모니터링 시스템이 갖춰져 있지 않으면 서비스 전반을 효과적으로 관리하기 어려워지고, 그 결과 소프트웨어 엔지니어들이 잦은 온콜 대응에 시달리며 피로가 누적될 수 있습니다.

이는 재무적인 관점에서도 손해입니다. 기술 부채는 서비스의 성능 저하, 유지 보수 비용 증가, 배포 리스크 증가, 개발 속도 저하 등으로 이어지므로 기술에 기반한 경영에 참여하는 임원 업무의 특성상 기술 부채야말로 적정 수준으로 관리되어야만 하는 중요한 업무입니다.

회사마다 상황이 다르기 때문에 일관되게 적용할 수 있는 방법이 있는 것은 아니지만, 지혜롭게 기술 부채를 관리하면 비즈니스 성장을 가속화할 수 있습니다.

여러분만의 리더십, 방법론을 만들어 가세요

임원으로서 기술 조직을 이끄는 일은 단순히 기술적 문제를 해결하는 것을 넘어, 조직의 방향성을 정립하고 팀원들의 잠재력을 이끌어 내며 비즈니스 가치를 만드는 복합적인 과정을 포함합니다.

이 글에서는 제가 겪었던 실패의 순간과 그 경험을 통해 찾은 해결책을 공유했지만, 정답은 하나만 존재하는 것이 아니라고 생각합니다.

여러분이 놓인 상황에서 그동안의 경험과 지식을 바탕으로 상황을 재해석하고 실행해 보세요. 때로는 팀원 한 명 한 명의 이야기를 진지하게 듣는 것에서 문제 해결의 실마리를 찾을 수도 있고, 내부 전문가의 의견을 통해 더 좋은 해결책을 얻을 수도 있습니다. 실행 후에는 꼭 피드백을 받아 개선하는 과정을 반복하세요. 그 과정에서 여러분만의 리더십과 방법론이 만들어질 것입니다.

이 글이 작은 위로가 되고, 첫걸음을 내딛는 데 힘이 되길 바랍니다. 기술 임원으로서 우리가 만들어갈 변화는 단순히 조직을 넘어, 더 나은 서비스와 산업의 변화도 이뤄낼 수 있다고 생각합니다. 여러분의 모든 여정을 응원합니다.

기술자에서 경영자로 변신하기

김영근, 미니창고 다락 CTO, 파이썬 소프트웨어 재단 펠로우

 임베디드 환경에서부터 미들웨어, OTT, O2O에 이르기까지 다양한 개발 경험을 보유하고 있으며 어린 시절부터 오픈 소스 커뮤니티에 참여했던 경험을 통해 스스로 크게 성장할 수 있었다고 생각합니다. PC통신 시절 나우누리 리눅스 사용자 모임 시삽에서부터 아시아 최초 파이썬 소프트웨어 재단 이사 역임까지 꾸준히 오픈 소스와 개발자 커뮤니티에 동참하고 있습니다. 취미는 오픈 소스 기여와 다양한 기술 콘퍼런스에서 발표하기입니다. 파이콘 한국을 만든 사람 중 한 명입니다.

CTO 역시 Chief Officer 중 하나임을 잊지 마세요

아마도 대부분의 CTO는 본인의 경력에서 적지 않은 시간을 기술 기여자로 그리고 기술 리더로 보냈을 것입니다. 그래서 비즈니스를 지원하고 경쟁에서 뒤쳐지지 않기 위해 끊임없이 학습하며 본인이 가진 무기를 갈고 닦는 것이 얼마나 중요한 일인지 잘 알고 있습니다.

개발자의 역량을 키우는 것이 조직의 기술력을 높이는 일임과 동시에 개발자 커뮤니티가 함께 성장할 수 있는 유일한 방법임을 잘 알고 있습니다. 따라서 본인의 업무를 미루면서까지 후배 개발자들의 코드를 리뷰하고 새벽 시간 장애를 함께 처리하며, 질책보다는 장애를 회고하며 모두가 같은 경험치를 나누면서 함께 성장할 수 있도록 남모르게 헌신해 왔습니다.

개발자들과 대화하기가 어렵다는 타 직군의 고충을 이해하며 중간에서 소통의 오

류가 박생하지 않도록 자신의 감정을 삼키며 산으로 가는 배를 다시 정상 항로로 돌려놓기를 여러 번 반복하다 보면, 더 이상 기술자가 아닌 것 같다는 생각에 쓸쓸한 기분을 느꼈을 수 있습니다. 그러다가도 스스로의 전문성을 살릴 수 있는 기술 이니셔티브를 제안하고 사업을 성공적으로 이끌어 전에 느끼지 못했던 새로운 성취감을 맛본 경험도 있으리라 생각합니다.

이런 과거의 역할을 잘 수행해 왔고 이제 다시 새로운 역할, CTO를 맡게 되었습니다. 개발을 잘해서 개발 팀장이 되는 게 아닌 것처럼, CTO 역시 지금까지 해 왔던 역할을 계속 잘한다고 해서 좋은 CTO가 될 것이라는 기대는 하면 안 됩니다. CTO는 CTO의 일을 해야 합니다. 그럼 CTO의 일은 뭘까요? 이 질문에 대한 답은 너무 다양합니다. 인터넷만 봐도 같은 고민과 수많은 생각들의 흔적을 쉽게 찾을 수 있습니다. 모두 맞는 얘기지만 사람들이 간과하기 쉬운 사실 중 하나는 **CTO는 경영자**라는 점입니다.

경영자 정체성과 기술 전문성의 통합

개발자에서 기술 리더로, 다시 CTO로 성장해 온 여러분은 이미 수차례의 역할 전환을 경험해 왔습니다. 그 과정에서 얻은 가장 큰 깨달음은 아마도 이전 역할에서의 성공이 다음 역할에서의 성공을 보장하지 않는다는 사실일 것입니다.

CTO라는 역할은 이전의 그 어떤 기술 리더 역할과도 다릅니다. 가장 큰 차이점은 이제 경영진의 일원이라는 점입니다. 이는 단순한 직함이나 보고 라인의 변화가 아닌, 근본적인 사고방식과 접근법의 전환을 요구합니다.

많은 기술 리더가 CTO가 된 후에도 여전히 '최고 기술 리더'로서의 정체성을 유지하려 합니다. 그러나 이는 CTO 역할의 절반에 불과합니다. 진정한 CTO는 기술 조직의 리더인 동시에 회사 전체의 경영자입니다. 이 두 가지 정체성을 통합하지 못하면, 결국 어느 세계에도 온전히 속하지 못하게 됩니다.

그렇다고 기술적 전문성을 버려야 한다는 의미는 아닙니다. 오히려 전문성은 여러분만의 독특한 가치이자 강점입니다. 다른 C레벨 임원들과 달리, 여러분은 기술의 언어를 이해하고 그 가능성과 한계를 직관적으로 파악할 수 있습니다. 이 기술적 통찰력이 비즈니스 맥락과 결합될 때, 진정한 차별화된 가치가 창출됩니다.

실제로 기술에 대한 깊은 이해 없이는 중요한 의사결정에서 진정한 영향력을 발휘하기 어렵습니다. 기술 자산, 디지털 트랜스포메이션, AI 전략, 기술 투자 우선순위, 보안 리스크 관리 등 핵심적인 비즈니스 결정들이 기술에 대한 깊은 이해를 전제로 합니다. 여러분의 기술적 배경은 이런 논의에서 단순한 의견 제시를 넘어 비전을 제시하고 방향을 설정할 수 있는 권위를 부여합니다.

관건은 이 기술적 전문성을 어떻게 경영자로서의 관점과 조화롭게 통합하느냐는 것입니다. 기술 자체가 아닌 비즈니스 가치에 초점을 맞추고, 세부 구현보다 전략적 방향성에 집중하며, 기술적 사고방식을 비즈니스 맥락에 적용하는 것이 중요합니다. 이것이 진정한 CTO, 즉 '최고 기술 책임자'로서의 정체성을 형성하는 과정입니다.

어디에도 속하지 못하는 외로움

CTO 자리에 오른 많은 이들이 경험하는 공통적인 감정이 있습니다. 바로 외로움입니다. 이것은 단순한 고독이 아닌, 어디에도 온전히 속하지 못하는 듯한 이질감입니다. 기술 팀과는 더 이상 일상적인 기술적 논의를 나누지 않게 되고, 그들의 눈에는 이제 '높으신 분'으로 보이기 마련입니다. 반면 다른 C레벨 임원들 사이에서는 '기술자'로 여겨져, 때로는 전략적 논의에서 여러분의 의견이 단지 '기술적 관점'으로만 해석되기도 합니다.

이 외로움은 CTO 역할의 본질적인 부분입니다. 여러분은 두 세계 사이의 다리이며, 다리는 양쪽 어디에도 온전히 속하지 않습니다. 그러나 이 독특한 위치는 오히려 강력한 영향력을 발휘할 수 있는 기회이기도 합니다.

이 외로움을 극복하는 방법은 역설적으로 그것을 받아들이는 것에서부터 시작합니다. 여러분의 역할이 어느 한쪽에 완전히 소속되는 것이 아니라, 두 세계를 연결하는 것임을 인정하세요. 그리고 이 연결자로서의 역할에 의미와 가치를 부여하세요.

실질적으로 어떻게 실행해야 할까요? 기술 팀과는 세부적인 기술 구현보다 전략적 방향성과 원칙에 관한 대화를 나누어야 합니다. 그들이 여러분을 단순한 '높으신 분'이 아닌 '기술 비전을 제시하는 리더'로 볼 수 있도록 하세요. 경영진과는 기술을 비즈니스 언어로 설명하고, 기술 결정이 비즈니스 성과에 어떻게 기여하는지 명확히 연결시켜야 합니다. 여러분의 기술적 배경이 단순한 전문성이 아닌, 독특한 비즈니스 통찰력의 원천임을 보여 주세요.

외부 네트워크도 중요합니다. 다른 기업의 CTO들과의 교류는 여러분이 경험하는 도전과 고민을 공유하고, 실질적인 해결책을 모색할 수 있는 귀중한 기회를 제공합니다. 이 네트워크는 단순한 정보 교환을 넘어, 여러분이 혼자가 아님을 느끼게 하는 정서적 지지대가 될 수 있습니다.

어디에도 온전히 속하지 않음은 어디에나 필요하다는 의미가 될 수 있음을 기억하세요. 여러분의 고유한 위치와 관점은 조직 전체에 독특한 가치를 제공합니다. 외로움을 받아들이고 그것을 강점으로 전환할 때, 진정한 CTO로서의 역할을 수행할 수 있습니다.

기술적 관점이 가지는 독보적인 가치

경영진 회의실에서 여러분은 유일한 존재입니다. 다른 C레벨 임원들(CFO, CMO, COO)이 재무, 마케팅, 운영의 언어를 사용할 때, 여러분은 기술의 렌즈를 통해 비즈니스를 바라봅니다. 이 독특한 관점은 단순한 다양성을 넘어 전략적 차별화 요소가 될 수 있습니다.

오늘날 거의 모든 비즈니스 결정에는 기술적 측면이 존재합니다. 새로운 시장 진입, 제품 출시, 고객 경험 개선, 운영 효율화, 이 모든 전략에 기술은 핵심적인 역할을 합니다. 여러분의 기술적 통찰력은 이런 논의에 독특한 깊이와 현실성을 더합니다.

예를 들어 마케팅 팀이 개인화된 고객 경험을 위한 새로운 이니셔티브를 제안할 때, 여러분은 이를 구현하기 위한 데이터 인프라, 통합 포인트, 기술적 제약, 확장성 등을 즉각적으로 파악할 수 있습니다. 이런 통찰은 아이디어를 현실적인 계획으로 변환하는 데 필수적입니다.

또한 새로운 기술 트렌드가 비즈니스에 미칠 잠재적 영향을 선제적으로 식별하고 평가할 수 있습니다. AI, 로봇, 양자 컴퓨팅 등의 급변하는 기술 환경에서, 여러분의 기술적 배경은 이런 트렌드를 단순한 유행이 아닌 비즈니스 맥락에서 평가할 수 있는 능력을 제공합니다.

중요한 것은 이 기술적 통찰을 비즈니스 언어로 번역하는 능력입니다. 기술적 가능성과 제약을 비즈니스 기회와 리스크로 재해석하고, 복잡한 기술 개념을 경영진이 이해하고 의사결정에 활용할 수 있는 형태로 제시해야 합니다.

이 과정에서 유의해야 할 점은 '기술을 위한 기술'에 빠지지 않는 것입니다. 최신 기술이 항상 최선의 비즈니스 결정은 아닙니다. 여러분의 역할은 기술적 우수성과 비즈니스 가치 사이의 최적의 균형점을 찾는 것입니다. 때로는 '충분히 좋은' 기술 솔루션이 실질적인 비즈니스 맥락에서는 최적의 선택일 수 있습니다.

궁극적으로 여러분의 기술적 관점이 비즈니스 전략에 녹아들 때, 그것은 단순한 기술 구현을 넘어 진정한 경쟁 우위로 발전할 수 있습니다. 이것이 바로 CTO로서 여러분이 제공하는 독보적인 가치입니다.

미래 지향적인 관점으로 바라보기

CTO로서 여러분의 역할 중 가장 중요한 부분은 미래를 내다보는 것입니다. 다른 C레벨 임원들이 주로 현재의 운영과 단기적 성과에 집중할 때, 여러분은 기술 혁신과 장기적 비전을 균형 있게 바라보는 역할을 합니다.

단순히 최신 기술 트렌드를 쫓으라는 것이 아닙니다. 조직의 장기적 방향성과 미래 비즈니스 모델을 기술적 관점에서 구상해 보아야 합니다. '3년 후, 5년 후 우리 산업은 어떻게 변화할 것인가?', '미래의 고객 요구는 어떻게 진화할 것인가?', '새로운 기술은 우리 비즈니스 모델을 어떻게 재정의할 수 있는가?' 이러한 질문이 여러분이 지속적으로 고민해야 할 영역입니다.

미래 지향적인 관점은 기술 투자 우선순위 설정에도 반영되어야 합니다. 모든 기술 투자가 즉각적인 ROI를 가져오는 것은 아닙니다. 장기적 경쟁력을 위한 기반 기술, 플랫폼, 역량에 대한 투자는 장기적 관점에서 평가되어야 합니다. 이런 장기 투자의 가치를 경영진과 이해관계자들에게 설득력 있게 전달하는 것은 CTO로서 중요한 책임입니다.

다만, 지나치게 미래에만 집중하여 현재의 기회와 도전을 놓치지 않도록 주의해야 합니다. 진정한 기술 비전은 현실적인 실행 경로를 포함합니다. 이는 영감을 주는 동시에 달성 가능해야 하며, 혁신적이면서도 비즈니스 목표와 연결되어야 합니다.

미래 지향적 관점을 조직 내에 확산시키는 것도 중요합니다. 기술 팀뿐만 아니라 전체 조직이 기술 혁신의 가능성과 잠재적 영향을 이해하고 대비할 수 있도록 지원해야 합니다. 이는 단순한 정보 공유를 넘어, 조직의 사고방식과 문화를 미래 지향적으로 변화시키는 작업입니다.

책임의 무게와 기회

책임이 늘수록 전에는 퇴사 이유였던 것들이 해결해야 할 '일'이 됩니다.

이 사실은 CTO라고 다르지 않습니다. 과거에 '이 회사는 이런 문제가 있어서 떠나야겠다'고 생각했던 바로 그 문제들, 예를 들어 기술 부채, 불명확한 의사결정 프로세스, 리소스 제약, 비합리적인 일정, 기술과 비즈니스의 괴리, 조직 붕괴, 단기적 사고, 낮은 연봉 등이 이제는 여러분이 해결해야 할 과제가 되었습니다.

이는 큰 책임의 무게를 의미하지만, 동시에 진정한 변화를 만들어 낼 수 있는 강력한 기회이기도 합니다. 여러분은 이제 단순히 문제를 지적하는 사람이 아니라, 해결책을 만들고 실행할 수 있는 위치에 있습니다. 이것이 바로 리더십의 본질입니다.

CTO로서의 여정은 기술과 비즈니스, 현재와 미래, 혁신과 안정성 사이의 끊임없는 균형 잡기입니다. 이 균형을 유지하는 것은 쉽지 않지만, 그것이 바로 여러분의 역할이 가치 있고 중요한 이유입니다.

여러분은 단순한 '기술 담당자'가 아님을 기억하세요. 여러분은 기술을 통해 비즈니스 가치를 창출하고, 조직의 미래를 설계하며, 디지털 시대의 경쟁 우위를 구축하는 전략적 리더입니다. 그리고 이것이 바로 CTO로서 추구해야 할 진정한 정체성입니다.

CTO는 단순한 직책 이상의 존재입니다. 조직 내에서 여러분은 다양한 이해관계자들에게 다면적인 롤 모델이 되어야 합니다. 이 역할을 어떻게 수행하느냐가 여러분의 영향력과 효과성을 결정합니다.

그렇다면 개발자들에게 어떤 모습을 보여야 할까요? 그들은 여러분을 통해 기술 경력의 진화와 성장 가능성을 보게 됩니다. 기술적 전문성을 완전히 버리지 않으면서도 비즈니스적 사고방식을 통합한 균형 잡힌 모습을 보여 줄 필요가 있습니다. 기술적 토론에 간헐적으로 참여하되, 세부 구현보다는 아키텍처와 전략적 방향성에 집중하세요. 기술적 결정에 대한 근거를 명확히 설명하고, 비즈니스 맥락과 연결시키는 모습을 보여줌으로써 기술과 비즈니스 사이의 연결 방법을 시연하세요.

타 직군에게는 회사의 기술 비전에 대해서 전적으로 신뢰할 수 있는 전문가의 모습을 보여줘야 합니다. 이들은 기술적 세부 사항보다는 비즈니스 목표를 달성하기 위한 기술의 역할과 가치에 관심이 있습니다. 복잡한 기술 개념을 쉽게 설명하고, 기술 결정이 비즈니스에 미치는 영향을 명확히 전달할 수 있어야 합니다. 기술 조직의 역량과 한계를 정직하게 소통하면서도, 문제 해결에 대한 확신과 비전을 제시하는 균형이 필요합니다.

경영진에게는 단순한 기술 담당자가 아닌, 기술을 통한 비즈니스 혁신과 성장의 파트너로 자리매김해야 합니다. 기술 투자와 결정에 대해 비즈니스 성과를 중심으로 대화하고, 장기적 관점에서 기술이 어떻게 경쟁 우위를 창출할 수 있는지 비전을 제시해야 합니다.

특히 중요한 점은 학습에 대한 끊임없는 열정을 보여 주는 것입니다. 기술 환경은 빠르게 변화하며, 여러분이 계속해서 새로운 것을 배우고 적응하는 모습은 팀 전체에 강력한 메시지를 전달합니다. 그와 동시에 겸손함을 유지하고, 모든 것을 알지 못한다는 사실을 인정하면서 팀의 전문성을 존중하는 모습도 중요합니다.

이 다면적 역할 모델을 성공적으로 수행하기 위한 핵심은 일관성과 진정성입니다. 모든 이해관계자와의 소통에서 진정한 가치와 원칙을 일관되게 유지하되, 각 청중의 관심사와 언어에 맞게 소통 방식을 조정해야 합니다. 이것은 연기가 아닌, 동일한 메시지를 다양한 맥락에 맞게 효과적으로 전달하는 능력입니다.

어디에도 온전히 속하지 않는 외로움을 느낄 수 있지만, 그것은 여러분이 어디에나 필요하다는 의미이기도 합니다. 기술적 전문성과 경영자적 시각을 통합할 때, 여러분은 조직 내에서 독보적이고 대체 불가능한 가치를 제공합니다.

롤 모델로서의 여러분의 영향력은 공식적인 권한을 훨씬 넘어설 수 있습니다. 여러분이 보여 주는 사고방식, 행동 패턴, 의사결정 방식은 조직 문화 전반에 깊은 영향을 미칩니다. 특히 기술과 비즈니스의 연결, 혁신적 사고와 실용적 실행의 균형, 지속적인 학습과 적응에 대한 여러분의 접근법은 조직 전체의 표준이 될 수 있습니다.

CTO의 여정은 도전적이지만, 그만큼 보람차고 영향력 있는 여정입니다. 이 여정에서 여러분이 만들어 갈 변화와 가치, 성장은 모든 도전과 책임의 무게를 능가할 것입니다.

그리고 언젠가 이 여정이 다음 단계로 이어질 때, 여러분은 더 넓은 영향력을 발휘할 준비가 되어 있을 것입니다. CTO로서의 경험은 미래의 어떤 역할에서든 강력한 기반이 될 것입니다.

이제 경영자로서의 정체성을 받아들이고 여러분만의 독보적인 관점을 발휘하며, 현재의 책임을 다하면서도 미래를 준비하세요. 그것이 진정한 CTO의 역할입니다.

기술 임원의 세 가지 유형과
나의 스타일 알아가기

김영재, 라인 CTO

LINE 기술 임원으로, LINE이 인수한 일본 최대의 푸드 딜리버리 서비스 '데마에칸'의 CPO로 3년간 450여 명의 프로덕트 멤버들과 함께 서비스를 만들고 있습니다. 이전에는 5년간 스타트업 CTO로 일했으며, 해당 스타트업은 AI 기술력을 인정받아 네이버/LINE에 인수되었습니다.

기술 임원의 의미

한 회사의 CEO는 저마다 다른 스타일이 있기에, 그에 따른 역할도 다릅니다. 관리에 강한 CEO가 있는가 하면, 영업에 강한 CEO도 있습니다. 가슴 설레게 하는 비전을 말하며 직원들의 사기를 지속적으로 달아오르게 하는 CEO가 있는가 하면, 늘 의기소침한 모습을 보여 주지만 안정적으로 사업을 이끌고 직원 복지를 꾸준히 향상시키는 CEO도 있습니다.

기술 임원도 마찬가지입니다. 사람들은 대체로 어느 한 명의 이미지만 생각하며 '기술 임원은 이래야지'라고 생각하지만, 회사마다 기술 임원의 스타일과 그로 인한 효과는 다릅니다. 단지 개인의 스타일 때문만은 아니고 회사의 상황에 따라 달라지기도 합니다. 예를 들어 개발자가 한 명도 없던 회사이지만 이제부터 기술력에 힘을 쏟겠다는 의미로 기술 임원이라는 자리를 만들어 개발력이 우수한 누군가를 모셔온다면, 그 사람은 개발보다는 현재의 기술 수준을 파악하고 유능한 사람을 채용하기 위해 동분서주하는 데에만 몇 개월을 꼬박 쓸 수밖에 없습니다.

하지만 어떤 과제나 상황, 개인의 스타일이든 상관없이 한 가지 공통점은 있습니다. 회사에 기술 임원 자리가 있다는 것은, 기술력을 회사의 중요한 가치로 생각한다는 뜻입니다. 그러니 기술 임원의 목표는 어떤 과제나 상황, 개인의 스타일에 상관없이 자신의 역량으로 회사의 기술 가치를 높이는 것이 되어야 합니다.

기술 임원의 유형

기술 임원도 결국 개인이므로 각자 다양한 스타일이 존재합니다. 각기 다른 접근 방식을 통해 회사의 발전에 기여합니다. 제가 '성격'이나 '강점'이 아닌 '스타일'이라고 다소 가볍게 표현한 이유는, 유능한 기술 임원은 회사의 상황과 과제에 따라 계속 변화할 필요가 있기 때문입니다. 개인의 성격은 쉽게 변하지 않더라도, 지속 가능한 회사의 가치를 만들려면 스스로의 스타일은 계속 변해야만 합니다.

작년엔 경찰의 유니폼을 입고 비용 절감을 위해 진행 중인 프로젝트를 단속하고 통제했다면, 올해에는 파일럿의 유니폼을 입고 목표까지 안정감 있게 직원들이 산출물을 내도록 안내할 필요가 있습니다. 이처럼 스스로가 변하지 않으면 회사가 지금 풀고 싶은 과제에는 알맞은 임원일지 몰라도 나중에는 맞지 않는 임원이 될 뿐입니다. 2년 동안 기술 향상 없이 비용만 절감하는 기술 임원은 회사나 이사회가 기대하는 산출물을 제때 내지 못할 것입니다. 그러면 그 임원은 계약 종료가 되겠죠.

그렇다면 기술 임원을 어떤 스타일과 유형으로 나눌 수 있을까요?

이 책의 3장, 8장, 12장에는 저자의 관점으로 스타일이 소개되어 있으니 꼭 읽어보시기 바랍니다. 저자의 관점 외에 여기서는 저만의 관점으로 재해석한 유형을 소개해 보겠습니다. 기술 임원의 유형은 크게 세 가지로 나눌 수 있습니다.

■ 첫 번째 유형: 최고의 기술자

이 유형의 기술 임원은 높은 기술력을 가지며, 프로그래밍이나 연구 개발을 아주 적극적으로 수행합니다. 회사 내에서 가장 실력이 좋은 엔지니어라는 데에 이의가 없습니다.

장애가 날 때 디버깅에 적극적으로 나서며, 코드 리뷰 시 함께 참여하기도 합니다. 팀원들에게 기술적 영감을 주고, 기술적 성장을 촉진하는 데 중심적인 역할을 합니다.

저도 스타트업에서 근무할 때는 이와 같은 유형의 기술 임원이었습니다. 10명 이내의 스타트업 CTO는 거칠게 말해서 '기술 팀장'이라고 말할 수 있습니다. 스스로가 적극적으로 프로그래밍을 하지 않으면 존재 의미가 없기 때문이기도 합니다. 초기에 합류하는 기술자들도 대체로 CTO에 대한 동경과 존중감으로 입사하므로, 그 환상(?)을 유지시켜 줄 필요가 있습니다.

하지만 회사의 규모가 커지고 시스템의 구조도 어느 정도 갖춰지면 이 유형은 점차 줄어들고, 의도적으로 줄일 필요도 있습니다. 그때까지 자신보다 뛰어난 기술자들을 발굴하고 육성하지 못했다면 그것이 스스로의 한계인지도 모릅니다.

기술 개발에 참여하는 역할을 줄일 필요가 있다고 말했지만, 꼭 말하고 싶은 점은 역할을 줄일 뿐이지 절대로 그만두지는 말라는 것입니다. 개발자라면 절대로 코딩을 손에서 놓지 마시길 바랍니다. 조직의 규모와 상관없이 현장감을 잃지 않는 사람으로서 현장의 팀원들에게 공감과 존중을 받을 수 있기 때문입니다.

■ 두 번째 유형: 놀이터 건축가

이 유형의 기술 리더는 주로 거버넌스와 프로세스 개선에 집중하며, 좋은 개발자들이 자유롭게 뛰어놀 수 있는 환경을 조성하는 데 힘씁니다. 조직의 구조와 운영 방식을 개선하여 효율성을 높이고, 협업력을 높이는 데 중점을 둡니다. 또한, 개발자들이 역량을 최대로 발휘할 수 있도록 지원하고, 문제 해결을 위한 최적의 환경을 제공합니다. 그들이 실제로 무슨 일을 얼마나 하는지는 깊게 관여하지 않고 방임하는 모습을 보일 때도 있습니다.

엔지니어들의 꿈은 자원이 무한히 있고, 만들고 싶은 것을 만들 때 누구에게도 허락을 받지 않고, 실패해도 계속 시도해 볼 수 있는 환경에서 일하는 것입니다. 하지만 아무리 자유로운 놀이터라고 해도 영역과 한계는 정해져 있기 마련입니다. 그리고 모두가 회사의 규칙을 암기하고 행동할 수는 없으므로, 시스템에서 제한하는 것도 필요합니다. 상장 회사라면 감사로부터 내부 통제가 적절하게 이루어지는지 확인받을 필요도 있습니다.

이 유형의 기술 임원은 직원의 창조성을 최대한 발휘하게 한다는 긍정적인 의미를 팀에게 주는 동시에 회사로서 적법한 절차에 따라 진행할 필요가 있다는 제약을 설명하는 일에 많은 시간을 씁니다. 궁극적으로 '우리 회사에서는 여러분의 역량을 최대한 발휘할 수 있다'는 메시지를 줍니다.

가장 흔한 예시로 개인정보 취급과 데이터 활용이 있습니다. 직원들이 데이터를 쉽게 조회하고 분석할 수 있게 할 필요가 있지만, 이를 위해 접근 권한과 데이터의 마스킹은 정해진 사내 시스템만 사용하도록 통제해야 합니다. 이 시스템을 쉬운 UI와 좋은 성능으로 제공하면, 직원들이 '그냥 DB에 접근해서 쿼리할래요' 같은 위험한 생각을 하지 않도록 유도할 수 있습니다.

■ 세 번째 유형: 이성적인 성취가

이 유형의 기술 임원은 투자와 비용 대비 효과, KPI에 매우 민감합니다. 어떤 프로젝트를 시작할 때 어느 정도의 기간을 가지고 공수 견적을 보며 그만한 효과를 낼 수 있는지를 중요하게 생각합니다. 철저하게 사업적인 성과 관점에서 판단을 내리며, 수치적인 임팩트를 내는 것에 집중합니다. 조직이 재정적으로 안정적이고 지속 가능하게 성장할 수 있도록 전략을 세우고, 예산을 효율적으로 관리합니다.

빡빡하게 느껴질 수 있지만, 회사의 사업적인 목표와 완벽히 일치하여 직원들이 움직이고 그로 인해 회사 외부의 시선에서 경제적으로 높은 성과를 달성했다면 (예를 들어 시장 1위, 영업 이익 초과 달성, 주가의 전고점 돌파 등) 직원들의 사기는 위의 두 유형보다 높으며 충성심도 견고하게 유지됩니다.

이 유형은 기술에 대한 이해도가 높은 편은 아닙니다. 앞선 두 유형보다 인재의 중요성이나 품질도 민감하게 생각하지 않습니다. 목표를 달성할 수만 있다면 외주가 만들든 직원이 만들든 제때 산출물을 내는 것이 더 중요하기 때문입니다. 그래서 이 유형이 기술 임원답지 않다고 생각하는 사람들도 많습니다. 하지만 요즘은 회사의 지속 가능성이 중요해지면서 경제적으로 가장 합리적인 이 유형의 필요성이 높아지고 있습니다.

이 유형의 사람들은 회사가 달성해야 할 목표 속에 꼭 필요한 프로젝트와 이를 만드는 기술자들의 역할이 무엇인지를 설명하는 데에 대부분의 시간을 씁니다.

종합적인 기술 리더

기술 임원은 각 회사의 상황마다 위의 세 유형의 비율이 조금씩 다를 뿐 어느 한쪽에만 완전히 치우쳐 있을 수는 없습니다. 만일 하나의 유형에만 치중되어 있다면 실상은 팀장 정도이지만 어쩌다 보니 임원의 자리에 앉아 있을 뿐, 회사의 지속 가능성과 가치를 높이기 위해 일하는 기술 임원으로는 부족할 것입니다. 각기 다른 유형의 기술 임원은 서로 다른 강점과 역할을 가지며, 스스로를 꾸준히 바꿔가고 협력하여 조직의 목표를 달성합니다.

여러분의 어제는 그리고 오늘은 세 가지 유형 중에서 어디에 가까운가요? 자신이 현재는 각각 어느 정도의 비율인지를 생각하며 미래를 설계하면 좋겠습니다.

저는 지금 약 450여 명의 프로덕트 팀원들과 함께하고 있습니다. 요즘 제가 하고 있는 일을 각 유형에 맞추어 간략히 설명해 보겠습니다. 새로운 프로젝트를 진행할 때면 그 규모와 견적 및 그에 따른 기대 효과를 보고, 아키텍처의 변화를 살펴면서 영향을 받는 컴포넌트마다 어떤 직원이 어떤 일을 하는지를 파악합니다.

우선 '최고의 기술자' 유니폼을 입습니다. 아키텍처를 살펴보며 성능이 낮아질 우려가 있는 데이터베이스 기술을 사용했다면 리서치 자료의 링크를 주며 바꾸도록 지시합니다. 예상되는 트래픽과 응답 속도를 계산하여 캐시 레이어를 하나 추가하도록 합니다. API에 기능적으로 부족한 부분이 있다면 파이썬으로 테스트 코드를 작성하고 팀에 공유하여 기능을 보강하도록 합니다.

그다음 '놀이터 건축가'의 유니폼을 입습니다. 로깅과 모니터링 SaaS를 도입하여 릴리스할 때마다 적절한 알림과 모니터링이 가능하도록 만듭니다. QA를 보강하여 릴리스할 때 개발자들이 미처 놓친 기능을 보완하도록 합니다. 서비스에 필요한 날씨 정보가 한 곳에서 두세 곳으로 넓어지는 걸 보며, 날씨 정보 회사들의 데이터 이용 범위 및 규약, 품질을 비교하는 한편, 공통 플랫폼 팀에게 날씨 데이터 플랫폼을 만들도록 하여 관리를 일원화합니다. 이로써 어떤 서비스든 날씨 정보를 쉽게 도입할 수 있게 합니다.

끝으로 '이성적인 성취가'의 유니폼을 입습니다. 만약 한 직원이 개인의 취향으로 너무 많은 컴포넌트를 담당하고 있다면, 컴포넌트 하나에 집중할 때 당신의 커리어가 더 나아질 수 있고 회사로서도 이 프로젝트를 할 때는 얼마 정도의 수익이 예상되므로 더 크게 공헌할 수 있다고 설득하고 조정합니다. KPI에 민감한 컴포넌트에는 담당자를 지정하고 반년간 KPI 하나만 집중하여 향상시키도록 합니다.

이처럼 기술 임원의 역할은 한 프로젝트 안에서도 지속적으로 변하며, 각기 다른 상황에 맞춰 적용할 필요가 있습니다. 따라서 기술 임원이 되려면 기술은 기본이며 경영 능력까지 갖추는 것이 중요합니다. 기술적 지식과 재정적 이해 그리고 조직 운영의 능력을 통합적으로 적용하면 성공적인 기술 리더로 성장할 수 있습니다.

이 책이 더 나은 기술 리더, 나아가 한 회사를 책임지는 기술 임원으로 도약하는 데 도움이 되기를 바랍니다.

기술 임원으로 스타트업에서 대기업까지: 숨고부터 CJ올리브영까지 리더십의 중요성

김환, CJ올리브영 테크플랫폼센터 센터장(경영리더)

 스타트업과 대기업을 거치며 기술 리더십을 키워왔습니다. 숨고의 공동 창업자 겸 CTO를 거쳐 현재 CJ올리브영에서 기술 조직을 구축하고 지속적인 성장을 이끌고 있습니다. 스타트업에서의 빠른 실행력과 대기업에서의 전략적 사고를 결합해 기술 조직을 단단하게 만들어 가고 있습니다. 기술 조직의 경쟁력을 높이기 위해 리더의 방향성과 리더십 그리고 구성원의 성장과 협력을 중요하게 생각합니다.

저는 기술 임원으로서 스타트업과 대기업을 거치며 다양하고 특이한 경험을 해 왔습니다. 숨고에서 공동 창업자로 시작해 CTO를 맡았고, 이후 대기업인 CJ올리브영에서 기술 조직을 꾸려 기술을 혁신하는 역할을 수행하고 있습니다. 이 과정에서 개발 역량뿐만 아니라 **조직을 이끌고 성장시키는 리더십**이 얼마나 중요한지를 배워가는 중입니다.

스타트업에서의 기술 임원

저는 어릴 때부터 코딩을 좋아했고, 특히 사용자가 직접 사용하는 제품을 만드는 걸 즐기곤 했습니다. 기술을 통해 문제를 해결하고 사람들이 편리하게 사용할 수 있는 제품을 만드는 과정이 제게는 큰 즐거움이었습니다. 그래서 자연스럽게 스타트업에서 개발을 하며 기술을 리딩하는 업무를 맡게 되었습니다.

대부분의 스타트업은 실패합니다. 저 역시 여러 스타트업을 시도하며 실패를 경험했고, 시행착오를 거듭하는 과정에서 많은 것을 배웠습니다. 그러던 중 숨고의 공동 창업자로 합류하며 여러 개발자를 채용하면서 자연스럽게 기술 임원의 역할을 맡게 되었습니다. 처음에는 개발을 잘하는 것만으로 기술 임원의 역할을 잘 수행할 수 있을 것이라고 생각했지만, 실제로는 그렇지 않다는 것을 곧 깨닫게 되었습니다.

■ 기술을 넘어서: 나 자신의 변화에서부터 시작하는 리더십

어느 가을날 오후 5시쯤, 팀원들로부터 회의실로 와달라는 요청을 받았습니다. 느낌이 이상했습니다. 회의실 안은 조용했지만, 묘한 긴장감이 돌고 있었습니다. 한 팀원이 조심스럽게 입을 열었습니다. "환, 그렇게 말씀하시면 안 돼요." 이 말을 시작으로 저의 말투, 행동 그리고 리더십에 대한 크리티컬한 피드백이 쏟아졌습니다. 처음에는 예상하지 못한 지적에 당황했지만, 차츰 하나둘 들려오는 이야기 속에서 그동안 미처 깨닫지 못했던 제 모습이 보이기 시작했습니다. 저는 좋은 리더가 되고 싶었지만, 제 의도와 팀원들이 받아들이는 방식 사이에는 분명한 간극이 존재하고 있었습니다.

팀 규모가 10여 명을 넘어가면서 제 행동을 바꾸지 않았다는 것은 예상치 못한 문제였습니다. 저는 여전히 개발을 잘하는 사람이었지만, 사람을 관리하고 조직을 운영하는 것은 전혀 다른 영역이었습니다. 그 당시 공동 창업자로서 좋은 조직 문화란 무엇인지 깊이 고민했고, 스타트업답게 미국 넷플릭스의 '자유와 책임' 문화를 존경하며 솔직한 피드백 문화를 만들고자 노력했습니다. 처음부터 '님'이라는 호칭대신 서로를 닉네임으로 부르며 자유로운 분위기를 지향했습니다.

하지만 단순히 문화적 원칙을 세운다고 조직이 변하는 것은 아니었습니다. 솔직함이 항상 좋은 것은 아니었고, 문화가 강조된다고 해서 모든 사람이 같은 방식으로 받아들이는 것도 아니었습니다. 결국 리더십은 조직 문화에서 시작하는 것이 아니라 리더인 저의 행동에서 출발해야 한다는 것을 인식했습니다.

회사가 빠르게 성장하면서 채용이 늘었고, 팀원 수도 배로 증가했습니다. 저는 여전히 코드 작성과 아키텍처 설계가 익숙했지만, 이제는 기술을 넘어 조직을 이끄는 역할이 더욱 중요해지는 시점이었습니다. 이 사건은 단순한 해프닝으로 끝나지 않고 리더십과 커뮤니케이션을 본격적으로 공부하는 계기가 되었습니다.

이후 저는 조직 관리와 협업 방식을 연구하며 효과적인 피드백과 소통 방식을 체계적으로 학습했습니다. 리더십은 단순한 권한이 아니라 끊임없이 배워야 하는 기술이었습니다. 좋은 리더가 되기 위해서는 기술적 역량뿐만 아니라 팀원들의 관점에서 생각하고 상황에 맞는 커뮤니케이션과 피드백 문화를 정립하는 것이 중요했습니다. 솔직함이 무조건 좋은 것이 아니며, 자유로운 문화 속에서도 명확한 방향성과 조율이 필요하다는 것을 깨달았습니다. 조직이 커질수록 리더가 먼저 변화해야 조직도 함께 성장할 수 있습니다. 결국 리더십의 시작은 나 자신을 변화시키는 것에서부터 출발합니다.

대기업에서의 기술 임원

이후 CJ올리브영의 기술 임원으로 합류해 외주로 관리하던 시스템을 내재화하는 역할을 맡게 되었습니다. 스타트업에서는 모든 구성원이 새로운 기술과 고객에게 필요한 기능을 빠르게 적용하고, 시장의 반응을 보며 즉시 개선하는 방식이 익숙했습니다. 하지만 대기업은 달랐습니다. 비즈니스 부서와 메이커 업무 담당자가 명확히 정해져 있었고, 기능별 프로세스와 역할이 체계적으로 정립되어 있었습니다.

그러나 막상 현장에서는 대규모 장애가 자주 발생했고, 운영 이슈를 해결하는 데 많은 시간이 소요되면서 신규 기능을 개발하는 속도가 기대보다 훨씬 느렸습니다. 누군가 변화를 원해도 부서 간 조율과 긴 의사결정 과정 때문에 빠르게 실행하기 어려운 구조였습니다.

■ 대규모 조직의 기술 리더십: 유연성과 연결성을 부르는 촉진자

입사한 지 세 달쯤 되었을 무렵, 변화해야 하는 부분을 정리하고 조직을 운영하는 데 익숙해질 법도 한데, 여전히 복잡한 조직의 새로운 환경에 적응하는 중이었습니다. 그러던 어느 날, 한 팀원이 제게 면담을 요청했습니다. 팀원으로부터 퇴사 의사를 전달받았고, 제가 예상했던 일은 아니었습니다. 아직 조직의 구조를 완벽히 이해하지 못한 상태였지만, 내부적으로는 크고 작은 변화가 시작되는 시점이었습니다. 면담은 저녁 늦게까지 이어졌고 밤 11시가 넘어서야 끝이 났습니다.

처음에는 단순한 이직 상담 정도로 생각했지만, 이야기를 나누면서 **퇴사의 근본적인 이유**를 보다 깊게 들을 수 있었습니다.

"환 님이 오시면서 무언가 달라질 거라고 기대했어요. 하지만 시간이 지나도 여전히 크게 바뀌는 게 없는 것 같아요. 처음에는 기다려보면 나아지겠지 했는데, 실제로 뭔가 달라지고 있다는 느낌이 들지 않아요."

그날 밤 집으로 돌아가는 길 내내 머릿속이 복잡했습니다. 기술적 문제나 우리 조직 내부만의 변화로는 부족했습니다. 조직 전체 그리고 다른 조직과 협업하는 방식과 일하는 문화 자체를 바꾸는 일이 절실하다는 사실을 깊이 느꼈습니다.

대규모 조직일수록 리더는 권한과 시시로 소식을 통제하는 사람이 아니라, 조직 간의 벽을 낮추고 서로가 유연하게 협력할 수 있도록 연결성과 신뢰를 높이는 촉진자가 되어야 했습니다. 저는 그날부터 조직 전체, 나아가 다른 부서와의 협업까지 아우르는 시야로 리더십을 바라봤습니다. 단순히 권한을 행사하는 것이 아니라 문제의 재발을 방지하기 위한 근본적 해결책을 찾는 논의를 적극적으로 이끌었고, 다양한 조직들이 서로 신뢰하고 협력할 수 있는 환경을 구축하는 데 집중했습니다. 이를 위해 대규모 애자일 조직을 위한 다양한 방법론을 깊이 고민하고 체계적으로 적용하고자 노력했습니다.

서로 다른 조직들이 공통의 목표와 비전을 공유하고, 자유롭게 소통하며 빠르게 실행할 수 있는 환경을 만드는 리더십이 필요했습니다. 시간이 지나면서 자연스럽게 조직 내에서 '함께 협업해서 문제를 해결하자'는 분위기가 형성되기 시작했고, 개발자와 다른 부서들이 함께 모여 문제를 해결하는 협력 문화가 자리 잡기 시작했습니다.

AI 시대, 변하지 않는 기술 리더십의 가치

생성형 AI를 비롯한 차세대 기술이 급속도로 발전하면서 업무를 처리하는 속도에 따른 생산성과 효율성에 대한 기대치가 높아지고 있습니다. AI가 반복적이고 자동화 가능한 업무를 빠르게 대체하고 있지만, 기계가 수행할 수 없는 영역인 전략적 계획 수립과 창의적 의사결정은 여전히 기술 임원을 비롯한 사람의 몫으로 남습니다. 따라서 기술 임원은 완전히 새로운 비즈니스 환경에 적응하고, 이전보다 더 빠르고 명확하게 계획하고 판단해야 한다는 압박을 받게 될 것입니다.

이러한 환경에서 계획과 협업의 중요성은 강조될 수밖에 없습니다. 효과적인 계획과 실행을 위해 개인의 노력을 넘어선 팀 전체의 긴밀한 소통과 협력이 필수적입니다. 기술의 발전에도 불구하고 조직의 성장과 운영을 지탱하는 근본적인 힘은 구성원들 간의 신뢰와 원활한 커뮤니케이션에 기반합니다.

따라서 효과적인 기술 리더십은 단순히 기술을 관리하는 것을 넘어서, 구성원들이 자신의 잠재력을 최대한 발휘할 수 있는 환경을 조성하는 데 집중해야 합니다. 이 글을 읽는 모든 기술 리더분들이 그러한 리더십을 실천하여 각자의 조직에서 혁신을 이끌고 변화를 주도하기를 바랍니다. 여러분의 리더십이 팀과 조직의 성장을 촉진하고, 진정한 변화를 만들어 내는 데 결정적인 역할을 할 것입니다.

우발적인 복잡성과 본질적인 복잡성에 대한 고찰

박재호, 레인보우브레인 CTO

현재 생성형 AI 전문 회사인 레인보우브레인의 CTO를 역임하고 있습니다. 임베디드 소프트웨어 개발부터 클라우드 네이티브 소프트웨어 개발에 이르기까지 다양한 분야에서 여러 가지 기술 스택을 기반으로 소프트웨어 개발과 상용화에 참여해 왔습니다.

대표 역서로 『해커, 광기의 랩소디 세상을 바꾼 컴퓨터 혁명의 영웅들』(한빛미디어, 2019년), 『Clean Code 클린 코드』(인사이트, 2013년)를 번역했습니다. 각종 기술 소식을 다루는 블로그 '컴퓨터 vs 책'(https://jhrogue.blogspot.com)과 개발자를 위한 유튜브 '채널 박재호'(https://www.youtube.com/@채널박재호)를 운영하며, 개발자들을 위한 각종 교육과 세미나도 지속적으로 진행하고 있습니다.

우리를 둘러싼 세상은 날이 갈수록 점점 더 복잡해지고 있습니다. 이런 현상은 정치, 경제, 사회, 문화, 과학 전 분야에 걸쳐 발전함에 따라 필연적이라고 볼 수 있는데, 디지털화된 기술은 이렇게 급변하는 세상을 지탱하고 있습니다. 특히 디지털화된 기술의 핵심을 차지하고 있는 소프트웨어는 지속적인 업데이트와 새로운 기능 추가가 가능할 뿐만 아니라, 공간을 거의 차지하지 않고 무게도 없어 관리와 배포가 효율적입니다. 게다가 인간이 만든 모든 반영구적인 인조물과는 달리, 디지털화된 저장소만 잘 운영하면 소프트웨어 그 자체로는 시간이 지나도 닳거나 사라지지 않는 영구적인 특성까지 갖추고 있습니다.

하지만 이런 좋은 특성은 소프트웨어를 개발하는 사람들에게 악몽을 선사할 가능성이 있습니다. 소프트웨어 공학에서 자주 언급되는 좋은 예를 하나 들어 보겠습니다, 고층 건물이 완공된 다음에 지하 5층과 20층의 위치를 바꿔 달라는 요청은 존재하지 않지만, 소프트웨어가 완성된 다음에는 이보다 더한 요청이 들어오기 마련입니다. 예를 들어 인증/인가 시스템을 수정해서 권한 부여를 계층화시켜 자동으로 하부 조직에 위임하고 필요에 따라 타 조직과 타 회사에도 위임이 가능하도록 조정해 달라고 요청할 수 있습니다. "코드 몇 줄만 바꾸면 되지 않나요?"라고 다른 이들이 말하지만, 개발자의 삶은 그렇게 단순하지 않습니다. 추상화된 형태의 소프트웨어가 변동성이 강하다고 해서 무작정 변경이 쉽다는 이야기는 아닙니다. 소프트웨어는 추상화된 형태의 결과물이므로 특정 부분의 변경이 다른 부분에 미치는 영향을 직관적으로 알아내기가 상당히 어렵습니다. 겉으로는 단순하게 보이는 작업일지라도 막상 파고들다 보면 복잡해질 가능성이 높습니다.

그렇습니다. 복잡한complex 소프트웨어는 복잡한complicated 우리의 현실 세계와는 다른 길을 걷고 있습니다. 소프트웨어 개발이 위대하고 가치 있고 아무나 하기 어렵다고 말하려는 것이 아닙니다. 소프트웨어도 복잡하고complex, 세법을 다루는 법률 문서도 복잡합니다complicated. 그냥 두 복잡성의 성격이 다르다는 사실을 인식해야 합니다. 소프트웨어의 복잡성complexity은 시스템 자체의 구조와 관계가 복잡해서 단순하게 만들기 어렵다는 사실을 의미하며, 여러 부분과 구성 요소가 실타래처럼 얽혀 있어서 전반적으로 이해하거나 분석하기가 곤란합니다. 하지만 현실에서 복잡성complicatedness은 여러 단계나 과정이 이리저리 꼬여 있어서 해결하거나 처리하기가 곤란하다는 사실을 의미하며, 원래는 단순할지도 모르지만 여러 가지 주변 환경과 요인에 따라 과정이나 절차가 복잡해집니다. 이제 복잡성이 무엇인지 감을 잡았으므로 지금부터는 소프트웨어 복잡성에 국한해서 두 가지 유형과 각각의 특성을 설명하겠습니다.

■ 소프트웨어 복잡성의 두 가지 유형

1986년에 발표한 〈No Silver Bullet − Essence and Accidents of Software Engineering〉 논문과 1975년에 집필한 『맨먼스 미신』(인사이트, 2015) 책으로

유명한 소프트웨어 업계의 태두인 프레더릭 브룩스에 따르면 소프트웨어 설계와 개발에서 마주치는 두 가지 복잡성 유형은 크게 **본질적인 복잡성**essential complexity과 **우발성인 복잡성**accidental complexity으로 나뉩니다. 둘 다 시스템을 복잡하게 만들지만 원인과 해법에서 큰 차이를 보입니다.

- **본질적인 복잡성:** 문제 자체의 고유한 복잡성으로, 문제의 요구 사항, 목표, 해결해야 하는 과제 자체의 복잡성으로 인해 발생하며, 아무리 줄이려고 노력하고 애를 써도 본질적으로 줄일 수 없는 복잡성을 의미합니다. 문제의 범위를 줄이기 전에는 해결할 수 없습니다.
- **우발적인 복잡성:** 문제 해결 과정에서 부수적으로 발생하는 복잡성으로, 선택한 기술, 도구, 방법, 설계 방식 등이 불필요하게 시스템을 복잡하게 만듭니다. 특정 문제를 풀어 내는 과정에서 잘못된 선택이나 비효율적인 접근 방식으로 인해 발생하며, 규율에 맞춰 제대로 된 방법으로 문제에 접근해야 이 복잡성을 해결할 수 있습니다.

본질적인 복잡성은 문제 자체에서 그리고 우발적인 복잡성은 문제 해결 과정에서 발생합니다. 본질적인 복잡성은 도메인별 소프트웨어의 핵심 기능과 직접적으로 관련되며, 우발적인 복잡성은 주로 개발 과정과 유지 보수 과정에 영향을 미칩니다.

다시 프레더릭 브룩스의 논문으로 돌아와서 소프트웨어 개발에 대한 본질을 이야기하자면, 소프트웨어 개발에는 획기적인 해결책(즉, 논문 제목에서 잘 드러나는 늑대 인간을 죽일 수 있는 은총알)은 없으며, 어떤 도구와 방법론도 소프트웨어 개발을 획기적으로 단순화하지 못한다는 결론에 다다릅니다. 하지만 여기서 중요한 사안이 하나 있습니다. 바로 본질적인 복잡성을 최적화해서 범위를 줄이고 엔지니어링 역량을 높여 우발적인 복잡성을 낮추면 생산성을 크게 향상시킬 수 있다는 사실입니다. 구체적인 사례로 2025년 1월 20일에 발표되어 전 세계 AI 업계에 충격을 선사한 딥시크DeepSeek R1 모델을 본질적인 복잡성과 우발적인 복잡성의 통제 관점에서 살펴보겠습니다.

■ 딥시크의 복잡성 해결법

딥시크가 직면한 본질적인 복잡성은 대규모 언어 모델(LLM)을 학습하기 위해 방대한 데이터와 연산이 필요하다는 점, 업계 최고의 추론 능력을 확보하기 위해 정밀한 모델 설계가 요구된다는 점, 모델의 파라미터 크기가 커질수록 훈련과 추론 비용이 증가한다는 점, 논리적으로 일관된 응답을 제공하면서 환각을 줄이기 위해 사람의 개입이 필수적이라는 점에서 비롯됩니다. 이와 같은 본질적인 복잡성은 LLM의 근본적인 한계에서 발생하며, 완전히 제거하기란 사실상 불가능하다고 봐야 합니다. 따라서 LLM의 도메인 특성에 따른 본질적인 복잡성을 제거할 수 없는 상황에서는 정면으로 돌파하는 방법밖에 없습니다.

딥시크는 본질적인 복잡성을 효과적으로 통제하면서 우발적인 복잡성을 최소화하는 전략으로 비용을 절감하면서도 성능을 극대화할 수 있었습니다. 먼저 공개된 기존 연구 결과와 오픈 소스 모델을 적극적으로 활용하고, 불필요한 기능은 배제하는 방식으로 모델에서 필요하지 않은 부분은 제외하고, 지도 학습 대신 강화학습을 주요 학습 방법론으로 채택해 인적 비용을 줄이고, 스스로 학습하고 개선하는 능력을 향상시켜 복잡한 추론 작업에 대응할 수 있게 만들어 본질적인 복잡성을 줄일 수 있었습니다. 그리고 비용 효율적인 하드웨어에 분산 학습 기법을 적용해 하드웨어의 한계까지 활용하고, 최적화된 데이터 필터링/학습 방법론을 적용하고, 정교한 양자화 모델과 모델 압축 기법을 사용하고, 학습과 추론 과정에서 효율적인 기술 스택을 활용했습니다. 또한 시간이 더 걸리더라도 생각하는 동안 일어난 사고 과정을 투명하게 사용자에게 보여줌으로써 모델을 정확하게 설명하는 동시에 디버깅 시간을 줄이는 방법으로 우발적인 복잡성을 최적화할 수 있었습니다.

단순히 우수한 인력(현실: 중국 내의 인재들로만 구성됨), 풍부한 하드웨어 지원(현실: 미국의 수출 금지로 인해 강력한 H100 GPU 확보가 어려워서 한 단계 아래 GPU를 사용함), 충분한 데이터(현실: 모든 회사가 데이터는 부족한 상황에 직면해 있음)만으로는 기존의 빅테크 성공 방정식을 적용해 딥시크의 문제를 해결할 수 없었습니다. 딥시크의 성공은 철저하게 본질적인 복잡성과 우발적인 복잡성을 잘 분리한 다음, 군살을 빼서(불필요한 요소를 제거함) 최소화하는 혁신적인 접근 방식에서 기인했습니다. 결론적으로 딥시크는 LLM 연구 개발 분야에서 복잡성에 대한 관리 능력이 경쟁력의 핵심 요소임을 보여 주는 사례입니다.

■ 경력별 복잡성 관리 노하우

지금까지 복잡성에 대해 두 가지로 구분하고, 다시 소프트웨어의 복잡성에 대해 두 가지로 구분한 다음 어떤 점이 다르고 어떤 방식으로 집중해야 할지 구체적인 실제 사례를 통해 살펴봤습니다. 마지막으로 독립적인 개발자(IC)에서 스태프 엔지니어를 거쳐 최고 기술 책임자(CTO)로 올라가며 경력을 쌓아가는 과정에서 복잡성과 관련해서 참고할 내용을 정리해 보겠습니다. 먼저 각 역할별로 중요한 특징부터 짚고 넘어가겠습니다.

독립적인 개발자의 경우에는 뛰어난 기술 전문성, 문제 해결 능력, 학습 능력, 협업 능력이 중요합니다. 즉, 주어진 문제를 해결하는 과정에서 기술을 잘 알고 필요에 따라 빠른 학습으로 기술 변화 추이를 따라잡고 동료들과 협업할 수 있어야 합니다. 스태프 엔지니어의 경우에는 시스템 설계 능력이 있어야 하고, 팀원들에게 기술적인 방향을 제시할 수 있어야 하고, 단기적인 문제 해결뿐만 아니라 장기적인 관섬에서 기술 경쟁력을 높이기 위한 기술 부문의 전략적인 사고가 필요합니다. 마지막으로 최고 기술 책임자의 경우에는 회사의 비즈니스 목표와 시장 추이를 고려해 미래의 기술 방향을 제시하고, 기술 조직을 효율적으로 관리하고, 기술적인 전문성뿐만 아니라 비즈니스 전반에 대해 이해하고, 의사소통 능력이 뛰어나야 합니다.

앞서 언급한 것처럼 소프트웨어 복잡성은 구조와 관계의 복잡성에서 기인합니다. 또한 본질적인 복잡성과 우발적인 복잡성이라는 두 가지 범주로 다시 나눠집니다. 여기서 독립적인 개발자일 때 바라보는 소프트웨어의 복잡성과 임원일 때 바라보는 소프트웨어의 복잡성에 차이점이 있다는 사실이 중요합니다. 경력을 쌓아가면서 이런 차이점을 인식하고 여기에 맞춰 전략을 달리할 필요가 있습니다.

경력 초기에서 중반으로 가는 동안에는 문제를 해결하기 위한 도구와 방법에 집중할 수밖에 없고 또 그렇게 해야 마땅합니다. 프로그램이 동작하는 운영체제(계열, 파일 시스템, 네트워크 환경), 프로그래밍 언어, 프레임워크와 라이브러리, 데이터베이스, 최근에는 클라우드 환경에 이르기까지 실제로 문제를 풀기 위해서는 반드시 숙달되어야 하는 컴퓨터 쪽에 가까운 지식이 존재합니다. 이를 바탕으로 우발적인 복잡성을 줄이기 위한 여러 가지 노하우와 방법론을 익히면서 점차자신의 전문성을 강화하고 넓혀 나가야 합니다. 프로그래밍 언어의 관용적 표현에 익숙하지 않아서 다른 사람들이 어색하게 느끼는 코드, 불필요한 반복적인 연산으로 인해 비효율적으로 동작하는 알고리즘 선택, 맹목적으로 따라간 잘못된디자인 패턴 선택, 가독성이 낮은 코드 작성, 복잡한 빌드 과정, 레거시 시스템의기술 부채 축적 등과 같이 잘못된 기술 적용은 우발적인 복잡성을 통제 불능 상태로 만들기에 컴퓨터와 관련된 전문성은 선택이 아니라 필수입니다.

하지만 경력이 쌓임에 따라 중반 이후부터는 점차 우발적인 복잡성에서 본질적인 복잡성으로 옮겨갈 필요가 있습니다. 노파심에서 한 가지 주의 사항을 짚고 넘어가자면, 우발적이라는 단어를 사용한다고 해서 중요하지 않다는 의미는 아닙니다. 너무나도 당연한 말이지만, 우발적인 복잡성을 통제하지 못하면 유지 보수와확장이 (사실상) 불가능한 소프트웨어가 만들어집니다. 하지만 우발적인 복잡성은 멋지게 줄였지만 본질적인 복잡성을 고려하지 않은 제품이나 서비스를 개발했다면 잘못된 문제를 제대로 푼 셈이므로 고객의 관심을 끌어 내기가 무척 어렵습니다. 문제가 속한 영역의 특성을 제대로 파악하지 못하거나, 핵심 비즈니스에 부가 가치를 더하지 못하거나, 해결해야 하는 문제를 제대로 정리하지 못해서 범위가 너무 넓거나 좁아지거나, 아키텍처 관점에서 제품이나 서비스의 생명 주기를통제하지 못하면 본질적인 복잡성을 줄이는 데 실패하게 됩니다. 그 결과 실행과운영 단계에서 우발적인 복잡성을 늘일 수밖에 없는 잘못된 길로 접어들 가능성이 높아집니다.

스태프 엔지니어를 거쳐 기술 임원이 되면 성급하게 해법을 제시하고 바로 문제 풀이에 돌입하는 대신에 회사와 업계의 비즈니스 상황을 토대로 정말로 풀어야 할 문제 범위를 정확하게 정의하고 굳이 풀지 않아도 되는 문제는 과감하게 제외 시켜야 합니다. 실제 실행으로 들어가는 상황에서는 기술적인 내용을 대내외 이해 관계자들에게 명확하고 효과적으로 전달해서 모두가 동일한 시각을 유지하게 만들어야 합니다. 또한 업계에서 뜨는 신기술에 넋을 빼앗겨 무작정 이를 적용하기 위해 굳이 풀지 않아도 되는 문제를 만드는 함정에서 벗어나야 하며, 신기술 투자 대비 성과가 낮은 부문에 대해서는 기술이 성숙되어 충분한 이익이 날 때까지 운영으로 풀어야 하는 어려운 결정도 내려야 합니다. '가장 좋은 코드는 한 줄도 직접 만들지 않고 문제를 해결하는 코드다'라는 소프트웨어 업계의 유명한 격언에는 나름 이유가 있습니다. 코드가 없으면 문서도 필요하지 않고 빌드와 배포도 필요하지 않고 유지 보수하느라 레거시 코드와 싸울 필요도 없어지기 때문입니다. 이렇듯 반드시 해야 할 일은 제대로 하는 반면에 굳이 하지 않아도 되는 일은 전략적으로 피할 수 있는 지혜가 필요합니다.

충분한 경험치를 획득해 우발적인 복잡성을 다루는 데 능숙해졌다면 지금부터는 도메인에 대한 깊은 지식과 통찰, 비즈니스 환경에 대한 제대로 된 이해, 기술 발전 방향에 대한 선구안을 조합해 본질적인 복잡성에 도전해 볼 차례입니다. 고객의 문제를 효율적으로 해결하기 위해서는 기술부터 비즈니스로 이어지는 복잡성을 제대로 다루는 것이 가장 중요한 목표라는 사실을 명심하면서 기술 경력을 차근차근 쌓아 나가길 바라겠습니다.

스타트업을 준비하는 CTO를 위한 안내서

서준호, Toss Lab, Inc. CTO. JANDI 서비스 개발 총괄

현재 토스랩에서 기술 개발을 총괄하고 있습니다. IT 업계에서 22년 간 몸담으며 다양한 역할을 수행했습니다. 저의 커리어는 포털 사이트인 엠파스에서 시작되었으며, 이후 SK커뮤니케이션즈 네이트온 팀에서 메신저 개발을 담당했습니다. 2009년, IT 패러다임이 변화하는 중요한 시점에 창업을 결심했고, 5년 후 회사를 성공적으로 매각했습니다. 이후 ST Unitas의 CTO를 거쳐, 현재는 토스랩 잔디의 CTO로서 기술 조직을 이끌고 있습니다.

기술 리더로서의 여정

이 글은 단순한 기술적인 조언을 제공하는 것을 넘어, CTO라는 직책이 지닌 진정한 의미와 역할에 관해 이야기하려 합니다. CTO로 성장하는 과정은 단순한 기술적 전문성을 넘어 리더십, 전략적 사고 그리고 끊임없는 자기 계발을 요구합니다. 저는 창업과 동시에 CTO 역할을 맡아야 했고, 그 과정에서 수많은 시행착오를 겪었습니다. 하지만 이를 통해 배운 점도 많았습니다. 회사의 성장 단계에 따라 CTO의 역할과 책임이 어떻게 변하는지 그리고 각 단계에서 필요한 역량이 무엇인지 고민해 왔습니다.

이 글을 통해 초보 CTO들이 겪게 될 어려움과 고민을 조금이나마 덜어주고자 합니다. 이를 위해 CTO의 핵심 역할과 스타트업 성장 단계별 CTO의 역할 변화, 기업 문화 구축 및 변화 관리, 예비 CTO를 위한 조언 등의 주제로 이야기해 보겠습니다.

CTO란 무엇인가?

CTO는 기업 내에서 기술을 총괄하는 최고 책임자로, 기술적 비전을 수립하고 이를 실행하는 역할입니다. 하지만 CTO의 역할은 기업의 성장 단계와 업종, 비즈니스 모델에 따라 크게 달라질 수 있습니다. 스타트업의 CTO와 대기업의 CTO는 그 역할과 책임이 상당히 다릅니다.

CTO는 단순히 뛰어난 개발자가 아니라 비즈니스 전략을 기술적으로 실현하는 리더입니다. 기술적인 문제를 해결하는 것은 물론 조직을 성장시키고, 비즈니스 목표에 맞는 기술적 방향성을 설정하며, 이를 팀원들과 함께 실행해 나가는 역할을 합니다. 이를 위해서는 기술뿐만 아니라 경영, 조직 관리, 커뮤니케이션 등 다양한 역량이 필요합니다.

CTO의 핵심 역할

■ 기술적 비전 수립

CTO의 가장 중요한 역할은 회사의 비즈니스 목표를 지원하는 기술 로드맵을 설계하는 것입니다. 이를 위해 시장 트렌드와 신기술을 지속적으로 분석하고, 도입 가능성을 평가하며, 장기적인 기술 전략을 수립해야 합니다. 기술이 빠르게 변화하는 시대에서 회사가 경쟁력을 유지하려면 CTO가 명확한 기술 비전을 설정하고 이를 실행할 수 있어야 합니다.

- **기술 로드맵 설계:** 회사의 중장기적 목표에 맞춰 기술 전략을 수립합니다.
- **시장 트렌드 분석:** AI, 블록체인, 클라우드, 데이터 분석 등 신기술을 연구하고, 도입할 기술을 평가합니다.
- **기술 부채 관리:** 기술 부채가 누적되지 않도록 코드 품질을 유지하고, 지속적인 리팩터링을 진행합니다.

▪ 팀 빌딩과 리더십

CTO는 우수한 기술 팀을 구성하고 팀원들이 지속적으로 성장할 수 있도록 지원해야 합니다. 뛰어난 개발자를 채용하는 것뿐만 아니라 협업 문화와 기술적 성장 환경을 조성하는 것도 중요합니다.

- **뛰어난 개발자 채용:** CTO는 기술 면접을 주도하고, 최고의 인재를 영입하는 데 집중해야 합니다.
- **기술 문화 구축:** 코드 리뷰, 기술 공유 세션, 내부 해커톤 등을 통해 건강한 개발 문화를 조성합니다.
- **멘토링과 성장 지원:** 팀원들에게 명확한 성장 경로를 제시하고, 멘토링을 통해 기술적 성장을 도와야 합니다.

▶ 잔디에서는 매월 기술 세션 '가드닝데이'를 진행합니다.

▪ 비즈니스 이해와 협업

CTO는 단순히 기술적 의사결정을 내리는 것이 아니라 기술이 비즈니스에 미치는 영향을 깊이 이해해야 합니다. 이를 위해 CEO, CFO, CMO 등 경영진과 긴밀하게 협업해야 하며, 제품, 마케팅, 영업 등 다양한 부서와의 원활한 소통이 필수적입니다.

- **제품 개발 팀과의 협업:** 기술적 실현 가능성을 고려하여 제품 개발 방향을 설정하고, 시장 요구에 맞게 조정합니다.
- **비즈니스 임팩트 분석:** 기술과 관련된 의사결정이 수익성과 고객 경험에 어떤 영향을 미치는지 분석합니다.
- **CEO, 경영진과 협업:** 기업의 전략적 방향성을 결정하는 데 기술적인 관점을 제공합니다.

■ 실행과 문제 해결

CTO는 기술적 비전을 실행에 옮기고, 개발 프로세스를 최적화하며, 발생하는 문제를 신속하게 해결해야 합니다. 특히 성능 문제나 장애 발생 시 신속한 대응이 필요합니다.

- **핵심 기술의 문제 해결:** 복잡한 기술적 문제를 분석하고 해결하는 역할을 수행합니다.
- **개발 프로세스 최적화:** 효율적인 개발 환경을 조성하고, 적절한 도구와 프로세스를 도입합니다.
- **위기 대응:** 서비스 장애나 보안 문제가 발생했을 때 신속하게 이를 해결할 수 있는 대응 전략을 수립합니다.

스타트업의 성장 단계별 CTO의 역할 변화

CTO는 현재 자신이 속한 회사의 성장 단계에 맞춰 스스로의 역할을 정의하고, 필요한 역량을 갖추기 위해 꾸준히 노력해야 합니다.

■ 소규모 스타트업 CTO: 최고의 개발자

소규모 스타트업의 CTO는 단순히 기술을 리드하는 사람이 아니라 가장 뛰어난 개발자이자 핵심적인 의사결정자입니다. 창업 초기에는 개발 팀이 1~3명 수준으로 구성되는 경우가 많으며, CTO가 직접 제품 개발을 주도하게 됩니다. 핵심 역할은 다음과 같습니다.

- **MVP 개발:** 초기 스타트업은 빠르게 시장에 제품을 출시해야 합니다. CTO는 사용자 피드백을 신속하게 반영하며, 제품을 최소한의 기능으로 빠르게 개발하는 역할을 맡습니다.

- **기술 스택 선택과 아키텍처 설계:** 회사의 제품과 서비스에 적합한 기술 스택을 선택하고 기술적 기반을 구축합니다. 장기적인 확장성을 고려해야 하지만 지나치게 복잡한 구조는 피해야 합니다.
- **빠른 피드백 반영과 문제 해결:** 초기 스타트업은 예상치 못한 문제에 자주 직면합니다. CTO는 개발 과정에서 발생하는 다양한 기술적 문제를 신속하게 해결해야 합니다.
- **초기 개발자 채용과 팀 문화 형성:** 초기 팀원들은 스타트업의 기술적 방향성을 결정하는 핵심 인재입니다. CTO는 적절한 개발자를 채용하고, 팀 내 기술 문화를 형성해야 합니다.

■ 중규모 스타트업 CTO: 팀을 성장시키는 리더

직원 수가 100명 이상이 되었다면 중규모 스타트업으로 볼 수 있습니다. 회사가 성장하면서 CTO의 역할도 변합니다. 이제 CTO가 모든 코드를 직접 작성하는 것은 비효율적이며, 팀을 구축하고 운영하는 리더의 역할이 더욱 중요해집니다. 핵심 역할은 다음과 같습니다.

- **팀 빌딩과 기술 조직 확장:** 회사가 성장하면 개발 팀의 규모도 커집니다. 이 시기에는 CTO가 새로운 개발자들을 채용하고 팀 내에서 역할을 적절히 분배하는 것이 중요합니다.
- **기술 문화 구축과 코드 품질 관리:** CTO는 팀원들이 효율적으로 협업할 수 있도록 개발 프로세스를 정립해야 합니다. 코드 리뷰, 테스트 자동화, 문서화 등의 프로세스를 정리하여 코드 품질을 유지하는 것이 중요합니다.
- **기술적 의사결정 주도 및 확장성 고려:** 기술 스택과 아키텍처를 장기적인 성장에 맞게 조정해야 합니다. 초기 MVP 개발 단계에서 단순한 기술 스택을 선택했다면, 이제는 확장성과 유지보수를 고려하여 기술적인 결정을 내려야 합니다.
- **개발자 성장 지원과 멘토링:** CTO는 팀원들의 성장을 도와야 합니다. 엔지니어링 매니저를 두거나 기술적 코칭을 통해 팀원들의 역량을 키우는 것이 중요합니다.

■ 대규모 스타트업 CTO: 비즈니스를 읽는 테크 리더

이 단계에서는 CTO가 개발 팀 내부에서만 활동하는 것이 아니라, 경영진의 일원으로서 회사의 비즈니스 전략을 기술적으로 실현하는 역할을 수행해야 합니다. 핵심 역할은 다음과 같습니다.

- **기술 전략 수립과 비즈니스 정렬:** 기술 팀이 회사의 목표와 방향성에 맞춰 움직일 수 있도록 기술 로드맵을 수립해야 합니다.
- **타 부서와의 협업을 통한 의사결정:** 이제 CTO는 제품, 마케팅, 영업 등 다양한 부서와 협력하여 기술이 비즈니스에 실질적인 영향을 미칠 수 있도록 해야 합니다.
- **외부와의 커뮤니케이션:** 투자자나 외부 파트너들과의 기술적 논의를 주도하는 역할도 해야 합니다. CTO는 회사의 기술력을 대외적으로 알리고, 전략적 파트너십을 구축해야 합니다.
- **조직 확장에 따른 운영 최적화:** 회사의 성장과 함께 개발 조직도 더 커집니다. CTO는 조직을 효과적으로 운영하고 생산성을 극대화할 수 있는 방안을 고민해야 합니다.

스타트업의 성장 단계에 따라 CTO의 역할은 끊임없이 변화합니다. 초기에 개발자로 시작했더라도, 결국에는 조직을 리드하는 역할로 발전해야 합니다. 중요한 것은 자신의 역할 변화를 인식하고 그에 맞는 역량을 지속적으로 개발하는 것입니다. CTO로서 성장하고 싶다면 기술뿐만 아니라 팀 운영, 비즈니스 전략, 리더십 역량을 함께 키워야 합니다.

기업 문화 구축 및 변화 관리

스타트업의 성공 여부는 단순히 뛰어난 기술력에 달려 있지 않습니다. 구성원들이 일하는 방식, 협업 문화 그리고 변화에 대한 적응력이 기업의 지속 가능성을 결정짓습니다. 즉, 기업 문화가 조직의 성장을 결정짓는 중요한 요소입니다. 그렇다면 이를 효과적으로 관리하고 변화에 대응하는 방법에는 무엇이 있을까요?

■ 명확한 비전과 가치 정립

기업 문화는 단순한 구호가 아니라 조직이 실제로 따르는 가치와 행동 규범이어야 합니다. 초기에 기업의 미션과 핵심 가치를 명확히 정의하고, 모든 팀원이 이를 공유해야 합니다.

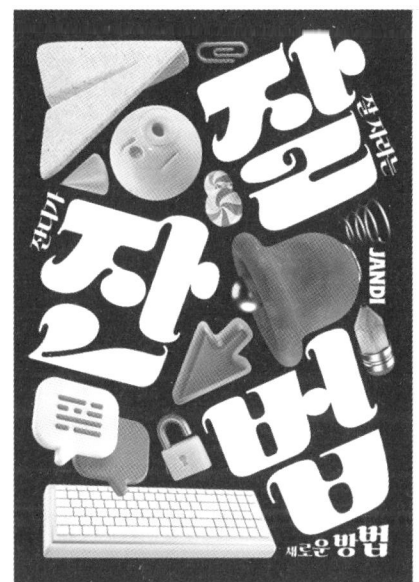

▶ 잔디의 '잔잘법'

잔디는 '자율과 책임'이라는 핵심 가치를 바탕으로 강력한 성과 중심 문화를 구축
했습니다. 직원들에게 높은 자유를 주되, 그만큼 책임도 요구하는 방식입니다. 예
를 들어 잔디는 각 직원이 자신에게 맞는 일정과 방식을 정할 수 있도록 합니다.
이러한 문화가 성과 중심의 조직을 만드는 데 큰 역할을 했습니다.

■ 신뢰 기반의 커뮤니케이션

조직이 성장할수록 의사결정 구조가 복잡해지고 팀 간의 협업이 중요해집니다.
신뢰 기반의 커뮤니케이션이 이루어지지 않으면 오해가 쌓이고 업무 효율성이 떨
어집니다. 따라서 투명한 정보 공유와 피드백 문화가 필수적입니다.

■ 변화 관리의 중요성

스타트업은 빠르게 성장하면서 지속적인 변화에 직면합니다. 이 과정에서 기존
조직 문화가 흔들릴 수 있으며, 변화를 효과적으로 관리하지 않으면 내부 혼란이

발생할 수 있습니다.

토스랩에서 개발한 협업 툴 '잔디'는 초기 스타트업 조직에서 점차 글로벌 시장으로 확장하면서 조직 문화의 변화가 필요했습니다. 초기에는 빠른 실행력을 강조했지만, 조직이 성장함에 따라 프로세스 정립과 구조화된 협업 방식이 필요했습니다. 이를 위해 내부적으로 피드백 문화를 강화하고, 팀 간 커뮤니케이션 방식을 개선하는 등의 노력을 기울였습니다.

기술 임원으로 성장하고자 하는 예비 CTO에게

CTO로서 성공하기 위해서는 변화하는 역할을 빠르게 인식하고 적응하는 것이 중요합니다. 처음 CTO가 되어 고민이 많다면, 지금 본인이 속한 조직의 규모와 역할을 돌아보면서 다음 단계로 성장할 준비를 하는 것이 좋습니다. 그리고 무엇보다 수많은 시행착오를 견디기 위한 자신만의 원칙과 철학을 가져야 합니다.

제가 지금까지 이야기한 내용은 여러분 모두가 이미 알고 있을 수도 있습니다. 하지만 중요한 것은 알고 있는 것^{knowing}과 실제로 행동하는 것^{doing}은 다르다는 점입니다. 많은 사람들이 좋은 정보를 접하고 깨달음을 얻지만, 실천하지 않으면 아무 의미가 없습니다.

이제는 알고 있는 것에서 멈추지 말고 직접 행동으로 옮겨보세요. 여러분은 이미 모든 것을 알고 있습니다. 이제는 doing하십시오.

CTO로서의 첫날을 돌아보며

유진호, (주)크라우드웍스 AI 기술개발 팀 팀장

컴퓨터 비전과 그래픽스를 전공하고 GE Healthcare의 의료 장비 개발 분야에서 개발 일을 시작했습니다. 그 후 임베디드 시스템, 게임 엔진, 웹 서비스, 클라우드 및 블록체인 등 다양한 분야에서 개발 경험을 쌓았습니다. 개발자이면서 애자일 코치로서 훈련받았으며, 생산적이고 영혼을 지키며 일하는 개발 조직을 만들고 운영하는 데 관심을 가지고 있습니다. 현재는 (주)크라우드웍스에서 LLM 제품군을 기획하고 개발하고 있습니다. 저서로는 『최고의 프로덕트는 무엇이 다른가』(비제이퍼블릭, 2024)가 있습니다.

잠시 어느 스타트업의 CTO로서 첫발을 내디뎠던 날이 아직도 생생합니다(지금은 상대적으로 큰 회사의 팀장으로 있습니다). 기대와 설렘 그리고 책임감이 뒤섞인 순간이었습니다. 무엇부터 시작해야 할지 고민하던 중에, 먼저 조직을 제대로 파악하는 것이 최우선임을 깨달았습니다.

조직을 분석하는 프레임: SSPP

첫 번째로 조직을 이해하기 위해서는 체계적인 접근이 필요합니다. 저는 최동석 박사의 『성취예측모형』(클라우드나인, 2021)에서 제시한 SSPP를 조직 분석의 프레임워크로 활용했습니다. SSPP는 조직의 핵심 요소를 구조structure, 체계system, 과정/순서process, 사람people이라는 네 가지로 나누어 설명합니다. 각 요소를 구체적으로 살펴보면 다음과 같습니다.

- **구조**: 조직의 각 기능과 역할이 명확히 정의되어야 체계적인 운영이 가능합니다.
- **체계**: 조직 내 구조가 유기적으로 연결되어 네트워크를 형성해야 합니다. 부서 간 협업이 원활해야 목표를 달성하기가 수월합니다.
- **과정/순서**: 정의된 구조와 체계를 기반으로 업무의 흐름과 순서를 정리해야 합니다. 이를 통해 업무의 효율성과 일관성을 유지할 수 있습니다.
- **사람**: 조직을 이루는 구성원들의 역량과 특성을 고려해야 합니다. 올바른 사람을 적절한 위치에 배치하고 적절한 책임을 부여하는 것이 중요합니다.

이를 기반으로 각 구성원들이 어떤 역할을 수행하는지, 어떤 구조로 일하는지, 소프트웨어가 어떤 방식으로 개발 및 배포되는지를 살펴보며 조직의 상태를 분석했습니다. 이 과정에서 다음과 같은 문제를 발견할 수 있었습니다.

문제 해결과 개선 방향을 수립하라

■ 요구 사항 분석 및 프로세스 정리

조직 내에서 요구 사항이 어떻게 수집되고 어떤 방식으로 업무가 배분되는지 확인하는 과정에서 비효율적인 프로세스가 많다는 점을 발견했고, 이를 정리하는 과정이 필요했습니다. 이를 위해 우선순위를 정하고 자동화를 도입해 업무의 흐름을 개선했습니다. 특히 서비스 기업의 경우에는 일정 기간(최소 3주) 안에 새로운 기능을 가진 버전이 지속적으로 나와야 하고, 자동으로 검증되고 통합될 수 있게 하는 것이 핵심입니다.

이외에도 여러 문제점이 있었지만 기억에 남는 주요 이슈를 꼽자면 다음과 같습니다. '제대로 된 코드 리뷰와 아키텍처가 없었다', '요구 사항이 정리되지 않고 그때그때 닥쳐서 개발했다', '한 가지 프레임워크에 모든 기술을 다 얹고 있어서 확장이 불가능했다' 등이었습니다.

이런 경우에는 무엇을 해야 할까요? 이때 가장 실행하면 좋은 것은 **고객 참여**와 **코드 공유**입니다(이제 거의 법칙 수준으로 '알려진' 방법입니다). 따라서 저도 고객 참여를 위해 사업을 담당하는 사람들을 정기적으로 불러 무엇을 만들면 돈을 벌어 올 수 있는지 물었습니다. 개발 조직 내에서는 엔지니어들이 누구나 모든 코드를 유지 보수할 수 있도록 상호 리뷰를 진행하며 코드를 공유했습니다.

■ 제품 출시 후 회고와 방향 설정

제품이 출시된 후에는 반드시 회고를 진행했습니다. 회고를 할 때 중요한 점은 무엇이 잘되었고 무엇이 개선되어야 하는지 파악하는 것이었습니다. 단기 과제와 장기 과제를 명확히 구분하고, 이를 체계적으로 관리하기 위한 시스템을 구축했습니다. 다만 지금 시점에 다시 생각해 보니 엔지니어링 조직의 내부 회고도 중요하지만 사업 담당자들과 하는 회고도 필요했습니다. 담당자들이 만들어 달라는 요청대로 만들기는 했지만 그들이 제대로 요구하지 못한 것도 있을 것이고, 막상 고객으로부터 생각하지 못한 반응을 얻었을 수도 있을 텐데 이런 것들을 다 담지 못했다는 점이 아쉽습니다.

사업의 성취를 챙겨라

CTO의 역할은 단순한 기술 리더가 아닙니다. 자신이 가진 능력을 활용해 조직이 상업적으로 성공할 수 있도록 만들어야 합니다. 따라서 시장의 흐름을 지속적으로 관찰하며 변화에 대응해야 합니다.

CTO가 만들고 싶다고 해서 제품을 만드는 것이 아니라 팔 수 있는 제품을 만들어야 합니다. 이는 너무나도 당연하지만 쉽게 간과하는 부분입니다. 애자일의 숨은 원칙처럼 비즈니스와 기술이 함께 움직여야 하죠. 단순히 기술을 개발하는 것이 아니라 비즈니스적으로 성공할 수 있도록 전략적으로 접근해야 합니다.

예전에 어느 대표님에게 이런 이야기를 들은 적이 있습니다. "우리 CTO는 우리 회사가 무엇을 해야 돈을 벌 수 있는지 나에게 많은 제안을 준다. 그게 나는 너무 좋다." 처음에는 CTO가 왜 사업 이야기를 하는지 의아했지만, 돌이켜보면 제가 이 부분을 놓쳤던 것이 매우 후회됩니다.

그렇다면 어떻게 비즈니스와 기술을 이을 수 있을까요? 제 주변의 CTO들은 크게 두 가지 방식으로 접근하는 경향을 보였습니다. 첫째, 고객이 원하는 것을 빠르게 만들고 실험하는 루프를 빠르게 돌리는 방법입니다. 실제 고객의 수요나 피드백은 CEO가 조사하고 결정하지만 제품의 제작 과정은 제대로 실행되게 해서 고객에게 적시에 좋은 품질의 소프트웨어를 제공하는 경우입니다. 대부분의 CTO가 이 방식을 채택하는 경우가 많습니다. CTO가 해당 기술의 전문가이고 고객 전문가가 아니라면 이 방식이 좋습니다. 그러나 고객의 문제 중에 기술로 해결할 수 있는 방법이 있다면 CEO에게 적극적으로 이를 설명하고 검증하기를 게을리해서는 안 됩니다(제가 이를 잘 수행했다면 더 성공했을 겁니다).

만약 우리가 만드는 제품이 개발자가 사용하는 것이라면 CTO가 비즈니스 자체를 이끌 수 있습니다. 그 제품을 잘 써야 하는 사람이 엔지니어이고, 그 엔지니어가 불편한 점을 CTO가 잘 알고 있다면 충분히 비즈니스를 이끌어 갈 수 있습니다. 예를 들어 와탭^{WhaTap}(클라우드 기반 앱 성능 모니터링 서비스, `https://whatap.io`) 같은 APM 서비스를 생각해 봅시다. 이처럼 개발자가 사용하는 제품이라면 CTO가 비즈니스의 핵심이 됩니다. 개발자가 고객이고, CTO가 대리 고객으로서 무엇이 불편한지 정확하게 알기 쉽기 때문입니다.

기술을 적재적소에 맞게 대응하라

기술 시장은 끊임없이 변화합니다. 오늘은 필요 없던 기술이 내일은 필수 요소가 될 수도 있습니다. 따라서 남들이 무엇을 만들고 있는지 주기적으로 확인해야 합니다. 또한, 새로운 기술을 도입함으로써 비용을 절감하거나 해결이 어려웠던 문제를 풀 수 있는 기회가 생길 수도 있습니다. 기술을 선택할 때도 '요새 잘나간다'라는 점만 고려하기보다는 이후 '유지 보수'를 어떻게 해야 할지까지 고민하고 선택해야 합니다.

외국에서 CTO를 맡고 있는 지인의 이야기를 잠깐 들려드리겠습니다. 지인의 회사는 로보 어드바이저를 활용해 소프트웨어가 자동으로 투자를 수행하는 서비스를 제공하는 회사였습니다. 이 회사에서는 데이터베이스가 굉장히 빠른 속도로 많은 양의 I/O를 처리해야 했으며, 데이터 규모는 점점 증가하는 상황이었습니다. 물론 이러한 요구를 지원하는 고가의 데이터베이스도 있었지만, 아직은 작고 가난한(?) 회사였기 때문에 오픈 소스 솔루션인 아파치 카산드라를 이용했습니다. 하지만 아파치 카산드라에 익숙한 엔지니어가 많지 않았고, CTO가 직접 장애 대응까지 맡아야 하는 상황이 이어지면서 부담이 커졌습니다. 결국 이를 도와줄 사람을 찾아야 했지만, 적절한 인재를 구하지 못해 중국에서 관련 경험이 있는 엔지니어를 채용했습니다. 심지어 영주권까지 지원해 줬지만 그는 얼마 지나지 않아 이직해 버렸습니다. 결국 한국에서 큰 회사에 다니는 엔지니어를 파트타임으로 채용해 가까스로 운영을 이어갔습니다.

그러면서 그는 제게 이렇게 조언했습니다. "형님, 데이터베이스는 제발 관리형 쓰세요. 직접 관리하기가 너무 힘들어요." 사실 그는 과거 글로벌 투자 회사에서 최고의 엔지니어들과 함께 일했습니다. 그러다 보니 이 정도의 유지 보수는 충분히 할 수 있을 것이라 생각했던 것 같습니다. 그러나 지금은 작은 스타트업의 CTO라 돈도 시간도 부족한 상황이었죠. 회사의 규모에 따라 동원할 수 있는 기술적 자원의 크기도 달라진다는 점을 명심해야 합니다.

정보를 얻기 위해서는 사람들과의 네트워킹이 중요합니다. 혼자 점심을 먹기보다는 다양한 사람들과 교류하며 시장의 흐름을 파악해야 합니다. 독서도 게을리해서는 안 됩니다. 때로는 기술뿐만 아니라 심리학과 경영학을 배우며, 조직과 비즈니스를 이해하는 폭을 넓혀야 합니다.

그리고 CTO는 경영진입니다. 즉, 혼자 열심히 일하는 개발자가 아니라 다른 사람들이 일을 할 수 있게 지원하는 사람입니다. 혼자 뛰어다니고 바쁘면 이상한 것입니다. CTO는 적어도 '1천만 원짜리 일'을 해야 하며, 50원, 100원짜리 일은 적절히 위임하고 내려놓아야 합니다. 이 점을 잊어서는 안 됩니다.

행동 중심 관리 vs. 목표 중심 관리

조직을 운영하는 방식은 크게 두 가지로 나뉩니다. 하나는 **행동 중심 관리**, 다른 하나는 **목표 중심 관리**입니다.

행동 중심 관리는 특정한 행동을 했는지 여부를 기준으로 평가하는 방식입니다. 예를 들어 출근 시간을 정해놓고 이를 지켰는지 여부를 관리하는 방식이 대표적입니다. 하지만 단순히 출근 시간만 강제한다고 해서 생산성이 높아지는 것은 아닙니다. 오히려 야근한 직원이 정시 출근을 강요받는다면 낮 동안 정상적인 업무 수행이 어려울 수도 있습니다. 조직이 이런 문제를 해결하려면 단순히 행동을 통제하는 것이 아니라 업무 환경을 근본적으로 개선해야 합니다.

반면, 목표 중심 관리는 조직의 목표를 설정하고 이를 달성했는지를 평가하는 방식입니다. 중요한 것은 목표를 달성하는 것이며, 목표에 도달하는 방법은 각 팀과 개인이 스스로 결정할 수 있어야 합니다. 조직은 이들이 목표를 달성할 수 있도록 지원하는 역할을 해야 하며, 목표와 직무가 명확하게 정의될 때 효과적인 관리가 가능해집니다.

두 방식의 차이를 이해하지 못한다면, 단순히 조직이 바라는 방식으로 행동을 강요하는 것만으로 문제가 해결될 것이라 착각할 수 있습니다. 하지만 핵심은 목표를 정확히 설정하고 이를 효율적으로 달성할 수 있도록 조직의 구조와 시스템을 정비하는 것입니다.

사실 목표 관리는 어떤 **지표**를 선택하는지에서부터 시작합니다. 소프트웨어 회사의 지표는 어떤 것이 될까요? 회사마다 다를 것입니다. 이때, 이 지표들 간의 **관계**도 고민해야 합니다. 모순될 수도 있지만 고객이 정말 바라는 것이어야 합니다. 예를 들어 어떤 소프트웨어의 성능과 납기 일은 상반된 지표입니다. 그러나 고객은 높은 성능의 소프트웨어가 제 날짜에 납품되기를 원합니다. "세상에 그런 게 어디 있어요?"라고 할 수 있습니다. 놀랍게도 앤디 그로브가 인텔의 CEO였을 때는 인텔 컴파일러를 개발하면서 지표로 '각 소프트웨어 유닛의 성능'과 '완료일 달성'을 동시에 측정하고 관리했습니다. 이는 모순적으로 보이지만 실제로 고객에게 필요한 두 가지 지표였기 때문입니다. CTO 역시 이러한 기준을 명확히 제시하고 달성할 수 있도록 해야 합니다.

왕관의 무게는 무겁다, 자신의 것인지 고민하라

사실 이게 결코 쉽다고는 말할 수 없습니다. 정말로 '왕관의 무게'는 버거울 정도로 무겁습니다. 사업 목표를 달성하기 가장 좋은 기술의 비전을 제시할 수 있을 만큼 지식을 유지하면서도, 혼자 일하지 않고 사람들과 같이 일해야 하며, 사실상 경영진의 하나로서 회사의 환경도 정비해야 합니다. 때로는 외롭고 힘들지만 이런 속 깊은 이야기를 회사에서 나눌 사람도 드문 상황입니다. 게다가 많은 직원과 동료들이 이를 돕기 위해 나서지만, 이야기하다 보면 서로 다른 생각을 하고 있는 경우도 많습니다.

과거에 근무했던 회사의 CTO였던 전 상사는 이런 말을 했습니다. "경력직을 찾는 조직은 문제가 있는 조직이다." 문제가 없다면 굳이 경력자를 찾을 필요가 없다는 뜻입니다(그래서 어디선가 영입 제안을 받는 것이 꼭 좋은 일만은 아닐 수 있습니다). CTO라는 직책을 맡는 순간, 조직의 문제를 해결해야 하는 책임이 주어집니다. 이 무게를 견딜 수 있는지 스스로에게 묻고 주위 사람들에게 피드백을 받아야 합니다. 만약 혼자 개발하는 것이 좋다면 큰 회사의 CTO 자리를 제안받더라도 '내가 행복할 수 있는 길인지'를 스스로에게 물어봐야 합니다.

CTO로서의 여정은 끝없는 도전과 배움의 연속입니다. 정기적으로 자신의 성취를 돌아보고, 무엇을 잘하고 있으며 무엇을 개선해야 하는지 성찰해야 합니다. 기술과 조직을 넘어 더 나은 방향으로 나아가기 위해 끊임없이 노력해야 합니다.

그러니 이 짐이 내가 질 수 있는 일인지 고민하고, 생각하고, 남들에게 물어보고, 스스로 판단해야 합니다. 이 왕관이 나의 것인지 아닌지.

테크 리드에서 기술 임원으로, 나만의 방식 찾기

이주원, Arrowpoint Investment Partners 공동 창업자이자 CTO

 대학 졸업 후 16년 동안 금융권에서 기술 전문가로 활동했습니다. 처음에는 투자 은행에서 트레이딩 시스템 개발자로 커리어를 시작했고, 이후 테크 리드로 성장하며 여러 투자 은행과 헤지펀드에서 다양한 경험을 쌓았습니다. 지난 6년간은 핀테크 스타트업 Endowus에서 공동 창업자 겸 CTO로 일하며 Endowus가 아시아 최대 규모의 자산 운용 플랫폼으로 성장하는 데 기여했습니다. 최근에는 제가 공동 창업한 헤지펀드에서 CTO로 활동하고 있으며 본사는 싱가포르와 홍콩에 위치해 있습니다.

처음 기고 제안을 받았을 때 어떤 내용을 써야 할지 고민이 많았습니다. 리더십, 채용 팁, 팀원 관리, 프로젝트 매니지먼트 등 다양한 주제를 다룰 수도 있었지만 이미 많은 책과 강연에서 잘 정리된 내용이라 '내가 또 이런 이야기를 하는 것이 사족이 되는 것은 아닐까?'라는 의문이 들었습니다.

그러던 중 기술 임원을 꿈꾸는 개발자와 테크 리드에게 제가 실제로 겪었던 고민을 공유하면 도움이 될 것 같다는 생각이 들었습니다. 이 글은 헤지펀드를 공동 창업하기 전, 제가 약 6년간 CTO로 재직했던 핀테크 스타트업 Endowus에서의 경험을 바탕으로 작성되었습니다.

회사 초창기에는 개발자가 전무한 상황이었고, 저는 비록 CTO라는 타이틀을 가지고 있었지만 실제로는 개발자와 아키텍트 역할을 모두 수행해야 했습니다. 플랫폼 개발이 급선무였기에 첫 CTO 경험은 결국 개발자로서의 시작이었습니다.

첫 투자를 받고 고객이 급증하면서 기술 팀은 약 20명으로 성장했지만, 저는 여전히 테크 리드 역할에 매진하며 매일 기능 개발, 프로덕션 이슈, 기술 부채 해결에 몰두했습니다. 그때의 저는 팀에서 가장 오래된 개발자로서 모든 문제를 가장 빠르고 효과적으로 해결할 수 있다는 자신감과 그로 인한 만족감을 누렸던 것 같습니다.

그러나 동시에 팀원들과의 1:1 미팅, 채용, 투자자 미팅, 기능 시연 등 해야 할 일이 늘어나면서 두 역할을 모두 감당할 수 없다는 현실에 부딪혔습니다. 그 결과 업무 시간이 늘어나고 만성 번아웃에 이르렀으며, 코드 품질은 떨어지는 와중에 기술 팀은 40명까지 확대되면서 관리 부채도 커졌습니다. 게다가 코로나 팬데믹으로 인해 팀원들과의 대면 소통이 줄어들면서 전체 생산성은 급감했고, 기능 개발에 걸리는 시간과 장애 발생 빈도도 증가했습니다.

회사 내에는 이미 여러 시니어 개발자가 있었고 그중 몇몇은 제 능력을 능가하는 코딩 실력과 설계 능력을 갖추고 있었습니다. 그런데도 저는 이들에게 개발 관련한 책임을 완전히 위임하지 못하고 계속 관여했습니다. 돌이켜보면 그 당시 저의 내면에서는 진정한 CTO가 되기보다는 CTO라는 타이틀을 가진 채 좋아하는 기술적인 일을 계속하고 싶었던 이기적인 마음이 컸던 것 같습니다.

또한, 풀타임 CTO로서 제자리를 잡을 수 있을지에 대한 의구심도 들었습니다. 회사 내 모든 사람이 기능 개발이나 장애를 처리할 때 제게 크게 의존하는 상황은 때때로 영웅이 된 듯한 기분을 들게 했지만, 동시에 막대한 부담으로 다가오기도 했습니다.

그때 제가 내린 결정은 VP of Engineering(기술 담당 부사장)을 영입하는 것이었습니다. 몇 년 동안 기술적 교류를 통해 멘토처럼 다가왔던 한 친구가 있었습니다. 그는 대형 금융 회사에서 내부 스타트업처럼 운영되는 기술 팀을 총괄하며 매니저로 다년간 일한 경험이 있었습니다. 이미 그의 인성과 리더십에 대한 확신이 있었으므로 영입 결정은 어렵지 않았습니다.

그 친구가 합류하면서 채용과 기술 팀 운영 방식이 전반적으로 조정되었고, 그가 관리 업무를 담당하면서 저는 기술적인 부분에 집중할 수 있는 구조가 마련되었습니다. 덕분에 그동안 쌓였던 마음속 부담도 크게 해소되었습니다. 약 2년 동안 함께 일하며 기술 임원의 역할을 체득했고, 업무 부담이 줄어들면서 당장의 기술 문제 해결뿐 아니라 좋은 팀과 문화를 만들어 가는 과정의 즐거움도 점차 깨닫기 시작했습니다. VP of Engineering과 다른 임직원들의 지원 덕분에 저만의 CTO로서의 모습도 점차 자리 잡게 되었고, 퇴사를 준비하던 시기에는 AI 분야에 집중하고 회사의 기술력을 외부에 알리는 역할을 맡아 퍼스널 브랜딩을 쌓을 수 있는 소중한 시간이 되었습니다.

제 주변에는 진심으로 코딩과 기술을 사랑하는 테크 리드들이 많습니다. 언젠가는 CTO가 되어야 한다고 고민하는 분도 있고, 반대로 기술 문제 해결에만 집중하고 싶어서 기술 임원 역할에는 관심이 없는 분도 있습니다.

정답은 없지만, 제 경험을 토대로 한 가지 조언을 드리자면 '모든 가능성에 마음을 열라'입니다. 오늘날 미국 주식 시장에서 기술주들이 시장을 주도하는 모습을 보면 기술이 실제로 세계 경제의 판도를 바꾸고 있다는 사실을 실감할 수 있습니다. AI 기술의 발전으로 코딩 같은 전통적 기술 업무가 빠르게 변화하고 있는 지금, 기술 임원의 역할은 단순한 개발자를 넘어 전략가이자 조직의 리더로 자리매김하고 있습니다. 이러한 변화는 기술 임원에 대한 수요와 보상을 점점 개선시키는 원동력이 되고 있습니다.

동시에 CTO는 다양한 기술 전문가와 소통하며 비기술 분야와 협업해야 하므로 뛰어난 커뮤니케이션 능력과 리더십이 필수적입니다. 이 과정을 거치며 스스로 성장한다면, 한층 성숙한 자신을 발견할 수 있을 것입니다. 그리고 기술을 사랑하는 동료들과 함께 세상의 문제를 해결하는 제품을 만들어 냈을 때의 성취감은, 마치 처음 코드를 작성하고 컴파일에 성공했을 때의 기쁨만큼이나 큰 행복을 선사합니다.

이 글을 통해 테크 리드든 기술 임원이든 상관없이 여러분이 스스로의 가능성에 한계를 두지 않고 자신만의 길을 개척할 수 있다는 긍정적인 믿음을 얻길 바랍니다. 저 역시 한때 수많은 고민과 어려움을 겪었지만 결국 나만의 방식으로 CTO로서의 색깔을 찾아냈고 지금은 그 길에 만족하며 나아가고 있습니다.

여러분도 각자의 방식으로 꿈을 향해 당당히 나아가길 응원합니다.

새로운 기술 리더를 위한 생존 전략

최준호, 카테노이드 CTO

 한국 CDN 업체인 CDNetworks의 CTO, 미국 실리콘밸리에서 모바일 앱 가속 서비스 Neumob의 공동 창업자였으며, 글로벌 CDN 및 보안 회사인 Cloudflare에 인수 후 시스템 아키텍트로 일하다 한국에 돌아와 현재 VTaaS^{video technology as a service} 업체인 카테노이드의 CTO를 맡고 있습니다. 오픈 소스에 관심이 많아 한국인 최초 FreeBSD 커미터였고, 25년 넘게 FreeBSD의 한국 사용자 그룹 및 미러링 서비스(www.kr.freebsd.org)를 운영하고 있습니다. 운영체제와 네트워크 프로토콜에 관심이 많습니다.

기술 임원이 되었다니 축하합니다!

만일 여러분이 기술 임원이 되었다면 먼저 축하한다는 이야기를 하고 싶습니다. 기술 임원의 역할은 회사의 단계에 따라서 다를 수 있습니다. 스타트업 초기에 합류했다면 아마 첫 제품을 만들기 위해 이것저것 가리는 일이 없을 것이고, 성장 단계에 합류했다면 기존의 서비스를 유지하면서 새로운 서비스를 론칭하거나 기존 서비스를 개선해야 하는 일을 할 것입니다. 큰 회사의 기술 임원으로 합류했다면 주어진 프로젝트가 있을 것이고 더 큰 조직을 관리하게 될 수 있습니다. 아니면 망가진 조직을 맡아서 새로 재구성해야 하는 일을 해야 할 수도 있습니다.

초기 스타트업이 아니라면 기술 임원이 해야 할 일은 달리는 기차의 바퀴를 갈아 끼우는 것과 같아서, 주로 현 조직의 가능성을 유지하면서 새로운 일이나 유지 보수를 담당하게 될 것입니다. 맡는 조직의 크기가 클수록 기존에 팀 리더나 IC 일을 하고 있을 때에는 듣지 못하던 여러 조직의 사소한 트러블을 듣고 조율하는 역할도 하게 될 것이고, 기술 부서가 아닌 다른 조직과 함께 회사의 전체 목표를 만들고, 그 목표를 위해 매진하는 역할을 해야 할 것입니다. 또한 회사를 대표하는 입장으로 외부에 노출이 되고, 회사의 홍보를 위한 역할도 마다하지 않아야 합니다.

그동안 한국과 미국에서 CTO나 기술 임원 역할을 하면서 들었던 생각 몇 가지를 이 글에서 자유롭게 이야기해 보려 합니다. 물론 문화와 비즈니스 관습, 구성원의 특성에 따라 차이는 있겠지만, 크게 보면 사람 사는 모습은 어디서나 비슷한 경우가 많습니다.

코딩하면 안 되나요?

단계에 따라서 주로 해야 할 일이 다를 수 있지만, 기술 임원은 IC나 매니저와는 달리 더 큰 그림을 보고 실행하는 역할을 맡게 됩니다. 아주 초기의 스타트업이 아니라면 직접 코딩할 일은 많지 않을 것이고, 애초에 코딩할 시간을 찾기도 쉽지 않을 것입니다. 그렇다고 코드가 대부분의 자산인 회사에서 코드에 전혀 관여하지 않는 건 좋은 생각은 아니라고 봅니다.

실리콘밸리에서는 기술 임원을 채용할 때도 코딩 인터뷰를 보는 경우가 많습니다. 이는 해당 임원이 실제로 코딩 업무를 담당하기를 기대해서가 아니라, 기본적인 코드 이해 역량이 있어야 다른 사람의 작업을 효과적으로 리뷰할 수 있기 때문입니다. 종종 시간이 날 때 사내의 코드를 리뷰하는 역할을 하게 된다면 조직에 긴장감을 줄 수 있고 실제 직원들이 어떻게 일하고 있는지도 파악할 수 있습니다. 매우 큰 회사라면 그럴 여유도 없겠지만, 적당한 규모라면 직접 운영 중인 코드를 볼 시간을 가져 보세요. 새로운 회사에 합류한 경우, 먼저 해야 할 일은 지금 일을 어떻게 하고 있는지 파악하는 것입니다. 사람들을 인터뷰하거나 문서를 통해 아는 것도 중요하지만 코드에 접근 가능하고 코드를 읽을 수 있다면 직접 읽어 보기를 추천합니다. 생각보다 많은 것을 얻을 수 있습니다.

초기 스타트업처럼 회사에 기술자가 두세 명밖에 없다면, 직접 한두 가지 컴포넌트를 맡아 설계하는 일을 하거나, 클라우드나 서버와 같은 시스템 설정부터 직접 관여해야 할 수 있습니다. 본인이 잘 알면 알수록 어떤 사람을 채용하고 어떤 방향으로 확장해 가야 하는지 알 수 있을 테니 직접 개발하는 경우라고 해도 일정한 규모가 되면 채용에 집중하고 담당자에게 최대한 맡기세요.

CTO가 좋은 개발자라면 몇 년이 지나도 회사에 그의 코드가 남아서 여전히 작동하는 경우가 많습니다. 하지만 이제는 현업에 관여하지 않을 수 있으니 그런 코드는 리팩터링이나 새로운 구현으로 대체하는 것이 좋습니다.

위임과 방치

일반적으로 임원으로 가져야 하는 좋은 미덕은 '위임'입니다. 기술 임원일지라도 크게 다르지 않습니다. 위임을 잘하지 못한다면 기존 조직에서는 임원이 될 수 없고, 임원이 된다고 해도 본인 업무의 부담이 확 올라가거나 막상 중요한 일에 신경을 쓰지 못하는 경우가 많습니다. 따라서 어떤 일을 직접 해야 하고 어떤 일은 위임해야 하는지 잘 생각해야 합니다.

가령 일정 규모 이상의 기술 회사라면 CTO나 임원이 직접 코딩하는 일은 거의 없을 것이며 개별 개발자에게 업무가 위임되어 있을 것입니다. 팀원 관리는 팀장에게 위임되어 있을 것입니다. 기술 임원이 직접 해야 하는 업무는 회사의 기술 방향에 대한 결정, 큰 방향에서의 조직에 대한 관리, 운영 프로세스 등입니다. 이런 업무는 위임하기도 어렵고 본인 위주로 주도하지 않으면 사람들이 잘 따라 주지 않을 수도 있습니다. 임원이 되었다면 하위 조직을 원하는 방향으로 나아가도록 이끌어야 합니다. 이를 위해 일정 부분은 스스로 모범을 보일 필요가 있지만, 그렇다고 해서 모든 것을 직접 할 수는 없습니다.

또한 임원의 경우 잦은 미팅과 자료 작성 및 검토 등으로 비어 있는 시간이 점점 줄어듭니다. 위임을 통해서 본인에게 올라오는 일을 최대한 줄여 놓지 않으면 의욕만으로는 더 이상 어쩔 수 없는 상황이 올 것입니다. 따라서 본인이 꼭 관여해야 하는 일과 위임해야 하는 일에 대해 어느 정도 선을 만들어 두세요.

하지만 위임과 방치는 또 다릅니다. 위임했다는 것은 일을 맡기는 것이지만, 결과와 고민에 대해서는 꼭 확인하고 리뷰해야 합니다. 사내에서는 종종 방치되는 조직이나 개인이 발생할 수 있는데, 직접이든 간접이든 이런 정보에 대해서 파악하고 방치되는 조직이 없도록 하는 것도 여러분의 역할입니다. 조직을 바꾸든 개별 면담으로 개선하든 본인에게 편한 방법을 선택하세요.

조직 관리

새로 기술 임원이 되었을 때 해야 할 일은 많지만 제일 우선적으로 봐야 할 것은 현재의 조직 구조입니다. 보통 처음 몇 주는 전체 조직이 어떻게 구성되어 있고, 왜 그렇게 되어 있고(과거의 히스토리를 아는 것도 큰 도움이 됩니다) 현재 어떻게 운영되고 있는지 알아야 합니다. 기존에 있는 리더들과 긴밀하게 소통하면서 파악하는 것이 좋지만, 구두 정보나 최근에 정리된 정보에만 의존하지 말고 사내 문서(위키, 티켓, 소스 관리 시스템, 슬랙과 같은 채팅 기록)가 있다면 한번 훑어보는 것도 좋습니다. 예전에 있었으나 마무리되지 않고 지나간 일에 대해 사람들은 이제 언급하지 않겠지만 나중에라도 다시 떠오를 가능성이 큽니다. 가능하다면 그 당시 현장에 있었던 분에게 예전의 결정 사유에 대해 물어보길 바랍니다.

시간이 지나 현재 조직에 익숙해지면 슬슬 단점이 보이게 됩니다. 팀 내 포지션의 배치가 적합하지 않게 보일 수도 있고, 현재의 구성으로는 해결하지 못할 역할이 있거나 아예 신경 쓰지 못하고 있는 기능들도 있을 것입니다. 이런 문제를 파악하고 조직에 반영하는 것이 여러분의 역할입니다. 가령 QA 조직이 없고 개별 팀에서 테스트하고 있다면 이를 별도의 조직으로 분리해야 할지, 없다면 어떻게 시작해야 할지, 어떤 사람들이 필요할지, 새롭게 채용해야 할지 아니면 기존 직원을 재배치해야 하는지 등을 생각하게 될 것입니다. 업무 방식은 의외로 조직의 구성에 영향을 받을 수 있습니다. 이에 따라 팀 이름을 정하는 데 많은 시간을 들이기도 하며, 팀원들이 팀 이름에 지나치게 얽매이는 경우도 있습니다. 적절한 단위와 규모로 나눠서 배치하되 겹치는 역할은 최소화하는 것이 좋습니다. 가령 한 팀의 구성원이 10명에 가까워진다면 팀 분할을 고려해 보세요(아마존에서는 피자 두 판 팀이라고 합니다). 물론 리더의 역량에 따라 달라질 수 있지만, 앞서 말한 팀원들이 방치되는 경우를 피하기 위한 목적도 있습니다.

조직은 계속 바뀌기 마련입니다. CEO나 다른 부서의 필요성에 의해 재배치가 일어날 수 있고, 내부 인력도 퇴사나 재배치, 신규 입사 등에 따라서 계속 변합니다. 업무도 항상 연속적이지 않습니다. 시간이 지남에 따라 변하는 업무도 있고 그렇지 않은 경우도 있으며, IT 회사라면 트렌드에 따라 일정 부분 조직을 개편해야 할 필요도 있습니다.

가령 예전에는 단순히 운영이라고 하던 조직이 요즘에는 SRE나 데브옵스, 플랫폼 엔지니어링이라고 불리는 경우도 많습니다. 크게 보면 같은 일이 아닌가 생각할 수 있지만 세부적인 역할은 조금씩 달라집니다. 예전에 딱히 이름이 없던 일이 트렌드 변화에 따라 개념이 명확해져서 이름이 붙는 경우도 있습니다(예를 들어 관측 가능성observability, 트레이싱tracing 같은 경우). 만들고 있는 애플리케이션이 기존에는 모바일의 두 OS만 존재하다가 윈도우나 맥OS 같은 추가적인 플랫폼이 생긴다면 더 이상 모바일 개발 팀이라고 부를 수는 없을 것입니다. 따라서 항상 조직은 일정 부분 실험적이라고 생각하고 어떻게 점진적으로 바꿔볼 수 있을지는 조직 개편의 시기에 관계없이 고민해야 합니다. 조직 개편의 시기는 회사마다 다릅니다. 수시로 진행되거나 6개월이나 1년 단위로 진행하기도 하는데, 다른 부서는 어떻게 하는지, CEO의 의견이나 방향성은 무엇인지 체크해 볼 필요가 있습니다.

신생 회사가 아니라면 전임자가 만들어 놓은 조직을 물려받게 되는데, 어떤 이유로 이렇게 되었는지 충분히 파악할 필요는 있지만 앞으로 어떻게 할지는 여러분의 선택입니다. 결국 자기가 일하기 편한 조직을 만들어야 본인도 편하고 새로운 일도 보다 쉽게 시도할 수 있습니다.

또한 대략 20~30명 이상의 조직이 되면 매일 누군가는 휴가 중이라고 생각하는 것이 좋습니다. 특정 업무 지원이 필요할 때 담당 직원이 오늘 일하고 있다는 보장도 없는 것이죠. 아주 급한 경우가 아니라면 내려 보내는 업무에는 시간적인 여유를 두는 것이 좋습니다.

인재와 채용

조직을 이해했다면 채용을 고민할 차례입니다. 성장하는 회사라면 항상 채용에 목말라 있을 테니 이 부분은 꼭 염두에 두어야 합니다. 예전 CEO에게서 업무의 30% 정도는 인재에 항상 신경 쓰라는 조언을 들은 적이 있었는데 지금 생각해도 적절한 이야기라 생각합니다.

한국이든 미국이든 채용 절차는 HR과 상의한 뒤 회사의 규모에 맞는 절차대로 진행하세요. 채용 사이트에 올리고 기다리는 것만이 여러분의 역할이 아니라 예전에 같이 일하던 사람, 커뮤니티나 학회 등에서 눈여겨보던 사람들과 연락해 가능하다면 같이 일할 수 있는지 타진해 보세요. 물론 그렇게 해서 꼭 좋은 결과가 나오는 것은 아니지만 적어도 완전히 모르는 상태에서 새로운 사람을 채용하는 것보다는 더 나을 수 있습니다.

필요한 사람을 원할 때 채용하기는 어려우니 정말 꼭 필요한 사람이라면 지금 당장 채용할 수 없더라도 주기적으로 연락해 보는 것이 좋습니다. 이건 한국이나 미국이나 마찬가지입니다. 깃허브 등에서 회사랑 관련 있는 프로젝트를 하는 사람이라면 연락해 보는 것도 좋습니다. 미국은 링크드인이 활성화되어 있어서 모르는 사람이나 경쟁사 직원일지라도 커피챗 정도로 가볍게 제안해 보면 의외로 만날 수 있는 경우가 많았습니다. 요즘 한국에서도 링크드인 사용자가 많아지고 있으므로 이런 연락이 충분히 가능하며 다른 SNS를 통해 연락해 보는 것도 손해 볼 일은 없습니다.

기술 회사의 홍보와 지적 재산

회사 내의 조직을 관리하고 업무에 묻혀 있다 보면 생각보다 신경을 덜 쓰는 분야가 있습니다. 바로 회사를 외부에 알리기 위한 자산을 쌓는 것입니다. 보통 마케팅 팀에서 회사를 홍보하고 고객을 모으기 위한 일을 하는데, 기술 인재 채용과도 연관이 있는 부분은 여러분이 직접 관여해야 합니다. 가령 요즘에는 회사를 알리기 위해 기술 블로그를 운영하는 경우가 많습니다. 여기에는 단순히 회사 광고가 아니라 내부에서 어떤 기술을 사용하는지, 어떤 성공(또는 실패)을 하고 있는지 구체적인 내용을 써서 올리는 경우가 많습니다. 외부에서 볼 때 유용하고 좋은 내용을 올리면 좋은 인재들이 이를 기억해 두었다가 지원할 수도 있고, SNS에 널리 퍼지면 회사의 인지도 향상되고 좋은 인상을 주는 것이 가능합니다. 따라서 실행할 수 있는 환경이라면 이런 외부 홍보에도 도전해 보는 것이 좋습니다. 참고로 이런 글은 해당 업무를 직접 진행했던 직원이 작성하는 것이 제일 좋습니다. 담당자에게도 이력서에 기술할 수 있는 외부 레퍼런스가 생기는 것이니 적극 추천해 보길 바랍니다. 다만 글의 일관성이 떨어진다거나 불필요한 사내 정보가 외부에 노출되는 일은 막도록 리뷰는 꼭 거쳐야 합니다.

또한 사내의 지적 재산권인 특허, 프로그램 등록 등에 대해서도 신경을 써야 합니다. 이는 회사의 평가에도 도움이 되고, 인수 합병이 일어난다면 꼭 검토해야 할 사항입니다. 사내에서의 기술적 성취를 잘 살펴보고 테크 블로그로 발행할지, 특허를 내야 할지를 생각해 보세요. 특허는 임원이나 시니어 엔지니어가 주도하기보다는, 해당 기술을 구현했거나 가장 잘 아는 사람이 쓰는 것이 좋으므로 사내에서 운영하는 특허 프로그램을 만들어서 직원들에게 특허 작성에 대한 동기 부여와 적절한 보상을 하는 것이 좋습니다. 그러면 개인 역량 향상에도 도움이 될 뿐만 아니라 장기적으로는 회사의 발전에 기여할 수 있습니다.

끝으로

운이 좋았는지 저의 직장 생활은 테크 리더부터 시작되었지만, 이후 스타트업을 처음부터 시작하기도 하고, IC로도 일하다가 다시 임원 역할로 돌아오기도 했습니다. 흥미롭게도 임원으로서의 경험은 다시 IC 역할로 일할 때도 큰 도움이 되었습니다. 매니저 이상의 관점에서 나를 볼 때 어떤 생각과 고민을 하는지 더 잘 이해할 수 있었고, 그에 맞춰 함께 고민하며 협력할 수 있었습니다. 만약 직원으로만 있었다면 그런 시야를 갖기는 어려웠을 것입니다. 이제 막 기술 임원이 되었거나, 되고 싶어 하는 모든 사람들에게 앞으로의 행운을 빌고 싶습니다.